本丛书获得北京市重点学科共建项目（XK100320573）资助

Dial

D i a l o g u e

oge

梁实秋与中西文化

高旭东 编

比较文学与文化新视野丛书
高旭东 主编

中华书局

图书在版编目(CIP)数据

梁实秋与中西文化/高旭东编.—北京:中华书局,
2007

(比较文学与文化新视野丛书)

ISBN 978 – 7 – 101 – 05364 – 7

Ⅰ. 梁… Ⅱ. 高… Ⅲ. 梁实秋(1902~1987) –
文化理论 – 研究 Ⅳ. K825.6

中国版本图书馆 CIP 数据核字(2006)第 131110 号

书 名	梁实秋与中西文化	
编 者	高旭东	
丛 书 名	比较文学与文化新视野丛书	
责任编辑	张彩梅	
出版发行	中华书局	
	(北京市丰台区太平桥西里 38 号 100073)	
	http://www.zhbc.com.cn	
	E – mail:zhbc@ zhbc.com.cn	
印 刷	北京市白帆印务有限公司	
版 次	2007 年 1 月北京第 1 版	
	2007 年 1 月北京第 1 次印刷	
规 格	开本/880 × 1230 毫米 1/32	
	印张 15½ 插页 2 字数 300 千字	
印 数	1 – 4000 册	
国际书号	ISBN 978 – 7 – 101 – 05364 – 7/I · 740	
定 价	33.00 元	

比较文学与文化新视野丛书

顾　问：**乐黛云**　北京大学教授
　　　　　　　　中国比较文学学会会长
　　　　佛克马　欧洲科学院院士
　　　　　　　　前国际比较文学协会主席

主　编：**高旭东**

总　序

　　文学研究从来没有像今天这样与文化研究紧密结合在一起,而由于异质于西方文化的东方各国的介入,比较文学也从来没有像今天这样与比较文化紧密联系在一起。本来,中国在文学与文化上的对话与比较意识是在与西方文化接触后被逼出来的;而今,面对西方文化的强势姿态,中国主动认同文化的多元化,并且以多元之中的一元寻求与世界各国文化的对话。中西比较文学作为跨文化的文学对话,首先应该寻找二者之间的共同话语,否则,对话就没有契合点,就会各说各的。钱钟书、叶维廉、刘若愚等学者在这方面已取得了一些成绩。不过,随着对话的深入,跨文化的中西文学展现出来的更多的将是差异性,甚至一些基本概念也具有不可翻译性。因此,如何站在当代学术的前沿,对中西文学进行整合,并从中概括出真正意义上的"总体文学",将是跨文化的中西比较文学的主旋律,也是我们这套丛书的宗旨。

　　我们这套丛书也有拨乱反正的意图。一般来讲,文明之间的碰撞、冲突与交融,有一个规律性的过程,就是从一厢情愿的生搬硬套到较为客观的对话与比较。譬如,佛教初入中国,一般人就以道家的语汇去生搬硬套,后来才发现佛学与道家的差异。遗憾的是,中西文化的碰撞与交融已有几个世纪了,我们仿佛还没有走出文化认同的生搬硬套的"初级阶段"。在历史学与社会学领域,西方社会从奴隶制、封建制、资本主义发展而来的社会演进模式,被原封不动地照搬过来。在哲学上,西方的唯物论与唯心论之争,也成了剪贴中国哲学一套现成的方法。而文学上的生搬硬套更是无孔不入:屈原、李白被说成浪漫主义者,《诗经》与杜诗则被说成是现实主义的,在对中国叙事文学的阐释中,西方的典型、类型、悲剧、喜剧等概念简直是铺天盖地,结成一张生搬硬套的大网,使我们的受教育者无法从这张谬误之网中逃遁。问题的严重性在于,尽管在20世纪80年代,一些先觉的学者开始批判反省这种生搬硬套的学术模式,但时至今日,这张谬误之网仍在遮蔽着中国古典文学的真面目,使之难以恬然澄明,将特点呈现于受教育者之前。试想,《诗经》是中国抒情诗传统的正宗,是使中国文学在源头上就与西方形成的史诗传统不同的开山之作,而将之说成是现实主义作品,岂非有意遮蔽中国古典文学的特点? 因此,以跨文化的文学对话来取代这种生搬硬套模式,已是刻不容缓的事了。

从某种意义上说,生搬硬套模式的生成与文化选择的取向并无必然的联系。胡适是"全盘西化"论的倡导者,但他却在戴震那里发现了"实验主义",在王莽那里发现了"社会主义"。郭沫若既尊孔又推崇庄子,但他与胡适一样,在孔子那里发现了康德与歌德之人格,在庄子那里发现了"泛神论",并以西方社会的历史演进模式来套中国古代社会。而鲁迅与梁漱溟,虽然一个具有浓重的西化倾向,一个以为世界最近之将来必是中国文化之复兴,但是二者的共同之处,则在于对中西文化和文学的差异有清醒的认识。鲁迅西化的文化选择取向并没有使他把西方的话语生搬硬套到中国的文化与文学中来。他从来没有用"封建主义"等西方词汇来解释中国古代社会,也没有用浪漫主义、现实主义来解释中国古代文学。他指出中国没有"悲剧"观念,对于林语堂得意洋洋地将 humor 译成"幽默"并在中国文学中寻找"同党"也不以为然。1932 年,针对日本人要编《世界幽默全集》,他在《致增田涉》的信中说:"所谓中国的'幽默'是个难题,因'幽默'本非中国的东西。也许是书店迷信西洋话能够包罗世界一切,才想出版这种书。""中国究竟有无'幽默'作品?似乎没有"①。就此而言,鲁迅较之生搬硬套的同代人,显然要清醒得多。可以说,生搬硬套体现了文化碰撞之初对异质文化的认同性变异。因为人们对于陌生的对象,往往喜欢从自己已有的经验去想象它;而另一方面,则是媒介者考虑到本土的便于接受而故意"误读",就像近代那些"豪杰译",将西方小说翻译成中国式的章回小说一样。而我们的这套丛书,就是想在纠正这种生搬硬套的学术研究模式上有所贡献。

在比较文学与文化研究领域,值得注意的另一种研究倾向是对"中西"概念的颠覆与取消。一些学人认为,"中"与"西"不是对等的,"西"有许多国家,法国与德国、英国不同,与美国更不同,把这么多不同国家的文学放在一起与中国文学比较,有什么科学性? 能够把法国一个历史阶段产生的文学研究好就很不

---

① 《鲁迅全集》第13卷第499页,485页,人民文学出版社1981年。

错了,现在居然将西方那么多国家的文学与中国文学相比,又有什么科学性?

先看"中西"这个概念有没有使用的有效性。事实上,非但"西"有很多国家,即使"中"也不尽相同——中原文学与楚文学、北方文学与南方文学,但是,无论是中原文学还是楚文学,无论是南方文学还是北方文学,都祖述尧舜,都深受儒家与道家文化的影响并且成为其重要的组成部分,从大的方面说是一个大文化统一体之内的文学。西方虽然国家众多,但是这些国家都祖述希腊、罗马的遗产,中古以降都以基督教为国教(尽管又有罗马公教与东方正教的差异,有天主教与新教的差异),在现代都面临着"上帝死了"的文化困境,因而也是一个大的文化统一体。正如韦勒克(R. Wellek)所说的:"西方文学是一个整体。我们不可能怀疑古希腊文学与罗马文学之间的连续性,西方中世纪文学与主要的现代文学之间的连续性。"①而将中国和西方这两种大文化中的文学进行比较研究,是真正跨文化的文学对话。至于是研究一个国家的一个历史阶段的文学好,还是研究"总体文学"好,这要看各人的本领。研究一个国家一个历史阶段的文学可以研究得很细很深,也可能研究得琐碎平庸;研究"总体文学"可能大而无当,空疏浅薄,也可能成为康德、海德格尔式的学术大师。比较而言,理论大师皆出自后者,细密的专家则多出于前者。尽管如此,我们一向反对"比漂"——即古今中外,天马行空,什么都知道一点,什么都不深入。我们希望的是扩出去是学贯中西、博古通今,收回来要成为一个研究专家。这

---

① 韦勒克、沃伦:《文学理论》第44页,三联书店1984年。

也是我们对于这套丛书作者的期待。

　　这套丛书得到了北京市重点学科基金的资助。我们对北京市教育委员会促进学科发展与学术繁荣的用心，对北京大学乐黛云教授对北京语言大学比较文学学科发展的关怀，对国际知名学者佛克马教授对中国比较文学事业的关心，表示深深感谢。特别需要一提的是，王宁教授虽然已是清华大学外语系的学术带头人，但他作为北京语言大学比较文学研究所的名誉所长和博士生导师，对这一重点学科的发展发挥了重要作用；中华书局的张彩梅女士对于学术的热忱和认真负责的精神，令我们深深感动，在此一并表示衷心的谢忱。

高旭东

2006 年 1 月 16 日于北京天问斋

目 录

季羡林教授贺词

　　欣闻"梁实秋与中西文化学术讨论会"即将召开,我表示祝贺,而"海峡两岸梁实秋研究学会"的成立,必将推动对一代散文大师、著名批评家、翻译家和教育家梁实秋先生的研究,增进海峡两岸人民的文化血脉联系。

北京大学教授

季羡林

2004 年 11 月 1 日

乐黛云教授贺词

高旭东教授并转梁实秋与中西文化大会：

　　北京语言大学比较文学研究所举办梁实秋与中西文化学术讨论会，并且联合海峡两岸学者乃至国外学者发起成立梁实秋研究学会，这是比较文学学科向个案研究的拓展，也是中国现当代文学学科向比较文学与文化研究深化的盛事。我代表中国比较文学学会向大会表示热烈的祝贺，并祝大会圆满成功！

中国比较文学学会会长

北京大学跨文化研究中心主任

乐黛云

2004 年 11 月 20 日

金灿秋收梁实秋

台湾佛光大学　龚鹏程

11月27日北京语言大学举办梁实秋研讨会,这是高旭东拉我发起的,是大陆第一次举办的梁先生的研讨会,意义重大,且准备再组一个两岸共同参与的梁先生研讨会。今日开幕,我的讲话,略如下文:

梁实秋先生的著作,据秦贤次先生的辑目看来,共四十一种,有三十二种是在台湾写作及出版的。翻译廿八种英译中作品,也有十二种是在台湾作,莎士比亚戏剧六十册只算其中二种,此外还有一种中译英的《锦绣山河》。梁先生在台生活了三十九年,著作不辍,确乎符合余光中先生在为梁先生编纪念文集时说的,是在文学的园圃中有了"金灿灿的秋收",即连冬季也还颇有收成,老而弥坚,令人赞叹:例如在他故世前两年,还出版了三册英国文学史、三册英国文学选、四本散文集、二本译作,这在文学史上并不多见。许多文人英华锐发于早岁,壮年牵于人事,困于生活,就逐渐笔头迟钝了起来,只靠一点早年作品所攒聚的名声混迹于文坛。也有许多文人仅恃才情,才情挥洒既毕,无学问以泽润之,便日益枯竭。另有些学者,满腹学问,撑肠柱肚,却笔舌謇顿,写起文章来,让人看了就想打瞌睡。梁先生则是才学两优,译作兼行,既有文采,又饶学问,且中英文俱臻上乘,这在现代文学史上可真不多见!创作力、精力、勤奋,至老不衰,尤可佩服。

梁先生之所以能如此,不妨说是因为幸运。禀气得诸天赋,可以年登耄耋,当然是幸运。渡海来台,逃过了大陆上的政治风暴,更是幸运。与梁先生同辈的现代文学家,或天不假年,或受政治牵扯而曲笔者,不计其数,梁先生可以在美国在台湾从容教学、研究、写作,自然可以幸运来形容。梁先生只是抓住了这个幸运的机会,黾勉译作,不让幸运时光随意溜掉而已。

但梁先生也可说是不幸的。早年与鲁迅的笔仗,使得他颇不见谅于倾向鲁迅的政坛与文坛,论叙现代文学史,不是忽视他就是贬抑他,难得平情考察梁先生的观点和成就。且因海峡隔阂,对梁先生在台湾那生平一半的时间,到底都做了什么事,写了什么东西,大抵均不甚明了。因此,纵或想谈,也不易谈。于是,这么一位文坛耆宿,著译达千万言的大作家,地位竟比不上许多差得远的小作家,此非不幸而何?

在台湾,对梁先生的研究,其实也不多,依《文讯月刊》十二期《评介梁实秋的篇章索引》观察,1949年至1987年有一百五十九篇,殊不少。不过大多是报刊报道式的评介或书评。以梁先生为题的博硕士论文,据我所知,当时尚没有,现在好像也没有,可见梁先生的研究,仍是亟待展开的局面。

梁先生过世以后,中华日报举办了梁实秋文学奖;光华杂志、九歌文教基金会、台湾师范大学则举办了"纪念梁实秋百岁冥诞:梁实秋学术研讨会"。此次研讨会论文集系李瑞腾主编,共收十五篇论文,可说是梁先生研究的展开。余光中先生另编的一本《秋之颂》,即我在上文提到的那本,实际上则是祝寿文集,后来成为纪念集。哀挽文字毕竟与研究有点不同,因此真正的研究文编其实仍只有李先生编的那一册,这是令我们感到惭愧的地方。

　　于是，这就说到重点了，我们这次会议，正代表海峡两岸共同正视梁实秋，要重新认识他，要深入研究他。跨越偏见与空白，重勘历史与文学。

　　谢谢语言大学举办此次研讨会。我不能代表别人，所以我只能以一个在台湾成长而关心现代文学的文学工作者身份，表达我对大会的感激。预祝大会成功，我们大家讨论愉快。

　　此次大会，本邀蔡文甫先生和瑞腾，瑞腾本要来，因故无法莅会，遂由我全权代表了。我另写了一论文《饮馔的文学社会学：从〈文选〉到梁实秋》，瑞腾则发了一则贺词。

　　大会拨乱反正，我乃藉评议时倡言，召开研讨会或成立研究会并不是要做某人的孝子贤孙，从前把梁骂一顿，现在又把他捧一通，有何必要？梁先生亦有其局限，例如不能写长篇，对中国文学之小说传统并不熟悉，对西方文学大抵也仅知英国文学，且于史学哲学皆未精研之类，正待吾人采一批判观点读之，既发潜德之幽光，亦能百尺竿头再进一步，并藉以反省吾人治文学治文学史之方法与态度的良窳所在云云，与会诸君似颇以斯言为然。

梁实秋的文学与文化定位

现代文学史上"反主题"的批评家①

——关于梁实秋研究的讲稿

北京大学　　温儒敏

梁实秋是现代文学史上有特色而又较复杂的理论批评家,是有建树有影响的人物,研究文学史和文学批评,不能忽略了这样一位著名的人物。近年来已经出现一些关于梁实秋的研究论文,同学们可以找来看看。梁实秋去世后,台湾九歌出版社出过一本《秋之颂》,是纪念梁氏的文集,其中也收进一些研究论作,还有关于梁氏生平的一些回忆文字。另外,台湾还出版过一本《梁实秋论文学》(台湾时报文化出版公司1981年版),也收集了梁氏一些代表性论著。这些书可以找来看。

研究一位作家批评家,看他的论作最好还是有些系统性,可以按照他的发表先后来看,或者大致有一个专题分类。我建议大家先看看

---

① 大概十六年前,我曾经编过《梁实秋年谱简编》和一本《梁实秋文学美学论集》,年谱发表在《文教资料简报》(1990年2期),论集则交给一家出版社准备出版。当时(1988年前后)我正在开一门现代文学批评史的课,自然也讲到梁实秋,就根据讲课稿写了一篇短文,作为那本论集的前言,曾在《博览群书》上刊出。那时出版梁实秋的书还是有些麻烦的,加上版权等方面难于交涉,最终所编的论集没有能够面世。不久前,北京语言大学高旭东教授主持召开梁实秋的研讨会,要出一本研究论文集,热情地向我约稿。我想起这篇旧稿,就拿来"充数",也算是留下早年对梁实秋研究的一点痕迹吧。至于我对梁实秋批评理论更系统认真的研究,可以参见拙著《中国现代文学批评史》(1993年北大版)中有关的专章。

梁氏上个世纪20年代写的一些文章,寻找他的批评思想的起点。这些文章大都收在两本书中,即是《浪漫的与古典的》与《文学的纪律》①。其中最重要的一篇文章,也是梁实秋的"成名作",就是《现代中国文学之浪漫的趋势》。通过这篇文章,我们可以了解新人文主义批评理论在中国试行的情况。这篇文章写于1925年底,在第二年2月15日《晨报副刊》发表,当时影响并不大,但从批评史角度看,有重要的地位。这篇文章是"反主题"的,也就是说,对居于主导位置的文学观点采取独立的批判的立场,是有点"异端"的声音。当时的"主题"是什么? 是五四新文学,虽然那时高潮已经过去,但也还是备受推崇的"主题",肯定的声音始终比较多。1928年之后政治风尚转变,创造社等一般人提倡"革命文学",开始拿五四开刀。那是另外一种新起的政治性的潮流,是另立"主题",影响极大。梁实秋对此也是持反对态度。下面还会论及。而在1926年前后,还极少有批评家是认真从学理层面反思五四新文学的。梁实秋初生牛犊不怕虎,敢于出来对新文学提出尖锐的批评与反思。当然,从五四开始,就有各种反对和质疑新文学运动的意见,不过都不够理性和系统,往往还带着某种情绪。而梁实秋可以说是头一个试图从学理上来批评分析五四新文学运动的。

《现代中国文学之浪漫的趋势》这篇文章对五四新文学运动作了整体性的否定,认为这个运动极端地接受外来影响,推崇感情,贬斥理性,标举自由与独创,风行印象主义批评,等等,都表现为"一场浪漫的混乱"。在梁氏看来,五四文学总的来说并不成功,原因在于"反乎人性,反乎理性"。梁实秋立论是有片面性的,但他确实又较早看出新文

---

① 《浪漫的与古典的》由上海新月书店1927年出版,《文学的纪律》由上海新月书店1928年出版。

学运动的某些历史特征与问题。梁氏以新文学阵营成员的身份，借助系统的西方理论学说，对新文学运动作了有一定理论深度的总体性批评，其片面却又不无某些深刻性的论述，起码可以引发人们对五四新文学得失的某些思考。

同学们看梁实秋这些早期论作，会发现他持论的出发点和方法，与20、30年代大多数作家、理论家明显不同。他是从新人文主义角度观察文学现象，议论文学问题的。读一读梁实秋的著作，看他们是如何引进、如何阐释这种西方思潮的，这是一个有意思的课题。

在梁实秋早期论作中，《文学的纪律》这本小册子也很重要，其中就集中体现了他所推崇的新人文主义的文学观。梁氏在该书提出一个核心观点，后来成了他毕生维护的一杆理论旗帜，那就是人性论的文学观。梁实秋认为，"文学发于人性，基于人性，亦止于人性"。这是从人性角度解释文学的本质。那么，文学应当达到怎样的功能？他还是从人性角度切入，认为人性有善有恶，普通人性总是善恶交织，要以理性来"指导"，尽量抑制恶的方面，才能达到"健康"的"标准"的"常态"；文学应当起到抑恶扬善的效能。也只有在"标准"之下所创造的常态的文学，才能起到这种作用，是"有永久价值的文学"。由此梁氏又主张"文学的效用不在激发读者的热狂，而在引起读者的情绪之后，予以和平的宁静的沉思的一种舒适的感觉"，梁氏认为这才有利于"人生的指导"与"人性的完善"。显然，梁实秋这种观点倾向于古典主义，他所主张的文学创作或欣赏都遵循"纯正的古典"原则，即注重理性，注重标准与节制。他提出一个概念，就是所谓"文学的纪律"，也就是所谓规矩、原则，要用这种"纪律"来抑制浪漫态度，反对感情决溃，否定描写变态。我们应当注意梁实秋所向往的这种"古典"的精神，这是他的立足点，他和新古典主义有着非常紧密的联系。

关于这种理论渊源，可以看看梁氏另一篇题为《文学批评辩》（作于 1927 年）的文章。文中这样提出，批评的"灵魂乃是品位，不是创作，其任务乃是判断，而非鉴赏"；批评家要有"超然的精神"，但批评"不是科学"，不该满足于"事实的归纳"，而要着力于"伦理的选择"与"价值的估定"。在其他一些文章中，梁实秋就都这样力主批评是判断的观点，强调"纯正之'人性'乃文学批评唯一标准"。抓住这一点，就能理解梁实秋整个批评思想。

这里有必要对新人文主义的背景做一些简要的介绍。梁实秋1924 年在美国留学时，非常崇拜当时在哈佛的新人文主义者白璧德（I. Babbitt），自从选修了他的课之后就为白璧德的思想所吸引，从一个浪漫的文学青年变为新人文主义信徒。白璧德这个人和中国有些关联，他的父亲是在宁波长大的，所以他对中国文化特别是儒家学说有一份欣赏，他的新人文主义到底和中国传统文化有哪些契合点，是值得研究的。事实上，在当时的欧美，一战的浩劫造成了社会危机与精神危机，艾略特笔下的那种恐怖的荒诞感（如《荒原》）正反映了这种社会心理。所以出现像白璧德这样迷恋传统的知识分子，渴望从传统道德规范中重建社会秩序。而白璧德的思想赢得了一批中国留美学生的倾慕，则是因为这些知识分子担心社会变动带来传统的崩坏，他们不能理解五四文化转型的意义，而充当了传统的卫道者。新人文主义所以在五四时期出现，并以此为旗帜形成了思想守成的"学衡派"，不是偶然的。梁实秋 1927 年回国后先是到了"学衡派"的大本营东南大学，和学衡的骨干梅光迪、胡先骕等一班人有许多合作，又翻译过白璧德的著述①。他们这个圈子都比较趋向于守成，跟白璧德的影响直接有关。

白璧德是以"人性论"作为他全部理论架构基础的。需要提醒的

---

① 1929 年底与吴宓翻译出版译著《白璧德与人文主义》，并作长序，新月书店出版。

是,我们通常对"人性论"的理解比较笼统,也比较政治化。其实"人性论"有许多不同派别,不同的层面。白璧德用于支撑新人文主义的"人性论"不同于我们一般了解的近代资产阶级人道主义的"人性论",一般说的"人性论"是"自然人性论",主张人的感情欲求与自然本性的合理善良性,要求突破传统道德习俗、不合理社会制度与虚矫文明的压制束缚,使自然、纯朴、善良的人性得到全面的发展。19世纪西方浪漫主义就基于人性善的"自然人性论"。后来遭到我们不断批判的人性论,大致就是所谓资产阶级人性论。而白璧德的"人性论"是有其特别含义的,是善恶二元的"人性论"。白璧德认为人性包括欲念与理智、善与恶、变态与常态的二元对立,两方面的冲突与生俱来,如"窟穴里的内战";浪漫主义与自然主义放纵"欲念",表现丑恶与变态,是不利于健全人性发展,因而也有碍于健全人生的;真正于人生有实际价值的文学创作,必须基于表现健全常态的人生,因此要有"理性的节制"。白璧德指出"人生"含三种境界,一是自然的,二是人性的,三是宗教的。自然的生活是人所不能缺少的,不去过分扩展人性的生活,才是应该时刻努力保持的;宗教的生活当然是最高尚,但亦不可勉强企求。白璧德希望通过新人文主义的提倡,复活古代的人文精神,以挽救西方社会整体性的危机,以"人的法则"和理性力量克服现代社会生活的人欲横流,道德沦丧。

梁实秋师从白璧德,人生观与学术思想受白璧德很大的影响,他承认自己接受了白璧德理论的"挑战"之后,终于倾向于新人文主义,文学观也就"从极端的浪漫主义……转到了近于古典主义的立场"①。梁氏的思想是趋于保守稳健的,他本来对儒家的中庸颇为赞赏。而白璧德的父亲在中国宁波长大这种家庭背景使白璧德对中国传统文化

---

① 《梁实秋论文学·序》,台湾时报文化出版公司1981年。

自有一份偏爱。西方文学的理性自制精神,孔子的中庸与克己复礼,加上佛教的内反省的妙谛,铸成了白氏的新人文主义人生观和文学观。梁氏认为白璧德的这一套思想主张暗合中国传统精神,所以一经接触,就甚为倾倒。

现代文学史上写过批评文章的人很多,但专注于批评、以批评为职志的并不多。梁实秋是难得的一位,可以说是"科班出身"的专业批评家。研究梁实秋的新人文主义立场,不能不注意他的一些批评理论论作,特别是他早年所写的一些阐释西方文论的著作。同学们可以着重看这几篇:《喀赖尔的文学批评观》、《亚里士多德的诗学》、《新古典主义批评》与《近代的批评》。这些论作跟梁氏当年在大学讲课的需要有关,但也是他有意要建立一套以新人文主义为核心的批评理论。他系统研习西方批评史,是要重新"解释"批评史,这种学术研究本身灌注了他所推崇的新人文主义精神与理性精神。大家阅读他这些论文时,不能止于了解西方文论传入的轨迹,更要寻找传入中的"过滤"与"变形"。例如,梁实秋解释亚里士多德的著名的"模仿"说,就认为其意味着以"普遍的永久的真的理想的人生与自然"为现象,一方面不同于"写实主义",因其所模仿者"乃理想而非现实,乃普遍之真理而非特殊之事迹";另一方面又不同于"浪漫主义","因其想象乃重理智的而非感情的,乃有约束的而非扩展的"。这种解释其实并不符合亚里士多德原意,有梁实秋自己的借题发挥。梁氏的目标是张扬新人文主义的"理性与节制"精神。这种"古典"精神从梁氏对近代各种不同批评流派的评估中也明显可见。

在梁实秋介绍和解释西方批评流派著述中,《近代的批评》是一篇比较完整的论作,应当注意他是如何选择和过滤西方的文论,并突出他所关注的哪些"亮点"的。梁实秋把近代西方有影响的批评分为六大家,认为各家各有长短得失:泰纳(Taine)为代表的"科学的批评"使文学研究趋于精确，却不能代替价值判断这一文学批评的主要目标；佛朗士（Anatole France）所代表的印象派批评注重批评主体审美感觉，却使批评家的地位降低到一般鉴赏；卡莱尔（Carlyle）所提倡的解说、传记与历史的批评手法着重批评之社会的功用，却将批评的功能局限于为作品当注解；王尔德（Oscar Wilde）的唯美主义批评弊在把艺术与人生隔离；托尔斯泰（Tolstoi）的批评则过于看重文学的平民性与社会功利价值。看来梁实秋对批评史上几大流派都不怎么满意，在他的心目中，唯有阿诺德（Arnold）的新古典主义批评最有可能获得"成绩"，因为其既注重文学的人生价值，又持理性的、节制立场。梁氏自称这是在"历史透视"的基础上，选择和提倡新人文主义的。他的文学目标是要借鉴新古典主义批评，建立一种可用之于中国文学的平实、稳健的批评。

另外有些论文虽然重点并非研究批评史，而是讨论某种文学美学现象，但也脱不了他的中心意图。如《诗与图画》探讨创作中的"想象"与"升华"的涵义，《与自然同化》探讨作家与自然的关系，两文运用比较文学的手法评介了在这些问题上中西观念的契合点，最终还是落脚到新人文主义的理论基点上。

接下来谈谈梁实秋 30 年代的批评观点变化。我们知道，梁实秋成名不算早，1926 年他写《现代中国文学之浪漫的趋势》时，也还是不见经传的人物。后来暴得大名，原来是与鲁迅有关系。鲁迅一批梁实秋，这位"文学青年"反而就出了大名。发生在 30 年代的这场论争，梁实秋被鲁迅批判，斥为"资本家的乏走狗"，主要是用阶级论批评"人性论"。关于这段"公案"，以往大家看鲁迅的东西比较多，梁实秋到底是如何发言的，在什么语境中发生这样一场论战？不一定很了解。梁实秋当年的论战文字大都发表在一些报纸刊物上，现在找来不容易，大家可以看看梁实秋自选的集子《偏见集》（1934 年中正书局出版）。

　　这个集子的文章多写于 1928 年至 1934 年,依性质分两类。一类是与鲁迅、左翼作家论争的,有《文学与革命》、《文学是有阶级性的吗?》、《辛克莱尔的〈拜金艺术〉》、《人性与阶级性》等,其主旨都是反对文学的"阶级论"、反对"革命文学"运动。从政治的角度看,代表了当时文坛的自由主义思潮,与当时左翼文学运动背道而驰。而鲁迅和左翼作家批评梁实秋,主要针对其"人性论"。那么这所谓"人性论"到底怎么回事? 梁氏这一时期更力主文学表现"人性",然而其"人性"的涵义仍是新人文主义所谓"常态的"人性、理性制约下的"健全"的人性,如前所述,这和一般资产阶级的"人性论"是有很大区别的。可是当初乃至后来凡批评梁实秋的"人性论",似乎都将它与一般资产阶级人道主义"人性论"捆在一起批,其实并未能击中要害。倒是梁氏自己感到,他所起用的白璧德的思想武器有点力不胜任了。白璧德的新人文主义主要是用以抨击浪漫主义以降西方文艺思潮的。20 年代末遭受经济危机的袭击之后,新人文主义在美国曾一度流行,白璧德企图以此作为救治西方社会整体性危机的灵丹妙药。而梁实秋却用于对付无产阶级文学,多少有点"文不对题"。因此梁氏不得不对自己的理论作了一些修正。上述几篇文章除了仍讲"普遍人性"之外,又吸收了英国后期浪漫派批评家卡莱尔在《英雄与英雄崇拜》中提出的"天才"统治论与贵族化的文学论(在此之前梁氏是否定卡莱里的,见《卡赖尔的文学批评观》),认为文学与革命都只能是天才的作为,文学既然是天才个人的精神活动,就只能是少数人的;大多数人的作为(如革命运动)并不能产生真正的文学。在急进的时代潮流面前,梁实秋推崇新人文主义文学观显然势单力薄,也暴露出一些难于弥补的漏洞;尽管梁氏极力维护,但作为一种思潮,新人文主义到 30 年代中期终于一蹶不振了。

　　不过今天重读梁实秋这些文章,多少也还可以发现他作为独立的批评家毕竟又有敏锐的目光。他对"革命文学"左的弊害的批评,有的就切中肯綮。30年代左的机械论与庸俗社会学在文学领域广为流行,如美国作家辛克莱尔机械论味浓重的《拜金艺术》就为许多左翼作家理论家所推赞。另一方面现代主义所推崇的某些美学观念与创作、批评方法,如心理分析说也有相当影响。梁氏把这些学说主张一概视为异端谬论。他所作《辛克莱尔的〈拜金艺术〉》一文,对庸俗社会学的文学观与心理分析派的批评,就是左右开弓。梁氏指出"心理分析派以对付病态心理的手段施于一切文艺,以性欲为一切文艺的中心,是武断的。辛克莱尔这一派以经济解释文艺也是想以一部分的现象概括全部,同样失之武断。这两个'谎'号称为'科学的艺术论'实在是不科学的。因为它的方法是演绎的,是以一个原则施之于各个对象,不是从许多材料中归纳出来的真理"。这些话,今天读来仍不无启发。如果将梁实秋这些文章与当时批判他的文章放在一起来读,也许是更有意思的,这样,不光对梁氏的理论得失会有较客观的了解,对这一段的文学思潮和论争的认识,大概也会更有"立体感"。

比如这些年从国外引进许多理论方法,给文学研究与批评带来一些新气象。但我们渐渐发现有许多理论脱离了其既定背景,生硬地植入一个不一定适合的土壤,效果值得怀疑。那种丢弃了文学的情感性和艺术个性的批评,把文学当作僵死的东西而大动手术的理论剖析,确实有"科学主义"的弊病。对此我们是越来越不满了。类似的对"科学主义"的批评,我们在梁实秋几十年前写的《偏见集》中也听到了回响。该书第二辑的其余几篇文章,是属于批评理论与美学探讨及文学评论的。《科学时代中之文学心理》指出文学与科学的分工只在"方法与观点"上,而不在"领域"上,现代科学的发达不可能促成文学的衰退消亡。文学批评与创作也不属同一层面,批评是关于文学的思想见解,必须条理清楚,逻辑严谨;而创作则是感性的摸索与雕琢。梁实秋对于 30 年代较常见的那种追求"科学性"而趋于晦涩,或追求"印象式"而陷入含糊的批评作风,都作了理论上的否定。30 年代他很少再讲新人文主义或新古典主义了,但其理论基点仍然没有多少变化。他孜孜以求建树的仍是那种稳健的批评。《现代文学论》则再次对五四以来新文学作鸟瞰式的历史总评。值得注意的是,30 年代的梁实秋仍是坚持"为人生"的口号的。不过梁氏的"为人生"与重功利重宣传的"为人生"大异其趣。他主张文学基于人生体验,坚持文学是人生的反映。这也是他品衡整个新文学得失的主要标准。从这些文章的具体论述中,也可以看到梁氏那种不同于五四以来的现实主义、浪漫主义,又不同于现代主义或"革命文学"的批评理论品格。

《偏见集》第三辑所收一些文字比较杂,从写作时间看,横跨 40 年代至 60 年代。这些文章内容以批评理论、鉴赏理论及美学的探讨为多。在《文学的美》中梁氏认为,文学里有美,但不太重要,因为文学以文字为媒介,本身也没有太多的音乐的美与图画的美。文学中所表现的东西才是重要之所在。该文指出,"'教训主义'与'唯美主义'都是极端,一个是不太理会人生与艺术的关系,一个是太看重于道德的实效。文学是美的,但不仅仅是美,文学是道德的,但不注重宣传道德。凡是伟大的文学必须是美的,而同时也必须是道德的"。当年梁实秋曾就文学中的美的问题与朱光潜开展过一次讨论,周扬也曾参加这次讨论,并撰文指出梁氏将文学的美局限于形式以及对美与道德二元看法的谬误,同时又肯定支持了梁氏坚持文学现实性与功利性的正确一面。梁氏《文学的美》是当年引起美的问题讨论的文章。《文学讲话》则是到台湾之后写的类似"文学概论"的长文,分文体部类加以论说,涉及文学观念、文体特征、创作方法、批评方法,等等。论题很广,但深入浅出,系统而又圆熟地发挥他持之以恒的文学观与美学观,在一些比较具体的命题的论述上,不乏精彩脱俗的见解。梁实秋是莎士比亚研究的权威，这方面的论作较多，大家如果有兴趣，可以选《莎士比亚的思想》一篇，以斑见豹，略窥梁氏"莎学"造诣之精到。

梁实秋所独立支持的新人文主义文学观，是自成体系的，在现代文学史上充当了"反主题"的角色。由于现代中国特定的历史条件，梁氏的文学观与美学观注定得不到文坛的响应，且终于被现代文学主潮的发展所抛弃。然而梁实秋毕竟又是一位有理论个性的批评家和美学家，他对一些具体的批评理论与美学课题的探求有失也有得，无论得失，都已经在文学史上留下了它特有的痕迹。通观梁实秋有关文学美学的论著，领略其独异的批评风格和某些睿智的探求，还可以从他那理论得失在新文学发展过程所留下的印记中，引发某些历史感。

原为讲稿，写于 1988 年，2005 年 8 月略作整理

正视自由主义作家的人生理想

——读梁实秋《雅舍轶文》随感

中国现代文学馆　吴福辉

梁实秋被称作自由主义知识分子,近年来似已成定论。他是"新月派"理论批评的代表人物。新月派的思想和文学观念,大概也只有在"自由主义"的旗帜下才能够梳拢得起来,至今褒贬不一,不在本题之内就不必细说了。而梁实秋以《雅舍小品》的盛名进入现代散文史,在今天倒是不会有任何问题的。梁实秋的麻烦出在他两次与政治激进的左翼知识分子发生的对立上面。一次是1927年前后与鲁迅的争论。鲁迅批评他的"人性论",他批评鲁迅的"阶级论"。他的"人性论"的主张十分确定,到了晚年也没有动摇一丝一毫。这是他新人文主义思想的基石。他后来回忆说:"我当时的文艺思想是趋向于传统的稳健的一派,我接受五四运动的革新的主张,但是我也颇受哈佛大学教授白璧德的影响,并不同情过度的浪漫的倾向。同时我对于当时上海叫嚣最力的'普罗文学运动'也不以为然。我自己觉得我是处于左右两面之间。"[1]他批评浪漫滥情,写有《现代中国文学之浪漫的趋

---

① 梁实秋《秋室杂忆·忆"新月"》,《梁实秋文集》第3卷第58页,鹭江出版社2002年。

势》一文。他批评左翼，主要是认为左翼假借"苏俄的文艺政策"和"唯物史观"，而他是主张"文学的性质在于普遍的永久的人性之描写，并无所谓'阶级性'"的①。另一次，是1938年他编报纸副刊发表选稿宗旨，被左翼批评家加上了鼓吹"与抗战无关论"的帽子痛斥。这件公案一直延续到1980年在巴黎开抗战文学国际研讨会，各方仍然争执不下。有人认为是故意曲解的冤案，因为梁实秋的文章白纸黑字都在那里，明明先说的是"于抗战有关的材料，我们最为欢迎"，然后接着说"但是于抗战无关的材料，只要真实流畅，也是好的，不必勉强把抗战硬搭上去"②，怎么可以断章取义乱打"抗战无关"的棍子呢？据我看，左翼的观点以今日视之自然可以讨论，但左翼的嗅觉并没有发生误差。因为左翼将梁实秋的话去掉上半截是一种批判的策略，是为了批判的集中性。对于左翼信仰的政治领导一切的观点来说，抗战中的一切无不与抗战有关，不可能有脱离抗战的衣食住行与人情世故，因此，提出有与抗战无关的一部分文学便等于是提倡全体与抗战脱节的文学无疑。这两次争议，都是自由主义思想意识和左翼社会政治思想的交锋。第二次只是第一次的延续而已。批梁的一方认定抗战应当统驭一切，就像说阶级性应该统驭一切，两者的逻辑没有什么不同。不过鲁迅的思想要更复杂一点，他也是两面作战：与梁实秋论战好像"人性"的观点根本不进入他的视野似的；真的与左翼内部的机械论者论战时，他的文艺观里又不是绝对不容纳"人性"的。

那么，梁实秋是否就如人们理解的，是高高在上的英美"绅士"派作家呢？这就用得着"人生理想"这一评价概念了。我认为，评价一个作家，政治思想和文学观念固然重要，"人生理想"的引入也不应小视。

---

① 梁实秋《秋室杂忆·忆"新月"》，《梁实秋文集》第3卷第59页，鹭江出版社2002年。
② 见梁实秋《编者的话》，载1938年12月1日重庆《中央日报》副刊。

所谓人生理想,大致可以包括人生态度(积极或消极。这与乐观、悲观可不是一回事。梁实秋解释过"悲观不是消极","悲观是从坏的一方面来观察一切事物,从坏的一方面着眼的意思"①。梁实秋的乐观可以从他如何谈抗战中北碚自己的两间陋室感受得到,鲁迅倒是真悲观的,但两人都持"积极"的投入人生的态度)、人生感情(真挚诚实,或虚假欺骗)、人生体验(从对日常生活的感知直到对生命的感知。梁实秋的"雅舍谈吃"过去容易被看做是资产阶级的闲情,现在看得很清楚,是典型的市民情趣)、人生信仰(追求人人平等、自由,人人得温饱的目的)等等。其中很重要的体现,即是对待人民的立场,像如何看待贫富差别,如何看待下层平民。这些当然与政治思想和文学观念息息相关,有的时候也有一定的独立性。我在读梁实秋《雅舍轶文》的时候,特别对他的关注市民公共利益,对社会上公平与否的特殊敏感,留下了印象。

《雅舍轶文》是由后人搜罗作者生前并未入集的轶文而编成的。文章经梁实秋子女认定是其父亲三四十岁时期所作②。对于最终活了八十六岁的人来说,那是正当年富力强时期的作品。大部分的散文发表于1947年、1948年。大家知道,这是个尖锐的内外交迫的时期。后来,梁实秋离开了大陆。而一个生长于北京比较富裕的家庭,又与左翼文人结下笔墨官司的梁实秋,到底在这样的年头会说些什么话,是值得我们注意的。

事实上,政治立场虽等待着最后抉择,但梁实秋的人生理想到此时为止并没有多大的变化。《雅舍轶文》里写得最早的文字是与鲁迅还处在"冷战"中的1928年。如《冬天》一篇,批评英国散文家逖昆西

---

① 梁实秋《杂感三则》,余光中、陈子善等编《雅舍轶文》第10页,中国友谊出版公司1999年。
② 梁文蔷《是先父而立、不惑时期的作品》,《雅舍轶文》第3页。

（今译德·昆西）那种房外尽管有"降雪,雹,霜,狂风暴雨"在施虐,却独得"冬日围炉之乐"的描述,反其道而曰:

> 我所以厌恶冬天的理由,说起来很简单,我怕冬天的冷。我在冷的时候,我不能感觉到冬天的美。遂昆西若是穿着一件单薄的衣裳在暴风雨里,我相信他的意见会改变的。自己躲在一个极安逸的所在,赏识极端严厉的自然界的美,——这大概是一切浪漫主义者的享乐吧。

你看这和鲁迅在辩驳他的时节说的"穷人决无开交易所折本的懊恼,煤油大王那会知道北京捡煤渣老婆子身受的酸辛"①有多大的区别?实际上梁实秋在40年代的众多散文里,不乏站在穷人一边批评富人、大官、上等人的话。这里不妨举出《雅舍轶文》的例子来看看。为表示绝非个别,我一共举出四篇。

《小帐》认为"小帐是我们中国的一种坏习惯,在外国许多地方也有小帐,但不像我们的小帐制度那样的周密,认真,麻烦,常常令人不快"。然后谈饭馆、澡堂、火车、戏院里是如何收小帐的。得出的结论有点像社会主义者的说法:"考小帐制度之所以这样发达,原因不外乎两个,一个是劳苦的工役薪俸太低,一个是有钱的人要凭借金钱的势力去买得格外的舒服。"②

《沙发》谈的是外国传入的一种家具。现在是普及得不能再普及了,可在1947年的当儿,它还只是"一个中上阶层家庭里所不可少的一种设备"。因此作者特别地关照"没见过沙发的人,可以到任何家具

① 鲁迅《"硬译"与"文学的阶级性"》,《鲁迅全集》第4卷第204页,人民文学出版社1981年。
② 梁实秋《小帐》,《雅舍轶文》第41页,中国友谊出版公司1999年。

店玻璃窗前去看看,里面大概总蹲着几套胖墩墩的矮矮的挺威武的沙发"。沙发经这么一写,如同拟人化了,放在富人家里也像个富人模样。这是有作者深意的。接着,他就写了两个场面。一是"一个穷亲戚或是一个属员来见你,他坐沙发的姿势特别。他不坐进去,他只跨一个沿。他的全身重量只由沙发里面的靠边上的半个弹簧来支持着,弹簧压得喀吱喀吱的直响"。一是亲见一群小官坐等大官,"每一个人都没有坐稳当,全是用右半边臀部斜压着一点点沙发的边缘,好像随时都可以挺身而起的样子"。作者觉得意犹未尽,他设计好让门一响,"于是轰的一下子全体肃立,身段好灵活,手脚好麻利,没有一个是四脚朝天的在沙发上挣扎。可惜这回进来的不是那官儿,是茶房托着漆盘送茶"①。成了一幅绝妙的讽刺画。

《莎士比亚的墓志》写的时候已经是 1948 年。谈一个外国作家,即便谈的是大名鼎鼎的莎士比亚,即便谈的人是莎士比亚的行家,日后甚至倾其全力译了莎士比亚的全集,那也能谈出贫富不公的大道理么? 可梁实秋谈到了。他借莎士比亚墓志只是四句"歪诗"("好朋友,看在耶稣面上,请勿/ 刨掘埋在此地的一坯尸土。/ 饶了这些块墓石的人,降福于他! / 移动我的骸骨的人,他永受咒罚!"——笔者认为译文似有错或者书中印错),内容是那样怕后人搬动自己的坟墓,而给出一种"解释":即此志并非本人生前手笔。莎士比亚虽是个"戏子",但死前已经致富,这才被允许葬入教堂。不久,他的身份遭到议论,他的女婿便拟就这个墓志以防止有人"刨坟挖尸"。于是作者不免有感而发了:"到了 18 世纪,诗人格雷做《墓畔哀歌》,不是还在唏嘘凭吊那些埋在教堂外面的无名英雄么? 人活着的时候有贫富之别,死后

---

① 梁实秋《沙发》,《雅舍轶文》第 66—68 页,中国友谊出版公司 1999 年。

这界线也还不能泯灭!"①文章的主旨说得再清楚不过。

《市容》一篇最具平民立场。开头先写北京巷口吃食摊的生动景象,"围着就食的有背书包戴口罩的小学生,有佩戴徽章缩头缩脑的小公务员,有穿短棉袄的工人,有披蓝号码背心的车夫"。证明了城市的脉搏在跳动,有人有力气摆摊,有人来吃,吃完付得起钱,一群人"好好的活着",使得"我每天早晨从这里经过,心里总充满了一种喜悦。我觉得这里面有生活"。但是突然有一天,这一切消失了,消失得无影无踪,原来是为了某某人的驾临要整顿"市容"!作者论述说,政府官员老爷关心的"市容"是指打扫城市的"前台",至于"后台"呢,对不起就顾不上了。而广大的市民正是日日生活在前后台的。为了"市容"而取缔小贩的做法,在那个时代非常普遍,酿成的事件也不在少数。站在官员的立场上,将南京、上海、台北的小贩看做是借机闹事,予以镇压(台北的二·二八事件据说导火线就是取缔小贩),道理可以讲得振振有辞。如换一个位置思考,就会觉得破坏这些穷人的活法,真正是罪过。梁实秋就换位思索了,1947年写出这样的散文,我初读的时候是很感吃惊的。

其实,梁实秋的平民心渊源有自。它的基本来源就是北京这个城,和这个城的恒久的文化。在《市容》这篇散文里,他曾举一个外国人回到北京的情形,说他"前台"看的是故宫太和殿,呆呆地在那里站了半个钟头;"后台"看的是住过六七年的南小街子,看那里的土路、烧饼铺及和善的卖烧饼的伙计,发现没有了以后便很感失落。那外国人说:"这就是北平的文化,看了这个之后还有什么可看的呢?"北京这城市很怪,哪怕你是如梁实秋这样中上等人家出身的、喝了洋墨水回来的"高级"知识分子,你过年还是要去逛厂甸,搜旧书仍然到琉璃厂,看

①　梁实秋《莎士比亚的墓志》,《雅舍轶文》第95页,中国友谊出版公司1999年。

风景跑不出北海景山,钻的是胡同,放的是风筝,吃的是豆汁、灌肠、烫面饺、面茶、豌豆糕、硬面饽饽、爱窝窝,讲的是老礼。经过这样的一种民俗的洗礼,不由你对平民不亲近。据亲人回忆,梁实秋写文章"有一段时间喜用市俗习见的名字作为笔名,比如赵得胜、李振标、王有财、张长贵、牛大勇"之类①。这自然不是没有来由的,但发生在一个英美派的留学生身上,你不能不感叹北京所造成的平民情结,是怎样变作了一种潜意识在对他发生作用。所以后来梁实秋离开北京却时时回想北京,写了许多深情的文章,如《北平的零食小贩》、《北平的街道》、《北平的冬天》、《东安市场》、《放风筝》、《"疲马恋旧秣,羁禽思故栖"》等,均为佳作。他回忆自己从小到戏园子听戏的经历,描写外国人无法想象、理解的嘈杂环境(梁实秋见识过外国戏院):"在戏园里人人可以自由行动,吃,喝,谈话,吼叫,吸烟,吐痰,小儿哭啼,打喷嚏,打呵欠,揩脸,打赤膊,小规模的拌嘴吵架争座位,一概没有人干涉。"但就是如此的戏院,实实在在有"相当良好的表演艺术"在其中进行着。于是梁实秋不免感慨万端地说出这样有深度的话来:"研究西洋音乐的朋友也许要说这是低级趣味。我没有话可以抗辩,我只能承认这就是我们人民的趣味,而且大家都很安于这种趣味。"②联系他回忆闻一多对早期新月社印象不好的缘故时说的,"一多是比较的富于'拉丁区'趣味"③,把同是"新月派"的诗人,分成更习惯于"拉丁区"的穷困气味者,和相对倾向富人区的绅士味两类,这是很有启发性的分析方法。这两种意识绝不会突然窜出,均系长期积淀而成。"人民的趣味"也好,"'拉丁区'趣味"也好,从梁实秋对它们的欣赏有加,就不难看出他的平民趣味是如何在北京文化的养育下一点一滴渗入血液的。

---

① 梁文骐《是先父而立、不惑时期的作品》,《雅舍轶文》第 3 页。
② 梁实秋《听戏》,《梁实秋散文》第一集第 296—297 页,中国广播电视出版社 1989 年。
③ 梁实秋《秋室杂忆·忆"新月"》,《梁实秋文集》第 3 卷第 57 页,鹭江出版社 2002 年。

着眼于人,就可能站在被欺负的、陷于不公平地位的人一边,而对欺负人的、作出不公平行为却又庇护不公平行为的政权机构,发出声讨。有时可以声讨得很激烈。《雅舍轶文》有篇《感伤纪行》,便是这样。此篇来自作者1947年6月11日搭乘招商局轮船从上海至天津,再转火车回京的实际经验。这时已经有"山雨欲来"之势,轮船爆满,伤兵(荣军)无钱补票,铁路桥梁被炸断,吃苦是不必说的了,作者用一句"所吃的苦,几乎完全是那号称为'人'的那种动物所自行制造出来的"作结,自由主义知识者和"人性论"者的味道十足,显得颇迂。但谈起路上种种不平等的事件来,类似行李不准进船要由旅客彻夜守候、海关的滑稽检查、穿军衣者的横行、挑豆腐脑的老者遭抢,作者的议论锋芒便强烈起来,如"政府无能,做官的为自己谋福利,不管人民痛苦,国事如何不糟?""人民天天在流血汗,还算不努力?不努力的乃是在人民上面的那一批人"。甚至说:"在'军事时期',军衣本来是很重要的东西。惹不起的,不要惹;惹得起的,尽管惹。一旦惹得起的都变成为惹不起的,看怎么办?"这话的分量极重。梁实秋在那个非常的时期里,还能站在被"惹得起的"人一边来说话,并带了一定的愤怒情绪,他似乎出了"格"了。

一个反对文艺的阶级性,而主张人性论的自由主义作家,他具有如此倾向平民的人生理想,反过来,必然会影响到他的文艺观念。只要我们淡化二元对立的思维模式,在非红即黑的图式外看到各种丰富斑斓的中间色彩、过渡色彩,甚至色彩外的色彩,就更加容易接近一个作家的真相。梁实秋是积极地看待人生的,所以,谈到人与现实生活关系的时候,他不是那种非走进"象牙之塔"即走出"象牙之塔"的简单想法。《雅舍轶文》里发表于1937年的《出了象牙之塔》一文,就泄露了这一点。文中以自己为例,说明许多"文学青年"多半有的经历:"从逃避现实到正视人生也是一个不能避免的转移。"左翼本来批评新月派及梁实秋都躲在"象牙之塔"里面,理由是不投入火热的阶级斗争。梁实秋用从青年到中年的人生道路来说事,认为一个人本应在"象牙之塔"里做点梦,然后再行走出,才是"合乎我们理想的事"。像如今这般早早地走出,实在是"环境逼得青年人早熟,环境逼得青年人老早的就摆脱了孩气,老早的就变得老成"。反过来,"早已到了该出'象牙之塔'的年龄的人,偏偏有些位还不出来,还在里面流连迷恋着"。至此,他就道出了一个特殊看法,问题不在逃避现实或不逃避现实,而是"'象牙之塔'原也是人生过程中之一个驻足的所在"①。这显然不是激进的观点,却是人性化十足的观点。

同样的,在关于文学和政治宣传的关系问题上,过去认为梁实秋是个异类,其实也有复杂的一面。《雅舍轶文》里有篇写抗战期间观看国立戏剧学校公演吴祖光戏的感想的,名《看〈凤凰城〉记》,很出乎人们的意外,文章是专门夸奖该剧将艺术和宣传结合得好的。试读以下的文字:

> 我也不否认这戏的宣传性,这戏里有不少的地方带着萧伯纳式的演说词,例如校长的训话之类便是,在现阶段,这些宣传是必要的,我们并不嫌其多,而且还希望所有的作家都能尽量的采用进去。不过有一点,不要公式化。避免公式化的最好的方法便是,人物要有个性,背景要有地方色彩,说话要真挚而不搬弄现成标语。《凤凰城》里的宣传辞句并不多,而于扼要处均能有画龙点睛之效。艺术与宣传若能真联在一起,也就是在这种地方吧?②

---

① 梁实秋《出了象牙之塔》,《雅舍轶文》第20—21页,中国友谊出版公司1999年。
② 梁实秋《看〈凤凰城〉记》,《雅舍轶文》第117页,中国友谊出版公司1999年。

即便今天观之,梁实秋的这段话也天衣无缝,没有什么漏洞,可以被普遍接受的。当然,同样的一句话,还有当年的具体语境,也有言外之意等等。犯了公式化毛病的抗战文学也可以辩解说,梁批评的不是文学,而是抗战;或说对抗战文学一下子就要求上面的三条标准,无异于将抗战文学扼杀于襁褓之中。但至少梁实秋在这里表达的是艺术与宣传可以有条件地联在一起,他也不忽视抗战"现阶段"的特殊性。文中几次用"现阶段"这个词,透露出他的意思。他还主张"宣传"要看对象:"'抗战剧'总带有宣传的意味,在现阶段宣传固然是极有价值极有用处的东西,但是也要看是对谁宣传,对我个人宣传便是不必需的,因为自抗战以来,我已经是家破人亡,骨肉分离,沦陷的苦痛早已备尝,抗战的意识与情绪在我是已经不缺乏的了。"[1]这段话很容易被看做是自由主义知识分子的"贵族气",和自认为比群众高明的"傲气"等。里面或许存在这些因素,但指出宣传要看对象本身并没有错。这让我联想到自1949年以来大陆对知识分子所进行的耗时巨大的"政治学习活动",想到杨绛让人啼笑皆非的长篇小说《洗澡》。我本人从50年代起便参加众多的"政治学习",当日坐在学习会场上,确实心里常想起梁实秋所谓这个宣传对我"是不必需的"、是浪费光阴的念头,只是不敢说出来罢了。

　　梁实秋的"人生理想"有他的自由主义思想支撑,也有相对独立于政治、文艺的一面。谈到"自由"的概念,一般总以为是从外国输入的。梁实秋当然不乏外来思想的渠道,不过他在《雅舍轶文》的《画梅小记》里,表示了他有以传统文化思想为来源的这一点。他说在读了龚定盦(自珍)的《病梅馆记》后,"这篇古文使我了解什么叫做'自然之美',什么叫做'自由'。我后来之所以对于'自由'发生强烈的爱慕,

---

① 同上书,第115页。

对于束缚'自由'的力量怀着甚深的憎恨,大半是受了此文之赐"①。如果脱离了西方自由主义的整体背景,那么,将"独立自由"看得无比重要的观念,是连部分中国的左翼文人也具备,如鲁迅,如胡风和胡风派。至于"人生理想"中的平等思想、平民意识,把它们看做是各种文人包括左翼文人和自由主义文人都可能具有的进步性,大概也算不得是夸张。只是每个作家有每个作家的特殊之点,需要一个一个作具体而微的分析。

据此,关于梁实秋一类的自由主义作家究竟应该如何进入文学史的问题,就摆在面前了。梁实秋的文学成就大体上有五个方面:散文、理论批评、翻译、编辑、教育和学术。后三个方面如果到了文学史视野进一步扩大的明天,自然也是可以写进去的。现在至少在散文与理论批评两方面,梁都是自成一家。过去大陆的文学史对待梁实秋,因历史的原因,在将一部文学史写成革命文学史的年代,梁只有充当"反面教员"的份儿。后来是只要把左翼文学的主流地位确定,也可将次流容纳进来。比如将梁实秋的"局限性"指明之后,置于边缘地位也是可以的。再后,以进步文学作为主流,构成多元的格局,那么梁实秋就成为有特色的一元。现在,我们从梁实秋的"人生理想"入手,来解读他,便会自然产生中国自由主义作家本来就应是进步文学阵营一部分的结论。进步文学的范围如果很宽大,那么,非进步的文学就会缩小到很小的范围,如仅仅是汉奸文学、黄色文学等。汉奸文学不能随意扩大,不能将在敌伪资助的报刊上发表作品的作家都看做是汉奸作家,不能将与汉奸有关联的人都看做是汉奸作家,也不能把一个文人在当汉奸之前的全部作品都看成是汉奸文学。至于黄色文学,要重新厘定材料,不能不接触具体材料就人云亦云地把鸳鸯蝴蝶派文学,把小报

---

① 梁实秋《画梅小记》,《雅舍轶文》第 80 页,中国友谊出版公司 1999 年。

文学，都一股脑打入冷宫。好在近年来这种情况已经随着报刊研究的深入，而有了显著的改善。

　　梁实秋的思想和文学，目前研究得还不够。文学史对待自由主义作家是否属于进步作家，还处于摇摆之中。我提出作家"人生理想"的概念，是试图为我们研究作家的思想和文学提供一个更符合"创作"本位的思考路径。"人与人生"，毕竟是文学家聚精会神、全身心地要翻的一本大书！

　　　2004年11月27日讲于北京语言大学梁实秋研讨会
　　　2005年9月1日修改定稿于暑气刚过之京城小石居

梁实秋:在中西文化之间

梁实秋沟通中西文化的特色

北京语言大学　高旭东

在现代中国有两类不同的文化人,一类是鲁迅、梁漱溟等,将中西文化看成异质性的不同的文化,鲁迅与梁漱溟都认为中国文化是早熟的自我满足的文化,与西方文化是异质的,梁漱溟甚至还将西方文化、中国文化、印度文化一一排列,并指出其实质性的差异。一类是胡适、郭沫若、吴宓、钱钟书等,认为中西文化根本上就没有本质的差异,而是大同小异,胡适认为文化作为人类生活的样法是一致的,中西的不同仅仅在于当年鞭策西方的情境与力量又来鞭策中国了,钱钟书认为"东海西海,心理攸同。南学北学,道术未裂",郭沫若则在孔子身上发现了康德和歌德,在庄子身上发现了泛神论,在"三个叛逆的女性"身上发现了现代的个性解放。值得注意的是,这种文化观的差异,与他们是哪个阶级、哪个集团乃至对待中西文化的态度及其文化选择统统无关。譬如,按照我们传统的说法,鲁迅、郭沫若是"无产阶级"的,胡适、钱钟书是属于"资产阶级"或"小资产阶级"的,吴宓、梁漱溟是属于"封建阶级"还是"资产阶级"笔者也搞不清楚,总之是出现了"一个阶级说两样话"的怪现象;在文化选择上,鲁迅与胡适都具有浓重的西化倾向,而梁漱溟、吴宓则对传统文化特别有感情。

梁实秋很少谈文化,他谈的更多的是人性,但是学贯中西的梁实秋不可能没有自己的中西文化观,更不可能在中西文化冲突与融合的语境下,避开在中西文化之间的选择。比较而言,梁实秋的文化观与鲁迅、梁漱溟等人的相悖,而更接近吴宓与钱钟书等人,就是并不将中西文化看成是什么异质的文化,而是认为中西文化是类似的,是可以相互印证的。如果从中西比较文化与比较文学的角度审视梁实秋,那么可以说,梁实秋是以人性为尺度,在中西文化中寻找共通的文学现象,并以古典的与浪漫的为标准,试图沟通中西文化与文学。而这种沟通又来源于他的老师白璧德。梁实秋晚年接受丘彦明访问时说:"哈佛大学的白璧德教授,使我从青春的浪漫转到严肃的古典,一部分是由于他的学识精湛,一部分由于他精通梵典与儒家经籍,融合中西思潮而成为新人文主义,使我衷心赞仰。"①

从文化学的角度看,白璧德的学说是有感现代的堕落乃至酿成的世界大战来反省西方文明的,他认为科学主义与浪漫主义是现代文明的两个车轮,前一个车轮碾死了上帝,后一个车轮在鼓动人的情欲的发泄,结果就是整个文明的崩溃与解体。正是从这个意义上,他把与科学主义相联系的现实主义与具有反科学倾向的浪漫主义看成是一丘之貉。科学主义并不能赋予人以高贵的价值与完满的信仰,而是将人与其他动物纳入一个研究视野中加以审视,所导致的是自然形态的人;而浪漫主义也要返归自然,而且认为原始的人性是善的,为反文明的自然主义张目。在白璧德看来,如果不是希腊使人均衡和谐的古典理性与基督教的上帝对人的本性的节制,文明的基础就会崩溃。而在基督教的上帝已经摇摇欲坠的时候,白璧德尤其求助于希腊的古典理

---

① 《"岂有文章惊海内"——答丘彦明女士问》,《梁实秋文集》第5卷第528页,鹭江出版社2002年。

性(这种理性正是梁实秋后来推崇的,与现代的工具理性、分析理性是截然对立的,而与孔子的伦理理性是相似的)。在世界观与政治观上,白璧德反对进化论,反对与科学主义、浪漫主义一起勃发的平等观念;在文学上,白璧德反对自卢梭之后兴起的浪漫主义、现实主义与现代主义。白璧德试图回归希腊的古典主义,并从孔子与佛陀的教义中吸取养分,以理性来节制人的情欲以挽救文明。如果没有理性,人与畜生无异,虽然人不一定企求更高的神性,但是做到有理性是人的起码的道德规范。白璧德确实是一位学识渊博、道德感很强的学者,所以他的教化才能感化那么多前来留学的中国学生。

五四新文化运动是以西方文化来否定中国传统文化的,而这一反传统运动却是在西方文化的压迫下产生的,如今西方人自己也在批判现代的堕落,这使到美国留学的梁实秋感到大开眼界,以为五四文学对传统的批判是一种文化上的错误。梁实秋本来是响应这种文化思潮而开始诗歌创作与文学批评的,但是,在听了白璧德的课之后,梁实秋从白璧德的新人文主义得到启发,觉得西方文化有西方文化的困境,中国文化自有中国文化的价值,因而就反对以一种文化取代另一种文化,而是以古典的(有价值的)与浪漫的(无价值的)为准绳,试图沟通中西文化。梁实秋在《现代中国文学之浪漫的趋势》中,就认为所谓"新文学"就是从西方引进的文学,其目的就在于否定中国的传统文化,但是所引进西方的又不是健康的文化,而是"浪漫的混乱",因而他反对将文学分为新旧,而倡导以健康的尺度来评判中西文化。

梁实秋遵从其师白璧德的比较范式,认为孔子、佛陀的教义与西方古典的亚里士多德的教义是有相似之处的,而与西方从卢梭到现代之浪漫的堕落大相径庭。五四新文学若是抛弃了孔子的教义,又对亚里士多德的古典教义茫无所知,将是非常危险的。白璧德说:"在孔子的著作中,混合着许多与我们的距离远得不可想象的东西,人们在其中会遇到至今仍未失去其效应的格言,无论何时何地,只要人们达到了人道主义认识的层面,这些格言都肯定会再次得到证实。"①梁实秋也认为:"孔子的哲学与亚里士多德的伦理学颇多暗合之处,我们现在若采取人本主义的文学观,既可补中国晚近文学之弊,又不悖于数千年来儒家传统思想的背景。"梁实秋甚至说,白璧德"没有任何新奇的学说,他只是发扬古代贤哲的主张。实际上他是'述而不作',不过他会通了中西的最好的智慧"②。在文化选择上,尽管儒家思想不悖于白璧德与梁实秋的新人文主义,但是梁实秋又认为儒家虽为中国思想的正统,但是却并没有发扬光大:"儒家的伦理学说,我以为至今仍是大致不错的,可惜我们民族还没有能充分发挥儒家的伦理。"③

梁实秋以孔子的伦理理性与亚里士多德的古典的健康与尊严进行认同,又遵从白璧德的教示,将道家与浪漫的混乱加以认同,从而以古典的与浪漫的为尺度,在东西方文化之间架起沟通的桥梁。白璧德的《卢梭与浪漫主义》有一篇附录叫做《中国的原始主义》,将道家与西方的浪漫主义相提并论,认为历史上最接近以卢梭为最重要领袖人物的浪漫运动就是中国的老庄道家。《老子》鼓励返归本源,返回到简单的生活与自然状态中,就个人而言应该返回到其作为新生婴儿的时候;《庄子》攻击孔子的人道主义而赞美无意识,从老子的学说发展出全部的自然主义与原始主义的含义,东西方很少有作家采取这样引人入胜的方式提出人们所谓的波希米亚的生活态度。白璧德认为,庄子"采取的方式非常完整地预示了卢梭后来在《论不平等的起源》及《论科学与艺术》中所采用的方式"④。尽管孟子等人批判道家原始主义

---

① 白璧德《卢梭与浪漫主义》第 105 页,河北教育出版社 2003 年。
② 《关于白璧德先生及其思想》,《梁实秋文集》第 1 卷第 552 页。
③ 《现代文学论》,《梁实秋文集》第 1 卷第 399 页。
④ 白璧德《中国的原始主义》,《卢梭与浪漫主义》第 237—238 页。

而打响了最古老的保卫文明的战斗,但是白璧德又认为,儒家的标准太刻板而缺乏想象力,而将想象力让给了道家,因此道家对李白与其他喜欢酒的诗人以及中国"伟大的风景画派"产生了重要影响。如果说在这种比较中梁实秋比他的老师有什么独异的地方,那就是他认为道家比儒家对中国文学发生了更大的作用,换句话说,中国文学浪漫的成分比古典的成分更占主导地位。

梁实秋对儒家与道家在中国文化中的位置,有着与鲁迅、周作人、许地山等五四人物共同的看法,就是在中国文化中真正有影响力的并非被奉为正统的儒家而是道家。梁实秋说:"儒家虽说是因了历代帝王的提倡成了中国的正统思想,但是按之实际,比较深入于我们民族心理的却是道家的思想,这在中国文学里表现得极其清楚。西洋文学有'古典的'与'浪漫的'两大潮流,中国文学也有儒道两大潮流。"这是中西文学的相似之处,不过,梁实秋认为"古典的"与"浪漫的"在中西文化中的比重是不同的,而这种不同又导致了中西文学的差异:"西洋文学以古典主义为正统,以浪漫主义为一有力之敌对势力。中国文学则以极端浪漫之道家思想为最活跃之势力,以奄无生气之儒家思想为陪衬。就大致论,这是中西文学思想上最不同的一个现象。"在梁实秋看来,中国的道家思想表现在文学上,就是"出世的思想"与"皈依自然的思想","出世的思想"往往以神怪故事及想象仙境的方式表现出来,而"皈依自然的思想"则在中国的写景文学里表现最显著。尽管屈原执著于家国的拯救,但是屈原思想的复杂性可以进行各种各样的阐发,梁实秋就认为在屈原的辞赋中表现出大量的神仙思想,虚无缥缈的神怪思想充满了他的作品以及一般的楚国文学。从郭璞的游仙诗到李白之抒写神仙境界,从《淮南子》、《山海经》到《海内十洲记》、《搜神记》,以及民间那种张天师崇拜等等,在梁实秋看来都是道家的浪漫思想的表现。酒的歌颂,与神仙思想差不多,曹操的"何以解忧,惟有杜康"，刘伶的《酒德颂》，在感叹人生悲哀的时候发挥纵欲享乐与离去现实的思想，在酒的沉醉中表现出一种极端浪漫的情调。酒在西方文学中虽然也有相当的位置，但是不如在中国文学中重要。在中国文学中，以人事为题材者少，以自然为题材者多。"西洋诗以山水之描写为背景，以人为中心；中国诗往往以山水之描写为目标，偶以人为点缀。中国诗的重视山水，如同中国画的重视山水一般，其出发点无疑的是老庄的隐逸思想。"可以说，"自陶渊明以降六朝的山水诗，在中国诗里占了一个特别的位置"。而且中国文人不以文学为专业，只是在怀才不遇或者遭贬的情况下才寄情山水。"中国山水诗所表现的只是一种意境，一种印象，一种对于实际人生之轻蔑。陶渊明一派的诗人，无论其意境是如何的高超，无论其品格是如何的秀逸，只能算是隐士，不能算是生活在社会里的一个人。这一派隐逸的山水诗恰似西洋浪漫运动中'皈依自然'的主张，不过在西洋文学里'自然'始终是人生的背景，而在中国文学里则'自然'占着重要的位置。"①

梁实秋认为，中国文学虽然在表面上接受儒家的教化，但是由于儒家没有适当的文学理论，使得中国文学"实际上吸收了老庄的清静无为的思想和柔以克刚的狡猾伎俩，逐渐的变成了一个懒惰而没出息的民族"，于是，及时行乐的文学，隐逸的山水文学与求仙文学，就压倒了正视人生的文学。梁实秋说："中国文学和西洋文学整个的比较起来，我们可以看出中国文学的主要情调乃是消极的、出世的、离开人生的、极度浪漫的"，而"西洋文学，除了极端浪漫派及晚近的颓废派以外，差不多都一致的承认文学是切近于人生的"，其最健全的文学思想，是由亚里士多德开辟的古典主义，经过文艺复兴，以至于17、18世纪之新古典主义，19世纪后半阿诺德等人对浪漫运动的反动，形成了

① 《现代文学论》，《梁实秋文集》第1卷第394—400页。

在西方占主导地位的以人性为中心的推崇理性与伦理想象的文学传统。因此梁实秋认为，新文学运动第一件事要做的不是"打倒孔家店"，而是要严正地批判文学中的道家思想，这不是抹煞道家思想支配下一些极好的艺术品的价值，而是要使中国文学从此改换一个正确的方向。

有趣的是，尽管梁实秋与左翼文学是尖锐对立的，但是将西方的文学流派恒定化，并且用来指称中国古代的文学现象，却是二者的共同之处。左翼文学批评在后来的发展中，将西方的现实主义与浪漫主义恒定化，并且用来指称中国自古及今的文学现象，将《诗经》、杜甫诗歌说成是现实主义的，将《离骚》、李白诗歌说成是浪漫主义的，与梁实秋在沟通模式上是非常相似的。那么，梁实秋与左翼文学批评对中西文学的阐释那种具有更多的真理性呢？

应该说，就西方文学而言，梁实秋的阐释明显地比左翼文学批评更有道理，新古典主义的滥觞应该是贺拉斯，而将希腊文学称之为古典主义也是有道理的，因为新古典主义模仿的就是希腊罗马的文学，但是将《荷马史诗》与亚里士多德称之为现实主义就毫无道理可言。现实主义的概念来自于库尔贝绘画，当时其被画院拒斥的主要理由是丑，而希腊文学用歌德的话来说就是通体都充满了美。同理，将以科学的态度客观再现现实的现实主义用来指称以抒情诗为特征的《诗经》与杜甫诗歌，也毫无道理可言。尽管《诗经》与杜甫诗歌中都有一些叙事诗，但就总体而言，其诗歌抒情的成分压倒了叙事与对客观世界的再现。当然，说梁实秋比左翼批评家的阐释更接近真理，并不代表梁实秋以"古典的"与"浪漫的"概念沟通中西文化，并且以古典主义阐释儒家、以浪漫主义阐释道家就是无可挑剔的。西方浪漫主义那种个体与整体的分离乃至对立，就不见于中国道家一派的文学，而且将屈原归于道家，本身就难以令人信服，因为道家是明哲，而明哲首先就要保身,然后才能谈得上长生或者生命痛苦的解脱,而屈原的文化承担是非常复杂的,其自杀以殉楚国就表明了他不是一个道家的信徒。

在以"古典的"与"浪漫的"概念沟通中西文化上,梁实秋不如他的老师白璧德更为谨慎。白璧德虽然认为老庄的原始主义与卢梭的学说是可以认同的,但他同时认为,"虽然老子宣称软优于硬,并且宣扬一种应该能吸引西方的感受主义学说,但在他以及其他道家学者身上,人们并没有发现与卢梭的极端感情扩张相对应的东西。他们的一些文人,尤其是《老子》中的一些段落,强调了集中和冷静,这与东方的一般智慧是一致的;甚至是那些肯定具有原始主义和感情主义性质的教义,也常常不同于西方与之相对应的思想运动中的学说"①。虽然梁实秋在沟通中西文化的时候没有表现出足够的谨慎,对儒家文学与西方古典主义文学的差异也并未深入分析,但是对于道家与西方浪漫主义的差异,他在其他文章中还是略有论述。梁实秋认为"道家思想虽然实际支配了大部分的生活,但道家思想是极度现实的,其根本精神并不隐晦神秘"②,而且,道家的皈依自然与西方的浪漫主义也不尽相同,"中国人之爱自然,究竟还是以人为本位。我们讲'吟风弄月',吟弄者固仍是人;'侣鱼虾而友麋鹿',仍是为人的侣友。在这一点,我们中国人的精神真有一点像希腊。中国人的爱自然,不是逃避现实生活,而是逃避社会,因为我们根本承认自然也是现实。我们不把自然看做神祇,我们只把自然看做供我们赏乐的东西"。当梁实秋指责卢梭与浪漫主义者"与自然同化"的时候,又认为"中国人之爱自然,不带宗教的气味,所以也很难说与自然'同化'"③。

① 白璧德《中国的原始主义》,《卢梭与浪漫主义》第239页。
② 《文学的堕落》,《梁实秋文集》第7卷第545页。
③ 《"与自然同化"》,《梁实秋文集》第1卷第76页。

　　冯友兰的《新世训》出版之后,梁实秋立刻加以评论,认为是一本不可多得的好书。梁实秋看取《新世训》的是其做人的道理,他说冯友兰将宋明理学的体系烂熟于心,又融会了亚里士多德与佛陀的教义,发为新论,并且能够深入浅出,沟通中西文化。冯友兰所说的"生活方法",并非个人的随意的生活方法,而是一种无论老年人或少年人,无论中国人、外国人或古人、今人都必须遵循的不随人生观而发生变化的生活方法,这深得宣扬固定而普遍的人性的梁实秋的赞许。尤其是《新世训》中的《尊理性》一篇,认为"人之所以异于禽兽者,即在其是有理性的。因其是有理性的,所以他能有文化,有了文化,人的生活才不只是天然界中底事实",才与只靠本能活着的禽兽区别开来,才有了自觉的活动与社会组织等方面的建构。冯友兰征引的是《易传》与朱熹的论述,但是梁实秋立刻就将"尊理性"与白璧德的人文主义联系起来,认为二者是完全相合的。梁实秋说:"近代美国一位著名的人文主义者就说过:人生有三种境界,最高者为宗教生活,那是超凡入圣的境界,次为人的生活,以理性控制情欲,最下者为禽兽的生活,完全受自然界的力量的支配。……人本是一种动物,有动物的一切固有的要求,但又异于其他动物,他有理性,他能自觉的有意的调整他的生活。"由此可见,梁实秋抓住机会在中西文化的沟通中宣讲他的新人文主义。

　　当然,梁实秋并不总是使中西文化现象相互认同,他也指出过中西文化的一些差异,譬如中国文化比西方文化更注重实际等等。值得注意的是,当梁实秋反对国民党政权的文化与思想控制而要求思想自由的时候,认为中国有着悠久的思想自由的传统,相比之下,西方文化传统中就没有这种自由的传统。"从中国历史上看,儒家思想虽然是正统,可是别家的思想依然可以自由的传布,当然历史上也有卫道翼教的人,可是各种派别的思想究竟不曾遭遇严厉毒狠的压迫。文字狱是有过不止一回,但是当局者完全是以暴力执行,并不曾藉口什么思想统一的美名。外国人最诧异的是在中国有好几种宗教同时并存,而从来没有像在欧洲一般大规模的闹过乱子。在五四运动前后,思想方面更是自由,在日本不能讲的共产主义,在中国可以讲,在美国不能讲的生育节制,在中国可以讲。"因此,"外国人常常称赞我们中国是顶自由的国邦,政体虽然几千年来是专制的,思想却自由到万分"①。正是在这个意义上,著名哲学家罗素"对于中国真是羡慕极了,因为他自己在英国为了独立的自由思想而受的迫害不止一次了"。罗素甚至说,"中国是自由之最后的逋逃薮"②。但是在现代,当中国人没有把西方好的东西学来,却把在思想上排斥异端的西方传统学了来,而西方本身也在发生容忍异端的文化转折的时候,梁实秋感到特别遗憾:"我们中国人的习惯一向是喜欢容忍的,所以一向有思想的自由,可惜这个被全世界所崇仰的优美的传统,于今中断了!"③

梁实秋在文化选择上不是没有变化,他在清华读书时虽然受五四西化大潮的冲击,但是他并没有像那些激进的西化主义者那样全盘抛弃传统,在《〈草儿〉评论》中他甚至以中国传统诗歌的艺术魅力鞭策新诗要讲求艺术。正是这种喜爱传统文化的基因,使他在美国没有经过激烈的思想斗争就接受了白璧德的新人文主义与古典主义。后来梁实秋回忆说:"白璧德教授是给我许多影响,主要的是因为他的若干思想和我们中国传统思想颇多暗合之处。"④梁实秋刚刚回国的时候,是以激烈否定五四新文学的姿态出现的,这种姿态必然使他更多地认同中国传统文化与文学。但是,随着"普罗文学"的出现以及胡适对梁

① 《论思想统一》,《梁实秋文集》第 6 卷第 434 页。
② 《罗素论思想自由》,《梁实秋文集》第 6 卷第 428 页。
③ 《论思想统一》,《梁实秋文集》第 6 卷第 435 页。
④ 《〈论文学〉序》,《梁实秋文集》第 7 卷第 740 页。

实秋的影响,梁实秋开始向五四的新文化认同,他反对以弘扬传统文化为名保古守旧,阻碍对西方文化的看取,反对"中国文化本位论",认为这种论调是一种病态的夸大狂。而且梁实秋这个时候的文学批评也是以西方的标准来衡量中国的文学,譬如,他的戏剧标准是以希腊悲剧与莎士比亚戏剧为准绳,他的诗歌标准是以西方伟大的长篇诗歌如《神曲》、《失乐园》、《浮士德》等为准绳的,所以梁实秋才以鄙薄的口气说:"我们的旧诗是有那么长的历史的,若和西洋文学比比看我们有几篇可以'使人起敬的东西'?在中国的旧诗人里面,还没有一个拼上命的把毕生精力放在一首大诗里的,他们写诗,有些是为消遣,大部分是不十分卖力的。"①他这时对中西文化进行评估的时候,曾经说过这样的话:中国优于西方的东西太少,"我想来想去只觉得中国的菜比外国的好吃,中国的长袍布鞋比外国的舒适,中国的宫室园林比外国的雅丽,此外我实在想不出有什么优于西洋的东西。"然而,即使在这个时候,梁实秋与胡适的"全盘西化论"也相距甚远,他认为"全盘西化"是一个不幸的笼统名词,是不公平对待传统文化的结果②。当国民党蒋介石提倡尊孔读经的时候,他既非全盘否定,也不全盘肯定,而是让人把经书作为了解中国传统文化之精神的经典来读。梁实秋说:"假如一个国民对于本国'古典'毫无理解,那也不是好现象……假如我们承认文化是联贯的,文化是不能全部推翻而由外国的文化来代替的,那么,作为'古典'的经书应该令每个国民都有相当的认识。"另一方面,梁实秋又认为小学不要读经,国文程度的高低与读经也没有多大的关系,而且读经也不能救国③。在梁实秋看来,西洋文化要想在中国扎根,也必须传统的土壤,所以他就以西方的古典主义与儒家的文

---

① 《现代文学论》,《梁实秋文集》第1卷第409页。
② 《自信力与夸大狂》,《梁实秋文集》第7卷326页。
③ 《关于读经》、《读经问题我见》,《梁实秋文集》第7卷第477—481页。

学传统认同,以西方的浪漫主义与中国道家的文学传统认同,并认为在中国占主导地位的是道家的文学传统,五四的反传统应该继承,就是批判道家的文学传统,然后输入西方正统的古典主义,并在儒家文学那里找到了生根发芽的土壤。

　　梁实秋到台湾后,虽然还是在大学里教授英语,还在不断地翻译西方名著,尤其是翻译《莎士比亚全集》,但是他心理的天平越来越向传统文化倾斜。梁实秋的英文水平是很高的,除了翻译名著,英文词典就编了好多本,但是他写起散文小品来,是非常规矩的中文文法,一点看不出是一个对英文有高深造诣的人所写。而且梁实秋在谈莎士比亚之外,还爱谈论杜甫、陶渊明、竹林七贤。这在中国大陆的时候是很少见的,因为中文不是梁实秋的专业。念旧是中国传统文化的一个重要特征,梁实秋几乎有半数的散文小品都是念旧之作,他的好友、旧交、文坛故人、亡妻,都栩栩如生地出现在他的笔下。如果说绍兴附近的"鲁镇"是鲁迅小说的灵感源泉,而鲁迅是以新文化的眼光审视"鲁镇"人的,那么,北京的市井习惯与风土人情,却是略加传统的典雅化过滤就进入了梁实秋的视野。《雅舍谈吃》固然表明了梁实秋喜欢美食,但这也是中国传统文化的典型显现。首先,"吃"在中国文化的位置显然要高于西方,中国人以"食"为天,以"口"为人的指称,以"饭碗"为工作的代称,以"跳槽"为改变工作的称谓,以细致咀嚼的"品"为论人与论艺术的等级,这种"民以食为天"的文化在世界上是独一无二的,是中国文化现世品格的表现。其次,梁实秋的《雅舍谈吃》"意在吃外",或者说在"吃"中隐现着一股浓郁的乡愁,是其思念故土的文化情怀的一种表现。因此,梁实秋晚年被称为台湾的孔夫子,是名副其实的。就总体而言,梁实秋确实是儒家的伦理教化与理性精神的化身,他不信鬼神,喜欢美食,不喜欢旅游,刻苦读书,勤恳工作,晚年也埋头于教书育人,只不过这位现代的孔夫子穿了一身西装、会说英语而已。

剪不断的眷恋与抵不住的诱惑

——梁实秋的文化心态论

华中师范大学　许祖华

被中西两种文化塑造出来的梁实秋是幸运的,也是苦恼的。他丰富的知识和双重的智慧在给他带来优越和幸福的同时,也给他出了许多难题,使他像一个拥有大量黄金和大量古玩的收藏家,既为这一切所恋念、沉醉,又不知如何处理才好。灿烂的西方文化,有如一道符咒,为梁实秋打开了通向未来的大门,将理想、快乐、灵气赐予他,使他的灵魂充满了阳光。在西方文化的园地,他领悟了人性的伟大与神圣,看到了构成大千世界的物质文明与精神文明的辉煌景象,特别是那宏富、新奇的文学之宫与浪漫、美妙的艺术殿堂。正是在西方文化的指引下,他找到了自己的人生价值与奋斗目标。他太爱西方文化了,对于西方文化,他向往了一生,也追求了一生。同时,他又是那么眷念中国文化。中国文化开启了他童稚的慧心,用语言的魔方变幻出千姿百态的形象,教给他立身之本,处世之法,为人之道。在中国文化的园地,他接受了儒家入世、修身的伦理规范,吸收了道家独善其身的智慧与笑傲王侯的风骨,也饱尝了先秦诸子的精妙之味,唐宋诗文的飞扬神采,以及像大海一样浩瀚,如日月一样璀璨的戏曲、小说、琴棋书画的醇香。无论走到哪里,无论身在何方,"洋装虽然穿在身",他的心"仍是中国心"。

正因为梁实秋深得两种文化的恩惠,并深深地陷入其中,所以,当时代的杠杆将他推入人生的轨道,让他选择自己的思想归宿与艺术道路的时候,他就不可避免地陷入苦恼和矛盾之中。在理智上,他大踏步地走向西方,宣传西方文化,并以西方的人本主义哲学、美学、文艺理论为指针,解说现实与历史的课题,领会人生与心灵的真谛,剖析文学与艺术的法则,用西方文化的良知,尖锐地批判中国文化的弊端。但在感情上他又深恋着自己民族的传统文化,如数家珍地赞扬"礼"的伟大,"孝"的崇高,"俭"、"勤"的美德,"修身"的重要,从风华正茂之时起就一直恪守这些规范,终身不渝,并用这些伦理原则,批评西方物质文明与精神文明的病态,希图以此来医治社会发展的疾患。至于古诗的雄浑绚丽,国画的美妙绝伦,散文的多姿多彩,小说的汪洋恣肆,更是化作了他的血肉,融化了他辛勤耕耘的文学天地,也成了他比照外国文学,批评西方浪漫主义艺术最明快的武器。有时,他热情地认同西方文化,有时又惋惜地摇摇头;有时,他激动地肯定东方文化,有时又沮丧地叹几口气。他既剪不断对中国文化的眷念,又实在抵不住对西方文化的向往。这样一种矛盾的心态,就使他在大踏步走向现代世界的时候,常常不免回到传统的文化中,在观察人生现象,解说理论问题,创造文学艺术时,始终是"两脚踏中西文化,一身处新旧之间",不由自主地陷入"自相矛盾"之中。这些矛盾在各个方面表现出来,并在理想与现实,伦理与政治,文学主张与创作等方面构成了不同的特点和相应的魅力。

一

　　崇尚绅士道德理想和抽象的人性论,是梁实秋最稳固的心态。就绅士道德理想来看,青年时代的梁实秋就是英国绅士风度的崇拜者。他特别推崇维多利亚时代作家牛曼的一段关于绅士风度的阐述,这段文字将一位绅士的品格归结为公允、宽厚、谦虚、理智、容忍等等,几乎十全十美。这些品格正是梁实秋以后处世为人的一个准绳,也是他心向往之,以毕生的实践去接近的一个目标。但是,深受儒家文化影响的梁实秋,又绝不可能高蹈着绅士之步,行走于步履维艰的中国大地,"治国平天下"的儒家理想,又时时将他绅士的步履和理想拉回到现实的土壤,并不管他是否愿意,将他推入阶级对抗的旋涡,让他作出自己的选择。他尽管小心翼翼,但还是选择了三民主义,追随国民党政权反对共产主义。如此一来,"公允的"绅士道德理想终于涂上了倾向鲜明的政治色彩,儒家入世的原则,终于搅乱了西方绅士道德的超然、平和的企图,两种文化的碰撞,也被具体化为道德理想与政治倾向的矛盾,随着政治形势的变化,这种矛盾和冲突,又逐渐地由思想意识的层次,内化为一种心态或情绪,并通过种种渠道渗透出来。《平山堂记》作为梁实秋散文小品中极少反映国民党溃败时的社会混乱的一篇,就具有"风度"地表现了这种由道德理想与政治倾向的矛盾所形成的心态与情绪。这篇散文记叙了他随国民党政权撤离大陆之前的一段生活。作为三民主义的追随者,他当然希望高举这面旗帜的政党能给民族带来兴盛,但现实的景况告诉他,三民主义的旗帜不过像一幅招魂的白幡,既没有给民族带来兴盛,也没有给他带来实惠,相反,还使他不能不跟随这面旗帜"避乱南征"如丧家之犬。于是,善良的理想和这种理想未能如愿之间的对比,就使他自然而然地产生了追随这个政党

的一种凄凉的心情。但是，崇尚绅士理想的梁实秋，又不愿"拍案而
起"或背叛自己的理想，只好以似乎超然的态度来疏浚心灵的不畅，于
失意中寻找安慰，在苦痛中发现乐趣。虽然在"溃败"之中，作为名教
授的他仍分得"二房一厅"，尽管这"所谓二房一厅者，乃屋一间，以半
截薄板隔成三块，外面一块名曰厅，里面那两块名曰房"，但是，"于浮
海十有六日之后，得此大为满意，因房屋甚为稳定，全不似海上颠簸，
突兀广厦，寒士欢颜"，用绅士的"大度"轻轻地将辛酸与失意化在强作
的"欢颜"之中。这种"欢颜"恰到好处地显示了梁实秋矛盾的心态：
一方面感到信仰的"无可奈何花落去"，一方面又顽强地保守着自己理
想的一角。

　　崇尚抽象的人性论是梁实秋又一稳固的心态，这一心态毫无疑问
是西方文化铸成的，而这种人性论在梁实秋的主张中是抽象得可以
了。他所讲的"人性"，主要是"生老病死的无常"、"爱的要求"、"怜悯
与恐怖的情绪"、"伦常现象"、"企求身心的愉快"等等。并且认为，这
一些人性内容是普遍的、永恒的、超越时间和空间的，不管你的财产如
何、地位如何，也不管你身在何处，长在何方，文化背景怎样，人性都像
灵魂一样附在你的身上。他曾在《文学是有阶级性的吗?》一文中对此
作了描述："一个资本家和一个劳动者，他们的不同的地方是有的，遗
传不同，教育不同，经济的环境不同，因之生活状态也不同，但是他们
还有同的地方。他们的人性并没有两样，他们都感到生老病死的无
常，他们都有爱的要求，他们都有怜悯与恐怖的情绪，他们都有伦常的
观念，他们都企求身心的愉快。"但是，在传统文化的影响下，梁实秋这
种从西方文化宝库中借鉴来的人性论，又被导入了一种非普遍的境
地，形成了自相矛盾。主要表现在，一方面他认为资本家与劳动者的
"人性并没有两样"，一方面他受传统"上智下愚"思想的影响，又认为
"一切文明都是极少数天才的创造"，这种创造是"个人主义的，崇拜英

雄的,是尊重天才的,与所谓'大多数'不发生任何关系"①。既然如此,那么,就人性来说,天才们的"爱的要求"等,当然就有别于大多数人,可见人性的又并不"普遍",因此,梁实秋在形式上承认人性的普遍性的同时,又用"上智下愚"的"天才论"从内容方面否定了人性的普遍性。鲁迅先生正是抓住了梁实秋人性论的这种矛盾,在《"硬译"与"文学的阶级性"》一文中尖锐地指出:"自然,'喜怒哀乐,人之情也',然而穷人决无开交易所折本的懊恼,煤油大王哪会知道北京捡煤渣老婆子身受的酸辛,饥区的灾民,大约总不去种兰花,像阔人的老太爷一样,贾府的焦大,也不爱林妹妹的。"鲁迅先生对梁实秋人性论的批判,因为借助了阶级论的明快武器,所以解剖起来得心应手。那么,是什么原因使梁实秋的"人性论"形成这样一种矛盾的呢?不承认"阶级论"固然是梁实秋人性论自我矛盾的直接理论原因,另外,作为深沉的心理原因,则是他对传统中国文化的眷念。在理智上,他接受了西方人性论的"普遍"观点,但在感情上,他又不能不倾向儒家"上智下愚"的思想,并由此接受了西方的"天才论"。当他受到传统文化的牵引,沿着"普遍"性的轨道展开思想的触角宣传人性论时,这种触角就不可避免地要折回到传统的"上智下愚"的窠臼,因为,只有在这一窠臼中,他的"人性论"才是有意义的,他的心理才是平衡的。特别是当他把人类的文明都归功于"天才"后,他就更无法使人性再"普遍化",如此一来,人性论的矛盾就不可避免了。这种矛盾,毫无疑问,在很大程度上削弱了他理论的力量,但是,事物的辩证法又恰恰告诉我们,坏的东西也有好的一面,这种矛盾对梁实秋人性论的本体来说固然是灾难,可对他的心态来说又是补偿,他既宣传了人性论,又恪守了儒家"上智下愚"的传统观念,从而也为他理直气壮地宣传"天才论"打开了通道。

---

① 《文学与革命》,《梁实秋文集》第 1 卷,鹭江出版社 2002 年。

梁实秋一生对鲁迅批判他的"人性论"虽耿耿于怀,但却从来不公开起来报复或翻案,除了别的原因之外,这一种"心安理得",大概也不能不说是一个内在的原因。

然而,当他理直气壮地宣传"天才论"的时候,他对中西文化的双重眷念,并没有使他很好地弥补他人性论的矛盾,反而使这种矛盾由理论的层次,进入了历史的层次,构成了他的"历史观"与"价值观"的矛盾。

二

梁实秋的历史观是直接在西方文化的影响下形成的,其中欧洲现代著名的历史学家汤因比与卡莱尔的思想,又是他历史观直接的理论来源。汤因比在其巨著《历史研究》中提出了这样的观点:历史发展的面貌(如兴或衰)由领导人的品质决定;而卡莱尔则认为英雄人物是历史的推动者。梁实秋直接将这一思想灌入自己对历史的看法中,发表了这样的看法:"国家兴亡与文化盛衰,其中道理如有轨迹可寻,大概不外是天灾人祸。所谓人祸,实际上是少数的领导人物所造成的。领导人物如果是明智的、强毅的、仁慈的,如果环境许可时机成熟,他便可以作出一番辉煌事业,一人有庆,兆民赖之。如果他是思想偏颇而又残暴自私的人物,他就会因利乘变以图一逞,结果是庐舍为墟,生民涂炭。"①这种观点,从理论内容和逻辑来看,既和汤因比与卡莱尔的思想一脉相承,又与梁实秋一生都崇尚的"天才论"血肉相联。如果说汤因比的思想启发了梁实秋,使他将历史的发展归于少数领导人,那么,他受卡莱尔影响形成的"天才论"则为这种历史观提供了逻辑起点,使

---

① 《梁实秋读书札记》第251页,中国广播电视出版社1990年。

他顺畅地建构起了个人与历史发展面貌的直线关系。他既然认为"一切文明都是少数人的创造",那么,左右文明形态(或兴或衰)价值的,当然也是"少数的天才","大多数的人民是'日出而作日入而息'的那一类型,他们对于文化的支持是不可否认的,可是他们不能和那'创造的少数'相提并论,他们是沉默的,被驱使的,无论是守成还是破坏都是被动的"①。这种"天才史观",从马克思主义的历史唯物主义观点来看,无疑是唯心主义的,因为他找错了推动历史发展的根本杠杆(生产力与生产关系的矛盾)和支点(人民大众),所以,他无法正确地勾画人类历史发展的本来面貌,甚至也无法解说中国抗战胜利的原因,以及他所追随的国民党政权为什么只能以失败告终,短短几年就被人民解放军赶到了台湾,未来几十年的"反攻大陆"也只能空喊一气,而从来没有任何的实际举动和收效。但是,正如纯粹的"赤金"不存在一样,纯粹的唯心主义也是不存在的。列宁曾经天才地指出过,聪明的唯心主义比愚蠢的唯物主义更接近聪明的唯物主义。梁实秋建立在"天才论"基础上的历史观,从总体来看是唯心主义的,但是,它的具体内容又有许多是唯物主义的。这一点,当我们不是从本体论上着眼,而是转换一个角度从价值的角度来看,就可发现。所谓价值,是指客体满足主体的一种属性,价值论则是关于这种属性的理论。梁实秋强调了天才在历史发展中的作用,但是这种作用是有条件的,这些条件包括两个方面,一个是客观条件,即"环境许可时机成熟",一个是领导人物自身的条件,即或明智,或残暴自私。在梁实秋看来,只有当这些条件满足后,领导人物才能给国家带来"兴亡",给文化造成"盛衰"。对客观环境的强调,我们无论从哪方面看,都属于唯物主义的范畴,而对领导者的品质与历史发展关系的阐述则较为复杂。从逻辑基点看,

---

　　① 《梁实秋读书札记》第252页,中国广播电视出版社1990年。

梁实秋对领导者的品质与历史发展的论述,是建立在他人性"善恶"二元论基点上的,他认为"善"者推动历史进步(兴、盛),"恶"者导致历史倒退(亡、衰),这一结论是缺乏辩证法的,正如马克思曾经指出过的一样,推动历史进步的,有时往往是"恶"不是"善"。所以,这一点是唯心主义的。但是,如果仔细分析梁实秋的方法,我们又不能不说其中包含了唯物主义成分,这主要表现在他对具体问题进行了具体分析,对具体条件产生相应的结果的关系进行了具体分析,对具体条件产生相应的结果的关系进行了勾画,对天才在历史中的价值进行了具体界定。如果联系他对"大多数人民"在历史发展中的作用和价值来分析,也许看得更清楚。他固然强调了少数人对历史发展的主导价值,但他也并未全盘否定大多数人的作用,他认为"他们对于文化的支持是不可否认的",这就说明,在价值观中,他并没有彻底地"唯心化",只是因为他在主导方向上找错了对象,而窒息了他在价值观上的一些唯物主义火花,使这些唯物主义火花既没有产生什么影响,也无助于改变他历史观的唯心主义性质。

当然,对梁实秋的历史观作全面的描述,并不是本文的任务,再说他的历史观的阴阳交错,良莠混杂,其影响和理论价值也不是太大。他之所以引起我的兴趣,主要有两方面的原因,第一,由此可以透视他的人性论与天才论的意义,还有一点就是通过他的历史观与价值观的矛盾,可以透视他与中国传统文化的关系,以及由此构成的心态。我们知道,中国传统文化的体系,从其特点来看,主要是价值化的体系和伦理化的体系。中国的智者们,仿佛天生就是道德君子,他们论说任何对象,不管是人还是物,都无意于探讨其本体内容,回答他或它是什么,而是着力描绘其作用和价值。如关于"道",道究竟是什么? 有什么本体规律或规范,中国的智者们从来就没说清楚过,也似乎是不屑于解说,但是,对道的价值和作用,其解说不仅汗牛充栋,且流畅生动:

"夫道者覆天载地,廓四方柝八极,高不可际,深不可测,包裹天地",它无处不在,也无所不能,但就是抓不着,说不清。同时,中国的智者不仅热衷于解说对象的价值,构造价值论的体系,而且,还热衷于"直观类推",将对人和物的解说一起纳入伦理范畴,赋予其"价值论"极明显的"实践理性"。深受中国传统文化影响的梁实秋,似乎也未能"脱俗",他在解说少数领导人与历史的价值关系时,其思维也是顺着伦理化的轨道运行的,他所说的领导人的"仁慈"、"强毅"、"残暴自私"大都属于伦理范畴,而正是这些伦理范畴的品质,决定他们对历史的不同价值,其直线关系为:仁慈者,使国家兴,文化盛;残暴自私者,使国家亡,文化衰。撇开这些判断的科学与不科学,单从梁实秋与中国传统文化的联系看,我们可以发现,正是这种从伦理的角度进行的判断,使他的历史观在与价值观相矛盾的同时,又在一定程度上避免了愚蠢的唯心化,从而也使他的历史观与他的人性论、天才论在理论和逻辑上统一起来,构成了一个虽充满矛盾,又能自如运转的系统。这不能不说是他的"剪不断的眷恋"的积极的报偿,尽管这种积极性非常有限,但毕竟有胜于无。

三

当我们的眼光从梁实秋的历史观转向他的文学观与文学创作时,这种"双重眷恋"所带来的矛盾就更突出了,其意味也显得更深了,随便就可举出一串。

一方面,他认为"普遍的人性是一切伟大作品之基础"(梁实秋《文学批评辩》),而人性又是"没有时间的限制和空间的区别"(梁实秋《书评两种》)的,那么顺理成章的是,文学也应是并无新旧可分,亦无中外之异了。可是,另一方面,他又认为文学虽无"新旧之分",却有

"中外可辨",用一个矛盾判断,自我否定了建立在超空间的人性基础上的文学的超空间性。造成梁实秋在这一问题上矛盾的原因,既有方法论的原因,也有认识方面的原因。从方法论方面看,梁实秋谈文学的永久性、无区别性是从一个绝对肯定判断出发的:人性是永久的,无区别的,那么文学也当如此。而我们知道,任何绝对的肯定与否定,都无法涵盖全部相对存在的事实与现象,一旦悬定一个绝对前提并展开推理,必然会被一些或个别相反的实例所阻拦而无法自圆其说,梁实秋关于文学的永久性、无区别性的推理也不会例外。从认识方面看,梁实秋作为一个融通中西的文人学者,他对中西文学的了解可谓是全面的。正因为他熟识中西文学的事实,他当然就不能不发现这两种文学在风格、内容、形式、意象等方面的差异。比如杜甫的诗与莎士比亚的诗(这两大泰斗的诗,梁实秋是特别熟悉又特别喜爱的),固然都写了人性,但是人性的内容却是很不相同的。在西方文化环境中形成的莎士比亚的人性具有西方文化的色彩和海洋般的"紫光";而在中国传统文化中产生的杜甫的人性,则更多中国文化的色彩和龙的气息。如此鲜明的人性差异,如此对比强烈的不同文化特色,对于像梁实秋这样知识渊博的学者,他不可能睁着眼睛说瞎话;更何况,作为一个绅士,一个以传统人格为人格的文人,他也不能不正视中西文学本身的差异。所以,尽管从他自己的文学理论系统出发,他不愿意承认基于超时间、超空间人性之上的文学会有区别,但文学的事实和他自己的中外文学的知识,又逼使他不能不作出"二难选择"。他的不幸在这里,矛盾在这里,他的荣幸也恰恰在这里。他虽然使自己的理论出现了自相矛盾,但到底维护了自己学识的真实性。他当然是痛苦的,但痛苦是必然的,也是值得的。

这种"二难选择"的矛盾和痛苦,在他论作品的格调与作者的人品时,也同样存在。他认为,作品的格调与作者的人品是一致的,至少是有密切关系的。他在《四君子》一文中谈中国画时曾说过一段文词雅洁、风神飘逸的话："我年事渐长，慢慢懂懂了一点道理，四君子并非是浪博虚名，确是各有它的特色。梅，剪雪裁冰，一身傲骨；兰，空谷幽香，孤芳自赏；竹，筛风弄月，潇洒一生；菊，凌霜自得，不趋炎热。合而观之，有一共同点，都是清华其外，澹泊其中，不作媚事之态。画，不是纯技术的表现，画的里面有韵味，画的背后有个人。画家的胸襟风度不可避免的会流露在画面之上。我常以为，唯有君子才能画四君子，才能恰如其分表达出四君子的风骨。艺术，永远是人性的表现。唯有品格高超的人才能画出趣味高超的画。"可是，在他评乱伦的时候，却又对自己所认可的作品与人品的一致的理论，提出了反证。他在《拜伦》一文中说，拜伦有"许多的丑闻"，"他和无数的情人缱绻，包括他自己的异母所生的妹妹（应该为姐姐，后来梁实秋自我纠正过——引者）在内"。从这里看，拜伦的人品既不合道德，也谈不上高尚。然而，梁实秋仍然对拜伦给予了很高的评价，因为，他认为"文人名士，主要的是靠他的作品的质地。拜伦的诗好像是为他自己的盛名所掩"，不是被他的"丑闻"所掩。这无疑又否定了梁实秋自己所认可的"唯有品格高超的人才能画出趣味高超的画"的观点，将人品与作品的关系"二元"分离了。造成这种矛盾的原因，仍是他的"双重眷恋"与双重智慧。从传统的中国文论出发，在中国艺术的园地漫步时，他的思维似乎是顺着人品与作品的既定轨道运行的。高格的人品产生高格的作品，这是中国传统文论最基本的评论模式之一。深受传统文化之恩的梁实秋，天性里就印上了传统文论的这种模式，加之面对传统的中国艺术，又身临其境，所以，无论是潜意识，还是显性意识，都自然被中国传统的批评思想和模式所左右，批评也就顺畅地沿着这种思想和模式向前流动，得出并行不悖的判断。这容易为人理解和接受。但是，人是复杂的，文学艺术也是千姿百态的，特别是当审视的对象变了，环境氛围也不一样时,人的心态也会发生变化。当梁实秋漫步西方园地时,特定的对象和特定的艺术氛围又使他的心态自然地倾向西方文学的批评标准与原则,尽管这些标准与原则,在许多方面与中国传统的批评标准是一致的,不过,特定的对象使他只能选择那些能帮助他顺利解说对象特点的理论,身处这种境地,他当然不会再按中国传统文论的批评模式,在拜伦的人品与作品之间架构相应的"关系桥梁",而只能选择注重本体论的西方文论,将人品与作品的关系分开,而着力于作品本体价值的分析,只有这样,才能有效、客观地解说拜伦作品的历史与美学价值,而不至于难以自圆其说。他的确是如此做了,也顺利地达到了自己的目的。但是,从他对拜伦的整个评论来看,为了达到这一目的,他是何等地煞费苦心,又是何等的小心,谨慎。他既不愿意否认拜伦作品的价值,又不愿回避拜伦的放荡的、不合道德的生活事实,于是,只好吞吞吐吐,闪烁其词,一会儿用"据说"来陈述"似乎"有,一会儿又引用别人为拜伦辩护的文章,增加这种怀疑,实在无法回避了,就干脆举起他的"人性论"做挡箭牌,向人昭示"乱伦的事无需多加渲染,甚至基于隐恶扬善之旨对于人的阴私更不要无故揭发"。他的确是煞费苦心。从这种"苦心"中,我们可以看到,双重智慧对梁实秋摆脱困境确有帮助,但又常常使他多么难堪。

矛盾还没有结束,不管梁实秋是否意识到他理论的漏洞,当我们从中西文化的角度,以他的"人性"为核心观察他关于文学问题的理论时,就会发现他的矛盾就像水中按葫芦,此起彼伏。最明显的又一例子是,他一向反对以功利的眼光看文学,反对文学的功利性。他在《造谣学校》一文中曾说:"戏剧不是劝善惩恶的工具,戏剧是艺术。"并以此为准则,批判了"经国之大业,不朽之盛事"的陈腐的文学观,否定了文学代圣贤立言的功能。毫无疑问,这是梁实秋从西方文论中得到启示,并在新的时代环境中对传统文学观念的一大革新。但是,当他悬

定了一个永恒的太阳——人性后,他又不能不回过头来将文学的镜子
对准他的人性,以反射出"太阳"的光芒。他一面说:"戏剧不是劝善惩
恶的工具,戏剧是艺术",一面又接着说,戏剧应当"以世故人情为其素
材,固不能不含有道德的意义"。于是我们看到他刚刚从"反功利"的
大门跨入艺术的殿堂,随后就从艺术的殿堂的后门投入了"道德"的怀
抱;刚刚挣脱了"经国之大业,不朽之盛事"的传统文学的锁链,在艺术
的辉煌中伸开了解放的手脚,很快,又在"人性"的阳光下迷失了方向,
跌跌撞撞地落入了"成人伦,美教化"的传统文艺观的窠臼,使文学变
成了抽象人性的附庸。他不断地解放文艺,在西方文学观的指引下,
追求艺术女神的"纯洁的表现",又在追求的过程中,不断挑剔这位圣
洁女神的种种毛病,非要给她按人性的标准带上道德的帽子才罢手:
"纯文学不大可能成为长篇巨制,因为文学描写人性,势必牵涉到实际
人生,也无法不关涉到道德价值的判断。"①他也不断追求永恒的人性,
希图文学能凭借人性的永恒,脱离纷纷扰扰的尘世,达到别有洞天,出
神入化的仙境,但人生的磁场又笼罩着他的身心,使他不由自主地关
注社会,关注人生,关注并非抽象,也似乎并非永恒的具体而实在的人
性。这种欲脱难脱,欲罢不能的心态,不仅使他的理论自身常常一面
肯定又一面否定,也使他的主张与创作常常失衡,难以统一。有时,表
面上看,他的创作是顺应着主张的倾向展开的,而仔细分析,就立即可
以发现其"马脚"。例如他的小品文《男人》、《女人》,题目似乎就在暗
示,他要写的是抽象的对象,因为,大自然虽然创造了千千万万个性迥
异的万物之灵——人,但归结起来无非是男人与女人两大类。文章展
开,从表面上看,梁实秋的确在实践自己抽象人性的主张,他抹去了男
人与女人的具体形态和各自的个性差异,只从一般的类存在物方面来

---

① 《梁实秋读书札记》第 8 页,中国广播电视出版社 1990 年。

剖析他们的"人性",批判他们的"人性"缺陷。关于"女人",梁实秋写了她们六大人性缺陷,这就是"喜欢说谎"、"善变"、"善哭"、"多舌"、"胆小"、"小聪明"。关于"男人",梁实秋揭示了他们五大人性毛病,这就是"脏"、"懒"、"馋"、"自私"、"多嘴"。而且,文章绝对没有涉及任何具体的、有血、有肉的"个人",完全是在抽象的"类人"身上展开描述,进行人性解剖的。但是,当我们越过梁实秋归结的男人、女人的"类特征",将目光落在支撑这些"类特征"的事例上,梁实秋抽象的人性,立即就露出了并不抽象的属性与内容。梁实秋虽自认为他写的是"抽象"的人性,但他举的人性的例子却并不抽象,这些例子涉及的人,也不是抽象的男人、女人,而是中产阶级以上的女人和男人。这些女人能较随便地到商店购物,不时也能坐着汽车,上上戏院,而且有时间、有金钱改换头发的式样,这一切都活脱脱显示出她们的地位和属性。至于男人,则多是薪水阶层,有各种诸如酒会、书会之类的社交场所。所以,仔细地解剖我们就可以发现,梁实秋所写的男人、女人,实际并不是抽象的"类存在物",他揭示的所谓人性的缺陷,也并不是一般的人的人性的缺陷,而且有明显归宿的人的人性缺陷。他虽然立意要写抽象的人性,但一进入人生,他又不由自主地将抽象的人性具体化;他虽然希图自己的作品不涉及具体的、活生生的人,但"形之不存,理将无托"的规律,又使他笔不由己地只能写具体的人,以及他们的具体归宿。这实在是无可奈何又十分遗憾的事。

　　梁实秋自身的矛盾还有一些,诸如情与理、天才与勤奋、知与行等等,限于篇幅就不一一展开了。总体来看,梁实秋在双重智慧下所形成的矛盾,主要就是抽象的人性论与具体的人生实践、具体的创作实践和理论内容的矛盾。这些根源于双重智慧的矛盾,在给他蒙上一层灰暗色彩的同时,却也在很大程度上显示了他丰富的学识、复杂的内心世界以及深刻思想的独有魅力。存在主义哲学的鼻祖,丹麦哲学家克尔恺郭耳曾经指出:"不自相矛盾的思想家就好比一个没有感情的恋人:一个毫无价值的平庸者",因为"自相矛盾是思想家激情的源泉"①。在品质上,梁实秋正是对自己的事业抱有巨大热情的"思想家",不过,他不是由自相矛盾才产生的热情,而是抱着巨大的热情,在追求中西方文化的融合,在构造自己的思想与艺术世界的过程中产生的"自相矛盾"。因此对他来说,这种"自相矛盾"不仅仅是一种"热情"的凝聚,而且是一种深刻思想的反映。这种深刻性表现在,他顺应中西文化交流的趋势,并以文化人的热情和智者的执著,把握了中西文化交流、融合的契机:人性。我们知道,人的发现及个性解放,正是西方文化走向现代的历史与逻辑的起点,而人性压抑与个性的消泯,又恰恰是中国几千年封建文化的根本弊端。深受中国传统文化的影响,又直接经历过西方文化陶冶的梁实秋,正是清醒地认识到了中西文化的这种根本差异,所以,当他在新时代的背景下开始自己的思想追求和文学创作的时候,不仅高张人性的旗帜,而且将其作为新时代的理想,在人性的光芒下,一方面引进西方文化之泉灌溉中国封闭的文化园地,一方面发现传统文化的良知,烛照西方文化的不完善处。这正是他思想的深刻之所在。克尔恺郭耳正是看到了"自相矛盾"后面所蕴含的复杂、深刻的思想,所以,他以智者的慧心告诫人们:"不应该轻视自相矛盾的东西。"我们对梁实秋的"自相矛盾",也应作如是观。不过,自相矛盾对梁实秋来说固然反映了他思想的深刻之处,但是十分可惜,他的这种"自相矛盾"却没有产生太重要的积极成果,就像一棵只开花不结果的绿树。他虽然找到了中西文化对话的契机——人性,却没有找到使这种人性"有机融合"的思想武器,这就是阶级论与辩证法,同时,加之自由资产阶级思想和绅士道德的作祟,他

---

① 《西方思想宝库》第 427 页,吉林人民出版社 1988 年。

始终不愿投入时代的洪流,总是徘徊在社会前进的边缘,从而使他的"天才"发现,终究只是一个发现,而没相应的方法和场所付诸实践,他的思想、言行也只能在矛盾中徘徊,无法走出自我设置的怪圈,去开辟一片崭新的思想沃土。后来,他虽然在散文的世界里融化和超脱了自己,并取得了杰出的成就,但他那得体的绅士服上,却始终保留了一大片思想的污迹。

难道梁实秋就没有试图解决自己的"自相矛盾"?有的。作为一个著名的文化人和知识渊博的学者,为了走出双重智慧带来的矛盾,他曾找到过一个解决的办法:调和。即将东西文化在人性论的基础上合而为一。他认为:"东方的伦理哲学思想以及西方的历史悠久的人本主义都是匡济(西方文明)的妙方。"①又说:"人本主义者,一方面注重现实的生活,不涉玄渺神奇的境界,一方面又注重人性的修养,推崇理性与'伦理的想象',反对过度的自然主义。中国的儒家思想极接近西洋的人本主义,孔子的哲学与亚里士多德的伦理学颇多暗合之处,我们现在若采取人本主义的文学观,既可补中国晚近文学之弊,且不悖于数千年来儒家传统思想的背景。"②这种"调和"的愿望是善良的,但方法却是幼稚的,既忽视了中西文化的融合需要历史条件,也忽视了新旧文化的交融并不是简单地相加。因此,他虽然在人性的旗帜下,运用丰富的中西文化知识寻找调和矛盾的途径,但终其一生也没有找到,他始终是"两脚踏中西文化,一身处新旧之间",总是徘徊在"剪不断的眷恋与抵不住的诱惑"之间。

但是,十分有趣的是,当一道海峡将神州隔成两个政治空间后,梁实秋的心态也时时发生偏移,"诱惑"常被淡化,"眷恋"常被强化,此

---

① 《梁实秋读书札记》第 246 页,中国广播电视出版社 1990 年。
② 《现代文学论》,《梁实秋文集》第 1 卷,鹭江出版社 2002 年。

时的他,不再矛盾,不再"深刻",也不再调和,血浓于水,眷恋故乡的情绪,将他绅士的理想和风采洗得干干净净,这时,他完全是一个俗人,所谓学者的丰赡,思想家的睿敏,都让位于市民的实在和老者的苍凉,一根看不见的彩线牵着他回到遥远的过去,漫游于故土的山山水水,"北平的街道","北平的零食",北平的风情,还有那埋在北平的他的"祖宗坟墓",一起化作了梦的追忆。西方的情怀被淡化,故国的乡情被强化,"乡愁",这曾使无数游子饱受折磨的情愫,梁实秋保留了整整三十八年。正当他即将梦圆,重返北京探亲的时候,却不幸于1987年11月3日溘然长逝,身葬台湾而墓碑朝向故乡。两岸同胞均为之扼腕,为之抱憾。因为,人们虽然可以从其著作中窥见他的学识、思想,却永远无法一睹他的风采了。

梁实秋与中西艺术文化

中国公安大学　黄　薇

　　著名的文学家梁实秋于 1903 年 1 月出生于北京,1987 年病逝于台北,在人世间走过了八十四个春秋。他祖籍浙江杭县,出身于书香门第,幼承庭训,才华出众。在"水木清华"求学期间,与闻一多合著的《冬夜草儿评论》,震惊了五四诗坛。1923 年秋赴美留学,先后在科罗拉多大学和哈佛大学研读英美文学批评。1926 年回国后成了新月社的主要成员。1949 年移居台湾。著有《浪漫的与古典的》、《文学的纪律》、《偏见集》、《文艺批评论》、《文学因缘》、《雅舍小品》、《槐园梦忆》等,并有大量文学史著作。译作甚多,尤以《莎士比亚全集》三十七卷册最为著名。在美国留学期间,梁实秋深受白璧德的影响,其新人文主义的学术思想,把梁实秋从青春的浪漫引向传统的古典,并大致上确定了以后数十年生活、创作与批评的方向。由于出身教养以及经历信仰等诸多因素的影响,梁实秋基本上是沿着学者和名士的路向发展的,追求个人内心的清雅与通脱,《读画》较能代表这种心态和作风以及他与中西艺术文化深层的联系和互动的影响。梁实秋的艺术文化记忆,对于中国文化的发展是一笔珍贵资源。新文学作家普遍较高的艺术文化修养,对于建构 21 世纪中国文化具有重要的现实意义。

一

梁实秋在散文《读画》中谈及许多中西艺术家和他们的艺术作品，

《蒙娜丽莎》

通过列举这些艺术家和艺术品，对中西艺术文化进行比较，认为：中国画里的诗意要比西洋画里的诗意多。梁实秋首先以《蒙娜丽莎》为例分析西洋画里蕴藏的诗趣：蒙娜丽莎的微笑，笑得美笑得甜笑得有味道，但是我们无法追问她为什么笑，她笑的是什么。会心的微笑只能心领神会。梁实秋认为：像《蒙娜丽莎》这样的画，还有一些奥秘的意味可供揣摩。达·芬奇的《蒙娜丽莎》(The Mona Lisa)可以说是世界上名气最大的一幅画。它悬挂在巴黎的卢浮宫内，有好几英寸厚的防弹玻璃保护着。近五百年来，蒙娜丽莎的微笑激发了无数诗、歌、绘画、雕塑、小说、神话和传说的创作，她的脸庞经常出现在全世界不计其数的广告上。人们第一次看到这幅画时，认为它为绘画艺术带来了一个写实新纪元。就如同 16 世纪的传记作者瓦萨利(Giorgio Vasari)所描述的：在红润的唇边，连接嘴与脸庞的肤色，看起来就像活生生的血肉，而不是画的。看着喉咙凹陷处，想必有人会信誓旦旦地说，脉搏在跳动着。

蒙娜丽莎的双眼有如经常被讲述的，传达一种非尘世的智慧。达·芬奇自己说：眼睛是人类心灵的窗口，透过这扇窗，映照出人生的样态和心灵的美。虽然我们永远都不会知道蒙娜丽莎的秘密究竟是什么，但是她那微笑和映衬人物的风景却有点关系。左边的风景有将左眼向下拉的倾向，而右边的风景却有将右眼向上推的态势。这种视觉上的推和拉在《蒙娜丽莎》画面中央汇合，使嘴角有一丝颤动，仿佛她将要突然笑开来，从而形成一种轻松自然的姿势。岩石风景是达·芬奇非常喜爱的特色，并且经常使用。最明显的是他的另一幅杰作《岩石上的圣母》（作于 1483—1485 年）。达·芬奇对流动的水特别着迷。发饰轻轻地垂落在蒙娜丽莎的右肩上，和岩石上的露头融合在一起，就像她左肩上围巾的透明折叠，在远方的水道线条之中继续连绵。和神秘的背景融合在一起的晕涂轮廓线增添暧昧的氛围，并产生动态的幻觉，赋予这幅画神秘的生命感。在风景中右侧的道路和左侧的水道是仅有的人类迹象。这是一处荒凉的风景，但是让人联想起生命的力量。

《希望》

瓦兹（Wattsd）的《希望》（作于 1885—1886 年）是梁实秋提及的又一西方名画。梁实秋认为该作品也还有一点象征的意味可资领会。画面描绘一年轻女子坐在象征世界的地球上面，低垂着头，眼睛被蒙上绷带，手里弹拨着仅剩下一根弦的古希腊七弦琴，并倾耳细听这根弦上发出的微弱的乐音。画面背景为一片蔚蓝的晨曦。宇宙间大气朦胧，混沌一片。坐在地球上的少女是一种象征，她象征人类的爱情、信念与死亡。一句话，她象征美好的人生。画家原来的意图是在追求一种促使人思索的伟大感情。但画面似乎未能达到他所预期的效果。这个女性象征性形象给观众带来的是犹豫、彷徨和"人生不可知"的印象。或者说，作为美好的人生，她和这个世界充满着矛盾。她依赖着世界，而世界不能给她以任何慰藉。就连她自己也是个未知数。因此，画上的少女具有浓厚的命运失落感。她所希望获得的,是仅剩下的一根弦的乐音,这就流露出一种生的危机感。整个画面的情调是十分消沉的,尽管画家把这个形象画得非常抒情,还是易使人产生怜悯情绪。

19世纪30年代,英国部分革命者为宪章运动付出高昂代价。革命虽然受挫,但英国人民的革命力量却得到了增长。只是在部分中小资产阶级知识分子中间引起了思想混乱:有人否定现实,有人悲观厌世,更有部分人转而赞美中世纪,躲进基督教神学观念里。在文学艺术上,这种消极认识也很明显:狄更斯就认为社会矛盾总根源是背弃基督精神。他在《圣诞欢歌》中以伤感的人道主义去谴责社会的自私心理,说现在的人们不能爱自己的邻人,主张以慈善事业来改善社会风气。小说家司格特说,现实都是丑恶的,只有往昔的中世纪生活才是美丽的。表示要以中世纪故事为自己的创作题材。英国湖畔派诗人华兹华斯在诗中发泄对工业文明的反感,赞扬农村的宗法制田园生活。1833年,英国牛津大学部分教师狂热地宣传宗教道德观,反对自由运动,声称英国应该传播天主教教义。他们还要求在大学生活中恢复宗教教义,史称牛津运动。在哲学上,人们称这种思潮为消极浪漫主义。这对英国绘画也产生很大影响。英国画家乔治·弗雷德里克·瓦兹(1817—1904)就生活在这个年代,他走着与当时学院派不同的道路。瓦兹喜欢用象征手法来表现自己内心的复杂意图。这幅《希望》是他的代表作,英国瓦兹美术陈列馆藏。梁实秋敏锐地读出瓦兹画中的诗意,即他作品里的象征意味,可见梁实秋对西方的艺术文化有较为深入的理解和把握。

夏塞里奥(Sorolla)的《二姊妹》(现藏巴黎卢浮宫)是梁实秋列举的第三幅西方名画。梁实秋认为《二姊妹》除了耀眼的阳光之外没有什么诗意可读。通过对原艺术作品的考察,我们发现梁实秋对这幅画的审美判断可能有他自己的道理。夏塞里奥的这幅作品以十分严谨

《二姊妹》

的写实功力,使画面具有摄影艺术的逼真效果。大约从 19 世纪 40 年代起,夏塞里奥倾心于仔细地刻画人物的技法,不论是神话人物如《阿纳底奥曼的维纳斯》(Anadyomene,源出希腊文,意即从海水泡沫中诞生的女神;1838 年作)、《爱斯菲尔的装束》(1841 年作)、《泰比达里乌姆》(1853 年作),还是一些肖像作品,如这一幅代表作《二姊妹》(作于 1843 年),都具有从他的老师安格尔那里得来的严谨的写实功力,这些作品往往要比他的神话题材的油画更接近于古典主义的风格。

《二姊妹》这幅作品,画的是一对孪生姊妹。画家注意到这种天赋造物的奇特的相似,并从雷同的美中发现彼此内在性格的不同。夏塞里奥以细致的观察与一丝不苟的描绘手法从中找出两人间微弱不同的性格特点。造物主创造的奇迹,在生活中习以为常,但要使形象再现于造型艺术上,没有功底厚实的素描能力是很难完成的。夏塞里奥以这一幅著名的油画显示了自己的写实与再创造的造诣。

这对孪生姐妹穿着一样赭色的紧身多褶衣裙,披着同样红色镶边的缀花羊毛大披肩,梳着一样的对分型发式,颈上挂着同样的项饰,端立在画架前,她们几乎同样地文静、矜持。但是从她们的不同的手势、脸部神态,目光所向,可以看出她们内在性格的迥异之处,尤其是两位女性的眼神,各自包涵着一种不同的心像。

这幅画展现了夏塞里奥在人物个性刻画上的技巧。法国的古典主义有其严谨与局限性,但在写实性上它优于只重色彩的艺术方法。夏塞里奥也擅长浪漫主义的色彩方法,这多半用于他那些情调极浓的寓意性画面,在这方面对法国的绘画也有一些影响。可是他从来不忽略在肖像画上的素描才能,这幅画是最好的例证。但梁实秋对这幅作品的评价并不高,他说除了耀眼的阳光之外这画没有什么诗意可读。"耀眼的光线"是《二姊妹》这幅作品给梁实秋留下的整体感受。每一个个体的人,当他面对特定的审美对象时感受可能是不一样的。重要的是他曾面对过并留下自己的判断。

二

　　在对中西方艺术文化进行一番考察之后,梁实秋认为中国画里的诗意较多。他从画题、境界和气韵等方面列举事实以证明他认识上的准确性。他尤其指出李复堂徐青藤的作品,有一股豪迈潇洒之气跃然纸上。梁实秋与中西艺术文化深层的联系和深厚的学养使他直接进入中西艺术文化的高峰领域进行鉴赏和批评。

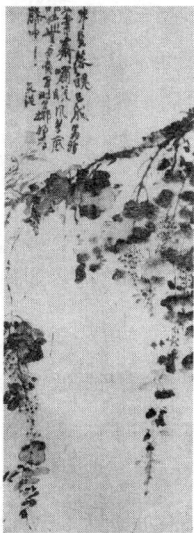

　　在气韵和骨法之间,既存在着纵向的联系,表现为主观和客观、目的和手段的统一;也存在着横向的联系,表现为内容和形式、能量和质量的统一。"气韵生动"这个中国画的特殊评价标准,是由形象和笔墨两方面体现的。北宋前的中国绘画,气韵主于形象。南宋始,气韵仍着重在形象,但已开始偏向表现。元明后,气韵的重心日渐向笔墨转移。从重形象到重笔墨,是借物寄情向借物写心的深入,是师造化向得心源的内化,也是绘画走向独立巅峰的明显标志。

《墨葡萄图》

　　这体现在花卉画史上,便是水墨大写意的出现。梁实秋谈及的徐青藤便是创立水墨大写画法的明代著名画家徐渭(1521—1593,浙江绍兴人)。他涉笔潇洒,天趣抒发。他的《墨葡萄图》(北京故宫博物院藏),构图奇特,信笔挥洒,以豪放泼辣的水墨技巧造成动人的气势和葡萄晶莹欲滴的效果。这幅画将诗、书、画巧妙地结合在一起,构成东方艺术的一大特色,是水墨大写意风格的代表性作品。正是徐渭真正发挥了中国画笔墨纸张特殊的效果,通过这幅画还可以感受到画家作画时的淋漓畅快、豪放姿纵的情景。徐渭《墨葡萄图》左上自题:"半生落魄已成翁,独立书斋啸晚风。笔底明珠无处卖,闲抛闲掷野藤中。"这幅画纯以水墨写葡萄,随意涂抹点染,任乎性情,如写藤,写枝,写叶,点葡萄,皆不主一法,纵率而为,可看做是文人画中趋于放泼的一种典型。作画不求形似,仅略得其意,而重在寄性遣怀。

　　徐渭将水墨葡萄与自己的身世感慨结合为一,在题款中点明其意。从"半生落魄已成翁",可知此画为其"半生"之后,约五十多岁的作品,这正是徐渭经过半生潦倒,深深体味人间酸苦之后的作品。在徐渭的笔下,绘画不再是只注重于对客体的精细再现,而是更转而表现主观的情怀了。徐渭又是杰出的书法家、诗人、戏剧家。他善以草书之法入画,飞动的笔墨,淋漓恣纵。诗、画、书法,在新的境界中得到自如充分的结合。前人曾称"文长喜作书,笔意奔放如其诗,苍劲中姿媚跃出"(袁宏道)。徐渭自己也说"吾书第一",在诗、文、画之上。这种书法的笔意、情趣深深地贯彻到其绘画之中,从这幅画的题款中即可体味其意。徐渭是中国绘画艺术史上画风又一转变时期的代表人物之一。史称"青藤(徐渭)、白阳(陈淳)",以及后来的八大山人(朱耷)、石涛,他们的画风标志着中国画从古代真正跃入到近世。徐渭推进了中国水墨大写意(花卉)画的这一新进程。其画面上所呈现着的一种乱头粗服的美,较之元代画家的"逸笔草草",更具有一种动力感和野拙的生机。《墨葡萄图》印证着徐渭自己的画论"信手拈来自有神"、"不求形似求生韵"。梁实秋尤其喜爱徐渭的画风并给予极高的评价。

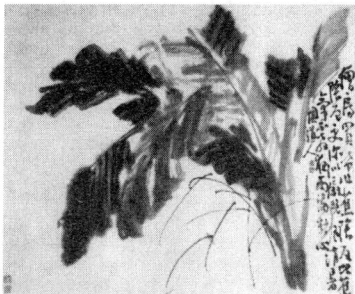
《石畔秋英图》

梁实秋将李复堂徐青藤并提，认为他们的作品有一股豪迈潇洒之气跃然纸上。李复堂是李鱓（1686—1762）的号，清代画家。亦作鱓，字宗扬，号复堂、懊道人，江苏兴化人。康熙举人，曾为宫廷作画，后任滕县知县，去官后，在扬州卖画。擅花卉虫鸟，能诗。为"扬州八怪"之一。李鱓入清宫时，曾从蒋廷锡学花卉，画法工致，康熙五十四年（1715）所画的《石畔秋英图》（南京博物院藏）就是这个时期的作品。后改学高其佩，而崇尚写意，继承了陈淳、徐渭、朱耷、石涛等人的传统，尤其受徐渭、石涛影响较大。他从石涛豪爽奔放的笔法中得到启发，而用笔挥洒自如，泼墨酣畅淋漓，则又学自徐渭。中国花鸟画的以墨代色，始自南宋，元代逐渐过渡为水墨写意。明代以元代为基础而画法更为灵活，饶有新意，基本上摆脱了早期水墨画那种工笔勾填的阶段。至明代后期，这种水墨花鸟画更形成了波澜壮阔的时代趋势，造就出许多著名的水墨花鸟画大家，成就最大者当首推徐渭，所以梁实秋将李复堂徐青藤并提。

从水墨写意的继承与发展关系上看，徐渭对后世的影响要大于李鱓。徐渭的作品粗简恣肆，痛快淋漓。不论是葡萄还是墨石榴，由他信笔点出，枝条笔断意连，枯淡浓湿、疏密虚实，俱在法度之中。"无法中有法""乱而不乱"，显示出作者的才华与性格。这种"不求形似"的表现形式，源出自倪瓒，但就倪瓒作品而论，尚未付诸实施。在中国绘画史上真正做到"似与不似"而又名实相符的，当以徐渭为典范。所以历来称徐渭为中国大写意画风的开创者。他的《榴实图》右上题有狂草："山深熟石榴,向日便开口。深山少人收,颗颗明珠走。"抒发了他怀才不遇的情怀。徐渭的花鸟画对后世画坛如清代石涛、八大山人、扬州八怪等有巨大影响。郑板桥曾以"五十金易天池石榴一枝",并刻有"青藤门下走狗"印一方;近代齐白石亦说"恨不生二百年前"为"青藤磨墨理纸"。他的绘画风格,直到今天仍然深受人们喜爱,学他的人非常多。

李复堂受徐青藤和石涛的影响较大,但自有专长。他特别善于用水,曾自题水墨花卉屏云:"八大山人长于用笔,而墨不及石涛。清湘大涤子用墨最佳,笔次之。笔与墨作合生动,妙在用水。余长于用水,而用墨用笔又不及二公甚矣。笔墨之难也。"李鱓正是将用水与墨紧紧结合在一起,并参以书法用笔,形成自己"水墨融成奇趣"的风格。张庚评其画"纵横驰骋,不拘绳墨,而多得天趣"(《国朝画征录》卷下)。但他并非不讲法度,郑燮说他"规矩方圆,尺度颜色,浅深离合,丝毫不乱,藏在其中,而外之挥洒脱落"(题李鱓《花卉册》)。他画的芭蕉干高叶大笔墨狂放,成为整个画面的主体,画得泼辣淋漓,芭蕉叶好像雨后合有湿润之气一般,难怪梁实秋有"豪迈潇洒之气跃然纸上"的评论。李复堂的杂画册(局部),北京故宫博物院藏。

梁实秋在李复堂徐青藤之后又谈及金冬心,认为他的墨梅有清癯高傲之气扑人眉宇。《玉壶春色图》为金冬心画梅的代表作品。画的右方题款:田居先生为吾乡前辈,旧为监察御史,每得名迹必招赏于清池白石间。其藏元至大丰少府贡粉梅矮卷,繁枝密萼,花光迷离,恍如晓雪之方开也。先生最爱予小诗,索题纸尾者三,忽忽五十年情事矣。先生逝后,宅属他人,画亦遂失。今凝想写之,玉壶春色,仿佛江路野桥二月也。荐举博学宏词杭郡金农画记,时年七十又五。钤印:金农印信,朱文。

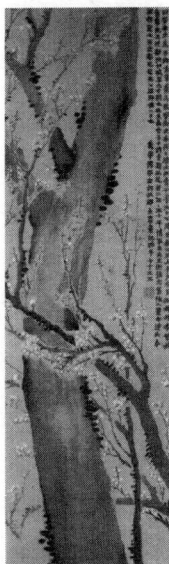

《玉壶春色图》

田居先生即浙江词人龚翔麟。金农此画,是试图模仿元代画家辛贡的粉梅矮卷而作的,其实完全可看成是他自己的创造。这幅画构图奇特,当中粗梅干,突兀而上,旁插入三五斜枝,花疏而气清。黑白对比尤妙,枝干全用淡墨写出,韵味隽永,花则勾边填白粉,造成丰富的节奏美。粗干与分枝,白花与黑树,交错有致,相映生辉,愈显出春光盈幅,花光迷离,真好似雪解冰销,逸趣横生。画家的独创性还表现在当中粗干的画法上,几乎占画面五分之二的墨干,黑而不滞,粗而不塞,实在难能可贵。画上"漆书"题识,与画面古拙的格调十分协调,增加了冷香幽趣。

金农画梅,重在"不疏不繁之间"去创造形象,多用以寄托怀才不遇的心情。为了加深对这幅画的理解,不妨再读一些当时人对金农画梅的评论。蒋宝龄《琴东野屋集》卷二中题诗道:冬心画梅多野梅,瘦枝如棘花繁开;淡墨晕花清有神,萧散特过王(冕)与辛(贡)。指出了金农画梅的特点,清神而萧散;也指出了他对元代画梅高手王冕、辛贡的继承与发展的关系。金农自己也曾在另一幅梅花图题款中谈到过这个问题,与《玉壶春色图》可以相互印证:"吾乡龚御史田居先生,家有辛贡粉梅长卷;丁处士钝丁,家有王冕红梅小立轴,皆元时高流妙笔。予用二老之法,画于一幅中,白白朱朱,但觉春光满眉睫间,老子于此兴不浅也。"(杭人金农画记:汪汝璒《陶风楼书画目》)。回过头来再看看《玉壶春色图》的题款,可以分明体会到两者之间的密切关系。梁实秋在广泛涉猎中西艺术文化的基础上,认为金冬心的墨梅有清癯高傲之气扑人眉宇。

梁实秋以西洋艺术为参照,将中西艺术文化加以比较,在具体实

证的基础上做出严谨的判断:中国画的诗意比西洋画的诗意多。这是
中西艺术精神的显现。梁实秋用来做参照的达·芬奇的《蒙娜丽莎》
(作于 1503—1510 年)、瓦兹的《希望》(作于 1885—1886 年)、夏塞里
奥的《二姊妹》(作于 1843 年)等,都是写实的人物画。而中国画家李
复堂徐青藤金冬心等的画,大多为写意的山水花卉作品。从地域和时
间上看:达·芬奇(1452—1519)是意大利文艺复兴时期著名的画家和
雕塑家。瓦兹(1817—1904)是英国 19 世纪著名画家。夏塞里奥
(1819—1856)是法国 19 世纪著名画家。徐青藤(1521—1593)是明代
画家。李复堂(1686—1762)是清代画家。金冬心(1687—1763)是清
代书画家、诗人。从中我们不难看出西洋艺术文化追求明晰的整体美
学精神与中国艺术文化追求朦胧的整体美学精神的不同。在这里,中
西艺术文化作品是作为中西艺术文化基本精神的媒介而出现的。

　　在梁实秋列举的西洋画中,我们看到了艺术对自然的最完美的模
仿。画里每一处能被最精妙的笔触描绘出的特征,都被真实地再现出
来。她们的眼睛闪着光泽,栩栩如生,眉毛也是一样。遮住皮肤的头
发,哪里浓密、哪里稀疏,连同每一个转折,都被最精确地描绘出来,所
有的毛孔都被画得再自然不过;鼻子上美丽、精致、红润的鼻孔如此生
动,充满了生命;嘴唇的玫瑰色和脸蛋的颜色达到了完美的统一;淡红
色的脸颊看起来是真正的血肉,丝毫不像出自画笔;他们的绘画作品
是如此精妙,使我们很好地懂得艺术的奇妙之处。梁实秋谈及的这几
幅画在西洋美术史中一直被认为是传世的神奇作品。

　　但它们的神奇之处既不是艺术家的自我表现,也不是被一般宣传
家们所津津乐道的时代的象征,而是艺术家的绘画技巧。画家的绘画
技巧是尽可能忠实地再现自然中的对象。但在梁实秋看来西洋画总
体上不如中国画有诗意,像《蒙娜丽莎》还有一些奥秘的意味可供揣
摩。瓦兹的《希望》也还有一点象征的意味可资领会。夏塞里奥的《二

姊妹》,除了耀眼的阳光之外没有什么诗意可读。西洋画明晰逼真,中国画意蕴深长,这是中西美学精神特质在绘画艺术中的显现。梁实秋在中西艺术文化的广阔背景上对其总体审美特征给予中肯的评价,凸显出新文学作家较高的艺术文化修养,现代作家这种整体上普遍较高的艺术文化素质,对于建构21世纪中国文化具有重要的现实意义。

梁实秋与中国文化

饮馔的文学社会学:从《文选》到梁实秋

一

中国人的文化特征,从外国人的角度来看,恐怕饮食一项是要名列前茅的。许多外国人士的旅游记录都谈到过中国人的饮食文化令他们啧啧称奇。例如美国人何天爵(Holcombe,1844—1912)在《真正的中国佬》一书中说:"中国人的饮食文化丰富多采,每一道菜都各具特色,与西方的饮食习惯迥然不同。主人与客人之间的礼仪应答、推杯换盏等形式,也与西方的做法千差万别。"①葡萄牙人曾德昭(Alvaro Semedo,1585—1658)《大中国志》则说:"中国人为宴会花费了许多时间和金钱,因为他们几乎不断在举行宴会。凡是聚会、辞行、洗尘以及亲友喜庆,无不举行宴会以示庆贺。遇到哀伤事件,也有抚慰的宴会。重要的事务也在宴会上处理。不管开始做任何工作,或修盖完房屋,

---

① 《真正的中国佬》第五章,鞠方安译,光明日报出版社1995年。

也不可缺少宴会。"①

这类记录,确实勾勒出中国社会上最重要的文化特征。饮食,在中国人社会中,似乎主要并非个体生存及享乐之问题,而是具有高度的社会意义与功能。

社会这个词,原本就来自"社"与"会"这两种社会基本组织单位。整个社会,就是一个个小的社与会的集合。在曾德昭的书中,他也提到了会社,以及会社中进行饮宴的状况:"一般说,一般人,特别是同一衙门的吏员,有一种他们称为'兄弟会'的会社。兄弟会按一月的天数,有三十人,大家轮流到这家或那家吃喝,举行宴会。"社会上大多数人都会参与会社,而会社又以饮宴为其主要活动方式,这一段话已经讲得非常明显了。

今存敦煌文献中,社邑文书即有三九六件,包括社条、社司转帖、社历、社斋文等等。依据这些文书,我们可以知道:凡申请进入某社成为社员,都必须备酒席请宴。例如伯二四九投社人马丑儿状:

> 投社人马丑儿状
> 有(?)□长□□
> 鸳鸯失伴,壹只孤飞。今见贵社斋集,意乐投入。更有追凶逐吉,于帖丞了。若有入社筵局,续当排备。伏乞三官众社等乞赐收名入案。不敢不申,伏请处分。

这是入社有宴。入社之后,则有参加局席的义务,若不参加,是要接受处罚的。例如斯六〇六六,社司请社人赴局席转帖:

---

① 《大中国志》第十三章,何高济译,上海古籍出版社 1998 年。

右缘局席造出，幸请诸公等，帖至，限今月廿四日卯时于干明寺取斋。捉二人后到，罚酒壹角；全不来者，罚酒半瓮。其帖立递速分付，不得停滞。如滞帖者，准条科罚。

局席之外，宴会还包括斋会、设供、祭奠，或为社员"起病暖脚"的各类筵设。

这种社，有宗教性质的、互助性质的、也有地域性质的，或性别分类的。例如由佛教徒结集的，属于宗教结社。前文所说"兄弟会"之类，则属于互助性质，敦煌文书中提到一些"亲情社"即为这一种社，以拟亲族同恤互助的方式结集而成。地域性的，就是各地的坊巷社。性别区分者，则如敦煌文书中经常出现的"女人社"。这些社集聚会，乃南北朝隋唐时期极为普遍的社会组织①。此外，就是职业结社，也就是行会了。

工商业行会，在唐已颇为发达，入宋更形蓬勃。据《房山石经题记汇编》各行刻经的资料来看，唐代行会至少已有布绢、生铁、炭、肉、米等廿余行。宋朝《梦粱录》、《武林旧事》、《西湖老人繁胜录》等书所载之会社，更是名目繁多②。这些行会结社，与六朝隋唐之敦煌文书所显示的情况一样，也仍是以饮宴作为其主要活动内容的。而且直到清朝都是如此。

例如入社要备酒席，我们在光绪己酉湖南耕新书社的章程中也能看到："招收徒弟，主人代入帮酒两席，请同行为证"这样的文字。光绪丁酉湖南省城纸店业条规中又说："总理公务人……倘怀私舞弊，一经查出，定例罚酒席一台、大戏一部"、"店主图骗客师薪资及凌辱客师

---

① 详见宁可、郝春文辑校《敦煌社邑文书辑校》，江苏古籍出版社1987年。
② 另详见龚鹏程《江西诗社宗派研究》，第二卷第三章第四节，（台）文史哲出版社1983年。

者,定例罚酒一台"。光绪三十年益阳伞店条规则记载:"每日输派首士四人,分街查察。如有滥价滥规者,一经查出,罚该店演戏一部、酒四席。"光绪十五年武冈成衣行条规也说:"每年建醮、演戏,各出酒席钱六十文。交钱赴席。如违,不准上席,决不徇情。"①诸如此类,均可见入社要饮宴;社集中最主要的义务,则是交钱办理行业神祭祀。祭祀之同时也就是社友聚餐会饮的时候。若违背了会社行规的规定,处罚的方法,仍然也是请大伙儿吃喝一番。

在中国社会中,饮食就是如此地重要。它是接纳某人成为一个群体的进入仪式。办一桌酒席,请大家吃了,这一群吃饭的人便成为一个生命的共同体(共同体这个词是由 communite 译来的,而 communite 恰好早期就译为社或社区)。祭丧与共、守望相助、共同遵守协商的行为准则与伦理规范、共同承担义务。若违背了这些,就必须再请一次酒席,陪礼谢罪,重新缝合受了伤、有了裂痕的生命共同体。吃了这桌酒席的人,乃亦重新接纳他,让他再度成为生命共同体中之一分子。

二

懂得了饮食在中国社会中的意义与功能之后,许多文学的问题才好谈。

中国第一本《文选》,由昭明太子所编,诗共分甲乙丙丁戊己庚七个部分,甲部又分为两类,一是"补亡"、"述德"、"劝励"、"献诗",是就个人之德行说的;二为"公燕"、"祖饯",则是就群体说的。底下才分别谈咏史、游仙、招隐、咏怀、哀伤等等,也就是说公燕与祖饯被他看成是最重要的诗之功能。

---

① 均见《中国工商行会史料集》第三编第一章,中华书局1995年。

　　那么，何谓公燕？燕就是燕饮聚会。曹子建诗："公子敬爱客，终宴不知疲，清夜游西园，飞盖相追随"、王粲诗："高会君子堂，并坐荫华榱，嘉肴充圆分，旨酒盈金罍"，都是公燕。《文选》所收，尚有刘桢《公燕》、应玚《侍五官中郎将建章台集诗》、陆机《皇太子让玄圃宣猷堂有令赋诗》、陆云《大将军燕会被命作诗》、应吉甫《晋武帝华林园集诗》、范晔《乐游应诏》、谢灵运《九日从宋公戏马台送孔令》、颜延年《诏曲水燕诗》与《皇太子释奠会诗》、丘迟《侍燕乐游苑送张徐州应诏》、沈约《应诏乐游饯吕僧珍》等。足证饮燕聚会之间作的诗不少，其诗亦可自成一类。

　　所谓祖饯，李善注云："崔实《四民月令》曰：祖，道神也。黄帝之子，好远游，死道路，故祀以为道神，以求道路之福。"实际上就是在路上为人饯行，置酒席送别，如曹植诗所称："亲昵并集送，置酒比河阳。中馈岂独薄，宾饮不尽觞。"《文选》所收，亦有孙子荆《征西官属送于陟阳侯作诗》、潘岳《金谷集作诗》、谢瞻《王抚军庾西阳集别作诗》、谢灵运《邻里相送方山》、谢朓《新亭渚别范零陵》、沈约《别范安成》等。

　　聚会饮酒，或送别饮酒，当然不止这些作品，像苏武与李陵的赠答，就说："我有一尊酒，将以赠远人。"在与友朋赠答酬唱的诗篇中，几乎总与饮燕有关。因为"酬"这个字，本来就取义于饮酒。诗人的酬唱更常被形容为"诗酒酬唱"。宋初不就有一本收录诗人诗酒唱和的总集叫做《西昆酬唱集》吗？友朋会聚饮燕，作诗赠答，此唱彼和，兴会感荡，乃是诗人创作最普遍的型态之一，故聚会饮食本来就不止有"公燕"或"祖饯"这两种状况及这两类诗。可是，我们不能不注意昭明太子特别标出这两种文学类型的意义。

　　《文选》的基本架构是"分类选文"，故其方法为分类学。先将文学分成一些体制或风格上的类型，然后依这些文类来选择佳篇，各安其位。如此分类，并非简单地物种分类，而是具有类型学（Typology）意义的,故其所分诸文类对后世影响甚大。类型因其成分与属性之不同,而形成区分,出现不同的文类及风格。在这一类体制及风格之间,则为一堆集体相似之对象,彼此同有体制或风格上的类同性。

这是《文选》的基本状况。但公燕与祖饯却有另一些性质。第一,公燕与祖饯,与赋、铭、表、咏怀、咏史、游仙一样,都被视为一种文学类型。昭明太子正式承认了饮食在诗歌题材、主题思想、词汇运用上,已经足以成为一个可以辨识的类型特征,与人类其他经验,如游旅、哀伤等等可以并列来看待。而且,它被选列于所有诗歌类型之前,更显示了这个经验与类型也许最为重要。

第二,这个经验,在《文选》的体系中,与其他诗歌类型可以合起来共同组成一种"有意义的结构关系"。述德等,提醒了人根源性的认识。公燕祖饯,指明了人的社会性存有。咏史,显示了人的历史性感受。游仙、隐逸、游览,则表达了人的超越性追求。咏怀与哀伤,才是个人情志的表现。答赠、行旅、军戎、郊祀,描绘的则是人在现实世界的活动。这样的结构,可以看出昭明太子文学类型学的精神旨趣,而饮燕在其中所占地位之重要,不言而喻。

第三,类型区分,理论上应该让类型与类型之间具有明确的差异,否则容易造成辨识的困难。但因公燕与祖饯,指明的是人的社会性存有。这是人存在的基本状态。人的其他社会活动必然也就是在这个基本状态中发生的。因此,这些诗事实上并不易明确地与其他诗歌类型区分得开。不但如前文所说"赠答"类诗中会有燕饮聚会之描述,游仙、游览等各个类型中也都可能会有。这种情况,肇因于饮燕的特殊性质,其他的类型就较不会出现此一状况,例如军戎诗中不会有游仙的主题、咏怀诗也不容易与赠答相混。

对于这一现象,有许多值得申论之处。饮燕既为人社会性存有之特征,又通贯于超越性追求及现实世界之活动中,当然应该好好谈谈,但那且慢点说，留待后文处理。此处可以先谈的，乃是：昭明太子这样的文学类型区分，事实上已显示了一个特殊的文学视角。怎么说呢？

近人讨论中国诗学理论，基本上都认为它主要是个体抒情的。所谓"诗言志"（《尚书·尧典》）、"诗者，志之所之也。在心为志，发言为诗，情动于中而形于言"（《毛诗序》），强调的是个体抒情之性质。所以诗主要是表达诗人内在的自我，抒情咏怀、吐写襟臆，如朱熹所称："人生而静，天之性也。感物而动，性之欲也。夫既有欲矣，则不能无思。既有思矣，则不能无言。既有言矣，则言之所不能尽而发于咨嗟咏叹之余者，必有自然之音响节奏，而不能已焉。此诗之所以作也。"（《诗集传序》）既然诗是抒情的，读诗者，也当然要以透过诗句去了解作者内在的情志思虑为目的。此即所谓知音说。创作面的抒情论与阅读面的知音论，彼此遂形成互动的关联。

在这样的观念倾向下，诗人之间的诗酒酬唱、联吟迭和，是没什么意义的。觉得那些"应酬"之作，要不就是敷衍，要不就是闹酒时的游戏之作，非但不足以显示作者个体内在深刻的情志，而且表现了传统文人堕落的一面。

近几十年来我们对中国诗歌的理解与评价，基本上即是如此。但我们都忘了，孔子说诗，曰："诗可以兴，可以观，可以群，可以怨。迩之可以事父，远之可以事君。"兴感与怨怒，固然属于个体情志的问题；观与群，乃至事父事君，却都是社会性的。所以黄宗羲《汪扶晨诗序》说："观风俗之盛衰，凡论世采风，皆谓之观。后世吊古、咏史、行旅、祖德、郊庙之类是也。孔曰：群居相切磋。群是人之相聚。后世公燕、赠答、送别之类是也。"（《南雷文定》四集卷一）群，原本是诗极重要的功能。但在一味强调"诗言志"、"诗者，缘情而绮靡"的情况下，反而被忽略了。昭明太子的分类，才能让我们重新反省到：可能诗之可观可群，比其可以言志抒情更为根本、更为重要。起码昭明太子的看法即是如此。对于公燕、祖饯、酬唱之类诗，我们也应有新的认识①。

三

饮宴酬唱，在诗人之创作活动中占什么地位，我们不妨随便找一位诗人来观察。不必找社会性太强的诗人。像李商隐这样著名的抒情诗人就很可以说明这个事实了。

李商隐诗集，宋本分为三卷，上卷中，《自喜》即云："鱼来且佐庖，慢行成酩酊，邻壁有松醪。"又《江亭散席循柳路吟归官舍》之席就是酒席。而酒席又不止此一席，《饮席戏赠同舍》、《妓席》、《杜工部蜀中离席》、《王十二兄与畏之员外相访，见招小饮》、《席上作》、《三月十日流杯亭》、《饮席代官妓赠两从事》、《华州周大夫宴席》，都是因饮燕而作的诗。

卷中，《韩冬郎即席为诗相送，一座尽惊》、《评事翁寄赐食易粥，走笔为答》、《妓席暗记，送同年独孤云之武昌》、《崇让宅东亭醉后有作》、《七月廿九日崇让宅燕作》、《初食笋呈座中》、《韩同年新居饯韩西迎家室戏赠》、《离席》、《夜饮》、《县中恼饮席》、《南潭上亭燕集，以疾后至，因而抒情》，亦均为饮宴之诗。

卷下，《南山赵行军新诗盛称游燕之洽，因寄一绝》、《天平公座中》、《饯席重送从叔余之梓州》、《河清与赵氏昆季燕集得拟杜工部》等，同样也可以看见饮燕为诗之情况。

这些都是与饮燕直接相关的诗，或为饮燕饯送而作、或缘饮馔兴感、或于席上献技较艺。要看这些诗，我们才能明白俗语中"即席"一

---

① 这样的分析，也适合来处理台湾诗歌发展史的问题，可以参看龚鹏程《台湾文学在台湾》，骆驼出版社1997年，《台湾诗歌的童年》第四节。台湾早期就是因为它太偏于"群"这一面而遭到贬抑。

词是什么意思。韩冬郎即席赋诗,李商隐也在席上或戏赠同舍或代官妓捉刀,或席上命笔,或妓席暗记,不一而足。此类作品,均如书法之即席挥毫。而这个"席"不是别的,正是酒席筵席之席。

李商隐少年孤露,幸而厕身令狐楚幕府,为令狐楚所赏识。故其酒席经验,首先是在令狐楚的筵席上,也就是所谓的"天平公座中"。《初食笋呈座中》云:"嫩箨香苞初出林,于陵论价重于金。皇都陆海应无数,忍剪凌云一寸心",恐怕就是这位少年雄心壮志的表现。当然,除了令狐楚幕府人士之外,李商隐还有一些朋友,例如罗劭兴,李氏寄给他的诗就有"高阳旧徒侣,时复一相携"之句,自然是酒伴无疑了。这种少年饮燕经验,对其人生当有不小的影响,所以中年丧偶之后,寓居西溪,便不免觉得:"近郭西溪好,谁堪共酒壶?"(《西溪》)感慨自己性格犹疑,也以不获酒喝为喻,说:"中路因循我所长,古来才命两相妨。劝君莫强安蛇足,一盏芳醪不得尝。"(《有感》)李商隐与女性交往,大概酒筵也是一个主要的场所。前面引了许多他参与妓席的诗题,可以想见其一斑。就是无题诗,如"隔座送钩春酒暖,分曹射覆蜡灯红",不也是筵席上的情事吗?《曲池》描写他见到一位女子,令他几乎不能把持,也是说:"迎忧急鼓疏钟断,分隔休灯灭烛时。"①

这些诗中,最特殊的,是《杜工部蜀中离席》、《河清与赵氏昆季燕集得拟杜工部》。李商隐诗,王安石即曾说它像杜甫诗。《蔡宽夫诗话》甚至说唐人学杜甫,学得最好的就是李商隐。可是李氏学杜,究竟学什么呢?集中仅有的两首学杜诗,就都是从饮燕的角度来学杜的。古人对他这两首诗,推崇备至,如纪昀说它矫健绝伦,叶葱奇说它遒隽可诵。其中"座中醉客延醒客,江上晴云杂雨云"的当句对技法,显然

---

① 唐代士人会饮的情况,可详李斌城等《隋唐五代社会生活史》第二章第一节第三、四项,中国社会科学出版社 1998 年。

李商隐本人也甚为得意,因此他另外又用《当句对》为名作了一首。当然,杜甫之吸引李商隐学他,并不只在当句对而已,此写座中饮燕之情境如绘,想必是老杜"酒债寻常行处有"给他的灵感吧。

凡此种种,俱可见饮燕在诗人生活及创作意识上的重要性。李商隐另有《杂纂》一种,乃自成一格之格言体笔记。每一段讲一句俗话,然后举一群可以显示这句俗话之意义的事例为例。如第一条叫:"必不来",什么样的情形必不来呢?底下就举了:"穷措大唤妓女、醉客逃席、把棒唤狗"等事做为示例。在这些事语的解释上,我们更可以看到他对饮食这件事的体会极为丰富,而且经常以它来说明事语。除了上举"醉客逃席"之外,如"不相称:不解饮弟子"、"羞不出:重孝醉酒"、"不嫌:饥得粗饭,渴饮冷浆"、"不如不解:僧人解饮酒,解则昏教"、"不得已:忍病吃酒"、"失本体:逃席后不传语谢主人,失宾客体"、"恼人:终夜欢饮,酒尊却空"、"不快意:胙醋不中"、"惶愧:醒酒后说醉时语"、"煞风景:苔上铺席、妓筵说俗事"、"虚度:好厅馆不作会"……等等①。

由于李商隐仕途并不顺利,因此我们常把他的形象理解为一位清寒之士,像蝉一样:"本以高难饱,徒劳更费声。"同时我们也想象这位诗人是孤峭的,所谓"共誓林泉志,胡为尊俎间?"(《灵仙阁晚眺寄郓州韦评事》),一定不会整天与人酒肉酬、饮燕谐谑。其实不然。从上面的分析可见李商隐非常重视饮宴会聚。靠着樽俎交际以谋官爵,固非其所愿,但与友人饮食欢聚却是他最喜欢的事,所以《题李上谟壁》云:"嫩割周颙韭,肥烹鲍照葵,饱闻南烛酒,仍及泼醅时。"这些饮燕经验,对他的人格构成、诗篇创作、乃至事语之掌握,均有极大的影响。

---

① 《李义山杂纂》,东坡有仿作。东坡也是个好吃的人。

四

以李商隐为说，只是随便举个例。前文曾谈过《西昆酬唱集》。西昆诗人本来就是学李商隐的，而李商隐之学杜甫，又是以饮燕这个角度切入的。即使不谈杜甫，我们读李商隐这些"近郭西溪好，谁堪共酒壶"一类诗时，不也会想起韩愈"多情怀酒伴，余事做诗人"那样的句子吗？诗人对饮燕之重视总是相同的。

不过，这其中可能还是有些差异。

以李商隐"饱闻南烛酒，仍及泼醅时"来说，南烛即道教人士所喜食之物，用它的叶子煎汁浸米蒸饭，就是道教人士所称之"青精饭"。杜甫《赠李白》云："岂无青精饭，使我颜色好"，所指即此物。用南烛来制酒，则见《神仙服食经》："采南烛草，煮其汁为酒，碧映五色，服之通神。"李商隐这位朋友李上谟，想必是一位隐士或学道者，故李商隐希望能访着他，一齐喝喝这种酒。他用鲍照葵、周颙韭的典故，意义也是如此。周颙是隐士，曾在钟山西建隐舍，鲍照《园葵赋》则说："荡然任心，乐道安命……独酌南轩，拥琴孤听。"用这些典故，无非用以点明李上谟的身份。从吃的食物上，让我们了解这是一位求仙学道者。而李商隐为什么会去找这位隐居学道者呢？无他，李商隐本身也曾是一位入山学道者，与李白李上谟一样，亦曾食青精之饭、饮南烛之酒。

因此李商隐诗中谈及饮食时，往往所饮所食乃仙家食物，与杜甫韩愈不同。如《重过圣女祠》说："忆向天阶问紫芝"，紫芝，据《茅君内传》云，服之可拜为太清龙虎仙君。《归墅诗》也说："楚芝应遍紫。"另外，《街西池馆》感谢池馆主人款待时则说："香熟玉山禾"，玉山禾指琼山昆仑之木禾，见《山海经》。他看见石榴时，就想到瑶池的碧桃，垂涎欲滴："可羡瑶池碧桃树，碧桃红颊一千年。"（《石榴》）。又在《过白云夫旧居》时说:"平生误识白云夫,再到仙檐忆酒炉。"

这样的饮食状态,跟李白颇为类似。事实上求道游仙者大抵也均是如此。如唐人曹唐《小游仙》云:"酒酿春浓瑶草齐,真公饮散醉如泥,朱轮轧轧入云去,行到半天闻马嘶""侍女亲擎玉酒卮,满卮倾酒劝安期""笑擎玉液紫瑶觥""青苑红堂压瑞云,月明闲宴九阳君,不知昨夜谁先醉,书破明霞八幅裙",都是以饮酒宴会来形容神仙生活,其饮馔经验,与杜甫所描述者颇为不同。

李丰楙《曹唐大游仙诗与道教传说》、《曹唐小游仙诗的神仙世界初探》曾专门探讨了游仙诗中大量出现仙宴的现象,认为诗中用神仙饮宴来表达神仙世界富足、安闲、安乐之意味。仙宴、仙厨,是人间用以款待神仙的方式,也是神仙用以相互接待,或接待凡人之神通。所以仙宴仙筵诸情节,除具有俗世宴饮、宴会的生理满足感之外,也常具有宗教礼仪的仪式性。

他的观察很对。游仙类型诗中多写饮宴,是它与公燕、祖饯之类诗歌相同的地方,但所吃所喝之食物并不一样。而这种饮食状况又非游仙诗独具之特征,凡具有求道学仙气质或生活倾向者,其诗多半都会显示类同的饮食内容。李商隐、李白诗即为明显之例证①。

五

李商隐所参加的那些燕席、燕集、燕会,在中唐以后逐渐体制化,变成了文人的集会结社。香山九老,曾传雅集;吴筠亦有"在剡与越中

---

① 仙家及隐居者之饮食有两种类型:一是大吃大喝型,又可称为服食型,琼浆玉液、山珍海错、酒食狂欢。二是服气型,强调不吃世俗饮食,只吃气、吸风引露,或只吃一些非世俗人能食之物,如韦应物《寄全椒山中道士》诗该道士"涧底束荆薪,归来煮白石"之类。另详龚鹏程《一九九七年度学思报告》第127页。又,李白诗的问题,可见龚鹏程《一九九六年度学思报告》第213页《诗的超越性与社会性》。曹唐诗的状况,则可参考李丰楙《忧与游》,学生书局1996年。

文士为诗酒之会"（权德舆《吴尊师传》）的记录，至宋而蔚为大观。各地均立诗社，而且这些社都是"河梁会作看云别，诗社何妨载酒从"（《咸淳临安志》卷九六《次答前韵答马忠玉》）的。

元代诗社更盛，约盟登坛、吟咏为乐，其情景亦如王明所谓"置酒潭上，邀翰林诸公为一日之娱"（《秋桐先生大全集》卷四二《玉渊堂宴集诗序》）。明代此风继续发展，《明史》说张简"每岁必结诗社，四方名士毕至，宴赏穷日夜"；《无锡金匮县志》说陆懋成等人"其会则惟论诗。诗成，有燕宴，看核数盘、饭一盂、酒八九行而已"。这一类记载，简直随处都是。社友们飞笺斗韵，研席即是宴席，吟席实乃筵席。酒八九行，史乘特为举出，示其俭朴，则平时社集饮宴之丰盛可以想见了。

要了解这些社集饮宴之实况，可以参考公安派袁中郎的《觞政》，或清人尤侗《真率会约》。《觞政》述饮酒时之条约规范，凡五十条，正是古敦煌社邑文书记载社集规条之遗风。但古代是结社而立有规条，规条中以饮宴来说明权利义务关系。现在却是为了饮宴特别订了规条。饮宴的意义显然更为扩大，故有专门的酒纠酒令①。

这些诗社酒令，我们在《红楼梦》中也可以看到。第三十七回《秋爽斋偶结海棠社，蘅芜院夜拟菊花题》说探春要结诗社，给宝玉去了一函。那函当然是个发起的号召，但她怎么说的呢？笺云："风庭月树，惜未宴集诗人；帘杏溪桃，或可醉飞吟盏"，全是讲吃，足证吟席正是宴席。

宝玉得了笺，去找探春，其他一干人也都来了，笑闹间结成了一个海棠社，每个人取了个号，也各自作了诗。整个叙述中并没有讲众人如何吃喝，似乎与我们所说"研席即是筵席"不符。但仔细看，我们就

---

① 详见王仁湘《饮食与中国文化》第十章第五节，人民出版社1993年。

会发现:作完诗后,"大家又商议了一回,略用些酒果,方各自散去"。
可见作诗说笑时原即是有酒果的。诗社雅集,酒食宴饮乃是必备的,
犹如人活动必有空气一般,故叙述时未能刻意提及,但结尾一笔仍然
点明了情况。

后来史湘云要入社,李纨说:"她后来,先罚她和了诗。若好,便请
入社;若不好,还要罚她一个东道再说。"罚东道,就是要史湘云请客。
后来贾宝玉又特别提醒史湘云:"既开社,便要做东。虽是顽意儿,也
要瞻前顾后,又要自己便宜,又要不得罪人",所以替她张罗请大家赏
桂花吃螃蟹,遂有第三十八回《林潇湘魁夺菊花诗,薛蘅芜讽和螃蟹
咏》一段故事。

结果螃蟹一吃,吃到第三十九回。而且吃完后探春对贾宝玉说:
"昨日扰了史大妹子,咱们回去商议着邀一社,又还了席,也请老太太
赏菊花",于是又有了第四十回《史太君两宴大观园,金鸳鸯三宣牙牌
令》。

大观园中众姐妹在这几回中的身份,其实就是文人。作者借着写
这段无关宏旨的琐事,要讲的,即是文人的生活基本状态。几个人凑
在一块,结个兴趣与技艺之社,切磋文字,斗韵唱和。今日我邀一会,
明日你来做东,今日我吃你一席,明天你来赴我之宴。高轩莅止,坐月
飞觞。既矜文字之奇,亦竞备馔之巧。饮宴之道,从汉魏宗教、地域性
结社时担任社会凝聚剂的功能,发展到文人结社,诗文社同时即是饮
啖社,可说是达到巅峰了。

埃利亚斯《文明的进程:文明的社会起源及心理起源的研究》一
书,曾针对西方国家世俗上层社会行为的变化,讨论文明的进程。其
中特别谈到一些"礼貌"的问题,例如就餐行为、卧室中的行为、吐痰或

擤鼻涕等①。用餐本来是一件再平凡不过的事，但就食行为的演变、就餐礼仪的讲究，却代表了文明的进展。

同样地，用这个观点来说：饮食本平常之事，凡人莫不饮食。但将饮食视为人之社会性存有却是不寻常的。中国人的社会中，人必须借着饮食与他人沟通，与社会上人形成生命同体之感受。这就是文明。顺着这种文明之进展，人的团体（社或会），从借着饮食来成就其社会性，竟逐渐成为本身就是饮食之社。饮食不是手段、工具或过程，它就是社会。这种文明发展的历程，最终以文人结社来体现，或许也有其必然之理，中国的"文"本来不就包含了文学文明诸义吗？文人诗酒之会，恰好也即在这个地方显示了饮食性即社会性这个中国社会里的真理。

同时，西方上层社会的礼仪，乃是在封建君主宫廷中形成之宫廷礼仪（courtisie）逐渐延伸到市民阶层或中产阶层所致。中国则不然，早期饮燕之礼，当然主要见诸朝廷及卿士大夫之间。但贵族早在春秋时期便已"凌夷"，汉魏以后，饮食礼仪便是由民间之社与会中逐渐发展而成的。到明清文人，会餐有约、行酒有令，定为规条、广行于社会，乃成为人所共循共守之礼仪。文明的进程、礼仪的内涵，正好足以与西方相对照。

六

文人以饮馔结社的当代代表，是新月社。

所谓新月社或新月派，是指以《新月月刊》社为核心的一个文人群

---

① 埃利亚斯《文明的进程：文明的社会起源及心理起源的研究》第二章，王佩莉译，三联书店 1998 年。

体,也包括了徐志摩、闻一多主持的《晨报副刊·诗镌》,徐氏与陈梦家办的《诗刊》,胡适的《努力》社,《独立评论》社,陈西滢参加的《现代评论》社等。这群人聚集为一个可辨识的群体,均源于以聚餐会和俱乐部形式出现的新月社。

聚餐会在先。一群人自娱自乐、联谊交际,形成了个类似欧洲沙龙俱乐部形式的聚会,后来才正式命名为"新月社",并在北京松树胡同七号成立了新月社俱乐部。所以徐志摩说:"从聚餐会产生新月社,又从新月社产生七号的俱乐部。"(1926年6月17日《晨报副刊·剧刊始末》)

新月社俱乐部仍保持着聚餐会的沙龙活动形式,一方面,"新年有年会,元宵有灯会,还有什么古琴会、书画会、读书会";一方面,仍以聚餐为重点:"有一个要得的俱乐部,有舒适的沙发躺、有可口的饭菜吃、有相当的书报看。"(徐志摩《欧游漫录·给新月》)

与新月社同仁来往密切的《现代评论》社,情况也很类似:"每星期有一次集会,大家喝着咖啡,议论着每星期写什么文章和社论之类。"它们也常被归入新月派之中。

其他文人结社,恐怕也不会不聚餐、不喝茶、不吃酒,但现代文学史上可能没有另一个社团是由聚餐会发展来的,或如新月社这般典型:本是饮啖之社,遂为艺文之会。

会中诸君,既是因聚餐而群合,对于这饮馔合群的大道理,自然深具会心,叶公超便在《新月》二卷三期发表过一篇《谈吃饭的功用》,从《红楼梦》讲起,直说到孙中山的民生主义。大意谓人间的是非争端,惟有靠着吃饭才能解决:"遇着两方面都有些难说的话,或是有什么解决不了的事,大家便到茶馆里摆上茶来说。如果茶的情面还不够,再吃上一顿酒饭,哪怕两三代的怨仇,也就烟消雾散了。"

不过,叶公超又认为如此吃饭,不免功利,不能享用着滋味。所以最好的，仍是一种毫无利害关系而又无需联络感情的饭。若要谈感情，则悲欢离合之饭最可纪念，例如饯行和洗尘。

对于吃饭为何有合群聚众之功能，叶先生解释道：一、人人都需吃饭，故此为人性所同。二、人与人之相知相投，推究起来，不过有几种嗜好相投合罢了，而吃恰好是人人所同，故吃饭乃人与人相投合之开端。三、吃饭时，谁也不会"食不言"，所以吃饭有助于打开我们的话囊，彼此倾谈。也只有吃饭时，大家说谎的动机才会比平时少些，故亦唯于此时可多听到些合乎人情的真话。

叶氏此文，刊于《新月》，固然未必即能代表新月派之主张，但起码应说新月中人绝不会排斥这个论调。由聚餐会发展成的新月社，其中同仁，对于吃饭的作用，也应该是都能深有体会的。

不过，像新月这样的文人结社，毕竟与叶公超提到的《红楼梦》时代不同了。"秋爽斋偶结海棠社"与新月社的不同，主要是：一代表中国传统性的文人结社，一模仿自西方资产阶级沙龙俱乐部。

新月派人大抵都有个洋文化的背景，不再是《红楼梦》式旧文人的知识及技能所能范限，因此他们结社的形式直接援用了盛行于欧洲的沙龙与俱乐部模式，俱乐部中也以喝咖啡、躺沙发、看书报、论议文章为主，不再是吟诗唱和、拈题斗韵、赏风月、行酒令那一套了。

因此，新月社的出现，标志着中国文人结社传统的一大变化。文人结社，集结的是一批诗酒名士。沙龙俱乐部，集合着的却是资产阶级社会的绅士。

这些绅士，在欧洲，一些是因社会变动，封建贵族体系逐渐转向资产阶级社会，故不少贵族不再能固守其领地封爵而亦日渐转变其自身，成为中产阶层；一些平民，则利用其赀财，上升为有钱有地位之新兴资产阶层。这时，新兴市民阶层要模仿着过贵族一般的生活，首先就要从食衣住行的礼仪及生活方式讲究起，接着在言谈举止上练习养成一种具有文化教养的态度。这样的一类人,跟那些已不甚贵的贵族,合起来,无以名之,便总称为绅士。

绅士是有身份、有地位、有教养的上流人,俱乐部即为此等人而设。其用以俱乐者,亦与下层老百姓不同,大抵便是啜咖啡、看书报、躺沙发、议论文章、闲话国事,此外则要享受着可口的菜肴。此时,用餐的礼仪、器皿、菜色,也正好从王公大臣贵族那儿流散出来,传染到这些绅士们身上。所以用餐虽不若封建君王或贵族府邸那般讲究,却也具体而微,比寻常家庭用膳总要精致豪华些。俱乐部之能吸引绅士们在那儿流连,此亦为原因之一①。

新月社其实是在北京这个文化圈移植了这么样的绅士品位。聚餐会、俱乐部,恰是其绅士品位之具体征象,初不仅因新月社始于聚餐会而已。

当然,在中国的绅士俱乐部也不可能完全复制欧洲绅士格调。在这个俱乐部中,仍举办着传统中国节庆的活动,如年会灯会之类,也有传统文人雅集式的古琴会书画会,即可见一斑。关于聚餐,除了咖啡以外,我估计西餐固然有,却未必为主要吃食,或许仍以中餐为主,或以改良式的西餐为主。这应该也是它最不同于欧洲中产阶级俱乐部的地方。

新月派健将梁实秋晚期的散文,尤足以印证这个由聚餐会发展起来的团体,至少在饮食方面越来越远于欧洲绅士,而趋于中国。

七

梁先生是新月诸君子中谈吃谈得最多的人,且越晚期越多。新月

---

① 详见朱寿桐《新月派的绅士风情》,江苏文艺出版社 1995 年。

派以聚餐会始，而由梁先生之谈吃终，亦可谓适符其性。

梁先生《雅舍小品》中并无谈吃之作，《续集》才有一篇《由一位厨师自杀谈起》，并于末尾《附带谈谈烹饪的艺术》；另一篇《吃相》，颇论中西饮食之差异；还有一篇《请客》，所谈仅及吃饭这件事，对所食之菜肴尚未涉及。《三集》才开始谈《腌猪肉》、《萝葡汤的启示》、《喜筵》、《馋》、《喝茶》、《饮酒》、《狗肉》、《烧饼油条》。《四集》则有《厨房》、《窝头》、《啤酒啤酒》。其中一集刊于1949年，续集则刊于1973年，三集刊于1982年，四集刊于1986年。1987年时报出版公司另刊《梁实秋札记》，收了《饮膳正要》、《酒壶》、《由熊掌说起》、《千里莼羹未下盐豉》等谈吃的散文。1985年九歌出版社出版《雅舍谈吃》一书，尤为此道之大观。自序谓：偶因怀乡，谈美味以寄兴；聊为快意，过屠门而大嚼，言其著作旨趣甚明。该书收文五十七篇，每篇说一味菜。因此，统计梁氏谈吃的散文，当在百篇以上。专写此等题材，在现代文学家中尚罕其比。

观察这些散文，可见梁先生虽有不少居住国外的经验，也对英国文学专精致意，于欧西饮食却少评骘品味之谈，他常吃且嗜吃的仍是中国菜，且以北京为主。这似乎也可以说：新月派看起来确具绅士派头，讲绅士格调，但其底里仍不脱文人雅士脾性。肠胃关联着一切审美品位，那是假借不来的。梁先生的文化质性，大概就显示着一位老北京有文化的人的状况，这种状况，跟英国绅士终究不甚相同。

此为梁先生谈吃的散文之可注意者一。其次，是梁先生这些散文多写于70、80年代。此非老境颓唐，故于饮膳肆其讲究，因为所述颇多早年经验，非老了才来讲究甘旨。且此时梁先生继完成莎翁全集之译述后，已动笔作《英国文学史》，在学术上仍处于精进期。散文之造意遣词，更不同于早年的雅舍时期，文言的使用、典故的穿插，显然都多于早岁，字词亦越求精练。因此，梁先生专门就吃来写，我觉得他是有意开发这个题材。如此取径,当时可谓导夫前路,为90年代流行的饮食散文书写唱了先声。

其三,当时谈吃,另一名家为唐鲁孙。唐先生文笔也极典雅,叙事亦不蔓不枝,享誉迄今不衰,其所述亦以北平为主,这是他与梁先生相同之处,故二人所说,颇可参互发明。但唐先生乃宗室,所论吃食,不乏宫廷品类及特殊遭际所得,与梁先生谈一般市民或街肆餐点不尽相似。而这刚好就是梁先生饮食文学之一特点所在。

我国饮馔,如前所述,与欧洲不同之处,在于欧洲是由王公贵族下衍,形成餐饮礼仪;我国则是由民间的会与社逐渐发展,到明清,才以文人会餐的礼制作为整体社会共遵的礼貌。且不只礼仪如此,饮馔之品味与内容也是如此。西方菜式,只有两大类,一是贵族的,一是乡下的。中国亦大别有二:一是文人,一是市井,除了唐代食谱中曾描述过宫廷菜以外,宫廷或王府菜在中国根本毫无位置①。

可是清末却是一大变局。满清覆亡,民国肇建,人民既已当家做主,从前"逾制"的事,现在就都想来试试。满清宫廷中都吃些什么,令人感到最好奇,故也想弄些来尝一尝,于是御膳、仿膳、满汉全席之类,亦不胫而走,不少坊肆打此旗号以为招徕。菜色呢?一半猜测,一半想象,尽往奢华繁复方面去费心思,再配上攀扯的关系、附会的掌故,竟摆弄成了一个新的风潮,撰构出一个新的"宫廷菜"传统。

另一个新传统,是新时代混乱的社会中,军阀、大盗、巨贾崛起者多,其兴也暴,其亡也忽。在他忽尔崛起,开府执政之际,一时冠盖,不免恣欲饮啖;待其势就衰,一些厨师与菜色便流传坊肆。于是便有了某某公馆的"公馆菜"。有些公馆菜,亦如宫廷菜一般,附会张皇以矜

---

① 周履靖校印韩奕《易牙遗意》时甚至嘲笑:"及观世所传禁中方,醯醢蔬果,靡非佁也。此石家沃釜物耳,岂堪代盐豉耶?善谑者至谓醇酒蜜物可用讯贼,快哉",对宫中烹调手法完全不认同。

贵盛。有些公馆,则因其德业较为长久,故其菜色遂影响广远,如稍早的左宗棠"左公鸡",稍晚的谭延闿的谭厨。湖南菜原本在中国几大菜系中不入品裁,却因谭府厨艺而跻身上流,故后来所谓湘厨、彭园,都打谭府名号。

相对来说,文人菜在清代本为主流,袁枚《随园食单》上承陈眉公、李笠翁而气压当时官僚富商之席,故尹文端督两江时,令其平章饮馔事,诸家食单都要由袁枚来品第。其他著名食谱,如李调元《醒园录》亦皆为文人士大夫品位①。到清末,这种情况却为之一变。宫廷菜、公馆菜崛起而文人菜没落,因为文人这个阶层急遽萎缩,文人清雅的生活品位也不再是新时代所讲求的了。

梁先生的饮食散文,放在这个脉络中看,便饶富兴味。

梁先生从不写宫廷菜、公馆菜,但他也不是复兴或继承文人菜那个传统。梁先生谈的主要是市井菜,也就是《东京梦华录》、《梦粱录》、《西湖老人繁胜录》那个路数,如便宜坊的酱肉、北京街头的豆汁、烤鸭、糖葫芦之类。名贵的菜或达官显贵的席,梁先生当然吃得多了,但他笔下主要不是谈那些,偶说熊掌,也是在市肆中吃着的。

换言之,他与明清文人基本上是不同的。那些文人大抵强调家庖,故各有秘制之技艺与烹调观念,梁先生则在家中、也在市肆间随意地吃。文人重清雅,如袁枚主张"一物有一物之味,不可混而同之";又云在广东食冬瓜燕窝甚佳,取其以柔配柔、以清配清云云。梁先生则不追求这种清雅的品味。又,文人饮馔,对酒之重视,时或在菜之上。故宴会通称酒席;文人雅集,则是诗酒酬酢,所谓"诗社何妨载酒从"。《无锡金匮县志》说当时人聚会作诗之燕宴,只是有肴核数盘、饭一盂,

---

① 李调元序说:"礼详《内则》……易警腊毒,书重盐梅,烹鱼则诗羹,熊则传怨口实。……近即刘青田之多能,岂真鄙事? 荼经酒谱,尽解羁愁",已将其食谱自觉地纳入儒家文化体系中去了。

酒倒有八九行,亦可见酒重于菜,聚会主要是吃酒。梁先生则不甚饮酒,对酒也少品题。

也就是说,梁先生在民国以后,与新月派诸君结社,貌若延续着古代文人结社的传统,实则模仿着欧洲绅士沙龙及俱乐部。可是这个俱乐部在饮馔趣味及走向上,又并不同于欧洲的绅士,与中国当时的上流社会或资产阶层也是有距离的,反而比较接近市民饮食。

然而,梁先生的家世和文化修养,均使他并不夷同于市民饮食。他虽以市肆饮馔为题材,但对北京风土的追忆、对市肆人情之描写、对市肆吃食进行文化点染(例如引诗来论北京的烤鸭如何肥美),却令市肆吃食洗脱了一层市井烟尘气,铺上了风土人情味儿与文化味儿。这些味儿,不同于明清文人的清雅品味,可却实在是文人饮馔传统的最好继承者与发扬者。古代的文人饮馔,本来也就是针对市井吃食的文化加工;梁先生这些饮食文化散文,则是我们这个时代的文人对市肆饮食的文化加工。

在这番加工中,梁先生巧妙利用了时间感,让市井吃食因其有历史性而与市井世俗隔了一层。他所谈的,很少是眼前街上店铺里的东西,多是旧日北平青岛之物。由于时间造成的审美距离,它会使那些再通俗不过的东西,因历史性而显得不再通俗,如我们看《东京梦华录》那样。仿佛那些饮食,正代表着一个丰饶有人情有内涵的世代,而那个世代已离我们远去,我们只能咀嚼其余芳,含咏其滋味。

于是,我们便可以看到梁先生藉饮馔"忆事怀人兼得句"(李义山诗),吾人则由其所述,而品味咀嚼了那个时代。饮馔的文学社会学,在此另开了一扇窗子,正可供我人深思。

谈雅舍小品与
明清小品文的内在精神联系

北京语言大学　贾　蕾

　　钟敬文先生曾考证,小品一词出于佛教对佛经略本的称呼,后来演变为一种文学术语。在中国现代文学中,小品文充分融合了古代传统小品文和英美 Essay、Sketch 的优势,在现代和古典之间创造出很多为后人所称颂的篇章。伴随着现代小品文的发展,茅盾、周作人、朱自清、钟敬文等很多著名作家、学者对小品文的源流和写作经验进行过详细的考证和说明。虽然随着中国现代社会的变化,文艺家们对小品文的描写对象和感情基调产生过不同的认识,但也形成了一定的共识。大部分学者认为,从传统文学的角度看,从先秦散文到清中叶的桐城派作品中都可以看到小品文的身影,而从西方文学的角度看,中国现代小品文则受英国的 18 到 19 世纪的随笔影响很大。笔者认为,如果侧重文学的本身艺术特质,现代小品文发挥了传统小品与西方的 Essay、Sketch 在这文体上的共同点:使读者"能够从一个具有美好的性

格的作者眼睛里去看一看人生"①（梁遇春语）。而这句话用来评价梁
实秋的小品文是非常恰当的。近年来，这位中国现代小品文大家的创
作不仅在图书市场获得了越来越多的读者，也在文学评论界获得了越
来越多的关注。虽然他在文学史上的地位还存在争议，但他自成一派
的风格的确是现代小品文一种类型的代表，他的小品文对中国现代文
学史的贡献已经越来越多地被人所认可。与其他的现代作家一样，他
的小品文在社会层面和文艺层面融入了很多现代性因素，但与其他小
品文作家不同的是，他的小品文中更多的隐含着与中国传统小品文特
别是明清小品文的内在联系。虽然梁实秋饱受西学熏陶，但本性仍然
是传统文化培养出来的文人儒士，明清小品中体现出的中国传统知识
分子的典型心态，在梁实秋的小品中留下深深的印记，他的小品文与
明清小品文相比，在文化境界和文化心态上既有所继承又有所超越，
是中国传统小品文在现代文学中的发展标志。

一、俗雅之间：市民文化的肯定与反省

　　早期传统文学意境和文学情调局限在狭窄的文人话语中，传统士
大夫的审美文化意味着格调高雅的对酒当歌，吟风弄月，借古人幽思
发自己未筹之壮志。直到明代，市井俗人的生活才真正引起士大夫阶
层的注意，并作为文学素材频繁出现在小说和小品文等文学形式中。
从社会发展看，随着商业经济的发轫和市民意识的凸现，重农抑商的
社会价值观念开始发生变化，固守传统审美趣味的文人墨客不仅开始
认可丰富多彩的市民生活，也试图在这种生活中追求精神文化的享

---

①　梁遇春《小品文选·序》，李宁选编《小品文艺术谈》第 42 页，中国广播电视出版社 1990
年。

受。从晚明开始,小品文中出现了大量对市民生活的描写。张岱在他的《西湖七月半》、《虎丘中秋夜》、《扬州清明》、《绍兴灯景》等最能表现文人幽情雅趣的山水小品中以细腻的笔墨描写了民情民俗,自然的湖光山色与社会生活百态的描写融为一体,使单纯的山水景色具有了醇厚的人文意味,他的代表作《陶庵梦忆》涉及了晚明社会的方方面面。在明代的清言、笑话等小品中,更具浓重的市井色彩。赵南星的《笑赞》、冯梦龙的《笑府》、陈眉公的《时兴笔话》、钟惺的《谐丛》,都兼有雅俗两种审美情趣,不仅有文人的雅趣戏谑,还有普通市民的机智和幽默。明清之际的商业发达造就了社会价值观念大改变,伴随着对市民文化认同而来的,是在平民立场上张扬人性,抒发人情,这对中国传统小品的发展来说是一个重要的进步,《项脊轩志》对故人往事的怀念抒发了普通民众的情感,毫无士大夫气息,《影梅轩忆语》中以家庭琐事表达对一个妻子的深情怀念,《闲情偶寄》谈论的是饮食、戏曲、妇女的仪容……晚明的《笑赞·赵士杰半夜打差别》中开始抨击男女不平等现象。这是明清小品带有丰富的市民文化气息的又一表现,周作人甚至说不难从其中感受到现代的人性解放的气息。

　　相对而言,融入了西方文明因素而又保留着古老中国气息的中国现代社会的市民文化自然比明清时期的市民文化更加丰富多姿,文学家也比明清小品文的作者更关怀普通的人生。翻开梁实秋的小品文,比比皆是世俗社会中平凡普通的人事物相,其间透露着梁实秋对人性、人情的洞察和领会。《雅舍谈吃》历数北平的各种令人垂涎的民间风味小吃,整部作品是一部北京老百姓的饮食风俗画。在《雅舍散文》中的《婚礼》从上古的婚俗谈到民国的婚俗,又饶有兴致地谈起时下流行的西洋婚俗,最后一直把笔端伸到美国的南卡来罗那州,而自己对婚礼的意见只是在文尾一笔带过。《洋罪》讽刺了现代中国市民中对西方文化的媚俗态度,结果"有趣往往变成为肉麻"①。这种以优雅的笔调描述大量事实,无一讽刺而情伪毕露,仅在文末点评的手法,与传统小品文文笔颇为相似。《骂人的艺术·记西湖诗人养病》讽刺文人的矫情,《骂人的艺术·附录·绣衣记》、《骂人的艺术·附录·笑话》以文白夹杂,颇带戏谑的口吻讲述在市民阶层中广泛流传的小故事。在梁实秋的诸篇回忆性文章如《秋室杂忆》、《槐园梦忆》弥漫着浓郁的人情味,没有什么豪言壮语,只是在细碎平常的事情中使读者体会作者的情感起伏,他继承了明清小品文中对人情人性的洞察,并用文白夹杂的语言带给读者细腻而新颖的阅读享受。

　　明清小品文对市民文化的描写,出于发自内心的认同与激赏,而梁实秋通过市民文化表达的内容则很复杂。有时,梁实秋借描写市民生活抒发自己对故乡的怀念,他写于40年代后回忆性的小品中总带着淡淡的乡愁,对北京小吃的回忆,对故人旧知的思念,无不体现了"疲马思故秣"的情怀。他在《再谈〈中国吃〉》中说,自己不是想表现什么骄奢的生活做派,而是读了别人的文章,勾起自己的乡愁才写了关于中国吃的东西。在北京长大的梁实秋爱古老的中国,欣赏她传统的美食,温润的气候,敦厚的礼节,欣赏这种文化陶冶出来的翩翩君子和温婉女性。但他也与大多数中国现代作家一样,以西方文化的某些价值尺度为坐标不时对中国传统的弊病丑态进行描绘和讽刺,他笔下的市民生活也揭示中国人身上的许多顽劣之处。美食固然诱人,但把筷子在口中吮过再去夹菜实在可恶,大师傅的打扮也令人望而却步。温柔敦厚是美德,但你推我搡的让座却让人看不惯。《雅人雅事》写中国人在名胜之处题诗留名的恶习。"请你环游全球的风景所在,然后

_____

① 梁实秋《洋罪》,《梁实秋文集》第2卷第228页,鹭江文艺出版社2002年。

再回到我们中国来,较比较比看,什么地方壁上题诗最多。"①在《让座的惨剧》中传统的男尊女卑居然在一个普通的公车座位上也表现的如此明显,作者不禁叹到:"除非有一天,男女真的平等了……。"②他60年代曾戏仿金圣叹的《三十三不亦快哉》,写就《不亦快哉》一文。两文都是写生活感受,具有浓厚的市井色彩,金文在描写市井风俗背后是传统文人崇尚自由,不拘礼法的个性表现,而梁文的《不亦快哉》则是对市民庸俗生活方式和自私自利的辛辣讽刺,活画出中国人缺少公德心,贪图一己之便的一面:

> 通天大道,十字路口,不许人行。行人必须上天桥,下地道,岂有此理!豪杰之士不理会这一套,直入虎口,左躲右闪,居然达不来梅多达彼岸,回头一看,天桥上黑压压人群尤在蠕动,路边警察缉指大骂,暴跳如雷,而无可奈我何。这时节领首示意报以微笑,岂不快哉!③

明清小品不过是带有一定人情色彩,怀抱儒家伦理,希图励精图治的士大夫们欣赏市民的生活情趣却难以超越传统赋予的原始的审美文化和社会文化因素。而现代文学家们潜入社会的深处体味普通人的喜怒哀乐,却又不时把这种价值取向与西方文化相比照,在真正发现个体的人的同时也发现了中国传统人格的弊病。游欧多年的梁实秋身上也打上了西方文化的印记。梁实秋20、30年代这类讽刺小品很多,对国民的顽劣性格的抨击贯穿了他小品文创作的始终,但他文白夹杂的笔法和从容不迫的风格,使他这种对市民文化的批评和反

① 梁实秋《雅人雅事》,《梁实秋文集》第2卷第17页。
② 梁实秋《让座的惨剧》,《梁实秋文集》第2卷第184页。
③ 梁实秋《不亦快哉》,《梁实秋文集》第3卷第349页。

省自成一家,不失传统小品文的机趣。

二、穷达之辨:文化心态的认同与超越

正如大多数中国现代知识分子的命运那样,梁实秋的一生是复杂坎坷的。少年时期才华毕现,就读于清华继而留学欧洲,投身《新月》后,希望以一位建设者的姿态参与中国现代文学的发展,却因为和鲁迅的争执被新文学文坛的领袖们斥之门外。抗战来临,因为在发表对当时文学创作看法时被断章取义为"抗战无关论",横遭非议。赴台以后,仍以教书卖文为生,不问政事,未失读书人的本分。他的小品文不但集中体现在他的作品集《雅舍小品》(四集)、《骂人的艺术》、《秋室杂忆》、《秋室杂文》、《雅舍谈吃》、《雅舍小品续集》、《实秋杂文》、《西雅图杂记》中,实际上在他后期创作的《槐园梦忆》、《谈徐志摩》、《谈闻一多》、《看云集》等怀念故人的作品中,现代文人的俏皮可爱(徐志摩夜入人室,欲惊他人反被人惊吓)、中国知识分子的艰难处境(闻一多刻字求生)中也时时闪烁着从容苍凉的睿智与意趣。正如我们提及明清小品,总是会提到沈复的《浮生六记》,归有光的《项脊轩志》,李渔的《闲情偶寄》,把这些作品中的某些篇章看成优秀的古代小品文一样,而梁实秋的长文中许多篇章也可看做是优秀的现代小品文。梁实秋的文笔也如前者那样,总是不温不火,徐徐道来,娓娓动听,机趣天成而充满平和冲淡之气,贯穿其间的,是中国知识分子处穷达之变而怡然自得的文化心态。梁实秋是被中国现代文学发展史上的主导潮流拒之门外的著者,但他的散文又恰是对中国现代文学卓越的贡献,朱光潜在《雅舍小品》首次出版之后,就断言《雅舍小品》对中国文学的贡献将远在《莎士比亚全集》之上。明清小品文不仅影响到梁实秋的散文的对市民文化的关照,在更深的层面上,它对梁实秋文化心态的形成起到重

要作用。

儒道互补的思想是中国传统文化的重要组成部分,中国古典文学深受其影响,在中国传统文学的根基上生发出的明清小品文亦不例外。明中期以后,资本主义因素的萌芽和市民文化的兴起并没有取得主流文化意识的地位,八股文取士科举制度仍然是大多数文人显亲扬名、成就自我价值的唯一道路。万历至崇祯年间正是明王朝统治越加黑暗和民族矛盾日益激化的时期,小品文在此际恰盛极一时,并大多呈现出一派温婉闲适的情调,反映民生凋敝、社会黑暗的作品并不多,给人大厦将倾而安之若素的感觉。至于清代的小品文作家金圣叹、李渔等更是不满社会而游于其外,多谈市井俗事,其内容往往为权力话语的掌握者所不齿。儒家文化积极的入世态度在明清小品中所见不多,这种寄情山水,忘情于物外的生活态度,颇有魏晋遗风。晚明小品代表作者张岱,生于变乱之际,明亡后仍然在津津乐道声色玩乐,他在《陶庵梦忆序》中,道出其中的真情:"因叹慧业文人,名心难化,正如邯郸梦断,漏尽钟鸣,卢生遗表,尤思摹拓二王,以流传后世,则其名根一点,坚如佛家舍利,劫火猛烈,尤烧之不惜也。"①由此可见,这位著名的小品文的作者深受儒家"穷则独善其身,达则兼善天下"的思想的熏染,面对理想社会的远逝,从山水美景和市井生活中寻求痛苦心灵的慰藉。如果说在魏晋时期,不愿同流合污的知识分子通过寄情庄禅思想保持自己的名节,那么明清之际,特别是晚明时期小品文作家们通过在世俗生活中寻找生命的乐趣远离浑浊的年代,传统的儒道互补思想在明末清初以其独特的表现方式出现在小品文中。难怪施蛰存在《晚明小品二十家》序中把他们称为正统文学的叛徒。

梁实秋以新文学的一名建设者和开垦者的身份进入现代文坛,就

---

① 张岱《梦忆序》,《张岱诗文集》第111页,上海古籍出版社1991年。

读清华时就创办《清华文学社丛书》,游学国外时在颠簸的客船上和冰心等作家创办海上日报,每日撰稿,积攒后寄回国内发表,表达出强烈的思乡情怀。回国后梁实秋满怀对新文学的热情著书立说,写下了《浪漫的与古典的》、《文学的纪律》、《文艺批评论》等著名的文艺理论篇章,以自己信奉新人文主义思想为根基,介绍西方文艺思潮,发表自己对于中国现代文艺趋势的看法。梁实秋自己也没有想到,20世纪30年代,他因为在文学艺术的争论中坚持"人性论"观点成为左翼作家的众矢之的。八年抗战,梁实秋与大部分知识分子一样辗转后方,颠沛流离、贫病交加,生活穷困而窘迫。他不愿与任何政治组织合作,也不满当权者的执政作为,因为"抗战无关论"在有生之年被永远排斥在文坛主流之外。这种种经历,正是梁实秋索性作起被称为"小摆设"的小品文来而一发不可收的真正动机。梁实秋生性耿直,晚年更少过问政事,在文艺观上却还保持着关于文学是表现"永久的人性"的看法,仍然认为丧失了艺术特征的所谓"文学"是经不起时间和艺术的考验的。这也注定了他永远处于政坛和文坛的边缘,"报国有心投效无门",只有在小品文的写作中保持一种自在自得,固守一个知识分子的本分。

明清小品的作者,大部分是游离于社会权力话语和主流文化之外的人,梁实秋也同样游离在现代文学发展的主流之外。他们有同样的文化心态:无法实现自己心中理想的社会秩序和文学秩序,而不愿意丧失文人的独立个性,于是选择另一种文学形式表现自己的文学理想。梁实秋的文学选择与明清小品文大家的文学选择一样,由迫不得已选择独抒性灵的小品写作而始,到认同这种边缘的文化身份,并由此得到抒发个性的独特天地而终,而释然。梁实秋在他最早的小品集《骂人的艺术》中,说:"这集里面没有文学,没有艺术,也没有同情,也没有爱,更没有美。里面有的,只是闲话,……我恐怕读者寻不到他所要的东西,所以预先声明在此,免得误购后悔。"①对当时文坛不满而又无奈的心情可以看出了。《雅舍小品》的开篇之作《雅舍》记叙了抗战期间重庆郊外北碚一所冬不蔽风,夏难抵雨的陋室,但他却在附近的景致中感受到恬然、亲切、安谧的情致。另一篇《平山堂纪》更是苦中作乐:平山堂拥挤逼仄,然而"房屋本应充分利用,若平山堂者,可谓毫无遗憾"②;人声嘈杂是"奇趣"。《职业》中教育工作者清贫到"吃不饱,饿不死",被人奚落的地步,但教书育人的工作却仍有可恋之处:"上课的时间少,空余的时间多,应付人事的麻烦的时间少,读书进修的时间多。"③这种随遇而安、恬淡从容的生活方式正是中国传统文人追求的。在随遇而安、雅致闲适的人生情调的背后,往往有只言片语感叹出人生的苦涩。"雅舍"虽然可人,仅是作者在穷困之中的寄居之处而已,但"天地者万物之逆旅"④,人生本来如寄,"似家似寄"是作者当时困顿漂泊的写照,也多少隐含了作为一名边缘话语者怅惘的心态。

梁实秋继承了明清小品的余绪,以精练生动,委婉明丽的文笔描写市井民风和世态人情,但其体悟和表现与明清小品又存在差别。明清文人以一种士人的身份对平民生活进行俯视,梁实秋对古都风物的描绘,对市民文化的批评,则是把自己切实地融入其中的。所以他讲老中国人的吃穿用度时带有浓厚的人情味,他对市民不良意识的批评也是善意的。《雅舍谈吃》中不只是谈菜肴的制作和口味,更有各种小故事,小情节穿插期间,有古人对食物的品评之雅,也有食客和堂倌令人捧腹的对话之俗趣。明清小品的作者的市井雅趣里不见民众的艰

---

① 梁实秋《骂人的艺术·自序》,《梁实秋文集》第2卷第3页。
② 梁实秋《平山堂记》,《梁实秋文集》第2卷第361页。
③ 梁实秋《洋罪》,《梁实秋文集》第5卷第313页。
④ 梁实秋《雅舍》,《梁实秋文集》第2卷第208页。

辛,梁实秋则对平民的艰苦生活充满了同情。在《北平的冬天》里梁实
秋说:"煤黑子实在很辛苦,好像大家并不寄予多少同情。"文笔充满了
对制煤工人辛苦工作一天还要被人嘲笑的不平。那些穷苦百姓在冬
天"哪一个不是衣裳单薄,在寒风里打颤,在北平的冬天,一眼望出去,
几乎到处是萧瑟贫寒的景色……。北平是大地方,……但也是朱门酒
肉臭,路有冻死骨的地方"①。这是身在其中的对百姓的怜恤,这种文
章凸现出强烈的平民意识,显然是五四后的西方启蒙主义思潮的影
响。梁实秋虽然继承了传统文人穷达的处世态度,在穷愁之中表现出
达观和超然,但他毕竟是深受西方文化熏陶的现代中国知识分子,所
以他笔下的超然,不仅带有"独善其身"的意味,也带有西方的绅士风
度,这与他受到白璧德新人文主义的影响,有西方古典主义的保守倾
向有关,在小品文中突出表现为运用幽默,这是与中国传统小品文在
表现手法上最大的不同。

---

① 梁实秋《北平的冬天》,《梁实秋文集》第 5 卷第 339 页。

梁实秋与西方文化

新人文主义视野中的吴宓与梁实秋

西南大学 李 怡

近些年来,梁实秋与新人文主义的关系已经成为了中国现代文学研究界的重要话题。与之同时,白璧德新人文主义与学衡派、吴宓的关系也一度引起了相当热烈的讨论。的确,在中国现代文学史与文化史上,白璧德新人文主义最显赫的两位传人便是吴宓与梁实秋。正是在这个意义上,我想将两人一并置于新人文主义的视野中加以分析倒不失为一个有价值的论题。

一

从五四时期的吴宓到 1920 年代前期的梁实秋,我们可以十分清楚地发现白璧德新人文主义对于中国现代文学与中国现代文化的持续性的渗透能力。

新人文主义,或称白璧德主义代表了西方文化在 20 世纪初叶的一种自我调整与自我反拨,在这位哈佛教授看来,正是以培根为代表的科学人道主义和以卢梭为代表的感情人道主义导致了本世纪弥漫于西方的精神危机。白璧德对于 19 世纪科学主义恶果的反思上溯到了整个文艺复兴以降的"旧"的人文主义（为了区别，白璧德将之称为"人道主义"），而所谓"新"人文主义就是一种保守性质的古典主义的"理性"，白璧德主张以"纪律"来节制我们的私欲，以道德的自我完善来实现人与禽兽的区别。在五四新文学与新文化运动过后，那种充满19世纪式的激情反叛的追求首先引发了学衡派的知识分子的疑虑与思考。学衡派的几大主将如吴宓、梅光迪、胡先骕、汤用彤等都曾经留学哈佛，受教于白璧德门下，于是白璧德的新人文主义也成了吴宓等人反拨五四新文化运动的理论资源。在吴宓看来，白璧德新人文主义"在今世为最精无上而禅益吾国犹大"①，"欲窥西方文明之真际及享用今日西方最高理性者，不可不了解新人文主义"②。然而，以吴宓的学术兴趣与文学兴趣来看，他实际上对于当时发生的五四新文化与新文学运动的真切情况还存在着若干的隔膜，例如直到1923年，吴宓心中的新文学尚如此简单："以体裁言，则不出以下几种：二三字至十余字一行，无韵无律，意旨晦塞之自由诗也；模拟俄国写实派，而艺术未工，措叙不精详，语言不自然之短篇小说也；以一社会或教育问题为主，而必参以男女二人之恋爱，而以美满婚姻终之戏剧也；发表个人之感想，自述其经历或游踪，不厌琐碎，或有所主张，惟以意气感情之凌厉强烈为说服他人之具之论文也。"③也就是说，吴宓的文化立场与文学观念主要还在新文化与新文学建设的外围，归根结底，他还是站在新文化特别是新文学的"境外"援用新人文主义的理想对五四提出批评。

而梁实秋则不同，作为新文学重要流派新月派的理论家与骨干，梁实秋已经立足于新文学建设与发展的内部，他是直接将白璧德新人

---

① 吴宓译《白璧德论民治与领袖》，《学衡》32 期。
② 吴宓《穆尔论现今美国之新文学》译序，《学衡》63 期。
③ 吴宓《论今日文学创造之正法》，《学衡》15 期。

文主义运用于新文学的自我批评中。如果说在吴宓关于五四文学的批评当中,我们尚可以发现一种纯粹而抽象的文化理想对于文学实践的某些漠视,那么在梁实秋的批评中我们却读出了他对于当前文学发展问题的关切与敏感。例如他关于文学"人性"意义的思想直接触及到了当时工具主义文学追求的某些弊端,他关于文学"纪律"的观点也揭示出了新文学的形式重建问题上的特殊意义。

　从吴宓到梁实秋,我们看到的是新人文主义理想如何自然地融入中国现代文学理想的过程。就梁实秋本人文学理想的发展演变过程,也是清楚地展现了这一意味深长的"融入"与"转折"的过程:就像早年的梁实秋在《〈草儿〉评论》中曾肯定"情感"与"想象力"的重要性一样,他本人也被闻一多赞许为富有"想象力"的作家,1923年写于美国科罗拉多大学的《拜伦与浪漫主义》,依然张扬代表五四激情的浪漫主义精神:"浪漫主义的发生,不只是文学的朕兆。卢骚是法国大革命的前驱,也是全欧浪漫主义运动的始祖。卢骚的使命乃是解脱人类精神上的桎梏,使个人有自由发展之自由;浪漫主义只是这种精神表现在文学里面罢了。"①然而一年以后的《王尔德的唯美主义》则体现出他受教于白璧德之后的那种"震骇",梁实秋开始借助白璧德的观点来分析王尔德,到了1926年的《现代中国文学之浪漫趋势》,白璧德的新人文主义已经完全成了他批评五四新文学"浪漫趋势"的思想武器。从一个个性主义的浪漫主义者到自觉体认到"浪漫"与"古典"的分野,进而以"文学的纪律"重新规范我们的文学,梁实秋正是在白璧德的引导下完成了迅速而自然的思想转折。

　而这样的转折,特别是一位由新文学激赏者作出的自我转折,是否可以说明,自璧德新人文主义存在着来自中国文化内部的支持呢?

---

　① 梁实秋《拜伦与浪漫主义》,《梁实秋批评文集》第14页,珠海出版社1998年。

二

沿着上述的疑问我们继续探究,便会发现,在吴宓与梁实秋的新人文主义的思想主张中,存在着一个共同的中西融合的理想。这或许就是白璧德新人文主义扎根于中国现代文化,寻找到来自中国文化内部支持的基本方式。

吴宓有谓:"西洋真正之文化,与吾国之国粹,实多相互发明相互裨益之处,甚可兼蓄并收,相得益彰,诚能保国粹而又倡明欧化,融会贯通,则学艺文章必多奇光异彩","儒家的人文主义是中国文化的精华,也是谋求东西文化融合,建立世界性新文化的基础"①。而这样的融合观念便来自于白璧德思想的启发:"应受教于白璧德及穆尔先生,亦可云:亦曾间接承继西洋之道统而吸收其中心精神。均持此所得之区区以归,故更能了解中国文化之优点与孔子之崇高中正。"②梁实秋晚年表示:"白璧德教授是给我许多影响,主要是因为他的若干思想和我们中国传统思想颇多暗合之处。"③他还说:白璧德"没有任何新奇的学说,他只是发扬古代贤哲的主张。实际上他是'述而不作',不过他会通了中西的最好的智慧"④。

在中国现代文学史上,作为大规模文学思潮的"中西融合"的出现是从新月派开始的,梁实秋是新月派的理论家,虽然我们还不能简单地认定梁实秋的文艺思想便是新月派"中西融合"的基础,但是结合吴宓在此之前的类似表述,我们却可以断定:中西融合的文化与文学

① 吴宓《论新文化运动》,《学衡》4 期。
② 吴宓《空轩诗话》,《吴宓诗集》,中华书局 1935 年。
③ 梁实秋《〈论文学〉序》,转引自高旭东《在中西文化之间:穿着西装的孔夫子》,http://cncul-ture-com/textreport/detail-aspn-id=3860。
④ 梁实秋《关于白璧德先生及其思想》第 217 页,见《梁实秋批评文集》。

理想在现代中国有着超越于具体文学流派的深厚的土壤——在近代以来的"道器之辨"、"中体西用"之后,中国知识分子显然更愿意以"融合"来保存中国传统文化的血脉,寻求文化激进主义之外的一种稳健的发展模式,同时也便于缅怀那些在"现代化"进程中快要支离破碎的艺术的旧梦——无论其效果如何,无论其实际的价值怎样,我们都必须正视这样一种执著、坚定的声音:它们不仅不能用简单的阶级分析加以"定性",也无法再用简单的"保守"与"落后"加以贬斥了。因为,文化的发展本身就应该宽容多种的声音,而文学的选择更无所谓"保守"与"落后"之喻!

三

但是,我们同样也有必要正视像吴宓、梁实秋这样的知识分子所遭遇的现实尴尬,这种尴尬既是理论上的,也是实践上的。我们发现,虽然吴宓、梁实秋在现代知识分子当中多次通过新人文主义的"融合"之途肯定中国文化传统,但他们关于文化与文学的诸多表述却依然充满了西方文化的思维与语汇。梁实秋对五四文学的批评仍然被置于他所强调的对于西洋文学的"正确"选择中,他认为:"西洋文学以古典主义为正统","欲救中国文学之弊,最好是采用西洋的健全的理论,而其最健全的中心思想,可以'人本主义'一名词来包括。由亚里士多德所代表的古典主义,经过文艺复兴时代,以至于十七八世纪之新古典主义,十九世纪后半叶对浪漫主义运动的反动,这个绝大的西洋文学主潮都是在人本主义的范围之内。"[1]吴宓将引入白璧德主义为"输入

---

[1]　梁实秋《现代文学论》第157、161 页,《梁实秋批评文集》。

欧美之真文化"①,吴宓这一表述似乎对吴、梁二人都很适合:"世之誉毁宓者,恒指宓为儒教孔子之徒,以维护吾国旧礼教为职志。不知宓之所资感发及奋斗之力量,实来自西方。"②

我以为,正是这样一种潜在的西方思维与标准也导致了吴宓与梁实秋新人文主义理论与中国现实的某些错位,这肯定是两人都始料未及的。

吴宓的文化理想图式导致了他对五四新文学丰富实践的漠视。在吴宓发表《论今日文学创造之正法》、《论新文化运动》等论述,对五四新文学不屑一顾的时候,我们的新文学其实已经涌现出了不少足以彪炳史册的佳构华章,如郭沫若的《女神》,鲁迅的《狂人日记》、《阿Q正传》,郁达夫的《沉沦》,还包括许地山、王统照、冰心等人的优秀作品,但吴宓却通通以"不出"、"无非"之类的语言一笔带过,这里的文化心理隔膜是十分明显的。在这样的隔膜背后,显露的是现代中国知识分子承受着西方"理论"压力之下的对于实际文学创作经验的严重忽略:在许多人眼中,西方文化的强大权威形象常常表现为他们理论形态的权威性,这种理论形态所拥有的力量就是现代中国文化变革应该获得的资源;还有类似心理的知识分子在现代中国极具广泛性,就是像吴宓这样力倡保存传统文化的人其实也不例外,在他的心目当中,白璧德人文主义便是最值得信赖的理论权威,而除此之外的刚刚出现的中国"现代"文学现象,本身就弱势得十分可疑,以至几乎没有必要去加以特别的关注。吴宓的严重问题在于他并没有清醒地意识到,其实能够最终证明中国文化与文学发展生命力的恰恰是来自当下的文学(文化)创造性,如果没有对于具体文学实践的关注和分析,一

---

① 吴宓《白璧德之人文主义》,《学衡》19期。
② 吴宓《空轩诗话》,《吴宓诗集》第197页。

切"全面"、"客观"的理论形态都会因为空洞化而没有了意义,也不可能产生真正积极的作用。

梁实秋对文学"纯正性"的追求和对道德高贵性的理想显然更对应着文化意义的"贵族精神"这样一种白璧德式的批判精神,它在针对19世纪工业化高潮之后的西方社会自然会有积极的意义:工业革命带来了现代社会的世俗化过程,而世俗化的弥漫则是人们对于物质欲望的追求,相反精神、信仰与道德则大有消退之势。于是,白璧德重提道德的自我完善,重估人与禽兽的天壤之别,唤起那种以道德守望为己任的、人性"纯正"的贵族精神,这当属于西方文化内部的有价值前的"拨乱反正"之举。然而,我们必须明白,这里的"贵族性"是精神意义的,而非社会关系意义的,是文化意义的而非政治意义的。白璧德关于人性"高贵"论述是一种文化上溯,他将对苏格拉底、亚里士多德、孔子、佛陀、耶稣的精神资源的追溯当作了反世俗化趋向的方式,其"人性"追求目标明确、逻辑清晰。

然而,就是这样一种逻辑指向清晰的"人性论"在脱离开西方文化的语境与"问题",进入到中国社会之后却变得混沌不明了。首先,在梁实秋所担忧的五四时代,尚没有工业化造就的世俗化景象出现;同时,在中国自己的文化传统中谈论"道德",谈论人性的完善不仅没有白璧德式的超越世俗的批判意味,而对梁实秋所要接通的儒家传统来说,这些含义本身就是在世俗意义上的;更要命的更在于,一旦我们最终发现中国知识分子其实是在世俗的意义上谈论"人"、谈论"高贵"这样的语汇,那么这里的所谓"贵族性"也就相当的复杂了。在中国这样一个缺乏"文化贵族"传统只有"权力贵族"秩序的国度里,所谓贵族的旗帜很可能不仅不能起到拨乱反正、匡正世风的作用,恰恰相反,它最终倒可能巩固了专制与权贵的既得利益,加强了对广大弱势群众的压制,形成了新的社会不公。例如,连梁实秋也认为:"人的聪明才能不平等,人的生活当然是不能平等的,平等是个很美的幻梦,但是不能实现的。""一个无产者假如他是有出息的,只消辛辛苦苦的工作一生,多少必定可以得到相当的资产。"①对于梁实秋所发出来的这种语重心长的"教育"理论,鲁迅指出:"至于无产阶级应该'辛辛苦苦'爬上有产阶级去的'正当'的方法,则是中国有钱的老太爷高兴时候,教导穷工人的古训。"②漠视弱势群体的利益,这或许并非梁实秋的初衷,但却是问题的实质,也是梁实秋与鲁迅及左翼文学界的深刻区别之所在。

---

① 梁实秋《文学有阶级性吗?》第 13 页,《梁实秋批评文集》。
② 鲁迅《二心集·"硬译"与"文学的阶级性"》,《鲁迅全集》第 4 卷,人民文学出版社 1981 年。

白璧德与梁实秋的
新人文主义批评之比较

北京大学出版社　于海冰

在中国20世纪批评史中,梁实秋的新人文主义文学批评以一种异质的批评话语在主导批评话语之外形成独特的一维,他的文学理论和文学批评的自觉性与系统性在中国批评史上写下了浓墨重彩的一笔,使他成为新月派最重要的文艺理论家,而且成为现代文化保守主义的重要代表人物之一。20世纪初期,随着西方文学批评理论的大量输入,形成了各具特色的批评范式,梁实秋的新人文主义批评在中国新文学的批评理论之多元争鸣的格局中,对于制衡过于激进与过于贴近时代的文学批评,是非常重要的。

梁实秋在清华毕业后投身于哈佛大学欧文·白璧德的门下,起初他以对手的身份来到白璧德面前,但很快被白璧德的渊博和才智所打动,特别是他对东方文化的浓厚兴趣引起梁实秋的深刻共鸣。白璧德的理论涵盖了宗教、哲学、艺术、教育等,他对文学批评是十分重视的,从他的作品《卢梭与浪漫主义》、《法国现代批评大师》中可见一斑,韦勒克认为白璧德是第一个值得注意的美国批评家。从白璧德那里,梁实秋认识到文学批评是哲学(美学、尤其是伦理学)的一个分支,这是他在国内一无所知的。梁实秋从此继承了白璧德的衣钵,建立了较为系统的批评模式,他对文学批评的界定是"既非艺术,更非科学",人性是他的全部理论的基石。

梁实秋虽然师承白璧德,但是他并没有试图去完善、修正和超越他的老师,可能他认为白璧德是无法企及的吧。如此推论,梁实秋应该完全遵从老师的理论,但是梁实秋归国后阐释、实践老师的理论时还是与白璧德的理论有所不同,下面就三个方面来说明这个问题。

一 标准

在《论创造性与其它》一书的前言介绍中,白璧德宣称"试图解决标准问题"①。但白璧德并不体系化,甚至是折衷性的,他的高度苏格拉底式的方法,使他无意打造新词、提出新定义,他的论题的真理埋藏在他所选取的讨论的褶皱与轮廓中。但在他表面的模糊性之下,存在重要而一致不变的哲学意图:"我致力于表明,人即便摒弃绝对事物,依然可以保持规范。"②但他并不是在寻找具体的标准规范,而是在论证标准规范的必要性,而这标准既非神的恩典,也非由社会强加,也不仅仅是统计学模式决定。对白璧德,人文标准的源泉在于人性本身。在白璧德讨论的褶皱与轮廓中,闪耀着人性的光辉,他的中心思想是区分人性与物性。在《新拉奥孔》中表述得最为清晰:"人之高于自然,其证明与其说在于他的行动能力,不如说在于他的克制行为的能力。"③自然的、文化的、心理的力量可能会迫使个人去行动——吃、喝、

---

① Irving Babbitt, *On Being Creative and Other Essay* (New York:Biblo &Tannen,1968),Preface.
② Irving Babbitt, *On Being Creative and Other Essay* (New York:Biblo &Tannen,1968),Preface.
③ Irving Babbitt, *The New Laokoon:An Essay on the Confusion of the Arts*(Boston and New York: Houghton Mifflin Co. ,1910) ,p.202.

做爱、进教堂,所有生物都受强迫,但只有人才能抵御这些强制性冲动,而且人只有在抗拒时才是真正的人。由此可见,白璧德的标准有深刻的哲学伦理学内涵。

梁实秋在文学上推崇理性、强调节制和注重纪律,他的标准就是文学是否反应了人性:"凡是能完美的表现人生最根本的情感的作品,便是有最高价值的作品;凡是不能完美的表现,或表现虽完美而内容不是最根本的情感,便是价值较低的作品。简单说,文学即是人性的产物,文学批评即以人性为标准。"①他认为文学"发于人性,基于人性,亦止于人性"②;"文学的任务即在于表现人性,使读者能以深刻的了解人生之意义"③。这类话几乎就是梁实秋文学理论的基调,响彻于他的主要著作中。遗憾的是,梁实秋并没有对他所谓的"人性"做出概念上的严密周全的阐释,显得相当笼统。他对人性的讨论见于他的作品多处,但阐述的是相当浮泛和混乱:"人性是很复杂的,惟因其复杂,所以才有条理可说,情感想像都要向理性低首。在理性指导下的人生是健康的常态的普遍的,在这种状态下所表现的人性亦是最标准的,在这标准下所创作出来的文学才是具有永久价值的文学。"④在《文学讲话》一文中,梁实秋试图给人性一个具体的定义,"人性乃所以异于兽性。人本来是兽,所以人带有兽性的行为。但是人不仅是兽,还时常是人,所以也常能表现比兽高明的地方。人有理性,人有较高尚的情感,人有较严肃的道德观念,这便是我所谓的人性"⑤。在这里,他对人性的定义与白璧德有明显的不同,白璧德的基点是"人",而梁实秋的基点是"兽"。白璧德是站在更高的层面上来定义"人性"的。梁实

①　梁实秋《文艺批评论》,见徐静波编《梁实秋批评文集》第93页,珠海出版社1998年。
②　梁实秋《文学的纪律》,见徐静波编《梁实秋批评文集》第105页,珠海出版社1998年。
③　梁实秋《现代文学论》,见徐静波编《梁实秋批评文集》第162页,珠海出版社1998年。
④　梁实秋《文学的纪律》,见徐静波编《梁实秋批评文集》第105页,珠海出版社1998年。
⑤　梁实秋《文学讲话》,见徐静波编《梁实秋批评文集》第222页,珠海出版社1998年。

秋之标准,只在于建立一个普遍的文学标准,其立论显然单薄;而在白璧德,"拥有标准……意味着在实际上拥有统一的原则,用以衡量纯然的多样性与变化"①。白璧德人文主义哲学的积极方面由此可见一斑。他坚持认为一首诗、一个国家、一个人要想获得某种重要性,就一定要拥有某种目的性的中心欲求而使其他一切欲求皆从属于此。梁实秋的标准单薄性,还在于其标准的立论基础——人性论。表现人性就是文学的标准,而人性不过是人的七情六欲,正如高旭东教授所言:"……梁实秋的人性论强调的是喜怒哀乐的纯粹形式,这就使他的人性论与动物性很难区别,而他要注销'人'的词汇,又使他自我颠覆了他的人性论。"②白璧德人性的观点更具普遍意义,他强调的不是外部的强迫,一切力量来自内部"更高意志",所以他的"人性"更具人性。

白璧德的标准是流动的,因为他认为一切都在变化之中。白璧德坚信柏拉图"一"和"多"的哲学理念,他说"生活不会在这里给一个'一致'因素,那里给一个变化因素。它只给一个始终在变化的一致,一致和变化是不可分割的"③。"在变化的核心总有统一存在。然而,我们是可能得到这种真实而永恒的因素的,并因此得到标准,而借助于这种标准,生活之梦就可以通过幻觉的面纱得到正确的处理。"④他在《法国现代批评大师》序言中认为,"批评家是否能判断以及如果能够判断,以什么标准来判断的问题可以还原成一种更普遍的疑问,即哲学家是否能够找到统一的理论来反对纯粹的流动和相对性。新学派告诉我们,任何想在思想层面上统一生活并强加之于一种价值尺度的企图都是虚假的,我们必须以自己对变化以及对事物无穷多样性的

---

① Irving Babbitt, "What I Believe", *Irving Babbitt Representative Writing* (University of Nebraska Press, Lincoln London, 1981), pp. 12—14.
② 高旭东《论梁实秋人性论的性质及其演变》,见《理论学刊》2004 年第 12 期第 107 页。
③ 欧文·白璧德《卢梭与浪漫主义·序》第 1—11 页,孙宜学译,河北教育出版社 2003 年。
④ 同上。

鲜明直觉来反对这种虚假的统一"①。"换句话说,他必须有标准,但这些标准必须是变动不居的;他必须对法则抱有信念,但这需是具有活力的信念。"②而梁实秋理论的单薄性还在于其标准的恒定不变,他认为可以有固定不变的永恒标准来衡量一切作品。"……伟大的文学作品能禁得起时代和地域的实验。依里亚德在今天尚有人读,莎士比亚的戏剧,到现在还有人演,因为普遍的人性是一切伟大的作品之基础,所以文学作品的伟大,无论其属于什么时代或什么国土,完全可以在一个固定的标准之下衡量起来。无论各时各地的风土、人情、地理、气候是如何的不同,总有一点普遍的素质……是故文学批评不在说明某一时代某一国土的文学标准,而在于超出时代与地域之限制,建立一个普遍文学的标准,然后说明某一时代某一国土的文学品位对于这个标准是符合抑或是叛异。"③

二　更高意志(higher will)

"理性"一词的盛行是西方 17 世纪笛卡尔的唯理主义哲学的结果;在 18 世纪后的启蒙思想家们手中,理性是揭露不合理的封建专制和意识形态的锐利武器;而对于新人文主义者,理性代表着一种理想化的伦理道德规范,其含义基本上是伦理学的。"由于'理性'一词在涵义上的前后变化,为了避免混淆,白璧德……改用更富于宗教神秘精神的'更高的意志'……然而在这一点上,梁实秋却并没有追随他的

①　欧文·白璧德《法国现代批判大师·序》第 1—3 页,孙宜学译,广西师范大学出版社 2002 年。

②　Irving Babbitt, *The New Laokoon : An Essay on the Confusion of the Arts* (Boston and New York : Houghton Mifflin Co. ,1910) , p. 190.

③　梁实秋《文学批评辩》,见徐静波编《梁实秋批评文集》第 93 页,珠海出版社 1998 年。

老师,仍然一直采用'理性'一词。"①

实际上,不管理性还是"更高意志"都是对人性的探讨,但梁实秋的理性相对于情感(并且是较低劣的情感);白璧德的"更高意志"则是善恶二元冲突上的超越与统一。梁实秋之所以没有选择"更高意志",而沿用理性一词,是因为他留在二元对立上从未达到真正的超越,而当他一概否定浪漫文学时,又遗憾地滑向了一元论。

表面看来梁实秋与白璧德的共同之处都把标准和理性探讨建立在对人性的理解基础上,并且两人对人性的理解判断又都与批判浪漫主义连在一起,但在人性见解的深度上不可同日而语。

梁实秋对人性的讨论见于他的作品多处,但并没有对所谓的"人性"做出概念上的严密周全的阐释,显得相当笼统。"人性是很复杂的,惟因其复杂,所以才有条理可说,情感想象都要向理性低首。在理性指导下的人生是健康的常态的普遍的。"②在《文学讲话》一文中,梁实秋试图给人性一个具体的定义,"人性乃所以异于兽性。人本来是兽,所以人带有兽性的行为。但是人不仅是兽,还时常是人,所以也常能表现比兽高明的地方。人有理性,人有较高尚的情感,人有较严肃的道德观念,这便是我所谓的人性"③。

在中国现代文学批评史上,像梁实秋那样执著地强调理性的人是少有的。他认为:"理性是最高的节制机关"④,"情感和想象都要向理性低首。在理性指导下的人生是健康的常态的普遍的;在这种状态下表现出来的人性亦是标准的;在这标准之下所创作出来的文学才是有

---

①　罗钢《五四时期及二十年代中国文艺思想家与西方文学理论》,见《中国人文社会科学博士硕士文库·文学卷》第 845 页,浙江教育出版社 1998 年。
②　梁实秋《文学的纪律》,见《梁实秋批评文集》第 105 页,徐静波编,珠海出版社 1998 年。
③　梁实秋《文学讲话》,见《梁实秋批评文集》第 222 页,徐静波编,珠海出版社 1998 年。
④　梁实秋《文学的纪律》,见《梁实秋批评文集》第 103 页,徐静波编,珠海出版社 1998 年。

永久价值的文学"①,但梁实秋同时说,"以理性与情感比较而言,就是以健康与病态比较而言"。

梁实秋在批判新文化的浪漫潮流时,的确表现了与老师的某种一致性。在《现代中国文学之浪漫的趋势》一文中,在分析浪漫主义时,指出其弊病是对待感情的不加理性的选择,结果是流于颓废主义和假理想主义。前者沉迷于色、肉,如郁达夫等人的小说,后者则无从领悟超越物质的实在世界,加之感情在量上不加节制,在作者的人生观上必定附带着产出"人道主义"。这种"人道主义"不过是一种虚伪的普遍同情,并不解决人类的真实痛苦,如当时盛行的"人力车夫"派等。梁实秋认为浪漫主义虽然尊重感情,但无选择、无节制,所以把浪漫主义文学视为一种堕落的现象。这里似乎表面上是白璧德批判卢梭与浪漫主义的翻版,但细推敲,白璧德反对浪漫主义的博爱与同情观,是因为他们忽视了选择与约束,是因为他们把人自己应有的道德承担转移到社会责任上;而鲁迅先生对"人力车夫"的同情,正是由人力车夫的高大形象照出自己的人格渺小,这种个人道德的主动升华难道在某种意义上不正是白璧德的观念吗?梁实秋照搬老师的语言时,并没有指出"同情"是虚伪的真正原因吧?

与梁实秋不同的是,白璧德并不否认所有人类欲望的重要性。虽然他承认欲望趋向于走极端,从而否认对立面的意义;但白璧德是站在更高的层面上来定义"人性"的。他强调一切力量来自内部"更高意志"而不是强迫。并且,在进一步论述"更高意志"时,白璧德还否认了所谓"邪恶欲望"的观念,认为关键在于对欲望对象的选择,自由来自对目标的选择,但欲望本身没有什么"邪恶"或"低下"。按白璧德的观点,"更高意志"是人对有约束的目标的想象与选择能力,是对与此

---

① 欧文·白璧德《卢梭与浪漫主义·序》第1—11页,孙宜学译,河北教育出版社2003年。

目标相悖的自然冲动的排斥能力,也是不断对目标本身价值的验证能力。白璧德相信自由与尊严可以由个体通过实施他所谓"更高意志"从而由那些邪恶力量中搏击而出。

"更高意志"这个词集中体现白璧德的辩证统一的人性论见解,人内在的善与恶的二元冲突表现为"更高意志"上的平衡与和解。人性不是像卢梭认为的那样天生的善良,也不是基督教原罪中的什么邪恶。"更高意志是一种抑制的意志,它既超脱印象,冲动以及作为自然人的广泛欲望,同时又与其紧密相联,而且正是在与它们的关系中体现出来的。"①对白璧德而言,快乐与幸福只在人正确选择了欲望对象时才有可能。如果人只是接受当下情形提供的即时对象,人只是受到驱使而不会获得自由。真正的自由来自对目标的选择,而更高的意志作为成就完满境界的意志需要行使检查控制功能。它须否定那些有害最高目标的冲动,但应该注意的是这里被否定的冲动本身并没有什么"邪恶"甚或"低下",它们不过是无益于更高的目标而已。

白璧德指出人生含三种境界:一是自然的,二是人性的,三是神性的(宗教的),神性虽然不可强求,但"更高意志"作为人文主义最高信条显然可以认作是人弃绝上帝之后对神性的追求。它虽不是天性的善,却是(古代少数)精英人物历经人性内在的善恶二元冲突之后达到的对善的内在主动选择,是冲突的平衡与化解。它仍带有宗教般的神性境界。梁实秋把人性分成善与恶,其实在他心中,两者依然分离。梁实秋没有进入这第三种境界。梁实秋之所以没有选择"更高意志",而沿用理性一词,正是因为"更高意志"带有弃绝上帝之后的神性,而梁实秋无论在理论上还是观念中,都没有为"神性的崇高与宁静"预留

---

① Irving Babbitt, "What I Believe", *Irving Babbitt Representative Writing* (University of Nebraska Press, Lincoln London, 1981), pp. 12—14.

足够的席位。

　　白璧德曾经批评爱默生，后者试图把"人的法则"与"物的法则"融合，比喻为马戏场上人自如地驾驭两匹马①。白璧德说爱默生并没有达到融合无间的统一境界，也即真正的人文主义者的境界，因为两匹马终究是两匹马。在白璧德看来，爱默生还未达到真正的人文主义者的境界。因为"爱默生身上表现出了太多这样的精神马术。在他的作品中，统一与多样常常不是表现为和解了的一组对立，而是表现为剧烈冲突的一组矛盾。他太满足于自己的这个说法了：在一半的时间里，一切事物都与其他事物相似，而在另一半时间里，一切事物又都与其他事物不同。因此，他的天赋中虽然不乏崇高与宁静，但同时也具有一种令人不安的暧昧"②。

　　这个评论也可以用来评价梁实秋。对美德的追求与对世俗的眷恋在他身上体现为永远的人格分离状态，这可以由他自身的生活与写作得到印证，例如晚年时对拜伦的肯定性评价。白璧德强调个人选择对社会责任的担当，但梁实秋显然不过是逃避，他在"风沙扑面，虎狼成群的时候"③却选择了闲适与宁静。白璧德说苏格拉底与卢梭的区别是哲学家与智者的区别，我们也可以说在标准问题上，白璧德与梁实秋的区别是哲学家与文学天才的区别，但在更高意志问题上更多表现为神性与世俗的区别。白璧德反对性善论，强烈批判卢梭，但绝不因此就简单地支持性恶论。他的"更高意志"可以看做是经历善恶二

---

　　①　欧文·白璧德《文学与美国的大学》，张沛、张源译，北京大学出版社 2004 年，第一章第20—21 页："爱默生说有两种不同的法则，既然我们无法调和人的法则与事物的法则，那么他宁愿分别保留对每一种法则的感觉，并持有一种双重意识——即公共的和私人的天性。就象马戏团的骑手一样，敏捷地从一匹马跳上另一匹马，或是把一只脚放在一匹马的背上，把另一只脚放在另一匹马的背上。"

　　②　欧文·白璧德《文学与美国的大学》，张沛、张源译，北京大学出版社 2004 年，第一章第21 页。

　　③　鲁迅《南腔北调集·小品文的危机》第 220—221 页，台北风云时代出版公司 1991 年。

元冲突后达到的平衡与化解以及重新对善的选择。梁实秋只是吸收了老师前两个冲突，但并没有达到最后一个和解，而最后一个和解在白璧德看来才是"真正的人文主义者"的标志。如果像爱默生这样经常时不时地"与众神单独在一起"，和"与绝对存在"相互交融的人，也许只是因为"精神的马术"这样一个不够贴切的比喻，而不入白璧德的人文主义之眼，那么从未与"神灵"对话的梁实秋怎能是一个真正的人文主义者呢？

人们经常因为白璧德对东方儒教与佛教的造诣而把他引为知己，却忽略了白璧德本身是一个西方人——基督教的神性永远不可磨灭地流淌在他的血液之中。尽管弃绝了上帝，神性依然是他追求"标准"与"更高意志"的内在基础。尽管在更虔诚的艾略特等眼里白璧德的宗教性仍然欠缺，但基督教精神依然构成白璧德精神的主流。而在世俗文化中长大的梁实秋也许有意无意地放弃或忽略了老师的这一精神主旨，但这恰好验证了东西文化的差异所在——宗教与世俗的对立。梁实秋尽管有着美国背景，他却只是选择了西方人对自己文化的确证，而放弃了异文化因素。

实际上，两人在标准、人性以及更高意志(理性)等问题上的诸多差异，关键源自于哲学功底和哲学观念上的差异，早有人指出过梁实秋的哲学研究之不足。美国新人文主义涵盖了文学与政治生活批评，而梁实秋的志向仅仅在于文学象牙塔，也难怪他在五四及后来抗战的如火如荼的政治文化潮流中受到批判而败北。在哲学观念上，白璧德严密而深刻地论述了二元论及其统一，但在这方面梁实秋显然吸收不够，仍不免在诸多问题上陷入一元论的窠臼。

三　想象

白璧德认为"更高意志"是通过想象来完成的。在白璧德的理论中"想象"是一个非常重要的哲学概念。而在梁实秋,"想象"是创作心理学概念。

梁实秋对"想象"的评价,既未将其拒于文学家的创作心理之外,也未流露出过分的青睐,对于文学中的想象,他承认想象的合理性,并且还相当通达地指出创作"有赖于想象"。不过他同时又指出:想象也有一个尺度问题,惟"有纪律的"、"有标准的"、"有节制的"想象,才能"作为文学创造的正当工具"。"想象就像是一对翅膀,它能鼓动生风,扶摇直上,能把你带到你的目的地去,也能把你带到荒山大泽穷乡僻壤或是九霄云外的玉宇琼楼。文学不是无目的荡游,是有目的的创造;所以这文学的工具——想象,也就不能不有一个剪裁、节制、纪律。节制想象者,厥为理性。"①

在白璧德,"想象"不仅仅是一个创作心理学概念,也是非常重要的哲学概念。白璧德认为19世纪没有处理好"一"和"多"的问题,"……这种失败只有通过深入研究想象以及它在文学和生活中的及其重要的地位才能挽回"②。他接着又说,"人被隔绝了与一切永久、因此可称为真实的事物的直接接触,而不得不生活于一种虚构或幻想因素之中,但我一直想表明的是,他可以借助于想像掌握必然与多样性和变化相连的一致因素,这样才能确立起一个可供模仿的典型"③。由此可见,白璧德把"想象"看得多么重要。他认为"更高意志"须通过

① 梁实秋《文学的纪律》,见徐静波编《梁实秋批评文集》第105页,珠海出版社1998年。
② 欧文·白璧德《卢梭与浪漫主义·序》第1—11页,孙宜学译,河北教育出版社2003年。
③ 同上。

想象力量来完成:"人有一种力量,常称为想象,可以伸向并抓住相似与类比,从而确立统一体。"①人可以选择只去成就那些在流变事物中想象所合成的欲求对象,但想象本身是杂乱无章的,如果白璧德怀疑想象力的价值——因其漫无边际的游荡或不受规矩约束的话,他同样也怀疑毫无想象的干枯真理。尤其在文学中,真理与虚构必须协调合作,因为真理本身没有生气,不具备任何至关重要的目的。

白璧德强调"更高意志",认为生活的关键不在智性,而在于意志,但意志的关键在想象中。白璧德意识到"想象"一词在历史上主要用于描述各种感官印象或被认作是储存这些印象的能力。对白璧德来说,想象的综合力量只是作用于那些与实际生活经验相脱离的印象之上,因而想象只是给予表象而非现实。虽然只有想象能够从混乱的经验流变中提取秩序,但想象本身却不能独立地保证其所呈现的统一性有效,因此,这样的统一性需要由分析智慧区分辨别的力量,从现实的角度进行验证。分析智慧的工作方式不是抽象的而是建基在经验的实际数据上。白璧德用"经验的实际数据"所指的与当时实证主义者们所指的有很大不同。正如克莱斯·瑞恩②所指出,白璧德相信科学家们一般并不关心全部人类经验,而是任意选择其片段或通过演绎方式将其歪曲。真正的实证主义不能仅仅满足于"经验意义上的数据收集":它要试图获得更牢固地把握驻留于变化与多样性中的生活统一性与整体性。这就意味着所有关于人性的立场观点,不管是"科学的"还是"虚构的",都需要既在个人生活经验上,又在传统的背景中两方面获得验证和估价。

---

① 欧文·白璧德《卢梭与浪漫主义·序》第1—11页,孙宜学译,河北教育出版社2003年。
② 克莱斯·瑞恩(Claes G Ryn),美国华盛顿特区天主教大学政治学系教授、系主任,兼任美国国家人文研究所所长,《人文》(Humanitas)杂志主编,白璧德理论的重要继承和发展者。著有《意志、想像和理性》、《民主和道德生活》、《新雅各宾主义》等。

在讨论想象的功能与利弊时也一样,表现出白璧德与梁实秋二人的哲学思想差异:二元论与一元论的差异。在《关于想像问题:约翰逊博士》一文中,白璧德批评这位大牌新古典主义者本应值得一赞的对理性的关注,但是约翰逊讨论真理与虚构时,"倾向于把两者截然对立"①。白璧德还接着不无惋惜地评论道:如果约翰逊能够在生活与艺术两方面公平地对待虚构与幻想,那么浪漫主义者便没有什么可反叛的了,"事实上,这些反叛者正是简单地接过新古典主义在理性与想象问题上的二元对立并将其颠倒"②。梁实秋对浪漫主义的批评,表面上似乎秉承老师的立场,但却同样犯了一元论的错误,不过与前述浪漫主义的反叛所不同的是这一次梁实秋站在理性主义的立场上充当反叛者,去诋毁浪漫主义的"堕落"。

白璧德以其反卢梭和浪漫主义著名,但他实际上并没有一概否定浪漫主义。他对诗歌、艺术仍抱有一种浪漫主义观点,并高度重视想象力。在他笔下,想象力不仅仅是一种文学创作手法,而是一种综合万象的能力,能把握流变世界的统一。当然这一能力还要结合更高意志的监控,并结合分析智慧在个人经验与人类历史和传统的全部经验中获得验证和估价。

---

① Irving Babbitt, *On Being Creative and Other Essay* (New York:Biblo&Tannen,1968),p. 84.
② Irving Babbitt, *On Being Creative and Other Essay* (New York:Biblo&Tannen,1968),p. 84.

中庸的古典者与极端的浪漫者

——梁实秋对拜伦的评价及其两者的比较

中国政法大学　宋庆宝

一、梁实秋对于拜伦的评价

　　梁实秋是 20 世纪中国颇具传统色彩的知识分子,拜伦是 19 世纪初期英国浪漫主义的杰出代表。梁实秋对拜伦的评价,分成三个阶段。在 1924 年秋听白璧德的《十六世纪以后的文学批评》以前,由于年轻人的热血激情和五四新文化空气的熏染,推崇浪漫主义,赞美拜伦,这种思想充溢在 1924 年 1 月应郭沫若之邀而作的《拜伦与浪漫主义》一文中;成了白璧德的门徒之后,信奉其新人文主义,转向古典主义,批判浪漫主义,冷落拜伦,在《王尔德的唯美主义》(1925)、《现代中国文学之浪漫的趋势》(1926)、以及《文学的纪律》(1928)等批评文章中可以明显地看到;1974 年 11 月,邂逅韩菁清,坠入炽热的黄昏恋,同时也遭到了社会舆论的压力和非议,内心苦闷愤慨,对有相似经历和感受的拜伦产生了同情,这种惺惺相惜的心态,表现在 1978 年 10 月出版的《梁实秋札记》中的《拜伦》一文，但同时，由于其骨子里的古典，对拜伦过激的浪漫主义，依旧持批判态度，这种态度的集中体现就是 1969 至 1979 年编的《英国文学史》中的《拜伦》一章。

通过梁实秋对拜伦评价的变化，我们也可以看到梁实秋思想的变化，从青春的浪漫，转向了理性的古典，最后在理性和浪漫的二元对立统一中画上了中庸的句号。

1923 年 2 月 15 日，梁实秋在《评文炳的〈一点推测〉》一文中，高度赞美了拜伦。谢文炳在《文艺赠刊》第三期上发表了《一点推测》，结论是："清华最好能产生几个潦倒贵族式的诗人，绝难产生伟大的作家。"他的理由是清华不具备产生伟大作家的土壤。梁实秋反驳说："清华生活是最不适宜于文学的，惟以其不适宜，所以文学越成为清华生活所必需。"接着他列举了环境的叛逆拜伦、雪莱和托尔斯泰。说"革命的诗人拜伦啊！你为什么不要'维持美满的物质生活'和'保守贵族的地位'，而偏要东奔西窜，去做一个'自贬的流囚'？……你们这些环境的叛徒啊！你们这些'伟大的作家'啊！我赞美你们！"①

这是对拜伦由衷地赞美，激情有余，理性不足，多了论点，少了论证和论据，并不是一篇严格意义上的论文。但《拜伦与浪漫主义》一文却理性客观严谨得多。这篇文章也是梁实秋前期文艺思想集中的体现，文章中涌动的是梁实秋对浪漫主义和拜伦的赞美。他指出是浪漫主义和浪漫的天才，促进了文学的长足发展。他说："自从浪漫运动实现之后，英国诗坛——更确切些，全欧诗坛，——凭空地显出中兴气象，奇才蔚出，这个缘故便是因为浪漫主义容纳了一批从前认为'旁逸斜出''不登大雅之堂'的变态的天才。这些变态的天才受了多少年的拘束抑制，到了现在才天崩地裂似的腾跃出来，把全欧的文学史照耀

---

① 梁实秋《梁实秋文集》第 6 卷第 208 页，鹭江出版社 2002 年。

得光芒万丈。"①而在浪漫主义诗人里,梁实秋最推崇的就是拜伦。对拜伦的赞美之词汩汩地从梁实秋的笔下流出。他在评价拜伦的地位时说:"拜伦在浪漫诗人里占得很高的位置。我们谈到英国诗坛的浪漫运动,就会首先忆起拜伦、雪莱、济慈。讲到浪漫的真义,拜伦在这三个人中大概是最浪漫的,无论是从拜伦的作品或是行为去观察。"②在梁实秋的眼里,拜伦代表着反抗的极端和自由的广博,拜伦主义蕴含着恋爱的激情和风景的豪放。而拜伦的这种登峰造极的反叛,正体现了浪漫主义的精髓——"解放"。为此,梁实秋也充满激情地赞美道:"拜伦就像一阵不羁的西风,啸着过去。他是一只鸷鹰,喙坚而爪利,准备着在宇宙的战场上和生命去撕杀。"③对于拜伦的自由思想,梁实秋指出了他的情感性和宇宙性,他首先指出了拜伦和卢梭自由观的不同。"卢梭之自由论,是根据于理智的分析;拜伦之自由论,是根据于情感的直觉。拜伦高揭自由之帜,奔走呼号,山鸣谷应,并不曾有什么政治哲学去服人,只是凭着他的满腔热血去感动人。"④然后把拜伦与司各特、穆尔比较,指出了拜伦思想的广博。"拜伦的自由思想,并不只是拘泥于政治主权的一方面,他的自由思想是广大无边的。司各特的自由思想限于苏格兰,穆尔的自由思想限于爱尔兰,而拜伦代表的却是人类普遍的自由思想。"最后,赞美了拜伦的豪放精神,"拜伦式的风景即是一切阔大不羁的风景。这种豪放的精神,世界上没有一个人可与拜伦同日而语"⑤。并赞美拜伦是"海的诗人,海的化身"。

《拜伦与浪漫主义》一文,是梁实秋文学批评成熟的一个标志,但是,字里行间所体现的理性客观的批评态度,"是否也预示着梁实秋对

---

① 梁实秋《梁实秋批评文集》第16页,珠海出版社1996年。
② 梁实秋《梁实秋批评文集》第20—21页,珠海出版社1996年。
③ 梁实秋《梁实秋批评文集》第21页,珠海出版社1996年。
④ 梁实秋《梁实秋批评文集》第25页,珠海出版社1996年。
⑤ 梁实秋《梁实秋批评文集》第30页,珠海出版社1996年。

于浪漫主义也失却了往昔的激情,而具有了开始向古典主义转变的基因?"①1924年秋,梁实秋在哈佛大学听了白璧德的《十六世纪以后的文学批评》后,就信奉了白璧德的新人文主义,转到了古典主义立场,从而对浪漫主义进行了批判清理。

1925年《王尔德的唯美主义》的学年论文就是梁实秋对浪漫主义的"为了忘却的纪念"。在这篇文章中,梁实秋从艺术与时代、人生、自然、道德、艺术批评,以及个性与普遍性六个方面全面地否定了唯美主义,这是梁实秋文艺观从唯美主义、浪漫主义转向古典主义的标志。但是,梁实秋虽然全面否定了唯美主义,却尚未完全否定浪漫主义。他引用了一个新希腊主义的定义,这个定义就包含了浪漫的与古典的两种理想。"希腊精神范围之扩大,目标清晰,冷静的美,若加上浪漫精神之丰烈的色彩,饱满之个性,混合起来,便成功了英国十九世纪的艺术了。这就譬如说,浮士德与海伦结婚,生了一个美丽的孩子幽浮丽昂。"②而幽浮丽昂是歌德对英年早逝的拜伦的纪念,这段话说明了梁实秋心目中理想的拜伦,是介于浪漫与古典之间的"第三者"。

梁实秋对拜伦不再那么狂热,多了理性的批判,但他对拜伦的博大的爱国主义还是由衷地赞美的,在1925年7月15日写的《诗人与国家主义》一文中,赞美拜伦道:"很多诗人不但是爱国,而且还爱爱国的精神;所以他们不只是爱他们自己的国,且进而爱他人的国。这是一种侠义的风度,也可说是对真理的忠诚。一般人常以为诗人而倡言爱国,乃气量狭小之征候,然而试看拜伦之帮助希腊的独立运动,果是气量狭小吗?拜伦崇奉的偶像是自由——一个人的自由、国家的自由、人类的自由。他拟想希腊的鼎盛时代,如今竟屈服于外力之下,不仅

---

① 高旭东《梁实秋:在古典和浪漫之间》第120页,文津出版社2005年。
② 梁实秋《王尔德的唯美主义》,《浪漫的与古典的,文学的纪律》第148页,人民文学出版社1988年。

悲感交集,于是纵其笔锋,进为《希腊之群岛》,笔锋不足,佐以剑锋,驰骋沙场,身死于米索朗奇。"①"拜伦对于希腊的同情,实在也是对于一切弱小民族,一切被损害的民族的同情。拜伦是反抗帝国侵略主义的健将,当他大声疾呼着向着日趋式微的西班牙喊着:

Awake, ye sons of Spain! Awake! Awake!

Lo, chivalry, your ancient goddess, calls!

醒啊,西班牙的子孙! 醒啊! 前进!

啊,你们古昔崇祀的武士道在喊着呢!

无论哪一小国的国民都该觉得有一种警顽起儒的力量,一团真火把心血烧得澎湃沸腾。可见主张爱国的诗人,其心胸之广大,正不在世界主义者之下。诗人不是属于一国的,而属于全人类的,他激发人们的爱国,不是激发一国的国民爱国,而是激发全人类的爱国心。②

这篇文章,是针对中华民族颓废情况而发,所以,梁实秋在文章最后点出了主题,"啊! 我们伟大的中华于今何在? 我们中华的国魂何时醒来?"③

梁实秋对于拜伦的博大爱国主义,不遗余力地赞美,但对于拜伦的极端的浪漫主义,也在字里行间进行了批判。在 1926 年的《现代中国文学之浪漫的趋势》和 1928 年的《文学的纪律》中,梁实秋用白璧德的新人文主义思想来批判中国新文学,站在理性规范的立场,全面地否定了感性混乱的浪漫主义文学。

---

① 梁实秋《梁实秋文集》第 6 卷第 341 页,鹭江出版社 2002 年。
② 梁实秋《梁实秋文集》第 6 卷第 341—342 页,鹭江出版社 2002 年。
③ 梁实秋《梁实秋文集》第 6 卷第 345 页,鹭江出版社 2002 年。

梁实秋对新文学趋于浪漫主义从以下四个方面进行了论证：

(一)新文学根本的受外国的影响。

(二)新文学运动是推崇情感轻视理性。

(三)新文学运动所采取的对人生的态度是印象的。

(四)新文学运动主张皈依自然并侧重独创。①

梁实秋批判道,新文学受外国的影响,结果是一团糟,造成了"浪漫的混乱"。而推崇情感,对情感的质地不加理性的选择,结果是流于颓废主义和假理想主义。而印象主义,尤其不能"沉静的观察人生,观察人生的全体"。至于自然与独创的观点,本身就是矛盾的,非理性的。这样,就对新文学的浪漫趋势作了全面否定。

在这篇文章中,虽然没有提到拜伦,但是,字里行间流露出的却是对拜伦的批判。拜伦在五四前后的影响是很大的,早在1902年,梁实秋所崇拜的梁启超就曾翻译了拜伦的《唐璜》中《哀希腊》中的第一章和第三章;对梁实秋一生影响最大的三个人之一的胡适也翻译过《哀希腊》的全文;在1924年茅盾主编的《小说月报》的第十五卷第四号,刊出了"诗人拜伦的百年祭",使拜伦在中国的接收达到了高潮。梁实秋的《浪漫主义与拜伦》也是应郭沫若之邀而为这次"百年祭"准备的稿子。但是,梁实秋却批评翻译者"任情纵性,凡投其所好者则尽量翻译,结果往往把外国第三四流的作品运到中国,视为至宝,争相模拟"②。这里面,暗含着对拜伦过热的批判,因为拜伦是"浪漫主义诗人中的浪漫者",情感是最狂放的,独创是最鲜明的,生活上耽于颓废,人道上又最富有同情,这无疑和梁实秋的新人文主义思想是尖锐冲突

---

① 梁实秋《现代中国文学之浪漫的趋势》,《浪漫的与古典的,文学的纪律》第27页,人民文学出版社1988年。

② 梁实秋《现代中国文学之浪漫的趋势》,《浪漫的与古典的,文学的纪律》第11页,人民文学出版社1988年。

的。所以,整篇文章,可以看做是对拜伦"缺席的审判"。

在《文学的纪律》中,为了文学的健康,必须遵守文学的纪律。"文学的态度之严重,情感想象的理性的制裁,这全是文学最根本的纪律。"①而浪漫主义"想象的自由"和"天才的独创",是浪漫的混乱的理论根源,所以要坚决地反对。过度的伤感主义也是应该受到否定的,因为它无病呻吟,强说伤感,非真情流露。这样,拜伦就自然受到批判了,因为"拜伦更有极大的伤感的成分"②。而且,很明显,按照梁实秋的观点,拜伦是最不遵守文学的纪律的。

在后来的文章中,梁实秋很少提到拜伦,虽然对英国其他的作家多有提及,但在1978年出版的《梁实秋札记》的《拜伦》一文中,梁实秋却从文学上的地位和道德两个方面,自觉地为拜伦作了辩护。梁实秋认为,拜伦虽然在道德上有"公然放浪的行为"和"不检的诗篇",甚至和奥古斯塔乱伦,但是,由于"他对于社会公德与自由之经常的关切","在西敏寺给他立一块铜牌,他还是当之无愧的"③。这是对拜伦理性的评价,应该说是公允的,但是,使我们诧异的是,这位非常注重道德规范的"现代孔夫子",在文中,却对离经叛道惊世骇俗的拜伦从道德上进行了辩护。首先,梁实秋指出了拜伦在道德上有失检点,他引用了拜伦的诗句来说明:

> 且来享受醇酒夫人,尽情欢笑;
> 明天再喝苏打水,听人讲道。④

---

① 梁实秋《文学的纪律》,《浪漫的与古典的,文学的纪律》第124页,人民文学出版社1988年。
② 梁实秋《文学的纪律》,《浪漫的与古典的,文学的纪律》第120页,人民文学出版社1988年。
③ 梁实秋《拜伦》,《雅舍札记》第32页,文化艺术出版社1999年。
④ 梁实秋《拜伦》,《雅舍札记》第32页,文化艺术出版社1999年。

　　这是一种放浪主义的行为,完全不合中国的传统道德,在注重个人修养的儒家道德里,提倡的以理制欲、以礼节情的氛围中,是应该受到批判的,但是,梁实秋却引用了拜伦的好友托马斯·穆尔在《拜伦传》中的观点,“我们知道滑稽可笑的事莫过于英国社会之周期性爆发的道德狂。……于是,一些运气坏的人,其行为并不比数以千百计的犯有错误而受宽容的人们更为堕落,但被挑选出来成为示众的牺牲。如果他有儿女,便被强夺了去。如果他有职业,便被迫失业。他受高阶层人士的打击,受较低阶层人士的奚落。事实上,他成为一个代人受罚的人,借他所受的苦痛收惩一儆百之效。我们严责于人,沾沾自喜,洋洋得意的以英国高水准的道德与巴黎的放荡生活相比较。我们的愤怒终于消歇。受我们迫害的人身败名裂,伤心欲绝。我们的道德一声不响的再睡七年”①。

　　但是,当时的梁实秋,对拜伦的了解不是很多,连奥古斯塔与拜伦关系都没有搞清楚,明明奥古斯塔是拜伦的同父异母的姐姐,梁实秋却当成了拜伦的妹妹。后来,黄天白在《四宜轩杂记的〈拜伦〉篇读后感》中予以纠正,梁实秋也在《后记》中做了谦虚诚恳的感谢,他说“奥古斯塔是拜伦的异母所生的姐姐,不是妹妹,我所以有此误,不是由于写作匆忙,也不是由于记忆错误,纯粹是由于无知。英文 sister 一字,可妹妹,我就随便地写成妹妹了。承读者黄天白先生为此文指正,我非常感谢”②。奥古斯塔是拜伦的姐姐,这个在《诗人拜伦的百年祭》中,很多人提到,但是梁实秋都没有注意,他对拜伦的冷落,由此可见一斑。

　　一生注重道德修养的“现代孔夫子”,竟然在道德上为“不洁”的

---

① 梁实秋《拜伦》,《雅舍札记》第 31 页,文化艺术出版社 1999 年。
② 梁实秋《拜伦》,《雅舍札记》第 32 页,文化艺术出版社 1999 年。

拜伦进行了辩护,这在很大程度上是惺惺相惜。如果说梁实秋年轻时是由于满腔的热血,是懵懂的、自发的,而且仅仅限于思想上,那这一次,却是在古稀之年,在这个年龄,经过了人生的反反复复的暴风骤雨,早已看破红尘,明白了平平淡淡才是真的道理,是绚烂之极归于平淡的年龄,但梁实秋却热血汹涌,青春勃发,浪漫回流,演出了一场清醒的、自觉的、轰轰烈烈的黄昏恋。这场浪漫剧的时间是 1974 年 11月,在 4 月,爱妻程季淑在美国西雅图一个超市门口被意外倒下的梯子砸死,梁实秋伤心欲绝,在 8 月写成了《槐园梦忆》,感人肺腑。他在文章里写道:"我到季淑的墓上去,我的感受便不只是'徘徊不忍去',亦不只是'孤魂独茕茕',我要先把鲜花插好,然后灌满了清水,然后低声地呼唤她几声,我不敢高声喊叫,无此需要。并且也怕惊了她;然后我把一两个星期以来所发生的比较重大的事报告给她,我不能不让她知道她所关切的事;然后我默默的立在她的墓旁,我的心灵不受时空的限制,飞越出去和她的心灵密切吻合在一起。如果可能,我愿每日在这墓园盘桓,回忆既往,没有一个地方比槐园更使我时时刻刻的怀念。"①爱妻之情,溢于言表。最后,梁实秋感叹道:"季淑以其全部精力情感奉献给我,我何以为报? ……缅怀既往,聊当一哭! 衷心伤悲,执笔三叹。"②丧妻之哀,哀透纸背。

当女儿梁文茜不忍见父亲孤燕独蝶自伤悲,劝父亲再找一个老伴时,梁实秋凄然地否决了。可是,是造化弄人,抑或苍天怜人,同年的11 月底,梁实秋遇到了女明星韩菁清,像一个人陷入了沙漠的漩涡中,不能自拔。从 1974 年 11 月 27 日在台北相识,到 1975 年 3 月 29 日自美国返台,在一百二十四天中,梁实秋写给韩菁清的情书多达一百二

---

① 梁实秋《梁实秋散文》第 254 页,浙江文艺出版社 2000 年。
② 梁实秋《槐园梦忆》,《雅舍札记》第 328 页,文化艺术出版社 1999 年。

十五封,平均一天一封还多,真可以申请吉尼斯情书纪录。梁实秋不仅不能自拔,而且还乐在其中,虽九死犹未悔。当友人忠言相劝或者援之以手时,梁实秋都视之为思想守旧或者狗拿耗子多管闲事。仅仅看他的情书,我们绝对不会想到,这灼热的字句,竟然出自一位古稀老人之手。在这里,我们看到了对拜伦的浪漫主义理论的最好的阐释,拜伦说诗是激情,诗是"想象的岩浆,喷射出来可以避免地震"。在《雅舍情书》里,看到就全是这喷射的岩浆。下面是1974年12月6日的情书:"你说悬崖勒马还来得及,在时间上当然来得及,可是在情感上是来不及了。不要说是悬崖,就是火山口,我们也只好拥抱着跳下去。你说是吗,亲亲?"在1975年1月4日写道:"我的心现在是骇浪滔天,没有一刻的平衡,我真担心,生怕我的脆弱的躯体承当不了。爱,这几夜睡眠如何,盼告我。我要知道你的生活细节,就好像我日夜守在你身边一样,你不要嫌我烦,我是痴爱、狂爱、热爱你的秋。"在同年的1月26日狂乱地写道:"我吻着这张信笺有八百多遍,吻得小娃透不过气。"从中可以看到,梁实秋在情书中,完全没有了理性的节制,以及"花看半开,酒饮微醺"的中庸境界,达到了一种痴狂迷乱的状态。当一个理发师给韩菁清理发时,他竟然心里涌起了汹涌的醋波。"你问我嫉妒否,我说不,事实上恐怕难免,例如你昨晚上去洗头发,我就不能不想到理发匠抚弄你的头发,而他在洗头发的时候也一定对你有说有笑。想到这,我心里有异样的感觉,你会笑我吧?你心里会说:'可怜的孩子!'在这一方面,我是孩子。"而且,在12月16日的情书中,更是爱得一塌糊涂他写道:"不是每一个人的话都听,我只听一个人的话。我心甘情愿得让那一个人吩咐我,命令我,支配我,甚而至于折磨我!"①

---

① 梁实秋《雅舍情书》,《雅舍札记》第32页,文化艺术出版社1999年。

在这里，梁实秋从一个理性、中庸、节制的现代孔夫子，一变而成一个我行我素、狂叛传统、个性张扬的斗士。在这里，"梁实秋的'古典头脑'的围墙，彻底被'浪漫心肠'的洪水冲垮了"①。梁实秋理性节制的天平，一下子被激情放纵所倾斜。他任凭自己内心的波涛汹涌奔流，在爱河里随激情而流荡。梁实秋与韩菁清的黄昏恋，在当时引起了轩然大波，在台湾不下于一场大地震。原因不仅仅在于两人三十多岁的差距，有老牛吃嫩草的轰动，更重要的是前后对比的强烈。在《槐园梦忆》中，那个痴情种，一下子变成了一个负心汉；那个孔夫子，一下子变成了登徒子，这让人一下子转不过弯来。他在 1974 年 12 月 16 日给韩菁清的信中写道："我恨上天，我恨命运，不让我们早几十年相遇！"②这里，我们不由得纳罕，如果苍天真的让他们早几十年相遇，那梁实秋会怎样去对待程季淑。像德莱赛的《美国的悲剧》里的主人公克莱德·格里菲斯，为了追求后来认识的桑特拉，杀了前任女友洛蓓达，酿成一个"中国悲剧"，这个我们相信梁实秋是不会无情如斯的；但是是否可能像《中国式离婚》里的刘东北，背着爱妻娟子，偷偷地包养情人，这个未可知？或者像徐志摩一样，抛弃前妻，另娶新欢陆小曼，这个也未可知？"世人都晓神仙好，只有娇妻忘不了，妻生日日说恩情，妻死立娶她人了。"这就是在当时一般人的心目中，梁实秋薄情假意的写照，所以，梁实秋的道德形象，在大众的心目，轰然倒塌了。学生组成了"护师团"，朋友要断交，社会舆论哗然，梁实秋处在四面楚歌包围中。梁实秋的这次结婚，和拜伦在 1816 年和易莎贝拉·米尔班克离婚后的遭遇差不多，在大众的心目中，都成了恶魔、伪君子、道德败坏者，是要被唾弃并打倒在地踏上一万只脚的。但是，面对着巨大

① 高旭东《梁实秋：在古典和浪漫之间》第 19 页，文津出版社 2005 年。
② 梁实秋《雅舍情书》，《雅舍札记》第 32 页，文化艺术出版社 1999 年。

的压力,梁实秋没有后悔,没有放弃,没有屈服,他像一个无畏的斗士,孤独一人,对抗着封建的习俗,他要打破这陈旧的习气,他要独战这个虚伪的世界,他要飞扬自己的黄昏激情,他是自己的,谁也没有干涉他的权利,权力他不要,金钱他不要,名声他也不要,他只要爱情。在这里,一个七十岁的激情飞扬的浪漫主义者傲然屹立在大众的面前。在他的身上,我们看到了拜伦的影子。梁实秋向社会舆论宣战了,他说:"我早料到我们的结合要轰动一时,要成为新闻,我不怕,希望你也不要怕。我们的爱是光明正大的。"而且,梁实秋像拜伦一样,一人独战整个世界。"自从我和你相恋,我认清了无数人的真正的嘴脸。这是什么社会? 什么世界? 什么人情?!"他攻击这个社会,太虚伪,太残酷,太多管闲事了。由此看来,梁实秋写的《拜伦》一篇,对于拜伦在道德上的维护,也就是对于自己的维护。对英国社会虚伪道德的批判,也就是对台湾社会虚伪道德的批判。在这里,梁实秋和拜伦可以说是"患难兄弟",自然也就惺惺相惜了。

但梁实秋在《英国文学史》中的《拜伦》一章中,对拜伦的挥霍、乱伦和悲观主义,其笔调是批判的,他最后评价道:"纵观他的一生,他缺点甚多,他用情太滥,不能自制,他任性放肆,骇世震俗。"[1]

二、梁实秋与拜伦的比较

从上面可以看到,梁实秋对拜伦是贬多褒少的,这是因为,两者虽然有相似之处,但是从根本上说,差异性是主要方面。梁实秋是深得儒家中庸之道的精髓,主张待人接物不偏不倚,调和折衷,《论语·雍也》中说:"中庸之为德也,其至矣乎!"梁实秋对任何一个事物都不会

---

[1]　梁实秋《英国文学史》(3)第1339页,台湾协志工业丛书,1985年。

绝对地支持,也不会绝对地反对,对于一个事物,在一定程度上,他是支持的,但是,如果这个事物超越了一定的限度,他就会表示反对;对于两个截然对立的事物,他是对任何一方面都不会死心踏地拥护的,他所赞美的是两个事物调和后形成的"第三者",所以说,梁实秋是二元论者。而拜伦却是一元论者,这表现在他在任何一个方面都要走到极端,他如果反对一个事物,就会有意地尽力地走到这个事物的对立面的极端。他怀疑宗教,就直接叱问上帝;不满政治,就猛烈地讽刺摄政王和神圣同盟;蔑视道德的虚伪,就干脆妻妾成群,自称为"恶魔之子"。总之,拜伦宁肯在冲突中消亡,也不肯中庸以达到平和。

所以,梁实秋和拜伦,虽然在某些时候某些方面不无相似,但是从根本上说,是两种不同类型的知识分子。下面从两者人生观、道德观及美学观三个方面,分析两人思想的异同。

1. 人生观

梁实秋认为,"诗和诗人是不可分的,要做诗,先要做诗人"①。要成为一个出色诗人,除了具备一般的做诗的基本技能外,最重要的是培养人格,成为高尚的君子。为此,他提出了三个成为诗人的条件。"第一:一个诗人对于人生要有浓厚的兴趣。……第二:诗人要摒弃名利观念。……第三:诗人要培养正义感。"②这三点,就是要求作家要乐观、淡泊、正义。

对于以上三点,梁实秋可以说是身体力行。即使在"烽火连三月"的动荡岁月,梁实秋也在简陋之极的平房里找到了人生无限的乐趣,那平房,"有窗而无玻璃,风来则冻若凉亭;有瓦而空隙不少,雨来则渗

---

① 梁实秋《诗与诗人》,《梁实秋论文学》第 553 页,台北时报文化出版公司 1976 年。
② 梁实秋《诗与诗人》,《梁实秋论文学》第 553—556 页,台北时报文化出版公司 1976 年。

加滴漏"。但梁实秋却美称为"雅舍",并作《雅舍小品》数篇,其怡然自得可与《陋室铭》相媲美。在这里,他咏叹人生情趣,描绘世态人情,缅怀乡土风情,追忆故朋旧遇,纵评名人大家。在战火纷飞硝烟弥漫时,他自笑看花开花落云卷云舒,这份乐观的胸怀,没有一定的修养,是达不到的。年老后,梁实秋正视生死,他说:"老不必叹,更不必讳。花有开有谢,树有荣有枯。"虽然对生死看得很开,但梁实秋对人生也是充满了爱恋的,1987 年 11 月 2 日,因心肌梗塞而住在医院的梁实秋,在他人生的弥留时刻,"他打着手势要来纸笔,颤抖着狂乱地写道:'救我'、'我要死了'、'我就这样死了',先后写了五次。最后,终于忍受不住,扯开氧气罩悲惨地高声叫道:'大量的氧气,我要大量的氧气。'"①从中,我们可以明显地感到,梁实秋对于人世的眷念。是啊,这个世界带给他多少的欢乐啊,有痴爱着他的娇妻程季淑、韩菁清,有深爱他的儿女梁文骐、梁文蔷、梁文茜,有敬爱他的密友,有热爱他的读者……他生活在爱的海洋里,生活在情的蜜罐里,他能不眷恋这个世界?但是,对于这个世界,他也是淡泊的,他一生不慕权贵,不逐名利,只求在象牙塔里安安静静平平淡淡的生活,他是个典型的传统的士大夫,内心深处蕴藏着魏晋名士的志趣。在骨子里,他讨厌政治,虽然机会多多,但是,他不但没有去积极争取,而且总是主动地去逃避。抗日战争胜利后,有人劝他到南京政府里做事,他找了个借口逃到了北平;在台湾,他承好友杭立武之托,做了编译馆馆长,这是个带有半官方性质的组织,因为这顶帽子,梁实秋频频地受到了宴请和颂扬,但是,他不是喜滋滋地陶醉其中,而是厌倦之极,只九个月,他就解甲归田,又逃到象牙塔里去了。正是由于其乐观和淡泊,梁实秋才能享高寿八十五岁,这也是他颇为自豪的事情。

---

① 宋益乔《梁实秋》第 117 页,中国华侨出版社 1998 年。

但是,拜伦却英年早逝,只活了三十六岁,这与拜伦的热衷名誉和
悲观主义有关。拜伦是渴望建功立业,流芳百世的。拜伦的理想,就
是成为一位著名的社会活动家,成为一个对政治和社会活动有重大影
响的人。他在哈罗中学读书时,就醉心于演讲。在他给监护人的信
中,他曾说:"一个演说家要比一个诗人有用的多,……如果我目前写
诗,那是暂时的活动,因为我尚未成年,还不能参加政治活动。"①在他
所读的书中,历史书是占首位的,而在文学书中,启蒙主义的书最多,
他特别推崇启蒙主义的作家伏尔泰、卢梭、洛克、吉本等,一方面,拜伦
为他们的学说所吸引,而更重要的一个方面,就是他们都主张积极地
投入到火热的生活中去,并且都对社会生活产生了深远的影响,这正
契合了拜伦内心的想法,拜伦不愿意在书斋里过那种静寂的书虫的日
子,他渴望行动。在剑桥大学时,拜伦就说:"我总有一天要集合一支
军队,士兵们穿着黑衣,骑着红马,他们被称为'拜伦的黑骑兵',你一
定会听到他们了不起的事迹的。"拜伦在成年后,取得国会上议院的资
格,不久就在上议院发表了三次热情洋溢的演说,这是他关心政治,渴
望投身政治的表现。

但拜伦的抱负,可以说是"有心栽花花不成,无心插柳柳成荫"。
拜伦一心想成为一个伟大的政治家或者战士,华盛顿是他心中的楷
模,拿破仑是他的偶像,但是,拜伦的秉性却是一个诗人,他自小有着
一颗诗人的心,有着诗人的敏感和冲动,却没有政治家的意志和谋略。
他是一个斗士,从心而动,绝不按利而行,这让他处处碰壁,命运多舛,
一生漂泊。拜伦的浓厚的悲观主义,与他的不幸的家世,惨痛的爱情,
倒退的时代有关,也与拜伦的政治抱负得不到实现大有关联。当拜伦
敏感地意识到,自己不具备政治家的资质,不会在政治上大放光芒,死

---

① 拜伦《恰尔德·哈洛尔德游记》第 15 页,上海新文艺出版社 1956 年。

后也进不了先贤的祠堂,受国人的祀奉,悲观主义就更加的浓厚。拜伦的悲观主义和名誉抱负总是交织在一起的。这在《这一天我满三十六岁》中可以明显地看到,他一会儿悲观厌世:

> 我的岁月似深秋的黄叶,
> 爱情的香花甜果已凋残;
> 只有蛀虫、病毒和灾孽
> 是我的财产!①

一会儿又强行抑制享乐主义和颓废主义,渴望建功立业,流芳百世:

> 赶快踏灭那重燃的情焰。
> 男子的习性不值分毫,
> 如今你再也不应眷念
> 美人的颦笑。
>
> 你悔恨等闲把青春度过,
> 那么,何必还苟活图存?
> 快奔赴战场——光荣的死所,
> 在那里献身!②

拜伦最后援助希腊,诚然是其自由精神之实践,但是,一个重要的

---

① 拜伦《拜伦抒情诗七十首》第 127 页,湖南人民出版社 1981 年。
② 拜伦《拜伦抒情诗七十首》第 129 页,湖南人民出版社 1981 年。

原因,也是拜伦的悲观主义,使他有了"求死的本能"。关于这一点,梁实秋在他的《英国文学史》的《拜伦》一章中曾经谈道:"拜伦可以说是为希腊独立而捐躯,虽然也许另有难言之痛。他对特瑞萨已有厌倦之意,不如一走了之。他从不完全满意于文学创作的生涯,他要的是行动。"①他有一个朋友记载说:"他常说他对他的生活渐感厌倦,值得享受的他全享受过了,一个人不该活到三十岁以上,那时候已无可享受。"②

　　两者人生观的不同,在他们可以盖棺论定的葬礼上明显地表现了出来。梁实秋是病死在医院里,他的遗嘱是:"遗体入殓时,身着长袍马褂,身旁放着文房四宝及他的著作《雅舍小品》、《白猫王子》和《槐园梦忆》等,坟墓面向大陆,遥望故乡。"③他的墓碑是韩菁清亲笔写的"梁实秋之墓";而拜伦是在战场上逝世的,希腊为他举行了国葬,他的灵柩上盖着黑色斗篷,上面放着钢盔、宝剑和桂冠,希腊人民和国民政府向遗体致以军礼。他的墓碑是奥古斯塔写的铭文:"……当时他正在英勇战斗,为这个国家夺回她往日的自由和光荣。"④

　　可见,梁实秋是个典型的文人,乐观好静,淡泊名利,逃避政治,"雅舍"就是他的安乐窝,读书写作就是他的兴趣;而拜伦却天生就是个"武将",他悲观好动,热衷名誉,渴望活动,"战场"是他的幸福地,驰骋斗争才是他的追求。

2. 道德观

　　作为"现代孔夫子"的梁实秋,其道德观念与他的家世息息相关。

---

①　梁实秋《英国文学史》(3)第1339页,台湾协志工业丛书1985年。
②　梁实秋《英国文学史》(3),第1339页,台湾协志工业丛书1985年。
③　王汶成、高岩《平湖秋月——梁实秋》第126页,香港中华书局1999年。
④　[苏]叶利斯特拉托娃《拜伦》第260页,上海译文出版社1985年。

他出生在书香气浓厚的官宦之家,在他家的大门上,就刻着"忠厚传家久,诗书继世长"的对联,对他影响深远的父亲梁咸熙也是传统的士大夫,祖父母的礼仪道德观念更是到了苛刻的地步。在这种环境下熏染的梁实秋,很早就有了很强的道德观念。1922年7月,他曾到上海去拜访创造社的成员,对郁达夫的颓废放荡颇不以为然。他在《清华八年》中说,"我惊讶的不是他们生活的清苦,而是他们生活的颓废,尤以郁为最。他们引我从四马路的一端,吃大碗的黄酒,一直吃到另一端,在大世界追野鸡,在堂子里打茶围"。当郁达夫到清华看望梁实秋,提出了两个要求,一是参观圆明园遗址,一是逛北京的四等窑子,前者,梁实秋痛快地答应,后者,梁实秋婉言谢绝了。从中,我们可以看到,与颓废的浪漫者不同,青年梁实秋的道德观已经非常强烈了。

梁实秋和程季淑的恋爱,也是恪守道德的规范。当梁实秋在美国留学三年回国后,写信给程季淑到天津会晤,程季淑未去,理由是"名分未定,行为不可不检",被欧风美雨吹打了三年的梁实秋,不仅没有蔑视程季淑的思想保守僵化,而是肃然起敬,可见,梁实秋对于道德规范的看重。后来他和程季淑在1927年结婚,到1974年程季淑意外去世,两人携手四十七年风雨人生路,相濡以沫,堪称模范夫妻。后来与韩菁清的激情黄昏恋,虽然对他的形象造成了一定的影响,但是,从根本上也没有超越道德的框架。

如果说梁实秋是道德的楷模,那么,拜伦就是道德的死敌。拜伦的一生,是反抗的一生,这反抗中,也包含着对道德的故意的挑战。拜伦是个典型的花花公子,一生放荡不羁,这与他的不幸家世也大有关联。他的父亲就是一个浪荡的登徒子,他和拜伦的母亲凯瑟琳·戈登结婚,仅仅就是为了凯瑟琳的金钱,等挥霍掉之后,他又和别的女人私奔了,最后客死在法国,这使凯瑟琳性格扭曲暴躁,对拜伦动辄打骂,拜伦回报母亲的也只有蔑视仇恨。有这样道德沦丧的父亲,有这样蛮横无理的母亲,使拜伦对道德充满了不信任和敌意。1798 年拜伦成了第六代拜伦勋爵,他有了放荡的经济条件。在剑桥中学时,拜伦就过着花天酒地的生活,甚至还包养了一个情妇,让其女扮男装,伴随左右。他的贵族的年金,根本不够他挥霍之用,欠债累累,这都是拜伦放荡挥霍的结果。等到 1816 年和妻子伊莎贝拉·米尔班克离婚后,拜伦对于道德更是充满了敌意。在威尼斯时,他卧花眠柳,放浪形骸,甚至过着一夫多妻制的生活,他自诩道,花了二千五百英镑,和二百多个女人发生了关系,并且故意把放荡的消息添油加醋地传到英国,公开向社会道德宣战。就是社会大忌的乱伦,他不但和同父异母的姐姐奥古斯塔在行为上有之,在舆论上,他甚至写了《该隐》,为姐弟恋作公开地辩护。

在对待女性的态度及审美上,梁实秋和拜伦是迥然相反的。梁实秋尊重女人,挚爱女性。在他的一生中,有三个女性对他影响最大。他的母亲沈舜英是他儿时温馨的回忆,结发程季淑则是他风雨人生路上相濡以沫的伴侣,而娇妻韩菁清则是他黄昏路上激情的痴爱。此外,他还有很多的女性好友,如冰心、俞珊、业雅,梁实秋就这样在温柔乡里度过了甜美的人生。他对她们充满了深深的爱,在朝花夕拾的回忆性散文里,他深情地回忆母亲对他的慈爱和呵护;在《槐园梦忆》里,他把程季淑称为和父亲、胡适并列的对他一生最有影响的三个人之一;在《雅舍情书》里,对韩菁清痴爱更是到了沸点。他曾引用冰心的话说:"没有妇女,这个世界将减少十分之五的真,十分之六的善,十分之七的美。"在《漫谈翻译》中,对翻译像女人的比喻表示气愤,"意大利有一句俗话,翻译像一个女人,貌美则不忠贞,忠贞则不貌美,这句话简直是在侮辱女性,美而不忠贞故曾有之,貌美而忠贞者如恒河沙数"。在《影响我的几本书》中,评判《水浒》为人抱不平,而没有为女人抱不平。而且,他对女性的尊重,也体现在行动上,他有一个很好的习惯，每天早晨，给妻子榨好一杯橙汁，无论是对程季淑，还是对韩菁清，梁实秋都是这样真诚地去做的，这是梁实秋尊重女性的行动证明。如果说拜伦把女性当成了玩偶，那梁实秋则以人格平等的心态来对待女性。在青岛大学任教时，一次迫于朋友的情面，去体验了一次花酒，回来后他对程季淑说："买笑是痛苦的经验，因为侮辱女性，亦即是污辱人性，亦即是侮辱自己。男女之事若没有真的情感在内，是丑恶的。这是我在上海三年唯一的一次经验，以后也没再有过。"①

　　但拜伦对于女性，虽然也在作品中赞美过，比如《海盗》中的曼道娜，《该隐》中的亚德，《唐璜》中的海黛，都是拜伦心中理想的女性，但从根本上是厌恶蔑视的。拜伦憎恨女性，与他的生活经历有关。拜伦的暴虐乖戾的母亲，痛伤自尊的初恋，疲惫不堪的情人，以及不幸耻辱的婚姻，在他心中埋下了憎恨女性的种子，这种憎恨，投射到作品中，就是专横暴虐、贪婪荒淫、虚荣善变、薄情无义的女性形象。专横荒淫的形象如《唐璜》中的土耳其皇后古尔佩霞，俄国的卡瑟琳女皇。虚荣薄情的形象如《唐璜》中的公爵夫人普兰塔金内特，《贝波》中的劳拉。他说："女人是母猫、母狗，大不了是母牛。"其厌恶之情，溢于言表。他在感情上的态度也是极不严肃的，他曾说："我愿天下的女人只有一张嘴，让我一下子从南吻到北。"又说："女人是这样一种东西，你讨厌她，可是离不开她。"他之所以在花粉堆中驻留，也是为了找个伴儿打个哈欠。

　　可见，梁实秋是道德的维护者和实行者，他从理性出发，强调道德作为人际关系的重要性，但拜伦却是道德的反对者和破坏者，他从本性出发，批判道德的虚伪无力。冯友兰在《中国哲学简史》中说："人有四种境界，底层有本能的自然境界，讲实用的功利境界，高层有道德境

---

① 梁实秋《梁实秋散文》第 288 页，浙江文艺出版社 2000 年。

界和天地境界。道德境界中自己是社会的一个组成部分,做事是为了整体的利益。既正其义而不谋其利,而天地境界又超越于社会之上,一个人不仅是社会的成员,而且是宇宙的一分子,是宇宙的公民,要心系宇宙,天地境界是超越于道德境界的。"①人在道德境界中的生活标准是贤,而在天地境界中,人的生活境界是圣,因为其着眼点是整个人类的解放,而非一个人的得与失。梁实秋可以说是一个"贤人",而拜伦呢? 作为撒旦的传人,叛逆的猛士,拜伦一生在和情欲纠缠厮打,他说自己最崇拜的人第一个是花花公子布鲁美尔(Beau Brummell),这里面可以说是一半玩笑一半真,未能摆脱本能的诱惑,未能超越于底层的自然境界,这也是拜伦为人诟病的所在。但是拜伦却有一种天地境界的情怀,就像那淋漓尽致的体现他的叛逆思想的该隐,他要把真理的火种从神的手中偷出来,交还给人类,为此,他宁肯背负杀人犯的罪行,被万人唾弃,被上帝丢弃,被后人厌弃,独自背起罪恶的负累,让后人到自由的阳光下,诚如那伟大的普罗米修斯。

梁实秋和拜伦都是满身正气的知识分子。梁实秋说:"真正的可成为进步的文学家,即是正义感丰富的作家。这样的作者是走在时代的前面的,他是一个号角,他不是一个应声虫。"②而正义感的一个首要条件,就是要有自由思想,不受任何的外物干扰钳制。梁实秋绝不是一棵趋炎附势的墙头草,而是一个"我口说我心"的自由文人。他耻于沦为政治力量的舆论工具,而是坚持以自己理性的眼光来审视社会,观察人生。他反对思想僵化和统一。当国民党提出三民主义文学时,他讽刺;当共产党提出无产阶级革命文学时,他抨击;对于文以载道的儒家思想,他贬其庸俗;对于逍遥飘逸的道家文学,他斥其逃避。他依

① 冯友兰《中国哲学简史》第358页,新世界出版社2004年。
② 梁实秋《诗与诗人》,《梁实秋论文学》第553页,台北时报文化出版公司1976年。

据自己的知识背景和心得体会,提出了人性文学的主张,提倡新人文主义,并且一生持之以恒,这种执著的精神,着实令人钦佩。

拜伦更是一个正义的代言人,他大有水浒英雄的侠气,总是"路见不平一声吼,该出手时就出手"。他曾经说:"无论在什么地方,只要我发现一个暴君或者混蛋,我就要痛斥他。"①拜伦的一生,反对暴政,支持民主,是暴君不共戴天的仇敌,是自由忠实坚定的儿子。

但拜伦的自由观走得比梁实秋要远,梁实秋是个爱国主义者,他尊重作为国家象征的政党,在政治、军队、国家上,是主张统一的,他的自由观仅仅是限于思想上、文艺上,但是,拜伦却是国际主义者,他突破了狭隘的国家的局限,要求给所有的人全面的自由,彻底的自由,而不要在政治、国家、统一等冠冕堂皇的旗帜下,妨害了甚至伤害了自由。当英格兰镇压爱尔兰的起义时,拜伦发表演说支持爱尔兰,就是基于其绝对的自由观念。

正义感的一个重要的表现,就是人道主义思想,站在被欺凌和被侮辱的一方。梁实秋说:"无分中外古今,诗人永远是对于穷苦的被压迫的弱小的人们表示同情的。"②梁实秋的同情之心,闪现在《雅舍小品》中的一些篇章,在《运动》中,抨击士大夫阶级的"四体不勤,五谷不分",同情劳动者劳累如牛却面黄肌瘦。在《握手》中,讽刺了达官贵人在握手时所表现出来的虚伪傲慢,流露了对自命不凡的官僚人物的厌恶之情。但是,梁实秋更有贵族主义思想,充满了等级偏见和尊卑观念。他反对人人平等的观念,认为这仅是一种浪漫的虚幻的幼稚的理想,绝对不是理智的现实。所以,他在 1924 年在芝加哥加入的大江会的纲要中,"反对以阶级斗争为出发点的共产主义"③。也反对在五

---

① [苏]叶利斯特拉托娃《拜伦》第 28 页,上海译文出版社 1985 年。
② 梁实秋《诗与诗人》,《梁实秋论文学》第 553 页,台北时报文化出版公司 1976 年。
③ 徐静波《梁实秋——传统的复归》第 24 页,复旦大学出版社 1992 年。

四中出现的"人力车夫派",他说:"吾人是细按普遍的同情,其起源固由于'自爱''自怜'之扩大,但其根本思想乃是建筑与一个极端的假设,这个假设就是'人人平等'。平等观念的由来,不是理性的,是情感的。重情感的浪漫主义者,因情感的驱使,乃不能不流为人道主义者。吾人反对人道主义的唯一理由,即是因为人道主义不是经过理性的选择。同情是要的,但普遍的同情是要不得的。"①

他的这种贵族主义的思想,源头有二:"一是优越的家境和柏拉图、白璧德等人贵族哲学的影响;二是受清华同窗潘光旦的优生理论的影响。"②梁实秋认为,优秀的作品,作者是少数的天才,而读者,也应该是精英分子,而普通的大众,是没有鉴赏文学的资质的,所以,作者在写作时,根本不需要花费时间和精力来考虑大众的庸俗的低级的审美趣味。他说:"好的作品永远是少数人的专利品,大多数永远是愚蠢的,永远与文学无缘。……创造文学的是天才,鉴赏文学也是天生一种福气,所以,文学的价值绝不能以读者数目的多寡而定。"③在这里,表现了梁实秋对于普通民众艺术鉴赏力的鄙视。可见,即使在人道主义方面,梁实秋也是主张在一定限度之内的,超过了一定限度,就违背了他的中庸之道,他自然是要反对的了。

但拜伦却是天生的具有人道主义思想。他的三次国会演说,都是为弱者代言。第一次是帮穷苦的路德派工人鸣不平,第二次是为受欺凌的爱尔兰大众鸣冤,第三次是替普通的英国大众争权利。他反对为了资产阶级的利益,而牺牲掉大众的利益。关于技术的改良和人类的幸福的矛盾,拜伦说:"我们欢迎有益于人类的技术改良,但是,我不允

---

①　梁实秋《现代中国文学之浪漫的趋势》,《浪漫的与古典的,文学的纪律》第15页,人民文学出版社1988年。
②　徐静波《梁实秋——传统的复归》第158页,复旦大学出版社1992年。
③　梁实秋《文学是有阶级性的吗》,《梁实秋批评文集》第142页,珠海出版社1996年。

许人类成为技术的牺牲品。改善贫苦群众的生活及其福利,远比少数垄断者借着技术改良而使广大的工人处于饥饿而自己却大发其财重要。"①所以,他反对以群众的痛苦而换来的技术改良。在《恰尔德·哈洛尔德游记》中,作者赞美西班牙人民,而讽刺西班牙的贵族:

> 这里除了贵族,人人都称得上高贵,
> 只有堕落的贵胄甘心做敌人的奴才!②

他的强烈的同情心,还表现在他对希伯来民族的同情,他在1814—1815 年,写了很多的希伯来歌曲。如《哭吧》、《我见过你哭》、《我们在巴比伦的河边坐下来哭泣》……这些歌曲,对饱受压迫,四处漂泊,没有家园的希伯来民族,表示了强烈的同情心。在《哭吧》中拜伦写道:

> 哭吧,为了犹大的断裂的琴弦;
> 哭吧,渎神者住进了原来的神殿!
>
> 只有奔波的双足,疲惫的心灵;
> 远离故土的民族哪会有安宁!
> 斑鸠有它的巢穴,狐狸有洞窟,
> 人皆有祖国——以色列只有坟墓!③

在《唐璜》中,也多次可以看出拜伦的人道主义思想,在海上遇险

---

① ［苏］叶利斯特拉托娃《拜伦》第 54 页,上海译文出版社 1985 年。
② 拜伦《恰尔德·哈洛尔德游记》第 50 页,上海新文艺出版社 1956 年。
③ 拜伦《拜伦抒情诗七十首》第 57 页,湖南人民出版社 1981 年。

中,饥肠辘辘的漂流者把唐璜的老师彼得离娄作为食物,食其肉而饮
其血,但唐璜没有吃,拜伦让吃人的人都悲惨地死掉,表达了自己"将
来容不得吃人的人活在世上的"思想。在伊斯迈战役中,唐璜从哥萨
克的刀下救下了伊斯兰小姑娘莱拉,并收留作为了养女,可见其人道
主义思想,是超越民族宗教文化的界限的,是绝对的。但是对于大众,
拜伦是哀其不幸,恨其不争的。同时,内心中的超人思想也使拜伦对
不思进取的庸众表现了蔑视,但是,从根本上,拜伦对他们是同情的,
无论在思想上还是在行动上,拜伦最后逝世在了为希腊大众争取独立
的战场上,就是一个明证。

如果说拜伦的人道主义倾向,使拜伦总是站在弱者的一方,梁实
秋的贵族主义思想则使梁实秋在同情弱者的同时,总是支持强者的一
方。拜伦支持路德工人,赞助意大利的烧炭党,援助希腊独立起义;但
是梁实秋,却是从根本上支持国民党,反对共产党,否定革命和起义。

3. 美学观

在美学观上,梁实秋是古典主义者,主张理性节制;而拜伦是浪漫
主义者,主张激情狂放。梁实秋欣赏的是优美,而拜伦追求的则是崇
高,但是两者在作品内容和形式的关系上,都轻形式而重内容。

梁实秋认为,由于文学的性质和目的,规定了艺术美在文学中的
比重不高。因为文学是通过世态万象,来表现亘古不变的人性,而不
是为了满足低级的感官享受,如果只是为了赏心悦目,过分地追求艺
术美,只会导致误入歧途,颠倒主次,混淆本末。梁实秋对于唯美主义
"为艺术而艺术"的观点,在年轻时信奉了一段时间,但后来就没什么
好感。所以,我们读《雅舍情书》,感到从表达的技巧和文笔的优美上,
梁实秋甚至不如韩菁清。这一点,梁实秋自己也是承认的,他曾评价
韩菁清的情书说:"写的信实在是很好,比我写得好,你的信不但真挚,

而且有才气闪烁于字里行间。"①当我们读到 1975 年 1 月 10 日韩菁清的情书:"你走了,好像全台北的人都跟着你走了,我的家是一个空虚的家,这个城市也好冷落!"一种瑟瑟的感觉涌上我们的心头,一阵麻麻的电流也传过了全身。但是,当我们读到梁实秋的情书时,我们却少有如此审美的感受,从梁实秋的情书里,我们只感到了情感的灼热,那赤裸裸的直白,甚至有点肉麻,这或许是一种真真切切的"平淡"。在这里,我们看不到梁实秋在批评中所提倡的音乐美和图画美,也欣赏不到他在语言风格上所追求的典雅精致,这时处在迷狂状态的梁实秋,比起形式的优美来,也许更注重情感的烈度吧。

拜伦也是重内容而轻形式的。拜伦所有的诗,都表达了一种强烈的情绪,他只要求情感的热烈,至于形式是否精致,他是不太在意的。要从拜伦作品中寻找完全的技巧,那是肯定要失望的。想象没有济慈丰富,韵律没有雪莱优美,结构没有丁尼生完整精细,因为他没有耐性去雕琢,但抒情水平很高。普希金说:"拜伦很少考虑到自己作品的计划,甚至根本没有考虑过,好些场面之间的联系极其微弱,但他认为只要能传达那深渊般的思想、感情和景象,就可以了。"②拜伦写作的速度是惊人的,《海盗》开始于 1813 年 12 月 28 日,完成于 12 月 31 日,只用了三天多。而且拜伦写好后,很少去修改,这样,他作品的瑕疵就很多,所以,胡适就曾说,拜伦在艺术上就可算是二流的诗人,只是翻译之后,弊病被深情豪气所掩,故此不见。

梁实秋古典的文艺观,使他追求的是一种优美典雅,一种"花看半开,酒饮微醺"的境界,而拜伦是浪漫主义的,虽然他推崇蒲柏,但这只是在思想上,在行动上,拜伦追求的却是崇高豪放,赞美"大江东去,惊

---

① 刘炎生《梁实秋传》第 282 页,北岳文艺出版社 1994 年。
② [苏]穆拉维耶娃·屠拉耶夫《西欧文学简论》第 161 页,上海新文艺出版社 1957 年。

涛骇浪"的气魄。梁实秋的《雅舍小品》,题材都是身边的琐事,短小精悍,风趣隽永,似一智者在娓娓道来,诚如梁实秋所说"既未涉及国是,亦不高谈中西文化问题"①。但严肃中见幽默,幽默中见文采。但拜伦的作品,却不屑于写这些鸡毛蒜皮的小事,他所关心的,不是英雄的事迹,就是国家大事,在他的作品里,虽然也充满了幽默,但更多的是讽刺,带有愤世嫉俗的情感色彩,情感有余,理智不足。拜伦笔下的风景,不是雄伟高峻的大山,就是浩荡不息的大海,不是血肉横飞的战场,就是纵情欢娱的宫廷。对这一点,梁实秋也意识到了,他曾评价说:"拜伦式风景之最显著的特色便是'阔大'、'雄巍'、'豪放'……拜伦式的风景即是一切阔大不羁的风景。这种豪放的精神,世界上没有一个人可与拜伦同日而语。歌德曾称赞他:——'Byron issues from the sea—waves ever fresh'拜伦永远从海涛中间崭然卓立。啊!拜伦!海的诗人!海的化身!"②

美学观的不同,还体现在对女性美的不同认识上。梁实秋心中理想的女性,是古典温柔的,而拜伦所欣赏的女性,却是男人化了的女人。梁实秋评价《卢梭论女子教育》时说:"卢梭论教育无一是处,惟其论女子尤其精当。"之所以这样说,是因为卢梭认为,正当的女子教育,应该是使女子成为完全的女子。主张男女平等者,乃蔑视女子特有之个性,实即侮辱女子人格也。在卢梭心目中,最理想的女子是贤妻良母型的女子,最好的女子教育就是贤妻良母型的教育。所以,在梁实秋的心目中,女子是应该优美典雅的。

在拜伦看来,却远远不是这样,一个完美的女子,温柔优美自然是重要的,如同自然之子海黛,善解人意的奥古斯塔,忠贞痴情的曼道

---

① 梁实秋《〈雅舍小品〉合订本后记》,《〈雅舍小品〉合订本》,台北正中书局 1986 年。
② 梁实秋《梁实秋批评文集》第 30 页,珠海出版社 1996 年。

娜,但是,崇高是胜过优美的。他在赞美西班牙女英雄时说:

> 爱人死了,她没有流一滴无用的眼泪,
> 首领牺牲了,她站在了危险的岗位,
> 伙伴逃奔时,她阻止这怯懦的行为,
> 敌人退却时,她率领人马去追踪,
> ……
> 她们是懂得爱的秘诀的多情种,
> 虽然她们扛着枪和男儿一起作战,
> 大胆的走上千军万马的前线,
> 无非是鸽子般的温柔的愤怒,
> 把欺凌她伴侣的莽汉痛啄,
> 比起远方的那些嚼舌出名的女性,
> 她们实在温柔而且坚韧的多;
> 心灵更加高贵,外表一样婷婷。
>
> 谁愿意到北国去找苍白的姑娘?
> 她们多么可怜! 多么苍白,瘦弱,慵懒!①

由此看来,如果两人到了大观园中,拜伦欣赏的是颇具有男子之风的史湘云,而梁实秋心仪的却是温顺贤慧的薛宝钗;拜伦会讽刺薛宝钗是"平行四边形公主",梁实秋则会痛斥史湘云是"没有正形的假小子"。因为梁实秋像卢梭一样认为:"女人像一个女人,是好的,像男子就不好。"

---

① 拜伦《恰尔德·哈洛尔德游记》第 33 页,上海新文艺出版社 1956 年。

从上我们可以看到,梁实秋和拜伦在人生观、道德观以及美学观都表现出了很大的不同,所以,梁实秋在和拜伦有了一次亲密接触后,就另寻新途,对拜伦敬而远之,就是可以理解的了。

现代文化思潮与文学
批评中的梁实秋

古典主义文学思潮的历史定位与梁实秋

厦门大学　俞兆平

一、论题的缘起

1939年,李何林在编撰《近二十年中国文艺思潮论》一书,论及"学衡派"时,写下这样一段话:"总观'学衡派'无论对于中国文学或西洋文学的主张,大有'古典主义'者的口吻,其站在守旧的立场,反对此次新文化运动和新文学运动,也很有点'古典主义'的气息;可惜因为只是代表旧势力的最后挣扎,未能像西洋似的形成一种'古典主义'的文艺思潮,而且没有什么作品。否则'近二十年中国文艺思潮论'的内容,将是'古典主义'的'学衡派','浪漫主义'的创造社,'自然主义写实主义'的文学研究会⋯⋯的排列下去。"①在这里,他确切地看到了学衡派的古典主义文学倾向,也想以古典主义思潮界定之,但囿于两点原因:一是"代表旧势力的最后挣扎",二是"没有什么作品",所

---

① 李何林《近二十年中国文艺思潮论》第62页,陕西人民出版社1981年。

以不能以"思潮"而论,仅归类于"反对者"之列。

这一貌似不经意的判断,却成了此后六十余年中国现代文学史撰写的框限。诸种版本的现代文学史论著,在论及 20—30 年代中国文坛时,仅仅只是浪漫主义思潮与写实主义思潮的"双峰对峙",扩而论之者也只是以象征主义为代表的现代主义思潮,或者唯美主义思潮,惟独见不到古典主义思潮的踪影。在 90 年代中期出版,影响颇大的《中国现代文学思潮史》一书"绪论"是这样论述的:"在外国文学影响下开始写作的'五四'时代的作家们,分别选择西方文学中浪漫主义、现实主义、唯美主义、表现主义以及新浪漫主义等文学流派为学习对象,结合自己丰富的生活积累和对中国社会的深刻思考,创作出了大量的风格各异的作品,从而形成了中国的人生派、浪漫派、唯美派文学。"①并把新月派归入唯美派文学思潮之列。直至 90 年代末,观念、体系颇为开放,学术气息颇为浓郁的《中国现代文学三十年》(修订本),尽管认为 20 年代梅光迪、吴宓的学衡派"代表文化重构过程中的另一种趋向稳健的文化抉择",但仍然把他们列入"旧文学势力"范围,而 20—30 年代梁实秋、徐志摩的新月派却归入"自由主义文艺思想"之列②。

现暂且不论新月派究竟应归属于唯美主义,还是自由主义,或是如另一些学者提出的属于浪漫主义这之间各行其是却似是而非的判断及矛盾。单就以上的论述来看,显然存在着几点偏误:

第一,政治性的判断成为主导因素,作为文学史上的应有的学术地位随之被否定了。当年的李何林是把梅光迪、胡先骕和林琴南、章士钊相提并论的,同属于"二千年来封建文学的送丧者"。他没有看到

① 马良春、张大明《中国现代文学思潮史》第 9 页,北京十月文艺出版社 1995 年。
② 钱理群、温儒敏、吴福辉《中国现代文学三十年》(修订本)第 10 页,第 203 页,北京大学出版社 1998 年。

梅、胡等是在"融化新知"的基础上来"昌明国粹"的,与林、章有质上的不同。这点郑振铎倒是瞧得分明:"林琴南们对于新文学的攻击,是纯然的出于卫道的热忱,是站在传统的立场上来说话的。但胡梅辈却站在'古典派'的立场来说话了。他们引致了好些西洋的文艺理论来做护身符。"①因此,若卸却政治判断的预设,纳入现代性历史语境之中,从纯学术的角度考察,从他们捍卫人文精神,对机械工业文明所带来的负面历史效应的警觉与抗衡来审视,这一时期的古典主义思潮不但不能被忽略,而且在中国现代文学史上应占有重要的席位。

第二,迄今为止,学界多把有着统一学术背景的学衡派和新月派割裂开来,分而述之,这也是一种偏误。因为梅光迪、吴宓和梁实秋出于同一师门,同是承接白璧德的新人文主义,而闻一多、徐志摩等在当时的文学理论上亦和梁实秋同调,属于同一学理脉流。如果说学衡派主要偏重于思想意识,即道德方面倡导古典主义的话;那么,新月派则是偏重于文学艺术,即美学方面倡导古典主义。其二者一脉相承、衔接汇拢,从1922年至1932年在中国文坛形成了一股无法忽略的古典主义思潮。

第三,如果学衡派、新月派前后承接可以成立的话,那么中国现代文学史上古典主义思潮一再遭人质疑的文学作品创作欠缺的问题,也就可以解释了。因为作为新诗发展史上的重要阶段——现代格律诗派的理论建构与创作的业绩,便成为古典主义思潮的实践基础。

因而,本文论析的前提是现代性历史语境的建立,它的纳入将改变原有的思维定势,将引发对中国现代文学中古典主义思潮存在与否的重新考察与定位。以下逐点展开论析。

---

① 郑振铎《中国新文学大系·文艺论争集·导言》,良友图书公司1936年。

二、从现代性角度判定古典主义思潮的价值

学衡派、新月派最为人诟病的是其"守旧"和"复古"的倾向。《学衡》的"满纸文言"连其同门师弟梁实秋都吓得"望而却步",而新月派的"新格律诗"理论从字义上不就隐含着"复古"的意味？而梁实秋推崇抽象的人性,在当时更是显得不合时宜。因此,在20世纪20年代中国寻求体制革新与思想解放的历史大潮中,他们是逆流而动的。激进对于保守的批判是合理的,但保守对于激进的质疑也是必要的。在学术史的建构上,我们不能仅以政治趋向而否认其学术地位,甚至取消其作为一种思潮的客观存在。因此,对其判断就必须进入纯学术的层面。正如郑振铎所说的,学衡派不是"卫道",不是死抱着"传统"不放,而是立足于"西洋的文艺理论"基点,有他们内在的学理追求。如若进而从反思、质疑现代性负面效应这一视点来审视的话,我们将会对这一古典主义思潮的价值作出新的判断,得出新的结论。

1919年底,留美的陈寅恪与吴宓有一番深谈:"今人误谓中国过重虚理,专谋以功利机械之事输入,而不图精神之救药,势必至人欲横流、道义沦丧,即求其输诚爱国,且不能得。西国前史,陈迹昭著,可为比鉴也。"因此,"救国经世,尤必以精神之学问(谓形而上之学)为根基。"①此说内理,隐含着当时兴起的新人文主义之根本要义,即"物质之律"与"人事之律"关系的问题。而这两大律令的分立,亦是现代性在20世纪初人类文化思想界域内所表现出来的科技理性与人文精神的对峙。也就是说,他们负笈西洋之始,首先求索的是人类生存意义这一"形而上"的哲学根本问题,而不是形而下的政治之类的是是非

---

① 吴宓《吴宓日记》第二册第101页,三联书店1998年。

非。陈寅恪一生拒绝政治对学术的干扰,其生存宗旨为:"士之读书治学,盖将以脱心志于俗谛之桎梏,真理因得以发扬。思想而不自由,毋宁死耳。"①对陈寅恪佩服至极的吴宓,其一生中也因追随陈的"独立精神、自由思想"的原则,不识政治这一时务而吃尽了苦头。对于这一点,周作人倒是看得清楚,他在《现代散文选·序》中写道:"只有《学衡》的复古运动可以说是没有什么政治意义,真是为文学上的古文殊死战,虽然终于败绩,比起那些人来要更胜一筹了。"因此,若以政治作为惟一的评判标准来臧否、取舍学衡派及其后的新月派的话,对于历史真实,是否有失公允?

　　20世纪初,整个世界思想界关注的焦点是物质功利和人文精神这一对立矛盾的日益激化问题。由于科学技术的高速发展,给人类带来前所未有的物质文明及享受,这就单向促使了"惟物质主义"的滋长,其后果即如陈寅恪所说的"人欲横流、道义沦丧"。单向的历史现代性追求所带来的人文精神失落的现状,促使吴宓在中国高扬起新人文主义的旗帜,他在介绍其老师白璧德学说时写道:"物质与人事,截然分途,各有其律。科学家发明物质之律,至极精确,故科学之盛如此。然以物质之律施之人事,则理智不讲,道德全失,私欲横流,将成率兽食人之局。盖人世自有其律,今当研究人世之律,以治人事。"②面对着由科学盛行所促发的功利至上、物欲横流的负面现状,他跟随着导师与挚友,寻求的是与"物质之律"相对立的"人事之律",教人"所以为人之道",从而阻遏人文精神的失落与颓败,重建精神的价值体系。

　　同样的,梁实秋谈到白璧德所论的人性时,也指出:"把人当作物,即泯灭了人性,而无限制发展物性,充其极即是过分的自然科学的进

　　① 陈寅恪《清华大学王观堂先生纪念碑铭》,《王国维论学集》第423页,中国社会科学出版社1997年。
　　② 孙尚扬主编《国故新知论》第40、39页,中国广播电视出版社1995年。

步,而没有人去适当的驾驭那些科学的成果,变成为纯粹的功利主义。"①也认为科学助长了"物性"的恶性膨胀,泯灭了"人性",引发了从人与人之间的尔虞我诈到国与国之间的世界大战的种种劣迹与罪行,人成了纯粹的功利主义者。人文精神的失落,也就意味着人性的泯灭。而文学正是充当起抨击罪恶、呼唤人性的角色:"惟有文学家,因为他们的本性和他们的凤养,能够做一切民众的喉舌,道出各种民间的疾苦,对于现存的生活用各种不同的艺术的方式表现他们对于现状不满的态度。"②也就是说,梁实秋的"人性论",其"人性"概念第一层面相对应的另一方是"物性",其演绎、分化后的第二层面相对应的才是"阶级性"等。若忽略梁实秋理论中的现代性的内质与意义,以后者涵盖、取代前者,势必产生对其理论简单化的误读的现象。

有趣的是,对"物质主义"这一"偏至",早期的鲁迅也给予了犀利深刻的批判:"递夫十九世纪后叶,而其弊果益昭,诸凡事物,无不质化,灵明日以亏蚀,旨趣流于平庸,人惟客观之物质世界是趋,而主观之内面精神,乃舍置不之一省。重其外,放其内,取其质,遗其神,林林众生,物欲来蔽,社会憔悴,进步以停,于是一切诈伪罪恶,蔑弗乘之而荫,使性灵之光,愈益就于黯淡;十九世纪文明一面之通弊,盖如此矣。"③鲁迅揭示,由于19世纪"知识"、"科学"高速发展,单向地助长了"惟物质主义",物质文明的高涨,精神文明的低落,其失衡给人类的生存带来了巨大的恶果:"物欲"遮蔽了"灵明",外"质"取代了内"神",人的旨趣平庸,罪恶滋生,社会憔悴,进步停滞。这是19世纪、20世纪的社会弊病的根源,但这难道不也是今日生存于21世纪工业化社会中人类的困境吗?

---

① 《梁实秋批评文集》第215页,珠海出版社1998年。
② 《梁实秋批评文集》第131页,珠海出版社1998年。
③ 《鲁迅全集》第1卷第53页,人民文学出版社1981年。

　　因此,对学衡派、新月派所接受的新人文主义及由此而生的古典主义文学思潮,必须纳入科技理性与人文精神矛盾对峙这一世界范围的现代性语境中进行考察,才能作出相对公允而准确的判断。他们和新文化运动初期的国粹派不同的根本之处,是接受了新式学理,有着全球性的视野,而非局囿于儒生对中国封建王权依赖的传统意识。李泽厚在评述"科玄论战"时的一段话亦涉及到这一问题,很值得我们重视:"如果纯从学术角度看,玄学派所提出的问题和所作的某些(只是某些)基本论断,例如认为科学并不能解决人生问题,价值判断与事实判断有根本区别,心理、生物特别是历史、社会领域与无机世界的因果领域有性质的不同,以及对非理性因素的重视和强调等等,比起科学派虽乐观却简单的决定论的论点论证要远为深刻,它更符合于二十世纪的思潮。"①也就是说,包括玄学派、新人文主义论者等在内的这一时期世界范围内的文化保守主义思潮,对现代化的进程中日益尖锐的一系列矛盾是持警觉的态度。如科学的机械论定和人生的自由意志、物界的事实判断和心界的价值判断、自然界的因果推演和精神界的情感及非理性因素的超逻辑特性等矛盾,均引起他们的关注与思索。

　　但令人遗憾的是,学衡派及新月派与当时中国寻求政治革命、民族解放的历史动向是悖逆的,被人视为顽固守旧,以至复古反动亦是正常的。但政治与学术的范畴仍有所区别,从学术史建构的角度出发,其客观存在的学术地位不应忽略。正如梁实秋后来所回忆的:"人文主义的思想,固有其因指陈时弊而不合时宜处,但其精意所在绝非顽固迂阔。可惜这一套思想被《学衡》的文言主张及其特殊色彩所拖累,以至于未能发挥其应有的影响,这是很不幸的。"②在 21 世纪的今

---

① 　李泽厚《中国现代思想史论》第 59 页,东方出版社 1987 年。
② 　《梁实秋批评文集》第 212 页,珠海出版社 1998 年。

天,那一时期的特定的历史语境已经逝去,我们更应该以一种平和、公正的心态,关注其"精意"所在,发掘这一古典主义思潮的学术价值与意义,在文学史建构这一范畴内恢复其客观的历史地位。

因此,对于学衡派、新月派所接受的新人文主义及由此所派生的古典主义思潮,应有一种辩证的认识与整体的把握,其内质是对人类社会现代化进程中负面成分的批判,属于质疑、反思"现代性"的理论范畴。它具有历史关怀的内容,有着相应的意义取向,是作为对历史发展中激进力量的制衡而合理存在的;它与现代社会的需求形成另一种逻辑关联,一样属于新的时代。接纳了新人文主义的学衡派、新月派的理论与实践,构成了现代中国文化思想发展史上重要的组成方面,具有不应忽视的价值与意义。这是我们对中国现代文学史上古典主义思潮判断与理解的基本出发点。

三、构成同一古典主义思潮的学衡派与新月派

古典主义概念是动态的,随着历史进程呈现出多义的状况。其原初的概念内涵主要指继承古代希腊、罗马文化艺术传统的思想倾向。而作为文学艺术思潮,它有狭义与广义之分,狭义的是以 17 世纪的法国文学为代表,"它的特点是:在政治上拥护和歌颂绝对王权;在思想上提倡以'自我克制'、'温和折衷'为主要内容的'理性',尊重君主专制政治所需要道德规范;在题材上借用古代的故事,突出宫廷和贵族阶级生活,并赋予它崇高悲壮的色彩;在文学体裁上,与封建等级观念相适应,划分为高低不同的类别,并严格按照关于各种体裁的人为法则进行创作;在艺术上要求结构严谨完整,语言简洁明晰"①。广义的

---

① 柳鸣九《法国文学史》上册第 159 页,人民文学出版社 1979 年。

则是指超出这一特定历史阶段而具有相类似的精神倾向和美学风格的文学艺术思潮。显然，我们所论析的 20 世纪中国古典主义思潮属于后者，但它与狭义的前者有太多相似之处，如理性的推崇、道德的强化、法则的规范、中庸的选择等，都可看出其间一脉相承的学理性。

20 世纪初，无论是中国，还是世界，在整体思想领域内均展现出一种思潮迭起、新旧冲撞的紧张势态。在美国则出现以白璧德为代表的新人文主义思潮，它无法忍受现代性思潮所带来的世俗化、工具化，物质至上、私欲横流的病态世界，而承接西方古典主义传统，对激进的、具有叛逆性的现代思想动向予以激烈的批判。如前所述，白璧德思考的出发点是人类在"物质之律"与"人事之律"对峙中的困惑与选择，其理论体系的要质则大致可归纳为以下几点：其一，"左右开弓"。即对培根为代表的征服自然的物质功利主义和卢梭为代表的放纵情感的浪漫主义，进行双向抨击。白璧德认为，一方面，崇信科学与机械，注重物质功利的追求，势必牺牲智慧，抑制人文精神；另一方面，扩张、放纵个体的自然情感，趋向于极端，也不利于完备的道德规范的建立。其二，规训与纪律。新人文主义者处世的原则与态度，在他们常用的"关键词"中便透示出来：规则、纪律、节制、约束、秩序、界限等。白璧德多次提及孔子的"中庸之道"就带有这意思，主张人不能顺其天性，自由胡乱扩张，必须对此天性加以理性的约束与规范，使其有节制地平均发展。其三，传统与恒定。新人文主义者在培根、卢梭所代表的物质主义和浪漫主义的现代思潮的冲击下，痛感道德伦理的解体、社会行为的无序、人文精神的沦落，有着强烈的文化危机意识及维护传统文化的使命感。他们否定文化的进化观念，而向传统文化寻求一种恒定的价值标准。

白璧德的新人文主义观念通过他的中国弟子梅光迪、吴宓、汤用彤、梁实秋，以及游学旁听的陈寅恪，受梁实秋影响而间接地奉从的闻一多等,在中国渐渐地传播开来,并介入中国新文学的批评与创作,逐渐形成一股古典主义文学思潮。因此,这一思潮在中国的发端就带有强烈的反思、批判现代性的性质。

在社会震荡、思潮纷起的世纪转折之际,处于精神困惑、茫然之中的这批留美的中国青年,刚一接触白璧德的新人文主义,无不为之震动,佩服至极,即投身受业于其门下。1915 年秋,梅光迪转入哈佛大学,"白璧德先生以新人文主义倡于哈佛,其说远承古希腊苏格拉底、柏拉图、亚里士多德之精义微言,近接文艺复兴诸贤及英国约翰生、安诺德等之遗绪,撷西方文化之菁英,考镜源流,辨章学术,卓然自成一家言,于东方学说,独近孔子"[1]。虽为叙述其说,但敬佩之情,深蕴内里。吴宓1918 年 9 月转学哈佛,亦师从白璧德,"其立说宏大精微,本为全世界,而不为一时一地。吾侪最重要之工作,乃多读、细读先生所著之书。至于每日走上课堂,亲聆先生讲授,为学得先生之精神人格"[2]。从学说体系到精神人格,全盘接纳。1924 年,梁实秋先是"抱着一种挑战者的心情去听讲的",因为他宣扬过拜伦,信奉浪漫主义,但很快就为白璧德之渊博之学识所折服,"我初步的反应是震骇。我开始自觉浅陋,我开始认识学问思想的领域之博大精深。继而我渐渐领悟他的思想体系,我逐渐明白其人文思想在现代的重要性"。随之,"从极端的浪漫主义,我转到了多少近于古典主义的立场"[3]。

至于闻一多,他在美国留学时学的是美术课程,没有亲聆白璧德的讲授,但他和梁实秋同窗清华,共同组织"清华文学社";两稿一体合刊《〈冬夜〉〈草儿〉评论》一书;前后赴美留学,在科罗拉多同屋居住一年;又一道发起成立国家主义的"大江会"等,可谓志同道合,亲如手

① 郭斌龢《梅光迪先生传略》,载《胡适来往书信选》下册,第 146 页。
② 《吴宓自编年谱》第 175 页,三联书店 1995 年。
③ 《梁实秋批评文集》第 212 页,珠海出版社 1998 年。

足。梁实秋而后所接受的新人文主义不可能不波及、影响到闻一多。如，1928年，在《先拉飞主义》一文中，闻一多论及诗和画的界限抹杀、艺术类型混乱时，便引述道："关于这一点，白璧德教授在他的《新雷阿科恩》（即《新拉奥孔》——笔者）里已经发挥得十分尽致了，不用我们再讲。"①这说明，他对白璧德的论著是相当熟悉的，并持肯定的态度。因此，可以看出，作为学衡派与新月派的理论中坚，他们是出于同一学术背景的。

但中国学界却多把学衡派与新月派分而论之，其实由它们所构成的古典主义文学思潮有着一道从发端，经演进，到高潮的过程轨迹，只是我们迄今未加梳理而已。

第一，发端——由传统文学观念激发的本能性的抗衡。胡适在回顾文学革命开始时，曾写下《逼上梁山》一文。那么，谁作为反向的力量把胡适逼上文学革命这条叛逆的道路呢？是梅光迪、任鸿隽等。1915年起，胡适在思考中国文学与中国文字问题，提出白话文是活文字，古文是半死的文字的观点，随即遭到梅光迪的反对。胡适说，梅越驳越守旧，他则由此渐渐变得更激烈了。1916年胡适提出"作诗如作文"的改革方案，梅光迪断然否定："诗文截然两途，诗之文字与文之文字，自有诗文以来（无论东西）已分道而驰。"②认为文之文字不能入诗，久经古人论定，铁案如山。是年7月，由任鸿隽《泛湖即事》一诗而引发，梅胡之间爆发最为激烈的论争，在通信中，梅光迪继续否决胡适的白话可以入诗的革命，还嘲笑胡适尝试所作的白话游戏诗"如儿时听莲花落"。虽然胡适在文章中归结，若没有梅光迪等朋友的切磋、诘难、反驳，他的文学主张不会经过那几层的大变化，不会结晶成系统的

---

① 《闻一多全集》第3卷第423页，三联书店1982年。
② 《中国新文学大系·建设理论集》第8页，良友图书公司1936年。

方案,也不会寻出一条光明的大道来,但梅光迪等作为中国新文学运动进程中第一波的反向力量的历史位置已确定下来,尽管在胡适的心目中它具有相克相生、相辅相成的价值。此时的梅光迪刚开始听白璧德的课,与其说是接受新人文主义理论,不如说更多地表现为由中国传统文学观念所激发起的本能性的抗衡。

第二,演进——承接西学的文化保守主义的悲剧。1922 年 1 月,陆续回国的梅光迪、吴宓、胡先骕等在南京创办了《学衡》杂志,至1933 年终刊,共出版了七十九期。在思潮迭起、学派纷陈之中,《学衡》亮出与众不同的办刊宗旨:"论究学术,阐求真理,昌明国粹,融化新知。以中正之眼光,行批评之职事。无偏无党,不激不随。"这一宗旨与处于主流地位的激进主义思潮、与属于已逝历史的林琴南等"国粹"派相比较,有其三项特质:一是有了新式学理体系——西方的新人文主义,因此,他们昌明国粹是在融化这类西方新知的理论基础上展开的;二是坚持学术独立,他们拒绝政治的追随、党派的偏激,以学术为生存真义,以阐求真理为终极目的;三是以中正、中庸之道进行文化、文艺批评,从而维护、继承具有普遍、永恒的人文价值的中西方传统文化。这在新文化运动诸种思潮中确是不同凡响,显出特立独行的一面。

当时展现在学衡派同仁们面前的现状,和阿诺德、白璧德等所面对的颇为相似。五四新文化革命之后的中国社会负面状况引起他们的极度焦虑:随着圣化的社会的分崩离析,旧有的价值体系也被质疑、否定,中国几千年来的文明传统、文化命脉面临着断绝的危险;而随着西方各种思潮的涌入,特别是漠视人文精神的、以培根为代表的科学主义,及放纵人的感性的、以卢梭为代表的浪漫主义的泛滥,更是使中国思想界精神混乱、文化无序。这一切,是他们绝对不愿意看到的结果。在"学衡"十年中,他们对新文化运动、对新文学动向进行了激烈而持久的批判,内容涉及到文言与白话的优劣问题、新旧文学观念问题、传统文化的扬弃与继承问题、历史的进化的文学观问题等。他们始终执著地恪守自身的保守主义立场,与文化激进主义相抗衡,形成了与胡适、陈独秀、鲁迅等为代表的中国新文学潮流相对立的另一向度的文学思潮,形成了中国文化进程中的立体的张力结构。历史是多种力量形成的合力所共同推进的,作为古典主义思潮中坚的学衡派怎么能轻易地抹掉呢? 当然,由于学衡派的保守主义性质,对传统文化的捍卫,使它在充满叛逆气息的历史转折时期,成为革命潮流的对立面,只能以悲剧而告终。

　　第三,高潮——理论体系的确立及实践性的论争与创造。如果说学衡派因侧重于人文传统、道德理性的宣扬与构建,缺少介入文学理论与创作的实绩而受到质疑的话,那么,中国现代文学史上相对成熟的古典主义文学思潮则有赖于梁实秋、闻一多、邓以蛰、徐志摩等人完成。形成这一高潮的文学事件,主要体现于以下几项:一是1926年《晨报副刊·诗镌》上梁实秋、闻一多等对浪漫主义的批判,二是1927—1928年梁实秋和鲁迅、郁达夫关于卢梭的论战,以及而后的关于人性论的论战,三是梁实秋的古典主义文学理论体系的建立,四是1928年《新月》的创刊及其宣言,五是现代格律诗派的理论建立及创作的实绩。鉴于学界对新月诸君与古典主义的关系较少涉及,下一节具体展开论述。

四、古典主义文学理论体系的确立及其实践

　　1925年起,闻一多、梁实秋等先后陆续归国,由于学术背景的相似,观念意识的相近,就逐渐和徐志摩、饶孟侃、朱湘、刘梦苇、于赓虞、邓以蛰、余上沅等聚合到一起,筹办《诗镌》、《剧刊》,出版《新月》,介

入文坛的理论论争,提出现代格律诗论等。在论争的过程中,逐步地形成了以梁实秋为核心的古典主义文学理论体系;在文学实践的过程中,创立了朱自清所论定的新文学头十年的三大诗派之一——格律诗派,成为古典主义文学思潮在创作上所展示的具体业绩。

第一,对中国浪漫主义思潮的狙击。如前述,梁实秋师事白璧德,深受其影响,1926 年他仿其师论著《新拉奥孔》,作《现代中国文学之浪漫的趋势》一文发表于《晨报副刊》,对五四运动以来的中国新文学的弊端进行了全面的批判。虽然梁实秋这里的"浪漫主义"一词内涵比较宽泛,还包括了写实主义及现代主义文学,但其矛头主要仍是指向白璧德最为痛恨的以卢梭为始祖的浪漫主义思潮。他主要从以下三点进行批评:其一,浪漫主义者无视文学传达的工具和文学形式的美的构型,即无视"文学的本身"。其特性即是任性,这样,文学语言和形象构型所应具备的美的质素被淡化、被忽略了。其二,浪漫主义者对情感推崇过分,把情感直接当成文学本身,沦为滥情主义。见雨是泪,见云是船,叫嚣不堪。其三,浪漫主义者所追寻的理想其实是"假理想主义"。发为文学如疯人狂语,如梦呓,如空中楼阁。梁实秋认为,真假理想主义的区别在于其质的"纯正"与否,像高扬理性、节制感性的柏拉图则是真理想主义者,而放纵情感、扩张感性的卢梭则属于假理想主义者。

闻一多紧接着也发表《诗的格律》一文,他首先否定诗界卢梭信徒们"皈返自然"的呼喊,高扬艺术高于自然的美学原则。随后他尖锐地批评道:"像现在这样的讲什么浪漫主义,就等于承认他们没有创造文艺的诚意。因为,照他们的成绩看来,他们压根儿就没有注重到文艺的本身。"[1]他们的口号是"自我表现",他们只是顾影自怜,认为只要

① 《闻一多全集》第 3 卷第 413 页,三联书店 1982 年。

把这自身赤裸裸地和盘托出，便是艺术的成功。闻一多认为这种无节制的、"自然主义"的情感流泄，绝不可能成为完美的艺术作品。因为从情感到艺术的构型，还须有媒介运用、方法选择、技艺操作、形式凝定等进程，所以现代诗的创作要倡导格律，要讲究诗的"三美"。可以看出，闻、梁这两篇文章几乎是一喉异曲、共轭互补的。因此，《诗的格律》一文只有放置于古典主义的理论语境中，才能真正理解其真义，这却是学界以往所忽略的。梁、闻等对浪漫主义的有力的批判，再加上郭沫若在同年 5 月发表《革命与文学》一文，宣布了在无产者这一第四阶级产生之后，浪漫主义已成为反革命文学的观点，来自一右一左的双向夹击，几乎宣判了以卢梭为代表的美学的浪漫主义在中国诗坛的终结。

第二，梁实秋与鲁迅关于卢梭、关于人性的论战。1927—1928 年，以梁实秋为一方，鲁迅、郁达夫为另一方，展开了一场论战。论战由于梁实秋在《卢梭论女子教育》一文中对卢梭的抨击而起，他认为"卢梭论教育，无一是处"，郁达夫闻之，即发表了《卢梭传》等文予以反击。对于这股日渐高涨的古典主义思潮，鲁迅十分警觉，他比郁达夫更早地发表了《卢梭和胃口》一文，尖锐地指出："上海一隅，前二年大谈亚诺德，今年大谈白璧德，恐怕也就是胃口之故罢。"①阿诺德关于文学的"人生的批评"、"道德的批评"和白璧德关于文艺的"历史的透视"、"理性的节制"等，于内在脉理上有着保守主义倾向上的沟通。这股古典主义思潮的涌起，对于新文学的发展是不利的，所以，鲁迅、郁达夫两人联手，及时地予以反击。鲁迅发表的有关文章是：《卢梭和胃口》、《文学和出汗》、《文艺和革命》、《拟豫言》、《头》等；郁达夫发表的有关文章是：《卢骚传》、《卢骚的思想和他的创作》、《翻译说明就算答辩》、

---

① 《鲁迅全集》第 3 卷第 554 页，人民文学出版社 1981 年。

《关于卢骚》、《文人手淫——戏效某郎体》等;梁实秋发表的有关文章是:《卢梭论女子教育》、《关于卢骚——答郁达夫先生》,及《时事新报》1928 年 2 月 5 日"书报春秋栏"中驳郁达夫一文等。

论战中,鲁迅、郁达夫都引用了美国文学家辛克莱(Upton Sinclair)著作中的话:"无论在那一个卢梭的批评家,都有首先应该解决的唯一的问题。为什么你和他吵闹的? 要为他的到达点的那自由,平等,调协开路么? 还是因为畏惧卢梭所发向世界上的新思想和新感情的激流呢?"①是随着卢梭"开路"呢? 还是"畏惧卢梭"呢? 这体现了全球思想界在顺革命潮流或逆革命潮流而动时的两种倾向的选择。可惜以往学界没有从这一高度上,看到这场论争所具有的世界性的激进与守衡两种意识形态抗衡的意义,看到这场论争所蕴含的新兴的革命文学思潮对古典主义思潮的阻击的内质,而把全部注意力都集中在鲁迅和梁实秋关于"出汗、阶级性、文学"这一相对狭小的论题上,从而造成学界研究者对中国现代文学史这一段历史真实的忽略及其"缺席"。

第三,梁实秋的古典主义文学理论体系建立及《新月的态度》。1924 年,梁实秋师事白璧德,转向古典主义立场;1927 年起,梁实秋陆续出版了《浪漫的与古典的》、《文学的纪律》、《文艺批评论》、《偏见集》等四本文艺理论著作,建立起一套古典主义文学理论体系。简述如下:(一)文学的本质。梁实秋主张,文学是人性的描写。伟大的文学乃是基于固定的普遍的人性。人性是二元的,即兽性与理性、恶与善、肉与灵,构成了人性的两极。但人之所以为人,就在于他能以理性战胜兽性,以理智节制欲念,"在理性指导下的人生是健康的常态的普遍的;在这种状态下所表现出的人性亦是最标准的;在这标准之下所

_____

① 《鲁迅全集》第 3 卷第 554 页,人民文学出版社 1981 年。

创作出来的文学才是有永久价值的文学"①。也就是说,文学是健康的常态的普遍的人性表现。(二)文学的创造。梁实秋提出:"古典主义者所注重的是艺术的健康,健康是由于各个成分之合理的发展,不使任何成分呈畸形的现象,要做到这个地步,必须要有一个制裁的总枢纽,那便是理性。"②在文学创造中,理性被提升为"最高的节制的机关",是"文学的纪律"的核心,它不但要驾驭滥情的浪漫的感伤主义的情感,而且还要节制使人性变态的猎奇式的想象。通过"理性的节制",文学创作抵御了片面的畸形,呈现的是合乎古典主义的"艺术的健康"。(三)文学的价值与效用。梁实秋引用"柏拉图对话"来说明之,文学的价值在于它的健康。在创作中"艺术家布置各物,使有秩序,使每一部分和其余各部谐和,以便建设一个有规则的有系统的整体",这样的艺术品,在接受者的身体与心灵便引发了由秩序与谐和所产生的效果,即"健康"。也就是说,文学的效用"不在于激发读者的热狂,而在引起读者的情绪之后,予以和平的宁静的沉思的一种舒适的感觉"③。类似于亚里士多德的"净化",温克尔曼的"高贵的单纯,静穆的伟大",梁实秋追求的就是这种古典美学的终极。

　　如果我们把握了梁实秋的文学理论体系之后,再来看做为新月派成立的宣言——《新月》月刊的发刊词《新月的态度》,就容易理解其古典主义的立场了。梁实秋后来回忆说:"《我们的态度》一文,是志摩的手笔,好像是包括了我们的共同信仰,但是也很笼统,只举出了'健康与尊严'二义。"④似乎意犹未尽。的确,徐志摩只以健康、尊严来笼括古典主义是不够的,但他确是抓到了核心。而且,他在对当时文坛

① 《梁实秋批评文集》第 105 页,珠海出版社 1998 年。
② 《梁实秋批评文集》第 102 页,珠海出版社 1998 年。
③ 《梁实秋批评文集》第 109、103 页,珠海出版社 1998 年。
④ 陈子善编《梁实秋文学回忆录》第 109 页,岳麓书社 1989 年。

的感伤派、颓废派、唯美派、功利派、训世派、攻击派、偏激派、纤巧派、淫秽派、热狂派、稗贩派、标语派、主义派等十三种流派扫荡式的批判过程中,也确立了不少自身的原则。如:"省念德性的永恒"、给情感这头骏悍的野马"安上理性的鞍索"、"希望看一个真,看一个正"、"标准、纪律、规范,不能没有"、要有"纯正的思想"、要"辨别真伪和虚实"、"这时代是变态,是病态,不是常态"、"一双伟大的原则——尊严与健康"是我们"信仰的象征"等,几乎全是梁实秋理论的再版。因此,新月派的理论基点的主体为古典主义应是无可置疑的。

第四,现代格律诗派的理论建立与创作实绩。把闻一多为代表的现代格律诗派的理论与创作,纳入古典主义语境去阐释其意义,以往学界尚未多见。现代格律诗派的古典主义倾向与立场呈示于以下几点:(一)强调理性的节制。朱自清在《中国新文学大系·诗集·导言》中评闻一多诗的特点是:"他作诗有点像李贺的雕镂而出,是靠理智的控制比情感的驱遣多些。"在诗的创作与批评上,理智超越情感,理智节制情感,当时只有梁实秋为代表的古典主义思潮与此合拍。闻一多的名言,诗是"戴着脚镣跳舞",即是此说最为形象的解读。有趣的是梁实秋也有类似的说法:"文学的物质方面的形式像是一只新鞋,初穿上去难免有一点拘束,日久也就舒适。"①徐志摩在诗集《猛虎集》"序"中谈到:"一多不仅是诗人,他也是最有兴味探讨诗的理论和艺术的一个人,我想这五六年来,我们几个写诗的朋友,多少都受到《死水》的作者的影响,我的笔本来是不受羁勒的一匹野马,看到了一多的谨严的作品,我方才悟到我自己的野性。"②可以这么说,在文学理论上,闻一多认同了梁实秋的古典主义,并渗入、化融到他的创作中去;在创

---

① 《梁实秋批评文集》第 109 页,珠海出版社 1998 年。
② 徐志摩《猛虎集·序》,上海新月书店 1931 年。

作实践上,闻一多以其独特的由理性节制而派生的"谨严"美学风格极大地影响、感染了新月派的诗人们,由此,而促成了现代格律诗派的诞生。

(二)追求系统的整体的诗美建构。古典主义注重艺术的"健康",即作品各个部分呈现出秩序与谐和,形成有机的系统的整体,显然,闻一多关于"诗的三美"理论(音乐的美、绘画的美、建筑的美)乃由此触发而生的。在《诗的格律》一文中,闻一多一再强调诗的"精神与形体调和的美",从视觉、听觉两个方面具体地分为音节的平仄及韵脚之美,词藻的形象、色调之美,节的匀称、句的均齐之美,由此而构成诗的整体之美。他预言,新诗将由此走进新的建设时期,在新诗的历史上将掀起轩然大波。这也标志着强调"艺术自律"的审美现代性在中国现代文学创造中的逐步完善。

(三)"要做中西艺术结婚后产生的宁馨儿。"这是闻一多在《女神之地方色彩》一文中的话。文中他激烈地批评了郭沫若等的欧化倾向:"现在的新诗中有的是'德谟克拉西',有的是泰果尔、亚波罗,有的是'心弦'、'洗礼'等洋名词。但是,我们的中国在那里?我们四千年的华胄在那里?那里是我们的大江、黄河、昆仑、泰山、洞庭、西子?那里是我们的《三百篇》、《楚骚》、李、杜、苏、陆?"这里充满了对本民族文化的危机意识。因此,"当恢复我们对于旧文学底信仰,……东方的文化是绝对的美的,是韵雅的。东方的文化而且又是人类所有的最彻底的文化。"①维护东方文明的历史使命感,驱使他转向了"旧文学底信仰",转向传统的东方文化,以寻求一种恒定的价值标准。而这正是从梅光迪、吴宓、到梁实秋等古典主义者所竭力倡导的。但学衡派、新月派诸君不同于新文化运动初期单纯地复古的"国粹"派,他们要"融

_____

① 《闻一多全集》第 3 卷第 367 页,三联书店 1982 年。

化新知"来"昌明国粹",即要从传统中发掘出现代文化涵义来,达到中西合体的完美境界,创造出如闻一多所追求的"新于西方固有的",又"保存有本地的色彩"的新的艺术品来。梅光迪在文学革命初期与胡适通信中就已谈到:欲行文学革命:"第一件须精通吾国文字,多读古书,兼及汉以来之百家杂史、说荟、笔记等","再一面输入西洋文学与学术思想,而后可言新文学耳。"①吴宓则更明确地指出:"今欲造成中国之新文化,自当兼取中西文明之精华而熔铸之,贯通之。吾国古今之学术德教,文艺典章,皆当研究之、保存之、昌明之、发挥而光大之。而西洋古今之学术德教,文艺典章,亦当研究之、吸取之、译述之、了解而受用之。"②这里,完全可以看出学衡派到新月派之间前后贯通的古典主义的学术脉理。

　　至于由上述理论导引的现代格律诗派的具体创作业绩,朱自清在《中国新文学大系·诗集·导言》的结语已说得很明白:"这十年来的诗坛就不妨分为三派:自由诗派、格律诗派,象征诗派。"在中国新诗发展史的头十年,若无丰硕之成果,岂能得此三分天下之盛名?

　　历史是客观存在的,还历史以真实的面目,是学术研究者不可推卸的职责。文学艺术史的描述,尤忌"成者为王,败者为寇"的偏执。其实,历史均是由各种"合力"构成的,正是由"不同趋向的文化合力推动着文化的发展"③。如若没有梅光迪等保守派的"逼",胡适能上文学革命这座"梁山"吗? 如若没有吴宓、梁实秋等对浪漫主义的"阻击",现实主义能在中国文学界取得主流的地位吗? 如若没有古典主义的"理性"与"纪律",能有以闻一多为代表的中国新格律诗派的创立吗? ……我们可以设立许多"如若",它们将使我们清醒过来,"王"

①　耿云志主编《胡适遗稿及秘藏书信》第 33 册,第 152 页。
②　孙尚扬主编《国故新知论》,第 88 页,中国广播电视出版社 1995 年。
③　汤一介《总序》,《国故新知论》第 1 页,中国广播电视出版社 1995 年。

是由"寇"造就的,文学革命的激进派是由文化保守主义派"造就"的,现实主义文学的盛行是由古典主义促成的。

特别是在现代性语境中,对工业革命及其所带来的物质丰裕、社会进步等持乐观、肯定态度的历史现代性,却忽略了现代化进程中物欲私利的膨胀、工具理性的矮化、道德伦理的沦丧等关系人类生存的重大问题;正是在这一点上,以学衡派、新月派为代表的中国古典主义文学思潮对其持警觉、反思的态度,批判、抗衡现代性负面效应,坚持人文精神的立场,在一定范围内具有审美现代性的意义,也在一定程度上维系了中国现代文学发展中的均衡。因此,只有正视历史进程的"负向"力量,你才能真实地了解"正向"力量。在这一点上,如何摆正我们的心态与价值取向,如何客观地面对历史现实,如何真实地描述中国古典主义文学思潮的历史地位,将是艰难的调整过程。

五、梁实秋的"理性节制"与"文学纪律"

谈完了古典主义在现代中国文学思潮中的历史定位,再来具体地谈谈梁实秋,从他的"理性节制"与"文学纪律"中,看其古典主义的理论特征。

梁实秋留学哈佛大学,在1924—1925年间受业于白璧德,选读的是白氏的"十六世纪以后之文艺批评"一课,成为其耳提面命的弟子之一。他先是"抱着一种挑战者的心情去听讲的",因为他原是信奉浪漫主义的,曾发表过《拜伦与浪漫主义》等文章,"大吹大擂的宣扬拜伦"。但在课堂上,他很快就为白氏所折服:"白璧德先生的学识之渊博,当然是很少有的,他讲演起来真可说是头头是道,左右逢源,……我初步的反映是震骇。我开始自觉浅陋,我开始认识学问思想的领域之博大精深。继而我渐渐领悟他的思想体系,我逐渐明白其人文思想在现代的重要性。"

按理来说,同为白璧德的弟子的梁实秋应自然地和《学衡》诸公成为同一组织里的成员,但实际却未能如此。这一原因梁实秋也谈到了:"《学衡》初创之时,我尚未卒业大学,我也是被所谓'新思潮'挟以俱去的一个,当时我看了《学衡》也是望而却步,里面满纸文言,使人不敢进一步探讨其内容了。"①也就是说,对于中国五四时期"新思潮"的不同态度,使梁实秋,甚至是闻一多等,都和《学衡》派保持了一定的距离,尽管他们在尊奉古典理性这一学理基点上是颇为一致的。这些,在梁实秋1957年所写的《关于白璧德先生及其思想》一文中做了回述。

在接受白璧德思想之后,梁实秋的文艺思想也开始转变:"我从此了解了什么叫做'历史的透视'(historical perspective),一个作家或一部作品的价值之衡量需要顾到他在整个历史上的地位,也还要注意到文艺之高度的严肃性。从极端的浪漫主义,我转到了多少近于古典主义的立场。"②他对作家、作品的价值衡量有了新的准绳。当文艺作品的评判突出的是"价值",而且是从历史的地位、严肃的高度上来加以衡量时,它就必然和当时盛行的科学主义思潮有了不同的选择与取向。这主要体现在梁实秋的文学观念和文学批评上。

梁实秋的文学观念,还是建立在白璧德的基本观点上:一是"人的法则"不同于"物的法则";一是人性的二元对立。

他首先谈"两种法则"的问题,认为过分地发展"物性"、倚重科学,将导致纯粹的功利主义:

---

① 《梁实秋批评文集》第212页,珠海出版社1998年。
② 《梁实秋批评文集》第213页,珠海出版社1998年。

把人当作物,即泯灭了人性,而无限制发展物性,充其极即是过分的自然科学的进步,而没有人去适当的驾驭那些科学的成果,变成为纯粹的功利主义。这科学的功利主义即是"自然主义"的一面,我们称之为科学的自然主义。①

对"物性"规律的把握,使科学技术产生了飞速的进步,人类由此摆脱了长久以来物质匮乏的困境,充分享受到工业文明所带来的丰裕的成果。但人类这一现代化的进程同时也包含着其负面成分,"物性"的"脱缰"、无限制发展,助长了物欲的恶性膨胀,引发了从人与人之间的尔虞我诈到国与国之间的世界大战的种种劣迹与罪行;而当商品经济的交换逻辑渗入到人们所有的社会关系中去,人势必成了纯粹的功利主义者,这一系列人文精神的失落,也就意味着人性的泯灭。而文学正是充当起抨击罪恶、呼唤人性的角色。梁实秋认为:"诗人,一切文人,是站在时代前面的人。民间的痛苦,社会的腐败,政治的黑暗,道德的虚伪,没有人比文学家更首先的感觉到。……惟有文学家,因为他们的本性和他们的夙养,能够做一切民众的喉舌,道出各种民间的疾苦,对于现存的生活用各种不同的艺术的方式表现他们对于现状不满的态度。"②

其次,梁实秋认为文学表现的是人性,而人性是不能用科学"条律"支配的。

在文学的概念内涵的定性上,梁实秋从未变动过。直至1951年,梁实秋仍然这样回答:"文学是什么?我个人愿提出这样的解答:文学是人性的描写。"这一定性来自他的导师白璧德,即人性是二元的,包

---

① 《梁实秋批评文集》第 215 页,珠海出版社 1998 年。
② 梁实秋《文学与革命》,《梁实秋批评文集》第 130—131 页,珠海出版社 1998 年。

含着欲念和理智的相互对立和相互牵制。梁实秋认为："所谓'人性'是什么呢？一方面，人性乃所以异于兽性。简单的饮食男女，是兽性；残酷的斗争和卑鄙的自私，也是兽性。人本来是兽，所以人常有兽性行为。但是人不仅是兽，还时常是人，所以也常能表现比兽高明的地方。人有理性，人有较高尚的情操，人有较严肃的道德观念，这便全是我们所谓的人性。"①兽性与理性、物欲与理智，构成了人性的两极，但人之所以为人，就在于他能以理性战胜兽性，以理智节制物欲。

梁实秋看到了人性的复杂，他说："人性是很复杂的，（谁能说清楚人性所包括的是几样成分？）唯因其复杂，所以才是有条理可说，情感想像都要向理性低首。在理性指导下的人生是健康的常态的普遍的；在这种状态下所表现出的人性亦是最标准的；在这标准之下所创作出来的文学才是有永久价值的文学。"②那么，这种理性，这种节制，是不是一种定量、定质的标准呢？或者说，有一种相应的科学规范或条律呢？梁实秋又断然否决之：

> 吾人不可希望文学批评的标准能采取条律的形式，因为"人性"既不能以条律相绳范，文学作品自不能以条律为衡量。不过我们确信文学批评有超于规律的标准，凡以"理知主义"趋诸极端者，和"绝智主义"一样，同是不合于"人性"。③

按梁实秋的看法，"人性的复杂"在文学创作中导致了两个向度：一方面，由于人性的复杂，其内含的如情感、想象、非理性因素等，在创作中不能过分地放纵之，所以需要理性的节制；另一方面，也正是由于人性

---

① 梁实秋《文学讲话》，《梁实秋批评文集》第 222 页，珠海出版社 1998 年。
② 梁实秋《文学的纪律》，《梁实秋批评文集》第 105 页，珠海出版社 1998 年。
③ 梁实秋《文学的纪律》，《梁实秋批评文集》第 98 页，珠海出版社 1998 年。

的复杂,如情感发泄的度量、想象的域限等,不可能有固定的"条律"来"绳范"、裁定之。所以,在文学所表现的"人性"跟前,绝对的理知性的科学条律和绝对的非理性的无规则放纵,都是不可取的。

那么,梁实秋的这种超出科学条律的理性到底是什么呢？他推出了从白璧德等哲人那里得来的古典主义理性:

> 古典主义者所注重的是艺术的健康,健康是由于各个成分之合理的发展,不使任何成分呈畸形的现象,要做到这个地步,必须要有一个制裁的总枢纽,那便是理性。所以我屡次的说,古典主义者要注重理性,不是说把理性做为文学的唯一的材料,而是说把理性做为最高的节制的机关。①

也就是说,文学艺术创造中的理性,其地位不能等同于想象、情感等心理因素。而在此之前,如,在近代德国美学中,康德就主张:艺术是想象力、知解力和情感力三位一体协调的自由运动。但在新人文主义者那里,理性已经被提升为一种综合性的机制,它起着调节、均衡文学创造中各种因素的作用。

梁实秋强调,在创作中情感不能"决溃",不能无限度地发泄,不然便流俗为"病态"、"变态"的"伤感主义",因为"伟大的文学的力量,不藏在情感里面,而是藏在制裁情感的理性里面"。而想象也不是使文学趋向猎奇,"不是由常态走到变态",而是"把文学的材料经过作者自己的灵魂的一番渗滤的功用","由平凡走到深奥",即使像莎士比亚戏剧中的变态人物,"其所以能发生文学价值者,不是因为里面引用了变态的性格,而正是因为作者施用了常态的处置,——使变态者永站在

---

① 梁实秋《文学的纪律》,《梁实秋批评文集》第102页,珠海出版社1998年。

一个变态者的地位"①。这样,在文学作品中的各种成分均是合理的发展,而不呈现出片面的畸形的现象。这便是合乎古典主义理性的、"艺术的健康"了。

梁实秋的文学批评,更是明确地与科学主义思潮相抗衡。

他还是从双向背逆的两极展开论析,来选择"中庸"之度。他认为,当时文学界盛行的"印象主义的批评"和"科学的批评"这两种批评倾向都是不妥的。前者是把批评与艺术混为一谈,否认批评家判断力之重要,把批评家限于鉴赏者的地位,使文学批评为感情用事之印象主义所支配。其代表为近代兴起的印象主义批评,如王尔德、佛朗司等。这类批评家是敏感的,文字也多是优美、机趣的,但他们只是对文艺作品发表一己的印象而已,对文学作品及其作者不可能增加什么。所以,梁实秋指出:"文学批评一定要有标准,其灵魂乃是品味,而非创作;其任务乃是判断,而非鉴赏;其方法是客观的,而非主观的。如其吾人能划清这些区别,便当承认文学批评不是创作的艺术。"②

对于"科学的批评"的倾向,即把文学批评等同于科学方法,梁实秋更是予以强烈的反驳:

> 文学批评也不是科学。以科学方法(假如世界上有所谓"科学方法"者)施于文学批评,有绝大之缺憾。文学批评根本的不是事实的归纳,而是伦理的选择,不是统计的研究,而是价值的估定。凡是价值问题以内的事务,科学不便过问。近代科学——或假科学——发达的结果,文学批评亦有变成科学之势。③

---

① 梁实秋《文学的纪律》,《梁实秋批评文集》第104—106页,珠海出版社1998年。
② 梁实秋《文学批评辩》,《梁实秋批评文集》第90—91页,珠海出版社1998年。
③ 梁实秋《文学批评辩》,《梁实秋批评文集》第91页,珠海出版社1998年。

　　这里的关键点是"价值"。梁实秋强调,文学批评是属于价值论范畴的,它包括伦理的选择与取舍,情感的契应与排斥等。因此,它不能仅成为认识论范畴的事实归纳,或像统计学上的核算一般。但近代科学主义思潮的高涨,波及文学批评领域,使它也变成科学求知的工具。

　　在这一向度上,梁实秋主要批评了"社会学的批评方法"和"精神分析学的批评方法"。他论析道:"社会学的批评方法,号称为科学的,在文学批评上应该占什么样的位置呢? 社会学的批评的先决问题是认定文学的创造乃受社会影响的支配,故批评文学作品应解释其当时社会之状况。这个学说是不错的。"但它为什么有缺陷呢? 因为文学作品一方面固是表现了当时的社会,但一方面也表现了作者个人的人格。并且解释社会状况,只能算是解释了作品产生的状况,不能算是评衡其内容的价值[①]。像泰纳(Taine)的英国文学史,只是从事实中抽出原理,来证明文学与社会环境的关系;而圣伯甫(Sainte-Beuve)的批评方法,亦只是从研究作家传记出发,来说明作品与作家的关系。梁实秋认为,这些只是归纳性的、考据性的工作而已,虽有其本身的价值,但不是纯正的文学批评。文学作品是"人性"的产物,"人性"、"作者个人的人格"等,它们是不能承受科学的实证主义"条律"的支配,因为"人"有别于"物"。

　　应该指出,梁实秋对孤立的"社会学批评方法"的批评是不无道理的。因为从审美现代性的视角着眼,强调文学活动的审美自律是符合其发展趋势的,如若过分地注目于"他律",如社会性、考据性等,就有可能使文学偏离美学的轨道,抛离价值论,而归属于单一的认识论,重归到"文以载道"的中国封建文学的传统上去。当然,其后的梁实秋论及:"文艺的创作没有一个呆板的固定的公式。用'唯物史观''经济

————————

　　① 梁实秋《文学批评论·结论》,《梁实秋批评文集》第128页,珠海出版社1998年。

的解释''阶级性''斗争的武器'……等等来做为文艺理论的基础,不是错误的使用科学方法,便是另有用意。所谓'科学的'这个名词,至此已失掉原有的意义"①。则是在原有的理论基础上推进,全盘否定经济基础对意识形态的制约作用,也就显得过于偏激,并带有政治上的某种偏见了。

正如马克思在《第六届莱茵省议会的辩论》中,论述到出版行业的自由时所做的比喻:"在宇宙系统中每一个单独的行星一面自转,同时又围绕太阳运转,同样,在自由的系统中各界也是一面自转,同时也围绕自由这一太阳中心运转。"②文学也正如行星一样,对于社会历史(犹如太阳)来说,它是"公转",成为手段,属于"他律",无法取得"自由";对于文学自身来说,它是"自转",成为目的,属于"自律",有自身的"自由"。它是两者的对立统一,不管偏执于哪一方,都不充分,都不完善。

对于精神分析学批评,梁实秋基本上也是持否定的态度:"这种批评方法当然是新颖的,但是其效用的范围实是有限的。简捷了当的说,精神分析学是解剖变态心理的一个利器,而对于一个身心健全不失常态的人完全没有用处。最伟大的作家几乎没有变态的,无论其情感是如何丰富,想象是如何发达,总不失其心理上的平衡。"这里,梁实秋是立足在"健康、常态、普遍"的预期设定的理性标准上,来看待精神分析学批评的,因此立论就显得有所绝对化。他认为,第一流作家的心态都是健全的,"唯在第二流及以下的作者,或许有变态的心理,或许有供给精神分析学者研究的材料"。但文学史上的事实并非如此,就在近代,便有三个第一流的、伟大的作家海明威、茨威格、川端康成

---

① 梁实秋《文学讲话》,《梁实秋批评文集》第242页,珠海出版社1998年。
② 《马克思恩格斯全集》第1卷第86页,人民出版社1972年。

自杀了,对于他们的作品,你能不进行心理分析批评吗? 你能说他们的心智是健全,还是不健全呢? 是变态,还是常态呢? 所以,梁实秋的结论:

> 文学作品经过精神分析学的宰割之后,不能即做为批评。批评之任务在确定作品之价值,而价值之确定,又有赖乎常态标准之认识。……精神分析只能说明其变态之故,并不说明作品之价值。①

就显得有缺公允,的确是武断了些。

那么,纯正的文学批评是什么呢? 他再次强调:"文学批评的任务是在确定作品的价值,而不在说明文学作品的内容与其对外界之关系。所以说,文学批评不是科学。""最好研究文学的方法是在作品里面去研究,不是到作品外面去研究。"即批评的主要努力,不是去依循科学的"条律",而是"根据常态的人生经验来判断作品的价值"②。

梁实秋的文学观念与文学批评归结到一点,即是古典主义的"纪律"。这在他的著名论文《文学的纪律》中得以集中的展示和传达。他在文中,就文学的目的、文学的活动、文学的力量、文学的效用、文学的价值、文学的纪律等一系列概念,均作了明晰的内涵论定。

文学的目的——"是在藉宇宙自然人生之种种的现象来表示出普遍固定人性,而此人性并不是存在什么高山深谷里面,所以我们正不必像探险者一般的东求西搜。这人生的精髓就在我们的心理,纯正的人性在理性的生活里得以实现。"

① 梁实秋《文学批评·结论》,《梁实秋批评文集》第127—128页,珠海出版社1998年。
② 梁实秋《文学的纪律》,《梁实秋批评文集》第128页,珠海出版社1998年。

文学的活动——"是有纪律的,有标准的,有节制的。"

文学的力量——"不在于开扩,而在于集中;不在于放纵,而在于节制;……节制的力量,就是以理性(Reason)驾驭情感,以理性节制想象。"

文学的效用——"不在激发读者的热狂,而在引起读者的情绪之后,予以和平的宁静的沉思的一种舒适的感觉。"(即类似于亚里士多德的"净化"。)

文学的价值——"不是因为里面引用了变态的性格,而正是因为作者施用了常态的处置,——使变态者永站在一个变态者的地位。"

文学的纪律——"是内在的节制,并不是外来的权威。文学之所以重纪律,为的是要求文学的健康。"

从以上概念内涵中,我们可以读到一系列相近的名词:规律、标准、秩序,普遍、常态、纯正、健康、驾驭、集中、节制,……而这些名词聚集于一点,即是古典主义的"纪律",也就是梁实秋所信奉的白璧德的新人文主义在文学上所要求的内质。因此,梁实秋在该文引柏拉图对话集里苏格拉底的一段话为结:"心灵的合规则的秩序与活动便叫做'纪律的'与'秩序的',便是使人们守纪律秩序的主因;——因此我们才能有节制和正义。"①这便是梁实秋所追求的文学的理想,美学的终极。

---

① 梁实秋《文学的纪律》,《梁实秋批评文集》第100—110页,珠海出版社1998年。

梁实秋与中国自由主义文学

湖北大学　刘川鄂

一、关于"人性"与"阶级性"之争

如果说五四文学的基本主题是以"新文学"取代"旧文学",那么,30 年代文学则表现为新文学内部的各种不同文学阵营之间的论争与对垒,不同文学观念的交锋与互补。30 年代的中国文坛大致可分为左翼无产阶级文学、自由主义文学、民主主义文学、国民党民族主义文学和大众通俗文学五大阵营,而最为激烈的冲突在左翼无产阶级文学与自由主义文学两大阵营之间展开。

为新文学注入阶级意识、无产阶级意识,是左翼文学的最大特色,也是 30 年代文学区别于五四及 20 年代文学的显著标志。30 年代自由主义文学思潮与左翼文学论争的焦点是以人性论与阶级性对峙,以创作自由论与阶级工具论抗衡。在这两方面,梁实秋堪称此期自由主义文学理论的代表性人物。

在这里首先应当指出,梁实秋及其他参与 30 年代与左翼文学界激烈论争的自由主义作家,并不是专门针对左翼的反对派,或者说并不是直接与左翼对立的右翼。他们是站在左翼与右翼之间的中间派,既反左翼、也反右翼,往往两面受夹击、左右不讨好。七十多年来,他们在文学史上的评价因文学观念与政治观念的分歧而分歧,现在到了抛开一切非学术因素包括人为因素进行心平气和的讨论的时候。

资产阶级民主政治的模式、个人行为自由和个性自由发挥的人生理想、反对革命崇尚改良的社会发展观念、对纯粹文学形式的追求,以及崇尚天才创造的"贵族化"的文学价值观,是梁实秋和新月社其他成员的基本思想倾向。梁实秋以激烈和较劲的态度捍卫着自由主义文艺观并不惜气力投身论战。

要正确认识30年代文学中人性与阶级性对立的倾向,我们须得首先把问题放回"历史",得从当年的论争谈起。从一开始,论争双方都没有把它完全当作一个纯粹的学术问题,这是关键所在;其次,即使从纯理论的角度来说,双方都有不足之处;第三,我们还应把问题放进"文学"的范围之内,正视挑起争论者的姿态。

深受英美自由主义思想尤其是白璧德新人文主义影响的梁实秋,揭起人性文学旗帜的初因,是要以人性纠正传统文学的偏失(包含道家的隐逸消极享乐颓废的文学观和儒家的"贯道载道之技艺"的文学观),并以人性作为解救文学于政治漩涡的方式。梁实秋以反对者姿态否定文学的阶级性,也就否认了左翼文学存在的合理性,理所当然也遭到了左翼文学的批评。左翼理论家在阐述阶级社会中的文学必然具有阶级性的道理的同时,还从维护左翼运动出发对梁的立场、动机和效果提出质疑。视论争为无产阶级与资产阶级的斗争,指责新月社批评家口口声声要思想自由,实际上在不自由的年代里做了"维持了治安"的任务,因而是"资本家的乏走狗"①。双方的批评与反批评,并不全是一场平心静气的理论对话,因此,理论层面的探讨也并不深入。

即使从纯理论的角度来说,双方也各有缺憾。梁实秋对人性有多次解释,其基本看法是,人性是人所"共有的,无分古今,无间中外,长久的普遍的没有变动"的"理性","较高的情感"和"较严肃的道德观念"②。他在这里指的是人的自然欲求之外的普遍特性,超地域、阶级、种族和国界,固定不变。但他在被左翼批评家的反驳逼急了时候,又以自然欲求的普遍性作最后的防线,把生老病死、爱的要求、怜悯恐怖的情绪,伦常和求快乐的欲望都搬了出来作挡箭牌,说:"文学就是表现这最基本人性的艺术。"③无论他怎样界说,都不够圆满。当他强调人的理性等内容的时候,排除自然人性,却又忽视了理性、情感、道德的社会性内涵。而一旦承认社会性,就势必承认阶级性亦在其中,这是他最不愿意承认的。如果作家排除了地域、阶级、种族、国界的因素,如何能够写出来不雷同的个体人的特殊性和人类的共同人性之共同点呢?当他以自然人性的固定不变来否定阶级性时,那么作家们一古脑儿地去写生老病死、爱欲恐怖还有多大意义呢?倘若这样写,岂不仍是公式化概念化雷同化?文学如此表现人性还有何价值可言?

也许,梁实秋的致命伤在于他无视或轻视阶级性的存在,他对人性的解释的混乱也就不可避免。(他排斥自我表现,贬抑情感作用的看法恐怕连自由主义作家也难以接受。)左翼文学家正是抓住了他的漏洞进行批驳,使他陷入被动。但某些左翼理论家也有过分强调阶级

---

① 鲁迅《"丧家的""资本家的乏走狗"》,《鲁迅全集》第 4 卷第 246 页, 人民文学出版社 1981 年。
② 梁实秋《文学因缘·文学讲话》,台北文星书店 1964 年。
③ 梁实秋《文学是有阶级性的吗?》,1929 年 9 月 10 日《新月》第 2 卷 6、7 号合刊。

性而无视阶级共通性即梁氏之普遍人性的缺憾,对梁实秋理论中的某些合理因素视而不见,矫枉过正,从一个极端走向了另一个极端。仅用阶级观解释人性、解释文学也是不完整的。人性和阶级性在理论上并不是直接对立和矛盾的,二者是种属关系而不是平列关系和对立关系。按马克思主义的观点,人类社会进入到一定文明程度的时候,因生产资料占有和产品分配的不同,划分为代表不同利益的社会经济集团,也就是阶级,不同阶级之间存在着冲突。但另一方面,人们总有着一定范围的共同背景、不同集团之间也有相互影响和转化,何况政治经济之外的很多因素也与人性相关联。因此,人性的含义远不只是阶级性,阶级性绝不是唯一的。英国学者史蒂文森指出:"一种意识形态就不单是一种理论,而且还是一种以某种方式指明行为方针的人性论。"①这就是说任何关于社会历史的理论也是关于人的理论,关于人性的理论。某些左翼理论家以阶级性取代普遍人性,只见阶级对立不见阶级转化和相互影响,忽视阶级的个体的特异性与变异性,实际上是用否定人性的方式表明了一种僵化的人性论。并不存在铁板一块的阶级性与人性的对立,把阶级意识绝对化,或者把人性与性灵绝对化,都会妨碍文学的健康发展。

当论争双方因立场不同而互不相让、因理论素养原因而各有缺失的时候,我们就无法过高肯定其理论收获及对创作的实际影响了。事实上,自由主义文学与左翼文学的这场论战对当时的创作并未构成太直接的影响,依然是各拿各的号,各吹各的调。"人性与阶级性"作为一个理论问题在当时并未解决。

即使是鲁迅,在 30 年代的论争中也并不是所有观点都正确。左翼的胜利有时是气势上的,人多势众而又年轻的左翼文学工作者有时

---

① 史蒂文森《人性七论》,商务印书馆 1996 年。

不免有点霸气。这种霸气在他们对鲁迅、茅盾、叶圣陶的批评中就十分明显，对自由主义文学便更不在话下。气势上的胜利并不等同于学理上的胜利。当我们把这一个小时段放在整个 20 世纪中国文学的大时段中来考察，就会看到论争中关于人性与阶级性、创作自由与斗争工具的焦点问题并未真正从学理上和创作实践中完全解决。这样，"左翼胜利说"或"完全胜利说"，便成了疑问。

作为中国无产阶级斗争的一翼的左翼文学的出现，具有无可争议的历史必然性。同样无可争议的是，当时的革命受到了左倾主义的严重干扰，因而左翼文学也存在某些明显的缺陷和错误。左翼文学的某些缺陷和错误不仅反映在人们的创作和理论中，也必然会带入到他们参与的论争中。当时的左翼文化界文学界对形势估计的失误，认为中国"急转直下地进入社会主义的道路"，资产阶级"已成了绝对的反革命"。这些看法对左翼文化界的排斥和批判民主主义作家、自由主义作家，否定五四的做法都是有影响的。"革命文学"倡导期有人宣称："一般的文学家大多数是反革命派"①，表现出"非革命文学即反革命文学的偏见"②。这些观点在左联成立后受到一定程度的批评与扼制，内部的论争也被强行中止，但思想观点和认识方法并未受到真正的清理，并带到了此后的与自由主义文学的论争之中。表现在对五四文化性质的否定、排斥"中间人"、"同路人"的态度、教条主义的文学批评以及文艺思想的"左而不反左"等方面。由此可见，如果政治上有错误，紧跟政治、为政治服务的文学也是很容易出错的。

当然，左翼文学家追求革命的精神是非常可敬的，他们的贡献也是前所未有的。对革命满腔热忱的左翼文学家和对艺术真诚热爱的

---

① 郭沫若《桌子的跳舞》，原载 1928 年《创造月刊》第 1 卷第 11 期，现收入《郭沫若全集》文学编第 16 卷。

② 李初梨《怎样地建设革命文学》，载 1928 年 2 月 15 日《文化批判》第 2 号。

自由主义文学家有着激烈的理论交锋,但双方都是年轻的参与者,我们没有理由对他们过多责难。年轻的中国革命运动一开始就带上左倾幼稚病,妨碍了革命文学的更大成就,也影响了他们在与自由主义文学群落论争中的理论分量。对此,我们应该保持清醒的认识,更应持有宽容的心态。

还应该看到,左翼文学家与自由主义文学的论争,在理论上态度上确有尖锐对立,但随着论争的延展,双方也有一定程度的互补。抛开意气用事,抛开宗派主义成分,论争的理论价值就会凸现出来,就会变成宝贵的历史财富。

一个明显的事实是,在论争过程中,左翼文学家们学习和宣传马克思主义文艺思想的热情更高。他们起初着重宣传阐述的是文学的阶级性观点,批判种种否定阶级性的论调;但后来对于阶级性与人性的关系也有了辩证的认识。如鲁迅曾说:"若据性格感情等,都受'支配于经济'(也可以说根据于经济组织或依存于经济组织)之说,则这些就一定都带着阶级性。但是'都带',而非'只有'。"①他肯定了托洛斯基关于"文学中有不带阶级性的分子"的观点。在批评自由主义作家关于文学的普遍性、永久性的同时,鲁迅也承认了"文学有普遍性",他又指出:"文学有普遍性,但有界限,也有较永久的,但因读者的社会体验而生变化。"②瞿秋白、张闻天、冯雪峰等也有这方面的论述。可见对自由主义作家的某些批评,左翼阵营还是有所吸收,有一定的自我批评的。左联对自由主义文人的批评,也有一定积极效果。苏汶曾公开表示过佩服,胡秋源直到晚年还对鲁迅的《辱骂和恐吓决不是战斗》中的观点感服不已。论争在一定程度上达到了互补的效果。有对立

---

① 鲁迅《文学的阶级性》,《鲁迅全集》第 4 卷第 127 页,人民文学出版社 1981 年。
② 鲁迅《看书琐记》,《鲁迅全集》第 5 卷第 531 页。

是不容否认的事实,但论争使对立双方在批评对方的同时也正视了对方的存在。

总之,通过论争,显示出左翼文学阵营初步运用马克思主义的成效,也使自由主义文学思想得到了较大的发展。前者显示了新文学与社会生活尤其是革命斗争的联系与作用,后者强化了文学的本体地位和艺术追求,共同丰富了 30 年代的文坛格局和创作实绩。左翼和自由主义思潮的对立和论争,属于新文学运动内部的论争。正确认识论争的性质和意义,不但有利于准确地评价历史,也有助于总结更多的经验教训。

二、关于"与抗战无关"论

在抗战初期,尤其是文协成立以后,中国文坛涌动着战争功利主义的文学思潮。抗战初期,文坛内部最著名的一次论争,是由梁实秋挑起的"与抗战无关"论。张天翼的小说《华威先生》引起的"歌颂与暴露"之争已经可以看出某些左翼作家那种左性思维方式,而"与抗战无关"论的讨论,也是自由主义文学阵营与左翼文学阵营观念分歧延续的结果。

在 1930 年前后曾与左翼作家展开过关于"人性"与"阶级性"之争的梁实秋,在这个时候,也加入了抗日的文艺阵营。1938 年底,他在主持重庆《中央日报》副刊《平明》上的一段编者的话,又引起了一场轩然大波。他说:"文字的性质并不拘定。不过我有几点意见。现在抗战高于一切,所以有人一下笔就忘不了抗战。我的意见稍微不同,于抗战有关的材料,我们最为欢迎,但是与抗战无关的材料,只要真实流畅,也是好的,不必勉强把抗战截搭上去。至于空洞的'抗战八股'是没有益处的。"①

　　一个有正常的理性思维的人,便不容易曲解这段话的内容。作为编辑的梁实秋,他最欢迎与抗战有关的文字,这是第一层意思;与抗战无关的文字,只要合乎写作要求,也可以用,这是第二层意思;对于空洞的抗战八股,他是反对的,这是第三层意思。但有时激情会压倒理性,在今天看来很平和的议论,在当时的当事人中,也可能会产生激烈的反映。何况是处在抗日救国的紧要关头,梁实秋这样的话特别容易产生反感情绪。在梁文刊出后四天,罗荪批评道:"在今日的中国,想找'与抗战无关'的材料,纵然不是奇迹,也真是超天才了。"②第二天梁实秋又重申了自己的观点,之后,罗荪、宋之的、陈白尘等发表了批评文字。但梁实秋却在次年3月高挂免战牌。在题为《梁实秋告辞》的文章中,他说自己的话"曾引起误会,批评,讨论,谩骂与诬蔑,关于这一点,除了我在12月5日写的一段文字以后,我差不多可以说完全没有说过什么话。我不说话,不是我自认理屈,是因为我认为我没有说错话",他还指出,在四个月所编栏目的文章中,十有八九是与抗战有关的,十有一二是与抗战无关③。不过,梁实秋虽然告辞了,讨论却并没有结束。巴人、郁达夫、胡风、张天翼等也参加了讨论。讨论集中在有关无关问题和"抗战八股"两个方面。对"无关"论的批评较多,有人说它抹杀今日抗战的伟大力量的影响,抹杀了今日全国爱国的文艺界在共同努力的一个目标:抗战的文艺。有人认为,因为对抗战的前途的消极,所以才会说:"抗战的也好,不抗战的也好。"④还有人说:"展开全面抗战的今日的中国,除了汉奸而外,每一个中国人的所作所

---

① 《中央日报·平明》1938 年 12 月 1 日。
② 《与抗战无关》,重庆《大公报》1938 年 12 月 1 日。
③ 《中央日报》1939 年 3 月 31 日。
④ 陈白尘《地瓜与抗战》,《国民公报·星期增刊》1938 年 12 月 11 日。

为,实在决不能许可他'与抗战无关'的。……时至今日,我们的文艺作家笔下当真有'与抗战无关'的材料,那除非是汉奸文学。"①

作家们对抗战文艺伟大作用的强调是完全正确的,他们事实上又强化了梁实秋在《编者的话》中"最欢迎的"内容。但在讨论抗战时期是否有与抗战无关的题材的时候,却似乎没有看到这一类创作题材是客观存在。在自由主义作家看来确实存在的东西,在他的反对者眼里,即使有,也不值一提。这就是文学观念的区别。现在回过头来看,在抗战初期的全民亢奋期,文学充盈着抗日的情绪,几乎看不到什么与抗战无关的文字。但人们很快发现,侵略者非常嚣张,赶走日本人不是一天两天的事,除了全民的抵抗以外,人们的心情也渐渐地平和,该种田还是要种田,该做工还是要做工,该写字的还是要写字。文学界也不尽是与抗战有关的文字了,尤其在抗日战争的相持阶段,文坛出现了一个繁荣和中兴的时期,其中的某些佳作,并不都是与抗战有关的,这是一个文学史的事实。

关于"抗战八股"问题,革命的进步的作家并没有对之一律采取否认的态度。在梁实秋的文章发表以前,胡风等人就批评过抗战初期的公式化概念化倾向。但在梁实秋的文章发表以后,却有不少人士否认"抗战八股"的存在,甚至为抗战八股辩护。有人说"抗战八股"只是由梁实秋发明的新名词,有人说纵使有所谓空洞的"抗战八股",总比汉奸文学有点益处。还有人说,"抗战八股"是存在的,但是"我们自己能指出这些毛病,也完全跟艺术至上主义大爷们的用意不同"。作为一个早有创作成就的作家,郁达夫的看法是较为全面的。他既充分肯定了为抗战服务的文学倾向,也反对了千篇一律的"抗战八股"。

这一场长达一年半之久的论争,从一开始就不是一个单纯的关于

---

① 林予展《正告梁实秋先生》,《新蜀报》1938 年 12 月 12 日。

创作题材的文学话题，它更是一个时代话题。虽然论争者都是文学圈中人，但参与双方却是早有宿怨的。早在 1930 年前后，以梁实秋为代表的自由主义文人，就与以鲁迅为代表的左翼作家有过关于人性与阶级性的论争，那时的笔墨官司就有意气用事的成分。而今，梁实秋又触动了一个更敏感的话题，一个比阶级问题更大的民族问题，何况他早就得罪了不少人。因此他一旦对"与抗战无关"的文学稍有认同，容忍其一席之地，尽管他对与抗战有关的文学"最欢迎"，但也被反对者抓住了把柄，被狠批了一阵。应该承认，反对梁实秋的文艺家的主要动机，源于对抗日救国的强烈责任感和维护抗战文学的巨大热情，他们的基本观点都是可取的。但毋庸讳言，也有某些论者出于带有宗派色彩的反感情绪，没有注意或有意忽视梁文基本观点的逻辑联系，攻其一点，无限夸大，不计其余。且有些话用语过重，有谩骂味道，如"汉奸"、"资敌"、"住别墅"等。梁实秋起初还辩解，后来干脆就以沉默相对抗。他只是辩解道："有一点要说穿：罗荪先生硬说我原来是住在德国式建筑里面，这是要坐实我是属于该打倒的那一个阶级。这种笔法我领教过多次。十年前就有自命为左翼作家的一位在一个《萌芽》月刊里说梁实秋到学校去授课是坐一辆自用的黑色的内有丝绒靠垫的汽车，真是活见鬼！"①后来他干脆挂了免战牌，多少有点不屑之意。

明明是在认同抗战文学的主流的前提下提倡文学的多样化，却被认为宣扬与抗战无关论；明明是反对"抗战八股"，却被认定是反对抗战文学本身。梁实秋真的认为自己是有理说不清。

但是，他有着自由主义作家的执著，1942 年 1 月，他又写了一篇《文学的堕落》②，认为"追求着'奇异'"、追求"感官的过度放纵"及

---

① 《"与抗战无关"》，《中央日报》1938 年 12 月 6 日。
② 《中央周报》第 4 卷第 24 期，1942 年 1 月 19 日出版。

"晦涩"(象征主义)的现象都是文学的堕落,又一次强调了文学应该以人性描写为中心。认为"'明白清楚'是文学的基本条件,同时也是文学的最高理想"。强调明白清楚,跟他早年强调文学的纪律,反对感伤的浪漫主义,是相一致的。胡适当年也是一个特别强调文学的明白清楚的作家。在这年秋天,国民党中宣部的文化大员张道藩写了一篇官样文章《我们所需要的文艺政策》,梁实秋立即著文反对。在《关于"文艺政策"》一文中,他说,英美国家"由着文艺自由发展","各种各样的文艺作品都可以自由的创作,自由的刊印,自由的销行,政府不加限制"。他把这称之为"民主政治之最值得令人称羡的一端"。而所谓"文艺政策"是"站在文艺范围之外而谋如何利用管理文艺的一种企图",是用"鲜明的政策统制"文艺①。梁实秋又一次重申了他30年代初的文艺观点。

三、梁实秋对中国自由主义文学的贡献及命运

梁实秋的文艺观是中国自由主义文学理论中的重要一环。他上接20年代胡适、周作人,中联同时期的新月派、京派、论语派、自由人、第三种人,下启40年代的朱光潜、萧乾,尽管我们不可生硬地一一找出梁实秋与这些自由主义派别及文人之间的对应承接关系,但他们的文学观念和对所处文坛的态度有着很大的一致性。梁实秋有着自己的独特贡献。

作为现代中国自由主义文学的开路人、始作俑者,胡适在1958年总结文学革命运动时说道:"我们希望两个标准:第一个是人的文学;不是一种非人的文学;要够得上人味儿的文学。要有点儿人气,要有

---

① 《文化先锋》第1卷第8期,1942年10月20日出版。

点儿人格,要有人味的,人的文学。第二,我们希望要有自由的文学。文学这东西不能由政府来指导。"①

这里概括出两点:人的文学,自由的文学。这实际上是从胡适到朱光潜等中国现代自由主义文学家反复宣扬的两个基本理念,是中国自由主义文学的两个核心命题。梁实秋在 30 年代、40 年代纷繁复杂的文学论争中不遗余力地捍卫着、深化着这些观点。

1. 从"人的文学"到"人性的文学"

尽管在五四时期胡适的着眼点是相对于旧文学的新文学而不是自由主义文学,但他确为中国自由主义文学起了重要的奠基作用。他提倡实写社会情状的现实主义文学,与五四启蒙者一道把作家的视野由政治、道统拉向人间社会;他极力提倡活的文学,致力于语言文体的改革,为新文学包括自由主义文学提供了新的载体新的表达方式;他对"人的文学"的提倡,对健全的个人主义的肯定,对自由的诠释,更是丰富了新文学的表现内容,并成为后继者发扬深化的思想材料。

但"人的文学"作为中国自由主义文学的理论基石,是由周作人正式提出的。"人的文学"是人道主义的文学。"我所说的人道主义,并非世界所谓'悲天悯人'或'博施济众'的慈善主义,乃是一种个人主义的人间本位主义。它要求人人从个人做起,要讲人道,爱人类,便先需要自己有人的资格,占得人的位置。"②这是周作人对其"人的文学"的本质概括。"人的文学"的理论依据就是建立在自然人性基础上的人道主义。在他的宣讲中,"人是一种动物",又是"进化的动物";因此,人具有"肉"与"灵"的二重性,"以动物的生活为生存的基础","其

---

① 胡适《中国文艺复兴运动》,《胡适演讲集》(一),台北胡适纪念馆 1970 年版。
② 周作人《人的文学》,《新青年》5 卷 6 号,1918 年 12 月 15 日。

内面的生活,却渐与动物相远"。"兽性与神性,合起来便只是人性。"①这是从人自身的物质精神关系出发。另一方面,从人与他人的关系出发,强调"人"具有"个人与人类的两重性","只承认大的方面有人类,小的方面有我,是真实的"。在个人与人类的关系上,他强调"从个人做起"、"要讲人道、爱人类,便须先使自己有人的资格,占得人的位置"。"个人爱人类,就只为人类中有了我,与我相关的缘故。"②从这种对人的基本理解出发,周作人在《新文学的要求》中再次概括了"人的文学"的涵义:"一、这文学是人性的,不是兽性的,也不是神性的";"二、这文学是人类的,也是个人的,却不是种族的、国家的、乡土及家族的。"③

周作人的理论支点,是自然人性论,这是从文艺复兴到启蒙运动对人的基本理解。周作人从自然人性这一理论基石中肯定了凡人的幸福,否定了偏于兽性或神性的不完整性。在他眼中,非人的文学就是充满兽性与神性的文学。周作人的"人的文学"理论,与启蒙思想家一般性地从思想内容艺术形式的角度建立新文学相较,周作人从文学本体价值观角度论述了新文学之"新"在人的觉醒、个性解放。这是周作人对五四文坛的独特贡献。

梁实秋是一个坚定不移的人性论者。1926年夏回国前后,他就提出了"伟大的文学亦不在表现自我,而在表现一个普遍的人性"的观点④,并有多方发挥⑤。在与左翼文坛论争结束后几十年的文学生涯中,他仍然是一个人性论者。1986年8月,他在重版《偏见集》的序言中说:"回顾数十年来所谓文坛上的风风雨雨,实际上是以政治企图控

---

① 周作人《人的文学》,《新青年》5卷6号,1918年12月15日。
② 周作人《人的文学》,《新青年》5卷6号,1918年12月15日。
③ 周作人《新文学的要求》,见《艺术与生活》,上海群益书社1931年初版。
④ 梁实秋《现代中国文学之浪漫的趋势》,《晨报副镌》1926年2月15日。
⑤ 梁实秋《文学批评辩》,《晨报副刊》1926年10月27日—28日。

制文艺所引来的骚扰。野心家可以声势浩大的喧腾于一时,文学终归
是文学,空嚷无益。没有文学家肯被长久的拘囿于一个狭隘的政治性
的框框之内,文学家要自由,自由发挥人的基本人性。"

梁实秋是中国文学史上第一个明确提出文学"发于人性、基于人
性,亦止于人性"的理论家①,他反复陈说:"普遍的人性是一切伟大的
作品之基础,……纯正之'人性'乃文学批评唯一之标准。"②此前没有
谁能像他这样把人性与文学的关系强调到如此地步。与周作人的"人
的文学"的理论相较,周作人提供的是一个"生物学"的基础,是一个与
"兽性"相对的"人",与封建"奴性"相对的自由人。而梁实秋更注重
人文意义上的"人性",且比周作人的阐述更细致。

梁实秋的观点并不是孤立的,沈从文的文学思想与他一致处颇
多。沈从文认为,1927 年以后,全国文学运动,便不免失去了它应有的
自由独立性。这方面不受"商业支配",那方面必成为"政治附庸"。
他反对急功近利、标语口号式的文学,极力张扬文学的人性本体论。
他要造希腊小庙,"这神庙供奉的是'人性'"③。他把作家称为"人性
的治疗者",认为"一个伟大作品,总是在表现人性最真切的欲望——
对于当前社会黑暗的否认,对于未来光明的向往"④。可见,以"人性"
给作家作品"定位"是沈从文文艺观的核心。林语堂的"性灵论"也是
一种人性论。不过他似乎不那么强调梁实秋、沈从文之所谓人的本
性,而注重人的个性性格。他在一篇题为《记性灵》的文章中说得十分
清楚:"一人有一人之个性,以此个性 personality 无拘无碍自由自在表
示文学,便叫性灵。……凡所谓个性,包括一人之体格、神经、理智、情

---

① 梁实秋《文学的纪律》,《新月》第 1 卷第 1 期。
② 梁实秋《文学批评辩》,《晨报副刊》1926 年 10 月 27 日—28 日。
③ 沈从文《废邮存底·给某教授》,文化生活出版社 1937 年。
④ 沈从文《给志在写作者》,《大公报》1936 年 3 月 29 日。

感、学问、见解、经验、阅历、好恶、癖嗜,极其错综复杂。……在文学上主张发挥个性,向来称之为性灵、性灵即个性也。大抵主张自抒胸臆,发挥己见,有真恶,有奇嗜,有奇忌,悉数出之。"①作为对文学的一般要求,或对某种文风的提倡,林语堂自有他的道理。但他的性灵论偏重于闲适、幽默的趣味主义,多少有点玩味游戏的成分,因而多少显得有点刻意做作。

比较而言,沈从文的希腊小庙独供一尊"人性"之神,是一种比喻性说法,缺乏清晰的学理化表述。林语堂的性灵说带有较浓厚的传统意味,也更表面化。唯有梁实秋在这个问题上论述最为集中和充分。梁实秋捍卫人性也就是捍卫文学、捍卫文学表现人性的权利,要给"人性"以文学本体的地位,表现出一个自由主义者的姿态。

在中国现代文学史上,只要提起人性论就会让人想到梁实秋,因为他与左翼文学的那场论战太著名了。梁实秋挑起的关于人性与阶级性论争,是中国现代文学史上极富挑战意味的理论课题。当时的论争似乎以左翼文学阵营的胜利而结束,但并不意味着问题已经得到了完满解决。不仅梁实秋们没有真正服气,而且在此后的文学发展过程中这个问题仍反复萦绕于文坛。很长时间以来,人们总是偏于把人性与阶级性对立起来的倾向,强调人性者,否定阶级性;强调阶级性者,否定人性的普遍性。尽管梁实秋的理论在客观上确有消解左翼文学影响的负面效果,尽管他的人性观有不少疏漏和矛盾的地方,尽管他为此背上近一生的骂名,但他的自由主义文学姿态并不都是消极的。因为他捍卫着现代社会现代文学的一个基本原则——用他自己的话来概括——"文学终归是文学"。当我们经历了一次又一次关于文学观念的反复之后,当我们经历了在以阶级斗争为纲的岁月里把文学人

---

① 林语堂《宇宙风》第11期。

物变为阶级成分和家谱的可怜的"创作"时代以后,当我们又一次拾起"文学是人学"这面本不应该倒下的旗帜之后,我们实际上又承认了梁实秋早就争取过的文学表现人性的权利。

梁实秋的人性论有矛盾的地方,他排斥文学中的政治因素也不很妥当,但他关于文学应该表现人性的观点本身并无大错。他如下一段话可以说代表了那时自由主义文人的普遍看法:"文学的精髓在其对于人性之描写。人生是宽广的,人性是复杂的,我们对于人生的经验是无穷的,我们对于人性的了解是无穷极的,因此文学的泉源是永远不竭,文学的内容形式是长久的变化。伟大之文学家能洞悉人生的奥秘,能彻悟人性之最基本的所在,所以文学作品之是否伟大,要看它所表现的人性是否深刻真实。文学的任务即在于表现人性,使读者能以深刻的了解人生之意义。"①

人性是一个繁难复杂的问题。自由主义者对人性、性灵的鼓吹,不仅与当时的血与火的现实有隔膜,而且人性的抽象与空洞、性灵的玄虚与超脱,与具有强烈的入世态度和实用理性的传统文化精神也有很大反差。当时自由主义文学家的解说难免肤浅而紊乱,甚至到今天也难有全面深入的解释。20世纪西方现代主义哲学和文学的主题就是不断地对人的解析,也证明了这种解说的必要、解说的难度和解说的无止境。这正是人性的魅力所在,也是文学的魅力所在。

2. 从反启蒙工具到反政治工具

毫无例外,自由主义文学家都是强调文学的独立价值,强调创作自由的。因为创作自由是思想自由、言论自由的一个方面,也事关政治自由问题;自由主义论者同时也是社会改良论者、和平进化论者,必

---

① 梁实秋《偏见集·现代文学论》。

然反阶级战争和暴力革命。不论他们承认阶级的存在与否,都会反对文学为阶级服务,尤其反对文学作为政治斗争阶级革命的附属工具。

在提倡文学的独立价值和自足品格方面,胡适、周作人也有一些明确的意见。胡适一再反对文艺对封建道统的宣传,强调文学的文化启蒙作用。周作人到了五四后期,对启蒙工具说有了反省。他更注重"独立的艺术美与无形的功利"①,并开始经营"自己的园地",也即独立的艺术的园地。在他看来,不论为政治目的还是为启蒙目的,一沾功利就损害"独立的艺术美"。周作人还对那时刚刚兴起的阶级斗争术语开始侵入文坛十分反感。他说:"艺术是人人的需要,没有什么阶级差别等等差异。"②他还说道:"倘若把社会上一时的阶级争斗硬移到艺术上来,要实行劳农专政,他的结果一定与经济政治上的相反,是一种退化的现象。"③他坚决反对工具论的文学观:"文学既不被人利用去做工具,也不再被干涉,有了这种自由他的生命就该稳固一点了。"④

五四时代,启蒙思想家们的主要关注点在意识形态而非政治层面,当时的军阀混战局面给了文人一个相对自由的空间。到了30年代,政治的压力逼近了各类文人。梁实秋们面对的困难更大,政治针对性也更强。在梁实秋眼中,政治是政治,文学是文学。站在自由主义立场上,梁实秋的文学观与左翼文学针锋相对,但他反阶级论反文学工具论并不等同于反对无产阶级本身。在白色恐怖时期,他还公开说过:"共产主义在理论上有很大一部分是合理的,……加入共产党,不犯罪;信仰共产主义,不犯罪……"⑤梁实秋对国民党及文化专制主义

---

① 周作人《自己的园地》,1923年。
② 周作人《儿童的书》。
③ 周作人《贵族的与平民的》。
④ 周作人《文学的未来》。
⑤ 梁实秋《我们如何对付共产党》,《自由评论》第17期。

的批评是相当尖锐的。不过因革命阵营对他的批判最激烈,他的反应也最激烈。

在《新月》发起的关于"人权问题"的讨论中,他写下《论思想统一》等文章,把矛头对准国民党愚民政策,对当局通过"党化教育"强行灌输、霸占宣传工具四处宣泄、借助政治权势强行压制等三种方式以强求思想统一的行径,进行了激烈批评,并强烈呼吁:"我们反对思想统一!我们要求思想自由!我们主张自由教育!"在《孙中山先生论自由》一文中,他怒斥当局有为非作歹的自由,"可是中国人民有什么自由呢!"之后,《新月》被国民党查封、《人权论集》被查禁。他在1934年又与同人办过一份《自由评论》杂志,写了不少时论,坚持自由主义立场。他既反对国民党鼓吹的三民主义文学、也反感苏联式的文艺政策。他说:"俄国共产党颁布的文艺政策,里面并没有什么理论依据。只是几种卑下的心理之显明的表现而已:一种是暴虐,以政治的手段来剥夺作者的思想自由;一种是愚蠢,以政治的手段来求文艺的清一色。"①他的这种批评,对当时以苏联为榜样的左翼文坛来说,显然难以接受。梁实秋也批评国民党的党义文学:"很明显的,现在当局是要用'三民主义'来统一文艺作品。然而我就不知道'三民主义'与文艺作品有什么关系;我更不解(国民党中央)宣传会议决议创造三民主义的文学,如何就真能产出三民主义的文学来,我们愿意等十年、二十年、三十年。"②读到这段话马上会使人们联想到梁实秋广受批评的另一段话,在《文学是有阶级性吗?》一文中,他引用了郭沫若译《新俄诗选》中马林霍夫的一首诗后说:"这首诗恐怕是真正的无产文学了?题目是《十月》,而里面的词藻是何等的'无产阶级的'呀!也许伟大的

---

① 梁实秋《偏见集·所谓"文艺政策"者》,中正书局1934年初版。
② 梁实秋《论思想统一》,《浪漫的与古典的 文学的纪律》,人民文学出版社1988年。

无产文学还没有出现,那么我愿意等着,等着,等着。"鲁迅和左翼文学家多次批评过他的这种对无产阶级文学的藐视和轻蔑的态度,但前一段话表明他对国民党党义文学也持有同样态度。如果只有后一个"等着",可以说他是反对左翼文学的右翼;他既有后一个"等着",也有前一个"等着",就说明他不单是反对无产阶级文学,而是反对阶级文学本身。

梁实秋说:"把文学当作'武器',这是很明白,就是说把文学当作宣传品,当作一种阶级斗争的工具。我们不反对任何利用文学达到另外的目的,这与文学本身无害,但是我们不能承认宣传式的文学便是文学。"①梁实秋反对"工具文学"、"武器文学"、"宣传文学",反对的不是作谁的工具,而是作工具的观念。沈从文同样反感于 1927 年后文学与政治关系越来越紧张的情形,认为作家不能"记着'时代',忘了'艺术'!"他表示:"我赞同文艺的自由发展,正因为在目前的中国,它要从政府的裁判和另一种'一尊独占'的趋势里解放出来,它才能够向各方面滋长,繁荣。"②梁实秋、沈从文站在自由主义立场,提倡文学独立、创作自由。但他们对中国左翼文学产生的必然性和积极作用未能有正确全面的评价,这是他们认识上的局限。

3. 被"妖魔化"了的绅士梁实秋

梁实秋对中国自由主义文学的贡献,不仅是学理上的。还有话语方式上的,他以最大的热情和努力参与一次次论争,论争的方式也是自由主义的。综观梁实秋参与的一次次论战,每一次都为捍卫心目坚信的学理,表述也十分绅士化。他对鲁迅的创作成就一直有

① 梁实秋《文学是有阶级性的吗?》,1929 年 9 月 10 日《新月》第 2 卷 6、7 号合刊。
② 沈从文《一封信》,1937 年 2 月 21 日《大公报·文艺》。

高度评价。在30年代初与左翼论争结束后不几年,他在评价新文学运动以来"能写优美散文"的作家时,认为鲁迅等5人成就最大。"鲁迅的散文是恶辣,著名的刀笔,用于讽刺是很深刻有味的,他的六七本杂感是他的最大的收获。"①自由主义者所信奉的理性精神和宽容原则在他那里得到了很好的体现。于此我们也不难理解,在40年代,身处恶劣的政治环境和物质条件下,论争之余的他还能视陋室为雅舍,并写出雍容高贵充满机趣的《雅舍小品》来。生活是生活,爱情是爱情,论争是论争,创作是创作,梁实秋的人生态度艺术态度何其大度从容。

论梁实秋的文学成就,他是20世纪众多有贡献的有特色的作家中的一个。论梁实秋的名气,他却远远超出了不少与他同等水平的作家。更明确地说,梁实秋在20世纪的名气并不完全靠他的文学创作和学术研究的成就,更是因为他所背的沉沉骂名。鲁迅斥之为丧家的资本家的乏走狗,毛泽东将其列为资产阶级反动文人,都是不可轻饶的罪名。鲁迅在论战中用了非学术的战法,嬉笑怒骂,含讥带讽,杀伤力极大。尤其是在建国后他的这篇明显带有贬损人格的文章长期作为中学教材,一代又一代青少年知道了这个人是条走狗,至少有上亿人知道乏走狗是梁先生的代名词,极左政治御用教育和奴性文学共同利用了鲁迅这篇观点有创意表述可斟酌的文章,共同谋杀了梁实秋的真实形象和真正贡献。梁实秋被"妖魔化"了。

在很大程度上,延安文艺座谈会是一个清肃自由主义文艺思想的大运动。毛泽东总结了新文学几十年的发展历程,他肯定了其间的巨大成就。但从整体上来说,他对新文学在中国文化中国文学中国人的审美精神现代化的巨大作用没有足够的注意。对于自由主义作家,如

---

① 梁实秋《偏见集·现代文学论》,中正书局1934年。

梁实秋、周作人等,他更是点名批评。他对新文学的总体评价是偏低的。评价偏低,是他改造新文学,扭转大方向的前提。鲁、毛是对 20世纪中国文坛影响最大的两个人,他俩先后贬斥梁实秋,梁实秋自然难逃噩运。

梁实秋:自由主义的艺术哲学

北京语言大学　郑万鹏

梁实秋早期曾接受"新文化运动"的影响,具有反传统色彩。写于1921 年的《草儿评论》体现了这种色彩。他后来回顾道:"我也是被所谓'新思潮'挟以俱去的一个。"①

1923 年 9 月,梁实秋抵美。他的感受是:一个人或一个国家,在失掉自由的时候才最能知道自由之可贵,在得不到平等待遇的时候才最能体会到平等之重要。到了美国的年轻学生,除了极少数丧心病狂甘心媚外数典忘祖的以外,大都怀有强烈的爱国心。1924 年 6 月,由梁实秋、闻一多、罗隆基、潘光旦、吴文藻、顾毓琇等发起建立以在美清华学生为核心的"大江会",提倡"国家主义",即由爱国主义所驱动。在《大江季刊·发刊辞》中,他们将"大江的国家主义"界说作以下三个方面的"自由":"中华人民谋中华政治的自由发展,中华人民谋中华经济的自由抉择,中华人民谋中华文化的自由演进",充分体现出"大江的国家主义"其情感是爱国主义,而其社会思想则是西方现代自由主义。如《自由评论》对"大江会"所论述的:"从文化渊源和基本思想取

---

① 《关于白璧德先生及其思想》,《梁实秋批评文集》第 212 页,珠海出版社 1998 年。

向上看,他们不仅仍然属于英美自由派,而且其国家主义的主张,仍然以英美现代自由主义精神为底蕴。"自由主义成为梁实秋终生追求、坚持的理念。

　　梁实秋1924—1925年就读哈佛大学时,师从白璧德学习"十六世纪以后之文学批评",并系统研读了白璧德《文学与美国大学》、《卢梭与浪漫主义》、《新拉奥孔》、《法国近代批评大师》、《民主与领袖》等著作,给梁实秋带来了根本性的影响。这同林语堂接受赛珍珠《大地》的影响有相同之处。这两对影响关系中间的相同的启示是:东、西方文化,都存在着一个人文主义价值体系。白璧德的父亲生长于浙江宁波,这使白璧德能够较多了解中国。他对中国传统文化具有浓厚的兴趣和感情,通晓儒家、道家经典。白璧德倡导、发扬西方古代人文主义,并且在中国传统文化——主要是儒学中寻找到了人文主义体系。他把孔子与耶稣、释迦牟尼、亚里士多德作为自己的四大思想支柱。他在《民主与领袖》中写道:"孔子始终是一个人文主义者","孔子关心的主要不是彼岸世界,而是在这个世界上我们怎样才能生活得最圆满、最和谐的艺术。孔子认为,这就是去过一种均衡、中庸的生活。于是我们可以看出,远东孔子的传统与西方亚里士多德的传统有许多一致之处",而亚里士多德是"学问知识之泰斗",孔子则是"道德意志之完人","吾所见中国文化较优于他国之处,首要者,即中国古今官吏虽腐败,然中国立国之根基乃在道德也"①。白璧德从精神现象着眼,认为第一次世界大战后西方所面临的社会危机、精神危机,是培根所代表的科学主义和卢梭所代表的自然人性论泛滥的结果。白璧德希望复活古代的人文精神克服现代社会的人欲横流、道德沦丧。他所创立的"新人文主义"的核心就是古代人文主义中的善恶二元人性论。他

---

　　①　胡先骕译《白璧德中西人文教育谈》,《学衡》第3期(1922年3月)第6页。

在《文学与美国大学》中写道:"从古希腊开始,人文主义的目的就是力避过度,任何人要是打算有节制和均衡地生活,他就会发现,他需要使自己接受一种困难的纪律的约束,他的生活态度将必然是二元的,所谓二元的,就是说他要承认在人身上有一种能够施加控制的'自我'和另一种需要被控制的'自我'。"这种以理性对欲望施加的"内在的控制",即自我节制,是"新人文主义"的核心。白璧德以"新人文主义"批判卢梭倡导的"自然人性论",认为它导致了人文精神和传统的"纪律"趋于瓦解。白璧德的"新人文主义"体现了自荷马史诗,经《神曲》《哈姆莱特》,至《浮士德》等经典作品中一以贯之的西方文化的人文主体。而"自然人性论"则是欧洲近世思潮的理论依据。学衡派吴宓等人依据白璧德学说,批评"新文化运动"以偏代全,将欧洲近世思潮视为西方文化的整体,而作片面的理解和接受。梁实秋依据白璧德的"新人文主义",与"新文化运动"及无产阶级革命文学展开全面论争,在论争中,实现了"新人文主义"在中国的转化,建立了较为系统的自由主义理论体系。

　　梁实秋首先借鉴白璧德对欧洲近世思潮的批评,反思刚刚经历过的"新文化运动"。他在美国完成的首篇论文《现代中国文学之浪漫的趋势》(1926年2月)的主旨即在批评"新文学运动"。文章指出这"运动"是趋向于"浪漫主义"的。白璧德所称"浪漫主义"是在其发生地欧洲的本义,涵括卢梭以降欧洲近世各种文学思潮,当然包括以巴尔扎克为代表的法国早期现实主义。白璧德在《卢梭与浪漫主义》"导言"中批评巴尔扎克将理想主义"奇特地翻了一个个","它不是夸大人性中可爱的方面,而是夸大人性中丑恶的东西"。梁实秋所称"浪漫主义"也是指谓整个"新文学运动"的思潮特征。梁实秋指出"新文学运动"的要害"乃在外国文学观念之输入中国",它"第一步是打倒中国的固有的标准,实在不曾打倒;第二步是建设新标准,实在所谓新标准即是外国标准,并且即此标准亦不曾建设"。因此,梁实秋认为"浪漫主义者的唯一的标准,即是'无标准'"。他的结论是:"新文学运动,就全部看,是'浪漫的混乱'。"①

　　梁实秋批评"新文化运动"否定传统,一味模仿西方。在东、西方文化大论争中,他对中国传统文化精神给予肯定。这受惠于白璧德"新人文主义"的有机构成。梁实秋理解白璧德"会通了中西的最好的智慧"②。他接受了白璧德所给予他的诸多影响。他认为在对于"人"的研究上,"白璧德的思想与我们儒家思想是极接近的"③。他认为白璧德的理想是"中庸",认为二元人性论所强调的以理智控制欲念,这"似乎是很合乎我们的儒家之所谓'克己复礼'"④。梁实秋与林语堂几乎同时从"离经叛道"中省悟过来,悉心研读中国古代经典,补传统文化课程。梁实秋说:"我不是'读古书成长'的。我是读教科书成长的,到了三十多岁左右之后才发愤读古书","读经是一件很重要的事。凡属知识分子,无论专研那一门学问,必需对经书有相当认识,因为这是中国文化传统之最基本的部分"⑤。梁实秋将自身的反思推及于中国现代社会、现代文学。他不无痛惜地说:"儒家的伦理学说,我以为至今仍是大致不错的,可惜我们民族还没有能充分发挥儒家的伦理"⑥,"中国的儒家思想极接近西洋的人本主义,孔子的哲学与亚里士多德的伦理学颇多暗合之处,我们现在若采取人本主义的文学观,既可补中国晚近文学之弊,且不悖于数千年来儒家传统思想的背景"⑦。他批评"新文学运动"接受外来的影响,"处处要求扩张,要求

①《现代中国文学之浪漫的趋势》,《梁实秋批评文集》第39页。
②《关于白璧德先生及其思想》,《梁实秋批评文集》第217页。
③《关于白璧德先生及其思想》,《梁实秋批评文集》第215页。
④《关于白璧德先生及其思想》,《梁实秋批评文集》第216页。
⑤ 见宋益乔《梁实秋传》第197页,北岳文艺出版社1994年。
⑥《现代文学论》,《梁实秋批评文集》第160页。
⑦《现代文学论》,《梁实秋批评文集》第161页。

解放,要求自由"①,批评浪漫主义者"连标准、秩序、理性、节制的精神,一齐都打破了",批评浪漫运动"其结果是过度的,且是有害的"②。为救"新文学运动"因"无标准"而产生的"浪漫的混乱"——亦即"过度的放纵的混乱",梁实秋借鉴白璧德,提出"文学的纪律"③。

梁实秋所强调的"文学的纪律",其内涵是文学"须不反乎理性的节制"。他说:"在理性指导下的人生是健康的常态的普遍的;在这种状态下所表现出的人性亦是最标准的;在这标准之下所创作出来的文学才是有永久价值的文学。"④

梁实秋学习白璧德,不断地批评中国"新文化运动"的一个影响渊源——卢梭的"自然人性论"。他说:"卢梭登高一呼:'皈返自然!'这一个呼声震遍了全欧。声浪不断的鼓动了一百多年,一直到现代中国的文学里还展转的发生了个回响"⑤,"感情主义(Emotionalism)是浪漫主义的精髓。没有人比卢梭更富于感情,更易于被感情所驱使。卢梭个人的行为,处处是感情用事,一切的虚伪、浮躁、暴虐、激烈、薄情,在在都是情感决溃的缘故,我们试读他的《忏悔录》,就可以觉得书里的主人是自始至终的患着热病,患着自大狂、被迫狂、色情狂……一切的感情过度的病态"⑥。

梁实秋借助"新人文主义",对中国"新文学运动"作了全面的批评,在一定意义上,与"新文学运动"构成了理论上的对峙。这是"人性论"与个性主义的对峙,理性的个人主义与绝对的个人主义的对峙。因此,鲁迅写了《卢梭和胃口》(1927年12月21日),郁达夫写了《卢

---

① 《现代中国文学之浪漫的趋势》,《梁实秋批评文集》第40页。
② 《文学的纪律》,《梁实秋批评文集》第97页。
③ 《文学的纪律》,《梁实秋批评文集》第98页。
④ 《文学的纪律》,《梁实秋批评文集》第105页。
⑤ 《现代中国文学之浪漫的趋势》第46—47页。
⑥ 《文学的纪律》,《梁实秋批评文集》第103页。

梭传》（1928年1月）、《卢梭的思想和他的创作》（1928年2月）等，与梁实秋论争。而胡适的"健全的"有责任的个人主义观念，老舍的《老张的哲学》（1925）、《赵子曰》（1927），陈铨的《冲突》（1929），苏雪林的《棘心》（1929）等作品，以对于绝对的个人主义的批判，以及对于理性的个人主义行为哲学的表现，构成了对于梁实秋理论自觉或不自觉的支持。

梁实秋批评"新文学运动"时，他使用的武器是"人性论"。他批评浪漫主义者自我扩张，"脱离了人性的中心"①。他认为："文学发于人性，基于人性，亦止于人性。"②"人性论"是梁实秋新人文主义文艺思想的核心。梁实秋以善恶二元人性论与"新文学运动"的"自然人性论"之争，即酝酿着一个更为重大的论争——有关社会改造方式的论争，政治立场的论争。二元人性论强调通过个体"内在的控制"，实现社会稳健的发展、进步；"自然人性论"强调人的善良的自然天性与不合理的社会环境的对立，必然导致推翻现存秩序的革命性结论。因此，鲁迅在写了《卢梭和胃口》仅隔两天，又写了《文学和出汗》；一个多月后，又写了《拟豫言》，批判梁实秋的"人性论"，渐显"阶级论"端倪，并涉笔党派政治。

梁实秋曾自述道："我向往民主，可是不喜欢群众暴行；我崇拜英雄，可是不喜欢专制独裁；我酷爱自由，可是不喜欢违法乱纪。"③这种社会渐进主义的形成，除了文化思想上的原因之外，还有他得天独厚的五四经历。他曾以积极的态度投入五四运动的洪流，成为清华学校学运的一个骨干。他理解五四运动中表现出来的中国人，尤其是青年人某种意识的觉醒，从而构成了对中国固有的价值体系的冲击。但就

---

① 《现代中国文学之浪漫的趋势》，《梁实秋批评文集》第47页。
② 《文学的纪律》，《梁实秋批评文集》第105页。
③ 《岂有文章惊海内》，陈子善主编《回忆梁实秋》第3页，吉林文史出版社1992年。

在运动的高潮中,他也以冷静的眼睛看"群众运动",体察"群众心理"。他当时的一种感受是:大家只是有一股愤怒,却不知向谁发泄,恨政府无能,恨官吏卖国,这股恨只能在街上如醉如狂地发泄,而洪流中却没有人能保持冷静。他了解"群众运动"还有一次聚焦:章宗祥的儿子与他同宿舍。清华学生行动起来后,这位儿子因父亲被作为"卖国贼"而成为众矢之的,他识趣地避开掉。但是许多学生还是对他不依不饶,涌进"我的"寝室,将他的床铺捣乱,衣箱里的东西狼藉满地。梁实秋回来看到很反感。特别是这位同学过后不久害病死去,使他更为理性地看待"群众运动"。他感到"群众心理"是很可怕的,组织的力量如果滥用也很可怕。人多势众的时候往往缺乏理性。他开始对"五四运动",对自己的行为、思想反思。这促使他在日后的社会纷争中,坚定地选择"稳健的康庄大道"。

梁实秋参与的第二轮论争是他与"新文学运动"论争的继续。如鲁迅所说:"最初,文学革命者的要求是人性的解放,他们以为只要扫荡了旧的成法,剩下来的便是原来的人,好的社会了,于是就遇到保守家们的迫压和陷害。大约十年之后,阶级意识觉醒了起来,前进的作家,就都成了革命文学者。"①发生在 20 年代末、30 年代初的这场论争,是梁实秋为代表的以"人性论"为武器的自由主义文学,与鲁迅为代表的以"阶级论"为武器的无产阶级革命文学的论争。

梁实秋受英国历史学家卡莱尔的影响,主张在社会阶层间实行道德调解而反对实行阶级斗争和阶级"报复"。他说:"一个无产者假如他是有出息的,只消辛辛苦苦诚诚实实的工作一生,多少必定可以得到相当的资产。这才是正当的生活争斗的手段","无产者本来并没有阶级的自觉。是几个过于富同情心而又态度偏激的领袖把这个阶级

---

① 鲁迅《〈草鞋脚〉小引》,《且介亭杂文》第 13 页,人民文学出版社 1973 年。

观念传授了给他们。阶级的观念是要促起无产者的联合,是要激发无产者的争斗欲念……无产者联合起来之后,他们是一个阶级了,他们要有组织了,他们是一个集团了,于是他们便不循常轨的一跃而夺取政权财权,一跃而为统治阶级。他们是要报复!他们唯一的报复的工具就是靠了人多势众!‘多数’‘群众’‘集团’这些就是无产阶级的暴动的武器。"①他否定无产阶级革命,否定为无产阶级革命服务的无产阶级文学。他说无产阶级文学"竭力的鼓吹整个的阶级的意识","以文学的形式来做宣传的工具",这"足以暴露无产文学之根本的没有理论根据"②。他批评无产阶级文学"错误在把阶级的束缚加在文学上面。错误在把文学当做阶级争斗的工具而否认其本身的价值"③。他说"无产阶级的文学"是"不能成立的名词"④。

梁实秋认为文学是表现最基本的人性的艺术,"文学是没有阶级性的"⑤,文学作品的产生,"更与阶级观念无关"⑥,"所以文学家的创造并不受着什么外在的拘束,文学家的心目当中并不含有固定的阶级观念,更不含有为某一阶级谋利益的成见。文学家永远不失掉他的独立"⑦。正当阶级斗争盛极之时,梁实秋宣称:"真的文学家并不是人群中的寄生虫,他不能认定贵族资本家是他的主雇,他也不能认定无产阶级是他的主雇。"⑧在30年代中国激烈的"内战"处境下,梁实秋所持的是自由主义立场。他超然地站在两大政治势力之上,肯定两方各自应有的权利和自由,而对其中任何一方也不作斩尽杀绝式的攻击

---

① 《文学是有阶级性的吗?》,《梁实秋批评文集》第139页。
② 《文学是有阶级性的吗?》,《梁实秋批评文集》第143页。
③ 《文学是有阶级性的吗?》,《梁实秋批评文集》第141页。
④ 《文学与革命》,《梁实秋批评文集》第135页。
⑤ 《文学与革命》,《梁实秋批评文集》第136页。
⑥ 《文学与革命》,《梁实秋批评文集》第135页。
⑦ 《文学与革命》,《梁实秋批评文集》第133页。
⑧ 《文学是有阶级性的吗?》,《梁实秋批评文集》第143页。

或无条件的认同。他随时批评国民党政府。在《我们要公道!》中指出:"政治上最不公道的是一党专政","经济上不公道的情形是更明显的。少数资本家以及官僚(官僚资本家是中国的特产!)过着骄奢淫逸的生活,而大多数民众过的却是非人的生活,贫富悬殊,实在太不公道。"他以民主、自由的理念批评国民党。在《算旧账与开新张》(1935)中,他指出:"国民党自执政以来,最使知识阶级分子感觉惶恐不安者,即是其对于思想、言论的自由之取缔干涉,且其设计之工、推行之广、手段之严,皆远过于北洋军阀统治时代之所为。"①文章呼吁国民党当局开放党禁,还政于民,实行法治。他肯定、支持共产党存在的自由与价值,谴责对其压制、打击。他认为:"共产主义在理论上有一大部分是合理的,事实上亦有很大部分被一般有思想的人接受了","加入共产党,不犯罪;信仰共产主义,不犯罪;组织共产党团体,宣传共产主义,亦不犯罪;因其未作武力扰乱故也"②。梁实秋与胡适等自由主义知识分子一样,支持处于反对党地位的政治力量的合法存在,但是却不赞成武装革命。这又是自由主义立场的体现。因为"典型的自由主义者倾向于承认现状的合理性。他往往以承认现存社会,政治,经济制度存在的合理性为前提,在承认现存的基础上改变现实"③。这在客观上或主观上不利于以武装夺取政权为方略的无产阶级革命,因此遭到以鲁迅为代表的无产阶级文学的批评。鲁迅批评梁实秋为"'丧家的''资本家的乏走狗'"。

梁实秋以他的较为系统的自由主义文艺思想,与胡适、林语堂、徐志摩、老舍等等,构成了一个蔚为大观的自由主义文学思潮。他的文艺思想体现为中国现代自由主义文学的艺术哲学。

---

① 《梁实秋文集》第7卷第340页,鹭江出版社2002年。
② 梁实秋《如何对付共产党》,《自由评论》第17期第6页。
③ 李强《自由主义》第25页,中国社会科学出版社1998年。

　　梁实秋的文艺思想说"不"充分,说"是"不足。在中国现代文学历史进程中,他否定了一个主题,但是未能像胡适等上述自由主义文学家那样应运创作一个时代所要求的主题,富于现代性的主题。梁实秋的文艺思想关于"时代"的要素匮乏,在民族"炼狱"和"新生"的过程中,他有较为理性、清晰的现代国家观念,却未体现出与此相应的文学主题。他认为:"文学批评不在说明某一时代某一国土的文学标准,而在于超出时代与地域之限制,建立一个普遍文学的标准,然后再说明某一时代某一国土的文学品味对于这个标准是符合抑是叛异。"①因此他断言:"一部作品有它的精髓,亦有它的附属的'时代精神'与'地方色彩',那精髓即人性的描写,其他附属的则无关紧要。"(《古典文学的意义》)1938 年 12 月 1 日,梁实秋接编《中央日报》"平明"副刊,在《编者的话》中写道:"现在抗战高于一切,所以有人一下笔就忘不了抗战。我的意见稍为不同。于抗战有关的材料,我们最为欢迎,但是与抗战无关的材料,只要真实流畅,也是好的,不必勉强把抗战截搭上去。至于空洞的'抗战八股',那是对谁都没有益处的。"这一席话引发一场轩然大波。左翼作家罗荪、宋之的、张天翼、巴人等随即发表文章,批判"梁实秋一伙"鼓吹"与抗战无关"的"谬论"。梁实秋也写文章"答辩"。这场争论实属"抗战"背景下的"内战"行为。《雅舍小品》,如台湾文学史家周锦所说,是对于罗荪等人批判而作的"无言的抵抗"。其中,有的篇什委婉、细腻地抒写了自己所体味的穷愁滋味。《雅舍》抒写的是作者抗战期间寄居重庆的心境。《讲价》表露的是对商贸场中价格无实的感慨:"什么样的国家,才能买东西不讲价呢?"有的篇什是对人们的某些不良习俗给予温和的批评,对形形色色的世相给予讽刺。《孩子》批评有些为父为母者对孩子的溺爱。《谦让》讽刺

---

　　① 《文学批评辩》,《梁实秋批评文集》第 93 页,珠海出版社 1998 年。

势利者的处世态度;有的还表现了对贫民的同情,对达官贵人的鄙夷。《第六轮》描写仆人和主人间的对立。《握手》揭露达官贵人在常见的握手中所表现的傲慢和虚伪。《雅舍小品》描写人情人性,表现世情事理。它格调清新、高雅,以超然的目光审视尘世万象,体现了作者所赞赏的"把生活当作艺术来享受"①的人生美学。这倒是没有"抗战八股"的公式化、概念化弊端,但也没有正面的"抗战"主题,没有抗战期间大量产生的那些描绘抗战艰辛的"受难的散文"、表现澎湃激情的"怒吼的散文"的民族主义主题。

---

① 《秋室杂文·悼齐如山先生》,《梁实秋散文》第 1 集第 346 页,中国广播电视出版社 1989年。

梁实秋文学观的超越性特质评析

黑龙江大学　于文秀

梁实秋是中国现代文学史上为数不多的拥有自己较为独立而系统的文学观的作家之一。他基于对文学本身和文学批评理论的理性化与超越性品格的崇奉,对中西文化精神和思想资源进行了深度整合,并试图构建自己的文学批评观。他的文学观极力彰显理性的规约精神和精英化诉求,在新文学创立初期标举与当时文坛盛行的、以非理性为内在精神根据的浪漫主义文学思潮大异其趣的理性主义文学观。从总体看来,梁实秋的文学观充满了形上之思,具有较为深层的哲学关怀和超越性追求,具体来说,这种哲学关怀与超越性追求主要表现为:推崇文学应表现人的本质的形上维度,强调文学的伦理取向与精神提升,坚守文学批评的纯粹性、独立性,以及对文学批评的超越性、精英化品格的强调等等。从本质上说,梁实秋的文学观、批评观实现了中西文化精神的深层对接。他对文学本质与批评特质的深层追思不仅使其文学批评观在当时新文学主流思潮之外构筑了深沉的人文风景,而且对当下的消费主义文化语境中的文学创作尤有启示性意义。

一、文学本质的形上之思

梁实秋作为一个有着真正理论追求的学者,他在建构自己的文学观之初,首先对文学的本质有着深度的求索和沉思。他认为文学既不只是描写人的日常生活,亦非仅是关于喜怒哀乐的个人情感叙事,文学所追求的应是对人性的永久表现和关怀,也就是说表现人性是梁实秋最本真的文学理想和文学追求。他曾多次对自己的这种文学理想进行表述。在《文学的纪律》中他明确提出:"文学的目的是在借宇宙自然人生之种种的现象来表示出普遍固定之人性,而此人性并不是存在什么高山深谷里面,所以我们正不必象探险者一般的东求西搜。这人生的精髓就在我们的心里,纯正的人性在理性的生活里就可以实现。"①他认为:"文学家处在森罗万象的宇宙中间,并不因获得一鳞半爪的材料便沾沾自喜,他要沉静的体会那普遍的固定的人性。"②文学创作要紧紧围绕一个中心,即唯人性的马首是瞻,"文学发于人性,基于人性,亦止于人性"③。总之,在梁实秋看来,表现人性应是文学的本质追求,"人性是测量文学的唯一的标准"④。

梁实秋之所以会形成如此的文学理念与诉求,从思想来源看主要是远承古希腊亚里士多德等西方思想家的影响,近得美国人文主义者白璧德的引领。从其早年文献看,梁实秋文艺思想的主要精髓显然来自亚里士多德,也就是说亚里士多德的诗学理论是梁实秋文学观形成的最主要的思想资源。梁实秋在其早年文论如《戏剧艺术辨正》、《亚

---

① 梁实秋《文学的纪律》第 116 页,人民文学出版社 1988 年。
② 梁实秋《文学的纪律》第 157 页。
③ 梁实秋《文学的纪律》第 122 页。
④ 梁实秋《文学与革命》,《鲁迅梁实秋论战实录》,华龄出版社 1997 年。

里士多德的〈诗学〉》、《"艺术就是选择"说》、《论剧》等篇章中能够看到他对亚氏学说的重视及所受的影响,梁实秋的文学观尤其是其文学应表现普遍人性说直接得自亚氏模仿论的启示。他甚至说"亚里士多德的模仿论在后世影响最大"。亚里士多德认为,文学是模仿,它所模仿的应是人生中具有普遍性、永久性的东西。按梁实秋的理解,"诗人所模仿的也就是这普遍的永久的真的理想的人生与自然","艺术的模仿乃超于现象界的羁绊而直接为最后的真实之写照"①。梁实秋在阐释亚氏模仿说时曾有这样的总结与概括:"所谓文学之模仿者,其对象乃普遍的永久的自然与人生,乃超于现象之真实;……因其所模仿者乃理想而非现实,乃普遍之真理而非特殊之事迹;一方面复不同于浪漫主义,因其想象乃重理智的而非情感的,乃有结束的而非扩展的。故模仿论者,实古典主义之中心,希腊主义之精髓。"②梁实秋对以亚里士多德为代表的西方古典主义极为推崇,在梁实秋看来,"真正古典主义的精神是在求文学的普遍性,求其不悖离人性的中心",他的文学观正是在西方古典主义诗学精神指导之下得以形成。

　　从梁实秋推崇人性论文学观的具体原因看,一个重要原因显然是反对五四时期一些西方的浪漫主义、印象主义、表现主义、个人主义等文学与文化思潮的大肆盛行。这在他的最著名的两篇文论《现代中国文学之浪漫的趋势》和《文学的纪律》中有明确的批评性和否定性论述。受到上述西方思潮影响的新文学创作存在着过分主情和感伤颓废色彩过于浓重等非理性特征,这被梁实秋称为"浪漫的混乱",这种过分叛逆传统、打破以往文艺所呈示的平衡状态令他十分反感和担忧,由此他提倡理性、节制的文学。如果从当时中国大的文化环境看,

---

① 梁实秋《亚里士多德的〈诗学〉》,《浪漫的与古典的》第62页,人民文学出版社1988年。
② 梁实秋《亚里士多德的〈诗学〉》,《浪漫的与古典的》第64页。

文坛出现如此状况其深层原因恰恰在于当时文化转型所导致的文化
震荡、文化失范与文化整合现象所致,这种文化背景直接影响着文学
现实。梁实秋似乎无视这种文学表现的深层文化原因,而一味维护文
学的纯粹性,他本人由此而被思想界、评论界视为文化保守主义者显
然在情理之中。但如果抛开当时具体的社会文化状况,仅从人与文学
的关系角度看,梁实秋的文学观不仅不应该被否定和质疑,反而具有
一种学理性的深刻和形而上的维度,对文学的本质有着深度的追求。
需要指出的是,以往研究中还存在一种误解,即认为梁实秋只注重文
学对普遍的人性的表现,而反对表现文学的时代性与阶级性。仔细阅
读文论即可看到,梁实秋并非绝对反对文学反映时代性与阶级性,而
是强调文学不应在注重反映时代性与阶级性的时候而忘记了文学表
现人性的根本追求,正如他在《诗与诗人》中指出的那样:"诗人的作
品,除了它的时代性,还有永久性……"①对于文学与阶级性的关系,梁
实秋亦不绝对排斥,只不过他反对将文学的阶级性特征夸大化和绝对
化。他曾诚恳地讲解说:"文学不能摆脱掉它的环境的各种影响,这道
理我们相当的承认。"但是他接着指出:单是阶级性并不能确定作品的
全部价值,也不能当作衡量一部作品的主要标准,如果那样,"批评的
范围是很狭隘的了"。同时他也认为没有任何作品没有时代色彩,但
他不提倡文学紧跟时代,而是认为文学应能超越时代,应时常地走在
时代前面,成为"对现实的批评",真正成为一种文化先锋。总而言之,
他认为:"阶级性只是表面现象。文学的精髓是人性描写。人性与阶
级性可以同时并存的,但是我们要认清这轻重表面之别。"②由是可以
看见,梁实秋对文学的时代性与阶级性的表述清晰而不乏合理之处。

---

① 梁实秋《诗与诗人》,《梁实秋自选集》第154页,台湾黎明文化事业股份有限公司1981年。
② 梁实秋《人性与阶级性》,《鲁迅梁实秋论战实录》第452—453页,华龄出版社1997年。

以往对梁实秋的批评中不可否认地存在着取向的偏颇和观点的偏至之处,这种过重烙印时代偏执性特征的批评产生的负面影响似乎短时期内难以完全消释,这是我们必须承认的。

尽管对于何为人性,梁实秋并未作过专门而细致的论析阐述,他在晚年也承认自己在当年的论战中"人性的观点未解释清楚"①。但他后来有了较明确的表述,他认为:"所谓人性,究何所指?圆颅方趾皆谓之人,人人皆有人性。……人虽然有若干的兽性,还有不同于兽性者在。高贵的野蛮人其实不见得怎样高贵,在纯自然境界中的人比禽兽高贵不了多少。人在超自然境界的时候,运用理智与毅力控制他的本能与情感,这才显露人性的光辉。"从梁实秋对人性的上述表述中,我们认为,他对人性的超越性有明确的指认,人之所以为人,正在于人已从纯自然界分化出来,人有情感与理智,超越于受本能控制的蒙昧状态,能够思想和反思,能够创造和超越,这种超越不仅针对外界,同时还包括人类自我,人是理性的存在物。这正是"人性的光辉"和本质规定性所在。应该说,梁氏的人性表述是富有哲理深度的,论述中彰显了人的超越性本质。他所强调文学对于人性普遍性的追求,对文学的本质有着形上之思,这一点使他的文学观亦具有了一种超越性的意义指向。尽管他的文艺观在产生之初以至后来很长一段时期都无法成为主流,甚至不被接受,并视为反动的,但从中国文学总的构成看,它无疑也弥补了中国传统文论过分注重形式与审美而形成的形上维度的先天缺失,这一点我们不应不看到。

---

① 梁实秋《梁实秋论文学·序》,台湾时报文学出版社。

二、伦理维度与精神提升

在构成文学的真善美的三个元素中,梁实秋对善,即文学的伦理维度尤为重视。这主要是由于梁实秋强调对文学的理性规约以及对文学的精英化诉求所导致,此外,他还着力突显和张扬伦理对人与文学精神的净化和提升之维度,从而对传统文学的道德功用说有了新超越。

梁实秋对真和善都有自己的理解和界定。对真的理解,梁实秋主要是从亚里士多德模仿说推导而来。亚氏的模仿说认为文学应模仿现实,这个现实不是实在的事物,而是理想的人生,这种理想的人生才是真正的现实,也就是真,这才是文学模仿的对象。对于善的理解和阐释,梁实秋所受的影响我认为有两个方面,一是亚里士多德的诗学中的宣泄净化说,二是以白璧德为代表的美国人文主义思潮。他将这两方面作吸收整合,在此基础上建构了自己对文学的伦理特质与伦理意义的理解。

在亚里士多德的诗学理论中,梁实秋对模仿论与净化说最为推崇。他在《亚里士多德的〈诗学〉》一文中,将亚氏悲剧理论中的净化说译为"排泄涤净"说。他在介绍后世对净化说的两种不同(即伦理的解释和艺术的解释)时认为,净化说即关于"悲剧的效用,实在是含有伦理的与艺术的元素。这不独亚里士多德是如此,希腊精神便是如此"。他还进一步强调,仅对净化说作伦理的解释,"显然是过于褊狭",但"专从艺术享乐方面解释亚里士多德,那便错了,因为'排泄涤净'乃超于艺术的享乐,而实含有伦理的意义"。从上述对两种解释所下的定性语"褊狭"与"错误"两个词大概不难看出梁实秋的倾向与取向,显然,悲剧这一文学样式的伦理效用在他看来具有前提性与必要性的地位,正如他在文中对此所作的结论式评语:"总而言之,亚里士多德的真义乃谓悲剧之任务在于使人愉快,但其愉快必有伦理的判裁。"①由此可以看出梁实秋对文学的伦理之维度的推崇与看重。

在其关于伦理之于文学的意义维度中,亦依稀可见美国人文主义学者欧文·白璧德的影响。白氏继承希腊古典主义精神并发扬光大,强调理性、节制、规则、纪律等原则,既反对物质的功利主义,又反对放纵的浪漫主义,反思文明与历史的危机,倡导以人的节制与理性来实现社会的和谐与恒定,并以此来拯救物欲横流的文明。白璧德认为人性中永远有情与理的冲突,社会中亦有善与恶的永恒对峙,故文学和文学批评亦必须用"内在的制裁"或"内在的节制"作为原则,以此来实现对人与世界的意义引领与规约。梁实秋极为重视"内在的制裁"作用,他认为文学应打破形式化的文学规律即"外在的权威"的束缚,这样文学才是自由的,但文学必有"内在的制裁",否则"文学就要陷于混乱了"。所谓的"内在的制裁"就是节制的力量,"就是以理性(Reason)驾驭情感,以理性节制想象",这样的文学才是健康的文学②。在此,梁实秋虽未直接将节制、理性与伦理牵连起来,但其中节制与理性所蕴含的伦理维度却已十分昭然。正如他所论说的那样:"情感不是一定该被诅咒的,伟大的文学者所该致力的是怎样把情感放在理性的缰绳之下。……所以在抒泄情感之际也自有一个相当的分寸,须不悖于常态的人生,须不反乎理性的节制。这样健康的文学,才能产出伦理的效果。"③梁实秋推崇古典主义的文学精神,即认为理性是文学的"最高节制的机关",有理性精神规约下的文学才是健康又具有伦理意义的文学。而所谓的健康文学在梁看来应是表现永久普遍的人性,即

---

① 梁实秋《亚里士多德的〈诗学〉》,《浪漫的与古典的》第65页。
② 梁实秋《文学的纪律》第117页。
③ 梁实秋《文学的纪律》第119页。

人所应具有的在自然界中超自然的超越性。显然,梁实秋对文学之伦理意义强调中,更多的不是通常传统意义上所谓教化或布道,而是力推文学所应有的对人的存在的超越性的思考与追求,即对人的存在的精神性提升。

仔细研究梁实秋的文学观,便不难发现伦理即善的维度在文学中占有重要甚至可以说是首要位置,正如他所指出的:"如果以真美善为艺术的最高境界,文学当是最注重'善'。"文学以对善的表现为最高指归。梁实秋将善这一范畴表述为"伦理"或"道德"两个词语。但从其早年文论中,梁实秋更看重的是"伦理"而不是"道德",从其具体行文看,有时尽管也使用"道德"一词,却也强调的是其伦理之意义。他对伦理与道德两个概念曾作了具体区分。在《王尔德的唯美主义》一文中,梁实秋指出王尔德在其艺术评论里将伦理与道德两种事物混为一谈。他认为:"伦理的标准与道德的教训是两件事⋯⋯。""文学究竟应不应该纯粹是为享乐,抑是应有伦理的价值,这是一件事。文学应不应含有一种道德的教训,这是另一个问题。"①

那么,什么是伦理? 在梁实秋看来,伦理究竟指的是什么呢? 从他的相关论述中可作这样的归纳,文学中的伦理其实指的就是文学描写者的态度。他认为文学中描写了不道德的事物并非意味着文学就不道德,"⋯⋯不过描写罪恶为一事,描写罪恶之态度与观点,则为又一事。描写变态之人格而遽示无限制之同情,刻画罪戾的心理,而误认为人性之正则,这就是有所偏蔽,⋯⋯换言之,便是缺乏伦理的态度。"②因此,文学创作者,应对所描写的事象"保持一种伦理的清健的观察点"③。为此,他强调:"文学而成为道德的,这是无谓;不道德的

---

① 梁实秋《王尔德的唯美主义》,《文学的纪律》第 146 页。
② 梁实秋《王尔德的唯美主义》,《文学的纪律》第 147 页。
③ 梁实秋《王尔德的唯美主义》,《文学的纪律》第 147 页。

文字就算做文学,这简直是狂妄了。"①由此可见梁实秋对文学的伦理之维的推崇与重视。

梁实秋之所以看重伦理维度之于文学的重要性,主要是因为,他认为"伦理的乃是人性的本质"②,"伦理学亦即是人生的哲学",而"应该"两个字,是"伦理学的中心问题"③。从上述表述不难看出,梁实秋所界定的伦理指的就是创作者对所写物象所取的态度和价值判断。在梁看来,如果说文学的本质追求应是对人生、人性的表现,那么梁所说的伦理亦即是作者对人生价值与意义的建构和追求。因此,总的来说,梁实秋所说的文学的伦理之维并非通常所说的善的范畴和伦理的涵义,这里的伦理不仅包括对人生人性的沉静的观察和思索,即与他所谓的理性一词有一种意义上的融贯性,正如他在对人性一词概括时将理性、情感、伦理道德观念等尽收笔底那样,"人有理性,人有较高尚的情感,人有较严肃的道德观念,这便全是我所谓的人性"。同时梁实秋的伦理之维亦包容着对文学的思想性与精神性的注重与强调。他主张:"文学里不只表现情感,也要表现一点思想的。"④正因为如此,他非常认同他所尊崇的西方思想家托马斯·卡莱尔(梁实秋译为喀赖尔)的见解,"诗人不是耽溺于耳目声色的美感,而是负有一种极大的精神使命。诗便是真理的写照……"为此,他才下了这样的断言:"粗糙的字句包含着有力量的思想,比绮丽的字句而没有重要意义,还要好些,……有思想做中心的作品,才是有骨头的有筋络的作品,才能动人。"梁实秋认为,没有思想与精神支撑的文学"其软如棉"(鲁迅语),使文学具有"固定的永久的价值"正在于文学的思想性和精神性。

---

① 梁实秋《王尔德的唯美主义》,《文学的纪律》第148页。
② 梁实秋《何瑞思之〈诗的艺术〉》,《文学的纪律》第135页。
③ 梁实秋《文学批评辩》,《浪漫的与古典的》第104页。
④ 梁实秋《文学批评辩》,《浪漫的与古典的》第106页。

通过上述分析可以看出,梁实秋所标举的文学的伦理维度并不仅止于人们通常所理解的善的层面,他更注重的是通过文学的启迪来达到阅读后的心灵的净化,通过文学作品所昭示的对人性、人生富有深度的探索和表现,以及对思想和意义的追求来达到精神的提升,这正是文学所负有的"精神使命"。因此,梁实秋对文学的伦理性价值的强调并未止于传统的讽喻劝世,由于受到西方文化精神的影响,他更注重的是伦理之维的精神性的追求和超越性的指向,这种语义之下的伦理不仅超越了中西方对伦理即善的传统阐释,而且也对伦理尤其是文学的伦理意蕴形成了一种纵深延展,也为文学的伦理性问题敞开一种新的意义路径,开拓了新的内涵空间,其创新意义不容忽视,只可惜这个问题以往的研究并未给予重视。

梁实秋对文学的伦理意蕴的新颖表述不仅在当时具有创新性,使文学的伦理性一词从陈腐的语境中脱颖而出,而且对探索文学与伦理道德的关系,伦理道德之于文学的意义亦有借鉴和启示。无法否定人不仅是情感与欲望的存在物,人还是伦理的存在物。文学无疑就是人学,因此文学的伦理道德维度任何时候无法抹杀或从文学中完全剥离。文学可以成为反对陈旧腐化的伦理道德的先锋,但不能因此而走向伦理道德的虚无。正如萨特所言,写作是一种无法抹煞的道德行为。丹尼尔·贝尔也曾指出:"如果审美体验本身就足以证实生活的意义,那么道德就会被搁置起来,欲望也就没有任何限制了。"[①]既然人与伦理难以彼此脱离,那么文学与伦理道德亦无法断绝关系。梁实秋对文学的伦理性维度的标举以及由此生发的对于精神性意义维度的强调,对整个文学,尤其是对当下消费文化语境下由于伦理道德的缺

---

① 丹尼尔·贝尔《文化:现代与后现代》,王岳川、尚水编《后现代主义文化与美学》第6页,北京大学出版社1992年。

乏而导致精神的无根性,欲望的无底线的文学创作状况,亦不乏重要的借鉴意义。梁实秋将文学伦理性与理性、节制等古典精神交融整合从而生成他对文学本质的超越性追求,对于当下的文学叙事亦有重要警示意义。

三、对文学批评纯粹性的执守与对精英性的诉求

正由于强调对文学本质形上之维的沉思与探问,对精神品昧的期待与执守,梁实秋亦十分看中文学批评本身的意义与作用,为此,他对文学批评的纯粹性与精英性特质给予了着意的追求与诠释,其宗旨依然标志着他对文学观的超越性特质的诉求。

梁实秋对文学批评的纯粹性的执守主要体现在两个方面,一是对文学批评的超功利性与纯粹性(即价值判断)的守护;二是维护文学批评的独立性及其与科学有本质性区别。

梁实秋对于传统文学与文艺批评的载道说与娱乐说都持批判态度,认为上述两者在某种程度上都将文学与文学批评工具化功利化。为此,他一方面坚持认为文学本身即其目的,它只与人生、人性发生关系,"舍人性无作品",只履行关怀人生与人性的精神使命,不应为意识形态或消费娱乐意图所控制。他认为文学家应有超越性人格作为创作的必要保证,"诗人要摒弃名利观念。对于人生有浓厚兴趣,而又要胸怀淡泊……""诗人除了他必需有的运用文字那一套技能之外,还更要紧的是培养他的人格"。另一方面,他在坚持文学本身即目的这一文学本体论的基础上,着重提倡文学批评的反功利性特质。他指出:"文学批评本来该是不计功利,无所为而为的活动。""凡从事于文学批评者,……其态度必须是严重的。"他反对随意贬低文学批评和文学批评家的作用和地位,认为文学批评是极为严肃庄重的事业,是一

种富有理性和智慧性的人类活动。他说："伟大的批评家,必有深刻的观察,直觉的体会,敏锐的感觉,于森罗万象的宇宙人生之中搜出一个理想的普遍的标准。"①正因为他将文学批评看成是人类的一项寻找普遍真理和具有超越性意义的文化活动,所以他一再撰文申明文学批评与文学鉴赏不能混为一谈。在他看来,文学鉴赏是一种感性的(根据个人情感嗜好)、个人化的欣赏行为,是"民众对文学的关系","文学批评根本的不是文学鉴赏"。"虽然最上乘的文学批评对于作家必有深刻的鉴赏,但徒有鉴赏亦不能成为批评。""批评的任务不是作文学作品的注解,而是作品价值的估定。"

　　从上述论述可以看出,梁实秋认为文学批评活动是一项人类的智慧活动,是理性起统摄作用的"心灵之判断力的活动"。他曾撰文反对王尔德将批评的特性与创作的特性相等同的观点,认为"创作品是以理性控制情感与想象,具体的模仿人性;批评乃纯粹的理性活动,严谨的批判一切的价值"。不难看出,梁实秋心目中的文学批评是一种根据一定标准对文学进行理性化的价值评判活动。文学批评的标准并非教条化、形式化的一些规定和"条律",在文学批评中"人性"乃是其评判活动的根据,即"纯正之'人性'乃文学批评唯一之标准"②。梁实秋不仅从理性和价值判断角度强调文学批评的纯粹性,而且还表现在他一贯的文学的精英性情结与诉求。他不仅认为文学是少数人甚至是天才的事业,文学从来"不是大多数的","伟大的文学者,必先不为群众的胃口所囿,超出时代的喧嚣,然后才能产生冷静的审慎的严重的作品"③,"真正能鉴赏文学,也是一种很稀有的幸福"④,同时还坚持

---

①　梁实秋《文学批评辩》,《浪漫的与古典的》第103页。
②　梁实秋《文学批评辩》,《浪漫的与古典的》第103页。
③　梁实秋《文学的纪律》第115页。
④　梁实秋《文学与革命》,《鲁迅梁实秋论战实录》第162页,华龄出版社1997年。

认为文学批评亦是一项精英性的人类活动,普通人不会有真正的批评产生,只有少数人才能承担此项工作,他很推崇卡莱尔的观点,即认为"真理不是人人能得随便窥探的"。同样,梁实秋也提出:"只有文学批评家的批评才是批评的正宗,批评家的意见无论其与民众的品味是相合或相反,总是那一时代的最精到的见解。"①梁实秋对文学批评事业的精英性诉求虽有排斥甚至贬低民众的行止,但他所捍卫的是文学批评的纯粹性和超越性的定位与追求,他虽对民众一概而论,没有更多的辨析多数与少数、民众与天才的种属关系,但他的初衷与最终愿望却是出于一个纯正的知识分子对文学的纯粹性和超越性的追求,这是不能否定和扭曲的,而且虽然他的用语有时不免武断,但与基本事实并未偏离太远、相异太多。

梁实秋尽管强调文学批评不是简单的文学鉴赏,而是一种心灵的判断行为与价值评定,甚至是"纯粹的理性的活动",但他并不将其与科学等同。他认为科学与文学批评是截然不同的两种活动,科学只是一种客观的事实归纳、数据统计,并不包涵有价值评判,"凡有价值以内的事务,科学便不能过问"。而以价值评估作为旨归的文学批评必定不是科学,而是一种主观的心灵活动。他反对将文学批评科学化,他认为:"以科学方法(假如世界上有所谓'科学方法'者)施于文学批评,有绝大之缺憾。文学批评根本的不是事实的归纳,而是伦理的选择,不是统计的研究,而是价值的估定。"为此,他十分反感当时流行的用"心理分析"等科学方法来进行文学批评,认为那是"假科学的批评之最下乘了"②。他认为文学批评即使可以采用多种标准,如道德的、功利的、美学的等等,但"偏偏不能以科学的文学批评所阐发出来的唯

---

① 梁实秋《文学批评辩》,《浪漫的与古典的》第105页。
② 梁实秋《文学批评辩》,《浪漫的与古典的》第102—103页。

物的说明为标准。……如成为科学,便不是批评"。当然,梁实秋并未将科学赶尽杀绝,但他也只是从方法论的意义上稍微肯定了一下科学的作用,即"科学的文学批评,不能成为批评的一派,只能是批评方法上的一种贡献"①。关于科学与文艺活动之根本性质不同,哲学家康德曾以音乐和数学为例说道:"……对于音乐所产生的魅力和内心激动,数学肯定是丝毫也不沾边的。"②的确,科学与文学批评分属两个领域,一个是客观性首当其冲,一个是主观性至上,完全以科学的标准和方法来阅读文学文本和进行文学批评显然是违反文学的本性和规律,背离了文学的本真精神,是反文学的,更是非科学的。19世纪末20世纪初的世界,科技理性大行其道,科学作为确证了人自身的力量的重要因素在当时拥有至高无上的地位,科学万能观念一度代替了上帝而成为人类的主宰。但梁实秋却未在泛科学化的时代失却自己的判断力,他并不全盘否定科学,却认为科学并非万能,科学亦具有自己的局限性和有限性,对此,他有着清醒的认识。为此他反对科学入侵文学或对批评实施越俎代庖,坚守文学批评的纯粹性和独立性,显示了一个文学理论研究者对文学的主体性意识和超越性特质的守望与执著。

在肯定梁实秋文学观的超越性追求所具有的深度意义的同时,我们也看到,像所有的理性主义者那样,他也没有挣脱和超越理性主义思维模式的深层而致命的局限,即二元对立或二元论模式。他的文艺观在诸如浪漫与古典、美与丑、悲剧与喜剧、个性与普遍性、民众与天才等范畴与对象上,显现出保守与刻板的思维理路,以致常常在所论之事上留下硬性切割的痕迹,阻碍了对人与事物的丰富性和复杂性的更细致深入的辨析与探索。尽管他将人性的普遍性、复杂性作为文学

---

① 梁实秋《偏见集》第232、227页,上海书店1988年。
② 康德《判断力批判》第175页,邓晓芒译,人民出版社2002年。

表现的终极性目标,但他的二元论思维模式所渗透出的有绝对化判断之嫌的价值取向,使他尽管冥思苦想,却难有真正的自我超越。当然这并非梁实秋个体的问题,而是整个理性主义的宿命性局限所在,这也构成理性主义日后不断遭到挑战和攻讦的关键之处和"永远的痛"。

梁实秋作为文学理论的探索者,他始终坚守着具有超越性特质的文学观与文学批评观,始终没有放弃文学与理论的经典化的理想和追求,虽然他的理论和见解并非完美无缺,颠扑不破,但其中的真知灼见不乏经典性意味,很多见解和观点至今仍具有启示性意义。

有所感悟与感悟不够

——略论梁实秋对五四新文学的批评

浙江师范大学　袁盛勇

在现代中国文学批评史上,梁实秋的存在并不是多余的。他的批评文字虽然终究未能改写现代中国文学发展的历史,但是它始终对现代文学的发展起着一种警示和提醒的作用。众所周知,梁实秋始终没能融入此前所谓现代中国文学发展之主流,比如现实主义文学的主流,左翼文学的主流,抗战文学的主流,这是由其自身的文化观念所内在决定了的,但是他那种冷静的观察却是为很多时代的弄潮儿所远远不及的。我们现在回顾历史,试问当年那些叫嚣不止的左翼理论家究竟给后来的文学与文化留下过什么有价值的东西吗?没有。都如灰飞烟灭一般地消失了。惟有那些当年执著批判左翼文学观念的批评者,惟有那些自由主义的文人,惟有那些有着独特见解与满腔热情并趋近自由主义观念的文人,才那样闪烁出耀眼的智性光芒。梁实秋正是一位这样的自由主义文人。并且,可贵的是,他对自己所曾信仰的新人文主义观念始终信守着,也许,这就是一个现代文人所理当具有的德行之一吧。或许这有时会让人觉得有点子迂,有点子隔,但是,对于一个文人来说,如果满身尽是市侩气,尽是一肚子投机意识,那么,这样的文人还能算是一个真正的文人吗？——比如，那位曾被鲁迅讥为"才子＋流氓"的，那位曾被青年时期的梁实秋给予过高度评价的浪漫诗人郭沫若，从其在20世纪50年代以降的表现来看，还能说是一个真正的现代文人吗？——在这个意义上，我觉得梁实秋实在是一个值得让人尊敬而可爱的存在者。

梁实秋对五四新文学的批判是从他到美国之后开始的，准确地说，是从他开始作为欧文·白璧德教授的追随者和入门弟子开始的。关于此点，梁实秋在晚年仍然亲切地回忆说，"哈佛大学的白璧德教授，使我从青春的浪漫转到严肃的古典，一部分由于他的学识精湛，一部分由于他精通梵典与儒家经籍，融会中西思潮而成为新人文主义，使我衷心赞仰"①。在当时，白璧德为他提供了一套完整的新人文主义文化理念和批评理念，他因此不仅完全摒弃了此前对创造社诸人之浪漫主义和自我表现主义文学观所具有的好感和同情，而且开始对其给予了新的反思，并且把这种反思拓展到了对整个五四新文学的发展上来，这就形成了他后来所写的第一篇重要批评文章——《现代中国文学之浪漫的趋势》。我认为，这篇文章的写作与发表，标志着梁实秋作为一个真正意义上的文学批评家的诞生。故而，我想在此主要对这个文本进行一番解读，看看梁实秋是怎样批判五四新文学的，并以之为中心对梁氏当时的文学观念给予一定的清理和反思。

仅就《现代中国文学之浪漫的趋势》一文来说，梁实秋所言"现代中国文学"即是指五四新文学，但是，他在当时有一个较为偏至的观点，乃认为文学并无新旧之分，只有中外可辨，所以，他对"新文学"的提法是带有几分先在的偏见的，因而这使他自然对五四新文学之叙述带有一种嘲讽的语气。一般而言，能够用这样一种语调去叙述历史和

---

① 梁实秋《岂有文章惊海内——答丘彦明女士问》，《联合文学》（台湾）1987年第3卷7期。

论究历史之短长的,往往具有一种先在的优越感,并在心中如影随行的还会有一种尖锐的快意。所以,我曾猜想,梁实秋在写作这篇宏文时,其内心肯定充满了难得的惬意。关于文学批评,梁实秋自当有他的理解。他认为当时很少有中国文人去把文学批评当作一种学问、一项事业去研究和经营,很少有人去执意从伟大的作品里寻找一个客观的标准。因此,他倒愿意去做一个这样的批评家,一个能够从经典作品中发现客观标准并予实践的批评家,简言之,做一个职业性质的批评家。他又认为西方文学批评方法最根本的只有两个:一是判断的批评,二是赏鉴的批评。两者的区别,在于前者承认文学有一个客观、固定而普遍的标准,文学批评就是从这个标准出发进行的精神性活动;后者却不承认这样一个客观标准的存在,以为文学批评只是秉持主观之好恶,进行的是灵魂的冒险。梁实秋据此明确指出,前者是古典的,后者是浪漫的;前者是理性的,后者是情感的。如果要导入价值判断的话,那么前者是好的,后者是不好的。而之所以前者是好的,只因它是古典的;后者是不好的,只因它是非古典的。于是,梁实秋之自觉的批评观念和批评行为在其确立的最初阶段就陷入了一个自我循环和同义反复的境地,在我看来,这是一个思维的怪圈,它既可能成就其批评,也可能限制其批评,尤其在对待五四新文学这样一种需要更多采取历史主义态度来对待的文学思潮和文学运动上。但他当时显然顾不了这许多,故而还是按照他的"古典"理念尽情发挥着对于新文学之"浪漫"趋势的批判。他认为,五四新文学运动最显著的现象在于它是趋向浪漫主义的,这表现在如下四个方面:其一,它深受外国的影响;其二,它推崇情感但轻视理性;其三,它对待人生的态度是印象主义;其四,它主张皈依自然并侧重独创。接着,梁实秋依次对上述四种浪漫的表现进行了基于古典的或新人文主义的批评,认为它们结合起来构成了一种不可饶恕的"浪漫的混乱"。

　　首先，梁实秋认为，浪漫主义者最企求的是新颖和奇异，而外国文学的根本精神总是新颖的，故而可为浪漫主义者提供迅速解脱传统框梏之法门，于是，西方文学思潮和文学作品乃泥沙俱下地被译介到了中国，结果是弄得现代中国文坛漫无秩序。在这样无序的状态下，浪漫主义者分享到了最大快乐，因为他们可以在此最大限度地开展不守纪律的自由活动。所以，"浪漫主义者就无限制的欢迎外国影响"。在外国文学思潮和文学作品的影响下，现代中国文学在文字、语体以及文类等方面的变革都走上了彻底背离传统的道路。梁实秋指出，"白话文运动是由外国影响而起"，它的有意识地反抗古文，绝非仅是因袭《水浒》、《西游》而来，更是受到外国文学发展途中首先变革文字的启发，美国意象派诸如不用典、不用陈腐之套语的宣言也给白话文运动的倡导者以直接影响。随着白话文运动对"言文一致"的强调，于是就出现了作家"以文学迁就语言，不以文字适应文学"的奇特景观，更有甚者，竟然有人主张以罗马字代替汉字，在梁氏看来，这是一出十足的浪漫主义者的"噩梦"。再就文类而言，现代中国文学发展途中的所有体裁都直接受到了外国文学尤其是西方文学的影响，或者就是西方文类在中国横向移植的结果。梁氏认为，所谓"新诗就是外国的诗"，无论是其体裁还是艺术都"日趋于洋化"。新文学里的短篇小说，绝非中国文学的正统，绝非聊斋传统之继续，而是对外国小说的简单模仿所致："若是有人模仿蒲留仙，必将遭时人的痛骂，斥为滥调，诋为'某生体'。盖据浪漫主义者的眼光看来，凡是模仿本国的古典则为模仿，为陈腐；凡是模仿外国作品，则为新颖，为创造。"在戏剧上，新文学运动中产生的"散文剧"，"举凡一切艺术技术完全模仿外国"，可悲的是，浪漫主义者似乎以为"新戏"可以代替"旧戏"，但他们不知道所谓"新戏"乃是外国的戏。梁氏认为："外国文学影响侵入中国之最显著的象征，无过于外国文学的翻译。翻译一事在新文学运动里可以算得一个主要的柱石。"但"翻译的文学无时不呈一种浪漫的状态,翻译者对于所翻译的外国作品,并不取理性的研究态度,其选择亦不是有纪律的有目的的;而是任性纵情,凡投其所好者则尽量翻译,结果是往往把外国第三四流的作品运到中国,视为至宝,争相模拟"。新文学运动中出现的所谓文学译介者,其译介的心理和出发点均具浪漫性,所以"他抓到一个外国作家,不管三七二十一,便把他推崇到无可再高的地位"。这样的文学介绍"的确是浪漫的,但是不可靠"。比起上述种种变化来,梁氏认为最根本的"乃在外国文学观念之输入中国",因为它完全改变了中国文人对文学本身的理解。中国传统的文学观是"文以载道",而新文学"则是把文学当作艺术"。具体而言,人们从前承认"四书"是文学,现在把《红楼梦》也当作文学;从前把楚辞当文学,现在把孟姜女唱本也认作文学。梁氏以为,"这一变可是非同小可。因为不但从今以后,中国文学根本的改了模样,即是已往的四千年来的文学,在中国文学史上的地位和价值,都要大大的更动"。而这,无疑为中国文学的发展造成了一种极大的混乱。

其次,梁氏认为五四新文学弥漫着一种无可饶恕的抒情主义,到处都是感情的泛滥。他觉得新文学运动"对于情感是推崇过分",而情感的质地不加理性的选择,其结果自会流于颓废主义和假理想主义。究其原因,一是新文学作家"大半都是多情的人",在他们眼里,"情感不但是做了文学原料,简直的就是文学",所以,"浪漫主义者对于自己的生活往往要不必要的伤感,愈把自己的过去的生活说得悲惨,自己心里愈觉得痛快舒畅"。二是新文学在情感表达上本是对于中国传统礼教的一个反拨。新文化运动先驱者标举西方的个性主义,要求精神的解放和思想的自由,"到这时候,情感就如同铁笼里猛虎一般,不但把礼教的桎梏重重的打破,把监视情感的理性也扑倒了。这不羁的情感在人人的心里燃烧着,一两个人忍不住写一两首情诗,象星火燎原一般,顷刻间人人都在写情诗"。故而,"若令心理分析的学者来解释,全部新诗几乎都是性欲的表现了"。情感的泛滥必然在作者的人生观上产生人道主义,它的出发点是普遍的同情心,"这无限制的同情,在一切的浪漫作品都常表现出来,在我们的新文学里亦极为显著"。其中五四新文学中出现的"人力车夫派",浪漫主义者"把娼妓理想化"的现象,以及对于所谓弱小民族、被损害民族文学的关注,都是新文学中充塞人道主义的显例。人道主义思想根源于人是平等的假设,但"平等观念的由来,不是理性的,是情感的。重情态的浪漫主义者,因情感的驱使,乃不能不流为人道主义者。吾人反对人道主义的唯一理由,即是因为人道主义不是经过理性的选择"。

再次,梁实秋认为,新文学中又一浪漫的混乱乃是为印象主义所支配:新文学作家"绝不睁开了双眼沉静的观察人生,他要半闭着眼睛观察人生,觉得模糊的影子反倒幽美动人"。其中"小诗"的盛行,正足以"表示出国人趋于印象主义的心理",因为小诗表现的就是那些"零星片断的思想印象",它的写作方式也是印象主义的。小说中有的也只是一些零碎的感想和印象。这一类印象小说最常用的体裁是"书翰体"和"日记体",此外还有那些"最不负责任的"游记。也许这些文体便于表现作者的感慨和印象,可"殊不知他并不能表现自我,只是表现自我的表面。真实的自我,不在感觉的境界里面,而在理性的生活里。所以要表现自我,必要经过理性活动的步骤,不能专靠感觉境内的一些印象"。当然,印象主义最有效的使用体现在当时的文学批评方面。在梁氏看来,五四新文学的批评大都是一种印象主义的批评,而"印象批评是浪漫的趋势的一部分,其主要原理即在推翻理性的判断力,否认标准的存在,其影响则甚大,可以转移全部的创作文学的趋向"。这种批评的根本错误,"在于以批评为创作,以品味为天才"。在印象主义者眼里,生活就像走马灯似的川流不息地活动,没有自身稳健的基础,原因在于,"印象主义者的惯技,乃匆促的模糊的观察人生,并只观察人生的外表与局部"。这些,都是令重理性的古典主义者颇感不安的。

最后,梁实秋从皈依自然与侧重独创方面批评了新文学中浪漫的混乱。这里所谓皈依自然是卢梭提出的口号,因而"自然"是指浪漫的自然。梁实秋认为,在卢梭那里,人为的文明都是人生的桎梏,若把这些桎梏层层剥去,所剩下来的便是"自然"。而自然的人就是野人,自然的生活就是原始的生活。皈依自然哲学的根本出发点,乃是要求自由,而这种精神表现在文学方面便是反对模仿与对于独创的推崇。浪漫主义者一面要求文学的自然,一面要求文学的独创,"其实凡是自然的便不是独创的,这似乎是浪漫主义者的矛盾"。梁氏认为,五四新文学作家完全袭用了这套矛盾的哲学观念和创作理念,以为一切天然和人为的纪律法则,都是阻遏天才的障碍,都应给予彻底打破。举例来说,比如新文学中的儿童文学并非是为儿童创作的文学,而是以儿童为中心的文学,浪漫主义者在心理上就是儿童,因而他们所看重的便是"赤子心",所看重的便是不受理性约束的儿童生活。以这种观念为基础创作的儿童文学无疑是一种逃避人生的文学,是一种不负责任的浪漫主义者的文学。梁氏以为,与儿童文学的产生具有同样的思想依据的,便是"歌谣的采集"。歌谣的特色在于情感的自然流露,它形成了一种特殊的风格,所以在文学中可以自成一体,但是,如果像一些新文学者所倾向的那样,以为歌谣的价值胜于诗,那么,乃是"把文学完全当作自然流露的产物,否认艺术的价值了"。人们热心收集这种自然流露情感的歌谣,既是对中国传统文学的一个反抗,也是前述皈依自然的精神表现,因而与儿童文学一样,也是现代中国文学趋于浪漫的凭据。

如上所述,梁实秋在总体上基本否定了五四新文学的价值,如果说真有什么价值的话,那也只是为他指斥"浪漫的混乱"增添了一个中国的例证而已。他所采取的批判立场显然是一种"古典的"或新人文主义的立场。五四新文学之所以在他看来毫无价值,只是因为它完全不符合他先在设定的古典主义批评尺度。他认为,与浪漫主义者相比,古典主义者能够在沉静地观察人生中领会人生的全体,因而能够摒弃主观偏见并正确地透视人生;与浪漫的文学相比,古典的文学并非去表现自我,而是去表现普遍的人性,它并非不要表现理想的情愫,而是凭借理性的力量,"经过现实的生活以达于理想"①。于是,站在如此古典的理性立场,五四新文学运动自然便是一场浪漫的混乱,五四新文学自然便是一种浪漫主义的文学。平心而论,梁实秋把新文学命名为浪漫的文学,也是有其合理之处的。因为五四新文化运动本是一场鼓吹"易卜生主义"或个性主义的运动,它的核心内容正是陈独秀所言吾人之最后觉悟即伦理觉悟,它是要以个人为本位的伦理反对并替代以家族为本位的伦理。在这样的历史文化语境中,个人主义对于个体自由的积极扩张会外化为情感与意志的充溢,而个人主义在复杂社会处境中所呈现出来的脆弱性也会带来梦醒之后无路可走的寂寞与悲哀,与此相应,前者在文学中会以一种浪漫主义的形态表现出来,后者会导致文学上的现代主义形态②。不论是浪漫主义还是现代主义,它们必然在艺术气质上表现为一种个体化的抒情色彩,而这,正是为梁实秋信奉之讲究理性、均衡的古典主义所不满的浪漫的文学。站在现代性的文学立场,这种浪漫的新文学其实正在成为现代中国文学赖以发展的最初起点,但梁实秋恰恰在现代中国文学赖以生长的这个根基处拦腰斩断了它那与"现代"相连的生命脐带。因而,梁实秋对于

---

①　以上引文均见梁实秋《现代中国文学之浪漫的趋势》,《梁实秋文集》第1卷第34—54页,鹭江出版社2002年。

②　参阅高旭东《梁实秋:在古典与浪漫之间》第139—140页,文津出版社2005年。

五四新文学的批判在总体上就不能不说缺乏一种历史主义的眼光:他凭借自以为是的"理性"过滤了已然发生的历史,但是并没有有效地解释历史,相反,倒是在另一个可见的方面混乱了历史的本来。

我之所以说他混乱了五四新文学的本来,是因为当他在指责新文学先驱者对于西方文化与西方文学的借鉴导致了"浪漫的混乱"时,他运用的批评方法和理论恰恰也是来自西方,因而,倘若按照梁氏本人的言说逻辑,那么他对五四新文学的批评带来的也只能是一场浪漫的混乱。我们必须看到,梁实秋所运用的批评理论和方法乃是他的美国导师白璧德传授给他的新人文主义。这种新人文主义尽管在其理论构建中受到了中国传统文化尤其是儒家学说的影响,但其立论的根基仍是西方的,不仅所要谈论的对象是西方的,而且论证的逻辑方式也是西方的,是一种典型的西方中心主义话语。因此,在梁氏以新人文主义理论质疑并批评五四新文学的西化倾向时,他实在也成了中国知识者中自觉走向西化途中的一员。既然如此,《现代中国文学之浪漫的趋势》的话语主体实际并非梁实秋,而是白璧德,是后者在借前者之口说话,是依凭梁氏对新文学的批评来检验其理论在第三世界的有效性。在这意义上,梁实秋尽管以新人文主义为依傍,在对五四新文学的批判中也发现了一些内在其中的"浪漫"缺陷,对新文学某些本质性的特征也有所感悟和揭示,但在总体上还不能不说是缺乏对新文学存在之必然一面的深刻领悟。其原因主要在于他并非从新文学的自我发展内部去揭示历史,而是直接运用了一种跟它存在很大距离的外在理论去进行外科手术式的整合,既然如此,造成理解之隔膜那是必然的。我认为,梁实秋在此体现出来的内在性缺陷正预示了他后来整个文艺思想的不足,正如有人所指出:梁实秋的文艺思想说"不"充分,说"是"不足。在现代中国文学发展历程中,他否定了一个主题,但是未能像胡适等自由主义文人那样创作一个时代所要求的主题,这就是富于现代性的主题。他的文艺思想关于时代的要素匮乏,在民族炼狱和新生的过程中,他虽然具有较为清晰的现代国家理念,但是未能在文学批评和理论创构中体现出与此相应的文学主题①。我以为,这个判断是非常中肯的。由此,也可预示白璧德新人文主义在中国文化界所可能引起之回响乃是一个极有限度的影响。后来的学人实在没有必要过于夸大这种有限影响的历史,尽管有个梁实秋在,有个学衡派在。

　　梁实秋依凭新人文主义的理念,以为好的文学应该表现一种理性对感情的节制,以期达到一种人性的均衡,故而倡导文学的纪律。他在《现代中国文学之浪漫的趋势》中反复申说五四时期浪漫主义者对于艺术法则的背叛,指出它既不符合理性的法度,更不符合文学的古典化要求,因而自然就会提出一个如何遵守艺术法则的问题,一个文学纪律的问题。这个问题在梁实秋那里显然并不只是一个仅仅关于艺术的问题,更是一个伦理的问题,他是把艺术与伦理结合起来探讨文学的纪律的。于是,在新人文主义理论的启示下,他也自然把思维的触角转向了中国的儒家,以为在现代中国文学中要复兴一种民族的伦理精神,而这,就是儒家的伦理。我以为,在五四新文化运动已经产生了广泛影响的语境下,对于一个现代文人而言,说出这种逆潮流而动的话是要有几分勇气的,也是要有几分偏至的信念的,所幸的是,当梁实秋进行这样的批评与理论诠释的时候,现代中国文学也正在进行一次重大的转型,五四新文学与新文化确然已经作为一个反思性对象出现在文化人的视野中。正是在这里,我认为梁实秋与不少忧心忡忡的知识分子一样,表现出了一种高度的领悟力:他领悟到整个民族文化在其现代性建构与确立途中正面临着一种理性的失落,一种价值的

————————————

　　① 见郑万鹏《梁实秋:自由主义的艺术哲学》,此为"梁实秋与中西文化"学术讨论会(2004年11月27日—28日,北京)与会论文。

失范,而这失落与失范正根源于中国文化中之"道"的失落。故而,梁氏认为拯救中国文化与文学之混乱现状的根本方法即在于重构一种"道"的哲学。所以他在鼓吹新人文主义的前提下,要把目光时时转向古代。这在他后来撰写的《现代文学论》、《关于白璧德先生及其思想》等文中再清楚不过地表现了出来。在这点上,我认为梁实秋是表现了很高的悟性的,值得充分肯定。因为现在回过头去检点整个 20 世纪的中国文学,之所以发现它呈现出那样一种虚弱的状态,原因之一恐怕即在于它在整体上缺乏一种对形而上之道的寻找、领悟和建构。我们知道,"道"在中国传统文化中是一个非常复杂难以言说的东西。自主流文化而言,儒释道三家各有各的道。在梁实秋那里,所谓"道"其实就是新人文主义,就是那个普遍而永久的人性,就是那个能够在自然法则与人的法则之间达取平衡的理性,就是一种适度的法则。正如白璧德所指出:"出于最实用的目的,适度的法则是最高的人生法则,因为它限制并包含了所有其他法则。""人文的心智若是还保持健全,则必须在统一与杂多之间维持最佳的平衡。"①这是说,"一个人文主义者同等地防范着过度的同情和过度的选择,防范过度的自由与过度的限制;他会具有一种有限制的自由,以及有同情心的选择"②。这个对于适度法则的肯定和寻找,易于让人想起儒家的中庸之道,也会让人想到儒家的伦理。本来,白璧德在构建他的理论大厦时,就是以孔子学说作为其思想来源之一的。他在《民主与领袖》一书中曾经认为孔子不仅始终是一个人文主义者,而且是一个道德意志之完人。因此,当梁实秋在认同白璧德理论的同时,自会遵循其话语建构中指

---

①　欧文·白璧德《什么是人文主义?》,王琛译,载美国《人文》杂志社等编《人文主义:全盘反思》第16页,18页,北京三联书店2003年。

②　欧文·白璧德《两种类型的人道主义者——培根与卢梭》,赵燕灵等译,载美国《人文》杂志社等编《人文主义:全盘反思》第38页,北京三联书店2003年。

示的路径,在内在精神气脉上向往孔子的中庸之道和人伦学说。正因为如此,他才会感慨万端地坦言:"儒家的伦理学说,我以为至今仍是大致不错的,可惜我们民族还没有能充分发挥儒家的伦理。"①我认为,沿着这样一条路径去思考,那么梁实秋对有关文学纪律的提倡就必然转化为一种艺术的伦理,就必然在文与人之间偏重于对人之伦理维度的强调,也就是强调现代文人首先要遵循一个人之为人的道德标准或尺度。他认为,文人应该成为有行的文人,因为无行的文人是堕落的,是不道德的。这个意思曾在其《文人有行》一文中表达得非常强烈而清楚。因此,我认为,梁实秋在文学批评中要复兴或重构民族文化之"道"的作法是值得肯定的,但是他在寻找民族性的思想资源时,一意偏重于对儒家伦理的强调,我认为,这个路径和方向存在一定程度的失误。他理应寻找一种更为通达的道,能在思的澄明境地中让人领悟到一种更为玄远之境的道,因为现代中国文学与文化的构建需要一个更为悠远和富有包容度的话语空间。那么,这是一个怎样的道呢?我以为,在中国文化语境中,这个道只能是道家之道。因为在我看来,比起儒家所谓人伦之道来,道家之道乃是一个更为带有根本性的道,在中国文化的审美建构中,它的影响尤其重大,也尤为旷达,而这,正能提供中国文化之现代性转型与现代文化构建途中所需要的思之空间。但是,由于受到他的导师白璧德将道家思想与西方浪漫主义相比附的影响,他在《现代文学论》等文中尽管也承认道家思想在精神上主导了中国审美文化的发展,但又认为它表现在文学上的只是一种出世的思想和皈依自然的思想②。而这,正是与新古典主义精神相违背的,所以梁实秋自会失去对道家之道的深层领悟。

---

① 梁实秋《现代文学论》,《梁实秋文集》第 1 卷第 399 页,鹭江出版社 2002 年。
② 关于这方面较为详尽的论述,请参阅高旭东《梁实秋:在古典与浪漫之间》第 216—221 页,文津出版社 2005 年。

综上所述,我认为,梁实秋早期对于白璧德新人文主义理论的运用还是一种直接的借鉴和套用,并没能达到一种对其进行适度反思和化用的思想境地,他在对于新文学之现代性的历史感知方面尚缺乏一种历史的眼光,这种眼光毋宁是现代的,而非反现代的。与此相应,他在对于中国文化之道的领悟上,也缺乏一种较为从容的美学涵养和人文品格。故而,我认为,倘若仅仅立足《现代中国文学之浪漫的趋势》一文来观察,那么,梁实秋对五四新文学的批评正是在有所感悟与感悟不够之间徘徊着。我想,如果他在以后的文学批评途中不对此进行充分反思并给予适度的理论调整,那么,这种徘徊不前的思之状态定会成为他批评途中的一种宿命。而这,制约了他成为一个现代中国文学批评大家,本来,以他的理论学养和艺术天赋而论,他是有可能成为这样一个批评大家的。

梁实秋文体的文化透视

从"戏墨斋"少作到"雅舍"小品

——梁实秋的几篇佚文及现代散文的知性问题

一、从《癸亥级刊》说起

　　三年前的一天,我在中国科学院文献情报中心开架的人文社科图书中随意翻阅,偶然地发现了一本早期清华的学生刊物《癸亥级刊》,封面题"民国八年六月清华癸亥级编"。按照当时清华学校的学制,学生必须连续修满中等科四年、高等科四年课程方可卒业。癸亥级学生于民国四年即1915年9月入中等科,而"以毕业高四之年当在西历一千九百二十三年夏,干支在癸亥,故定名曰千九念三级,又名癸亥级,或称念三级,则省文也"——《癸亥级刊》所载《级略》如此解释说。这和今天内地的指称有所不同。我们现在是那一年入学即以该年名"级",那一年毕业又以该年名"届",如1978年入学称"78级",该级于1982年毕业,又称"82届"。所以当年清华学生的"级"相当于我们今天所谓"届"。

　　《癸亥级刊》是清华癸亥级学生 1919 年中等科课业结束时的纪念刊,总编辑是吴景超。该刊的《发刊词》说:"吾癸亥级同学,……幸于今夏得完中学课业。吾同学感师友之热诚,念造诣之不易也,谋所以纪念之者。于是有《癸亥级刊》之作。内容凡分五门:一曰《级略》,记吾级四年来经过之大事也。二曰《艺林》,载级友平日之述著,所以示成绩也——是门复分五类,曰'论坛'、曰'风土志'、曰'游记'、曰'调查'、曰'演讲录'。三曰《译丛》,迻译西洋之名著,藉长见闻,复资练习也。四曰《杂俎》,凡级友遣[遣]兴之作皆入之,所以资观感也——是门共分四类,曰'小说'、曰'琐谈'、曰'谐铎'、曰'补白'。五曰《教员录》及《同学录》,载师友之姓名籍贯,其已故级友,亦为之立传附于后,所以志不忘也。"(原文有圈点而无标点,此处改为标点,下同)此外还附载了癸亥级的级旗图案、英文欢呼词和英文级歌(欢呼词和级歌歌词均为林玉堂即林语堂所作,按林是校长派给该级的"顾问",大概相当于今天的辅导员吧),以及级友的个人小照、级刊编辑职员的合影等。扉页有隶书"勿忘国耻"四字,这可能因为清华学校是用庚款建立的,并且级刊印制期间正是五四学生爱国运动高涨之时。

　　《癸亥级刊》可能是清华学校最早的学生刊物之一。由于该刊是级友集资印行、仅供个人存念之物而未公开发行,所以各大图书馆少见收藏——连清华大学图书馆也不见存留。从此本封底加盖的"中国书店定价签"推测,它可能是上世纪 80 年代从私人手中散落旧书肆,而被当时的中国科学院图书馆即现在的中国科学院文献情报中心购入的,现在算是非常稀见的文献了。清华癸亥级学生可说是济济多士,其中不少人如梁思成、孙立人、顾毓琇、吴景超、全增嘏、吴文藻等,后来都卓有成就,声名赫赫,而清华八年乃是他们人生的起点,《癸亥级刊》则或多或少记录了他们青少年时期的行迹以至于心声。八十多年后再翻看他们郑重编辑的这本纪念刊,仍可感受到他们青春韶华时期求学救国的热忱和跃跃欲试的生气。

　　从《癸亥级刊》看,一个名叫梁治华的人颇为活跃,因为他是该刊收录文章较多的人之一。梁治华并且自题其室曰"戏墨斋",他也确是癸亥级学生中比较喜欢舞文弄墨的人。

二、"戏墨斋"少作校读

　　这个"戏墨斋"主人梁治华就是后来著名的文学批评家、翻译家和散文家梁实秋先生。在《癸亥级刊》的《同学录》一栏中就分明地填写着:姓名——梁治华,字号——实秋,年龄——十八,籍贯——京兆大兴。所以"戏墨斋"主人的几篇文章确属梁实秋先生的文字,而且可能是现存梁先生最早发表的文字。查余光中、陈子善两先生合编的《雅舍轶文》(中国友谊出版公司,1999)亦未见收录。三年前偶然看到这几篇文章,我曾经请教过致力搜集梁氏佚文的陈子善先生,他说肯定是佚文,并托我代为检出。但不巧的是,我稍后恰恰丢了那本有记录的笔记本,而凭记忆去查找,无奈记忆并不准确——我把《癸亥级刊》误记为《辛酉级刊》了,所以我虽然两次去查,都查不出,而到原来的书架去翻检,也不见踪影了。事情也就这么拖下来。直到上个月在河南参加中国现代文学文献问题研讨会,又遇到陈子善先生,再次说到这几篇佚文,令我惭愧无地。回来后下决心去找,终于在网上通过"级刊"两字在中国科学院文献情报中心的馆藏目录中,找到了这本标明是清华学生编的《癸亥级刊》,始知自己记忆有误,前去复制时发现这本刊物已被移藏于善本库中了。现在就把这几篇梁氏少作略作整理,依次录呈如下。因为原文无标点,为便阅读,所以以意逆志地代加了标点;文字间有校理,放在[ ]号内随文标示;其他需要略作解释之处,则附识于每篇原文之后。

胸　战

春雪降，天气骤寒。时已近午，而雪未少杀。檐上麻雀，三五成群，啾啾而鸣，一若久未得食者。窗外凉风彻骨，一片白色，景乃绝惨。屋内喧哗聒耳，盖四五学生围炉取暖，谈锋正纵也。所谈皆校内笑柄。如某教师之被哄也，某生带箧带之被罚也。每毕一语，喊声笑声鼓掌声，杂然并起，而窗外之鸟声，似亦与之相应答。

某生提议曰："诸君少安毋燥[躁]。余有一言。"众趣之言。乃曰："吾等今晨已上三堂矣。诸君得勿饥乎？"众齐曰："饥甚。""校内饭食太劣，诸君得毋厌之乎？"众又齐曰："厌之甚。"某生乃从容而言曰："然则赴售品所食物乎？"此语一出，屋内又大哗，细辨之则皆赞成之声。于是蜂拥而出。

中有李生者，留室中，独不去。众强之，坚不可。某生曰："汝岂阮囊艰[羞]涩耶？不然，大丈夫宁做守财奴耶？吾视汝神色枯槁，腹必饥甚。亏汝读过生理，不知枵腹攻读有碍卫生耶？且学校饭食不堪下箸，此尽人皆知。汝必不肯失者，果何意欤？售品所物美价廉，有口皆碑。尤以豆浆鸡汁肉角[饺？]等为最。不独滋味适口，抑亦强壮身体。现际天寒，啜豆浆，嚼肉饺，集二三知己，促膝而谈，乐且无穷。汝必欲埋首书案，岂非大愚？今为汝计，试一行。吾适自家内汇到现款，不忧贫也。"

李生骤聆此一番议论，不觉心动。去乎留乎？忽而去矣，忽而留矣，神志恍忽[惚]，不由自主，心中不啻分为两党。及哀的美敦书一下，则开始胸战矣。

去乎则钱何自而出？食他人之物，则迟早必回报。吾正经用费，尚觉窘急，何暇为此乎？明日考读本文法，尚毫未预备。再不用功,则瞠[瞠?]目不能答时,悔之晚矣。且天又大雪,时又近午餐。冒风雪贪口腹之欲,舍正餐购零星之食,于习惯、身体两无所取,奈何赴售品所作无益之行乎?

思至此,良心大胜。旋再思,则私欲来袭,而良心又泯。于是豆浆之味,俨在口中;肉饺之盒,俨在手内——仍以去为佳。

李生如是痴想,呆坐不动。私欲卒为良心所胜,拟即谢绝,而私欲犹时时来袭。故吃吃终不能决定。

群生睹状乃大笑,益促之行。李生正无可奈何之际,有张生趋入,持信与李生曰:"此君之家信也。"李生乃曰:"诸君盖少假片刻,俟余一读家书可乎?"众喏之。乃徐展其函,内曰——

吾儿知悉:上学期汝校报告汝之成绩不佳。英文文法皆列下等。据汝云是教师之不公,而吾意以为仍是汝之咎。吾知汝自负聪明,不肯虚心。以后切宜痛改。聪明用之正途,方有成效;用之邪路,不可救药。汝自幼颖慧,复知用功。近何以顿易操守耶?青年不再,努力用功,有厚望焉。至于品行方面,尤须注意。汝上学期用款已逾百元。试思我家所入,才有几何!而吾所谓俭,非啬之谓也。售品所尽可不去,一日三餐,不致不足。汝校饭食,又较为优美。须知食不按时,最有碍卫生。汝非愚骏,毋庸赘述。总之以后须用功节用,方不负吾之望也。此致李儿。父字。

李生阅毕,良心得奥援,私欲大败而回。胸内战争既终结,遂正式宣布曰:

"诸君恕我,今日不能奉陪。"

众怒甚,咸曰:"脱早言者,胡纠缠为!彼欲葬身书卷内,于吾何干!已十一点半矣,趣速行。"于是呼啸而去。

众既去,室内万籁俱休。李生心如死灰,颓然静坐,似有所思。思极则长叹一声。遥闻村犬狂吠,若助之叹息。雪降益剧,鸟声啾啾然,似表示其饥肠之辘辘。

　　当啷!当啷!铃声振耳,午餐之时届也。一达李生之耳,即狂奔而出,直赴食堂,连食五碗,鼓腹而出。

　　本篇收在《杂俎》门的"小说"类。这确是一篇小说——虽然还使用着文言,但不复是"某生体"的滥调,而是反映现代校园生活的现代小说,就其题材而言,可说是现代文学史上较早出现的"校园文学"。作品所谓"胸战",大约相当于后来人们常说的"内心矛盾"、"思想斗争"。一个来自不富之家的学生,面对着可口的美食的诱惑,自然难免产生一点"胸战"。这样的"胸战"当然说不上多么深刻,但生动真实而笔调诙谐,把一个穷学生的矛盾心理写得活灵活现,可能带有梁实秋的自我体验和自嘲,也未可知。关于文字的校勘,因为没有它本可以对校,只能本校和理校了,所以有几处近乎猜测,我也拿不准。如"肉角"或许当作"肉饺",下文有两处即作"肉饺"可证。但就我所知,北方确有"肉角"这种食品的。同样的,"瞪目不能答"之"瞪"或许当作"瞠"——然而"瞠目结舌"与"目瞪口呆"岂不是语义相近?所以我也不知怎样才算对。还有一点可能多余的话,那就是本篇有两处乍看似有错讹,其实可以肯定是不错的:一是"故吃吃终不能决定"之"吃吃"并非"迟迟"之笔误,在这里"吃吃"是说话结巴之意。古人很早就有这种用法,不过写作"期期",著名的例句见《史记·张丞相列传》:"昌为人吃,又盛怒,曰:'臣口不能言,然臣期期知其不可。'"晚近则多作"吃吃",如《聊斋志异·瞳人语》:"士人忸怩,吃吃而言曰:'此长男妇也。'"不过,本篇中的李生并不像张昌那样是生理上的口吃,而如《聊斋志异》中那个士人一样,是出于心理上的"忸怩"或"胸战"而口吃——吞吞吐吐也。二是"午餐之时届也"的"时届"不是"时节"之误植,此处的"届"是动词,"时届"即"时间到了"之谓。

戏墨斋丛话

我国字学，由来久矣。历代莫不尊崇。科举时代，尤为注重。近数年来，学子兢兢于西学，而所谓书法者，殆无问津者焉。呜呼谬矣。我国字学，美术之一也。

文明日昌，美术岂有荒废之理。且我国习俗，字学常能代表一人之学问。字如涂鸦，望而知为斗筲之辈；行列整齐，常可断为饱学之士。至善书者，尤能受社会之欢迎。然则字学又为社会上之应酬品，当无疑义。由此观之，书虽小道，岂可忽哉！岂可忽哉！

士[工]欲善其事，必先利其器。书又何尝不然。今之学者，每购价一二角之字帖，朝夕摩写，其志固可嘉。顾此种字帖，皆翻刻极劣之本，即摩临极似仍不免笔笔死滞，焉能入大雅之堂。原拓碑帖，佳本极少。而珂罗版，现甚盛行，所印碑帖，酷似原本，远胜罪当万死之翻刻本也。

学书宜先从腕力入手。腕虚则指实，指实则全身精力毕集毫端。颜、柳各帖，最宜临摹，然后字方有骨。既有骨再讲结构。横平竖直，以立其体。多临欧、虞，以壮其势。精研魏碑，以博其趣。旁及晋帖，以活其气。然后潜心行草，以得其变化出入之神。细参汉隶，以厚其神采焕发之气。上通篆分，以清其文字沿革之源。书至于此，几乎能矣。

帖欲其佳而纸欲其粗，墨欲其美而笔欲其恶。此中三昧，不足为外人道也。而学者每坚持伯喈非流纨体素不妄下笔、子邑之纸研染辉光、仲将之墨一点如漆之论，不知伯喈子邑之事，皆就学成者言之耳。若初学者，即付之以光纸佳笔，不但不能用之，进步反将迟缓。须知善书者不择笔，学书者不择纸。至于墨则不论已学未学,皆须精选。最忌墨汁,以其粘滞无神也。东坡每起必研墨一斗,供一日之用。学者知所指矣。

学书贵有恒心。一曝十寒、朝秦暮楚,而欲其字之精,是犹缘木而求鱼也,岂不悖哉! 须知摹写成习,则欲罢不能。若觉索然寡味,则尚未得其门而入者也。学书尤宜于冬日。盖取其天寒手冻,腕指不灵,而春气上升,书亦暴长矣。此言屡试不爽。

汉隶之佳者,多至百余种。区之可得为二。一体格方整者,此种类皆意态高古,笔法绝尘——就中以《张迁碑》、《礼器碑》、《华岳庙碑》等为最。一为姿势美媚者,此种类皆态度自然,耐人寻味,而常失之弱——就中以《曹全碑》为最。学隶者宜先从前者入手,前者精后者亦不难幸致矣。

昔人尝言:有功无性,神采不生;有性无功,神采不实。真破的之论也。吾独谓与其有性无功,不若有功无性也。有功无性,横平竖直,整齐严肃,尚不失为规矩;有性无功,则浮弱无力,似是而非,胆大妄为,不知伊于胡底矣。

苏字最难工。学者每求形似,致用偏锋。不知苏字笔笔中锋,若用偏锋则笔势塌倒,神格俱败矣。此种诀窍,非有名师指导,必致流入迷津。

包慎伯尝云:真书能敛书入毫。使锋不侧者,篆意也,能以锋摄墨;使毫不裹者,分意也。余初黄怪其言之无据。近博览周石鼓、汉分碑,再间临真书,果见有篆分之意。惟尚不能运之纯然、自然流露耳。

大字小字,互相为用。前人论之详矣。写小字能从容有余,写大字能不为所摄,便是能手。

执笔之法,聚讼纷纭,而不外悬肘、虚掌、实指之法。悬肘则笔画自然,虚掌则腕可活动,实指则笔与■[身?]连为一气矣。

　　本篇收录在《杂俎》门的"琐谈"类中。作者所谓"字学"即书法。在那个时代,习字是学生的日常功课,梁实秋进的虽然是洋气十足的新式学校,不设书法课,但其父对他的国文修养和书法学习很重视。据梁实秋回忆,他在清华期间,艺术趣味"在图画音乐上都不得发展,兴趣便转到了写字上面去。在小学的时候教师周士暘(香如)先生教我们写草书千字文,这是白折子九宫格以外的最有趣的课外作业,我的父亲又鼓励我涂鸦,因此我一直把写字当作一种享受。我在清华八年所写的家信,都是写在特制的宣纸信笺上,……有一天我和同学吴卓(鹄飞)、张嘉铸(禹九)商量,想组织一个练习写字的团体,……众谋咸同,于是我就着手组织,征求同好。我的父亲给我们起了一个名字,曰:'清华戏墨社'。大字,小楷,同时并进。包世臣的《艺舟双楫》,康有为的《广艺舟双楫》成了我的手边常备的参考书"(《清华八年》,《梁实秋散文》第一集第 227—228 页,中国广播电视出版社,1989)。由此可知青年梁实秋的斋名"戏墨斋",脱胎于一个小小的书法团体'清华戏墨社'。本篇就是他当时学习书法的一些体会。其中的书学见解当然不是一个中学生的创见,而是清中叶以来书坛的主流意见。按,有清书学,至阮元南北书派之论出,扬北抑南、尊碑贬帖的趋势开始形成。从包世臣的《艺舟双楫》到康有为的《广艺舟双楫》之不断的发挥,这种主张几不可移,民国初年仍然如此。然而西风东渐,尤其是新文化运动的突起,使古老的书法艺术受到了前所未有的冲击。在激进的新文化论者如钱玄同的眼中,"中国文字,断非新时代所适用"(钱玄同致曹履恭,《新青年》第 4 卷第 2 号,1918 年 2 月 15 日),因而他主张废除汉文,改用更为合乎"进步"理想的世界共同语"爱死不难读"(Esperanto)。既然连汉字都被视为必欲废除的落后之物,则汉字特有的书法之艺术的地位也就不可避免地遭到了根本的质疑。

值得注意的倒是在这种情况下，居然有一位中学生站出来批评说，“近数年来，学子兢兢于西学，而所谓书法者，殆无问津者焉。呜呼谬矣”。并如此呼吁：“我国字学，美术之一也。文明日昌，美术岂有荒废之理。”这颇有一点初生牛犊不怕虎的劲头。另按，本篇的末句“实指则笔与■连为一气矣”，中间■处漏排了一字，参考同篇中另一句“指实则全身精力毕集毫端”，则末句漏排的可能是“身”字。

在“戏墨斋”中舞文弄墨的梁实秋，还写过这样一篇有趣的文章——

驱 蚊 檄

维年月日，帐中主人，率挥麈[麈]客、惊鸿君，移檄告汝蚊之灵曰：主人心存忠厚，性实爱生。么[幺]麽小虫，从不深究；冷血动物，当从矜宥。彼如献媚乞怜，逞蝇营之惯技，横行无忌，恃蠡贼之微能——念汝丑类，忝[恬]不知耻！细腰而长喙，昼伏而夜出，孑然一身，蜉蚰同命，逍遥乎帐中，何预乃公，嬉游乎席侧，未肯驱若。不意雷鸣群聚，雾集纷飞，蝴蝶之梦正酣，蜂蝎之毒乃见。人为鱼肉，汝为虎狼。任人痛痒，恣尔贪婪。呀呀而来，蝘喝而去。长此以往，人何以堪！呜呼，蚊耶蚊耶，汝无知耶？蚊耶蚊耶，汝无灵耶？岂不知人为万物之灵，而自来送死耶？抑与我三生有隙，故来扰我清梦耶？我为汝计：甘露满天，香花在树，汝腹极小，一饱易求，胡为乎肆此宵征——张其利嘴，诩负山之力，种露筋之仇？吾人劳苦，日有百为，倦极酣眠，何预于汝，而汝吸其血，食其肉——当自谓此间乐矣？老夫之肉，其足食乎？汝宜觅地他适，毋扰乃公！三日之内，毋留只影。三日不能至五日，五日不能至七日，七日不能，是终不肯徙也！主人将燎塞北之草，燔岭南之枝，焊秦州之涸，为西洋之涯，碎汝脑，粉汝骨，断汝形，解汝肢,馨汝噍类而无遗。其无悔!

本篇收录在《杂俎》门的"谐铎"类中。显然,这是对韩愈《告鳄鱼文》(按,韩集及其选本一般作《鳄鱼文》,而据姚范说,韩氏此文篇首有"告之"云云,当题作《告鳄鱼文》,此从姚说)的模仿,连韩文中"三日不能至五日,五日不能至七日,七日不能,是终不肯徙也"的文句都直接搬用过来了。在过去,通过模拟经典作品来学习作文,是常用的方法(韩愈的《告鳄鱼文》就是模仿司马相如《喻巴蜀檄》的),所以这在过去是视为正当、不足为病的。事实上,在过去人们并不掩饰自己对经典的模拟,如《癸亥级刊》上刊在《驱文檄》前边的《滑稽先生传》(戴修骅作),就在题下径直标明是"仿《五柳先生传》"。我们当然不必拿一个十八岁的学生的习作来与作文老手韩愈比高下,但二文也确有一些区别:韩文是散体,梁文近骈体;韩愈身为刺使,打着为民请命的旗号,来头不小,口气很大,梁实秋不过一个学生,只为不胜蚊子之扰而作文驱之,属于游戏文章,所以其文笔极尽诙谐之能事——对小小蚊子软硬兼施、正告与哀求并用,而且自称为蚊子的"乃公"——读来让人忍俊不禁。自然,年轻的作者驾驭骈偶文体难免吃力,文气的转折时有照应不周处,所以点读起来让人有些顾此失彼。此处标点未必妥当,仅供参考。另,本篇开首"率挥塵客、惊鸿君"一句中的"塵"似应作"塵",可能因为形近而误排;所谓"挥塵客、惊鸿君",大概是驱蚊、掸尘、搧风之具如传统的塵尾、羽扇之类物事的拟人化。这种拟人化的想象方式,自《庄子》、汉赋直至韩愈的文章中,类皆有之,如韩文《毛颖传》即是——《毛颖传》在拟人化想象方式和诙谐笔调上,可能也启发了梁实秋的这篇《驱蚊檄》。

此外,在《癸亥级刊》中还有梁实秋写的八条补白文字。该刊目录上列有"补白十则",但未见细目,所以这八条补白文字(其余二条是李迪俊写的《涤镜谜话》和吴景超写的《苦乐不均》）"隐藏"在《癸亥级刊》中，不大容易发现——我以前只偶然翻到两条，直到前几天为写这篇小文而去复核时才发现了其他六条。从文体上看，这些补白文字近乎传统的"笔记"，所以现在统名之曰《笔记八则》，并按照刊载的顺序为之统一排序，录呈如次。

笔　记　八　则

一、学生妙语

有人问一小学学生曰："汝校课程若何？"答曰："英国历代地图。"问者茫然。学生曰："英文、国文、历史、代数、地理、图画也。"

二、或问

或问："婴孩落地即哭，何也？"或答之曰："人生与忧患俱来，安得不哭？"

三、名言

希腊大儒苏格拉底有言曰："天赋吾人一口、两耳、两目，盖欲吾人多闻、多见而少言语也。"此语虽近诙谐，而有至理。

四、钱牧斋之门联

钱牧斋于明季尝自书门联云："君恩深似海，臣节重如山。"鼎革后尚未除去。好事者于每联下加一字："君恩深似海矣，臣节重如山乎。"钱见之大惭。

五、"南无"、"子曰"

毕秋帆尝遇一僧,问曰:"汝日日读经,知一部经中,有多少'南无'否?"僧曰:"先生日日读《论语》,知一部《论语》有多少'子曰'否?"毕不能答。

六、嘲麻子

或集《四书》句嘲麻子云:"卒然见于面,日月星辰系焉。"闻者绝倒。此语与"不是君容生得好,老天何故乱加圈"又有别矣。

七、某塾师

岁暮,某塾师望东家明年复聘。因问其徒曰:"《四书》中'先生'尝几见?"徒不能对,归问诸父。父明师意所指,因教之云云。明日又问,徒以"十见"对。令数之。乃曰:"'先生以仁义说秦楚之王','先生之志则大矣','先生以利说秦楚之王','先生之号则不可','从先生者七十人','见其与先生并行也','有酒食,先生馔','待先生如此其忠且敬也','先生何为出此言也?''先生将何之?'"师闻之,嗒然若失。

八、江艮廷[庭]

苏州江艮廷[庭],精于小学。书药方,必书篆字。药肆人多不识。江怒曰:"不识篆字,便欲开药店耶?"其偏僻如此。

这八条笔记既有对生活的直接观感,也有得自于书本的逸闻趣谈。这表明年轻的梁实秋是个注意观察生活的人,并且养成了良好的读书习惯。他所札记的名言逸闻,大抵都有所本。自然,也难免个别的笔误,如江艮廷似应作江艮庭,即清代经学家、小学家江声(1721—1799)。江声号艮庭,取《周易》"艮背"之义;他是江苏元和(今江苏吴县)人,师事惠栋,宗汉儒经说,好《说文解字》,据说他写信皆篆书,生平不作楷书,其为人的"偏执孤僻"是出了名的,与梁实秋所记正合。第七则杂集《论语》、《孟子》语句,即成讽刺,构思颇为慧黠。

三、诙谐之后:关于《雅舍小品》及"知性散文"的一点感想

从上述诙谐的文字中,大体可以看出梁实秋当年的兴趣与性格:喜欢读书与写作、注意观察和思考,不人云亦云,性格开朗而诙谐。这些品格在他成年之后得以保持和发展。上世纪60年代,梁实秋在其长文《清华八年》中曾详尽地回忆了他在水木清华度过的青春岁月,深情款款,及于草木,却一字未提他的这些少作。这不难理解,晚年的梁先生已著作等身,被尊为文坛祭酒,在他的眼中,青少年时期的习作自然不算什么了。我们今天知道了这些,当然有助于认识他的成长,但也不必夸大它们的文学价值。应该说,梁先生对中国新文学真正重要的贡献,是在这些少作多年之后,那才是我们应该关注和研究的重点。

那贡献之一就是他自1939年以后不断推出的"雅舍小品"。

"雅舍小品"确是中国现代散文中难得的精品,它们始作于艰难的抗战岁月里,在看似无关宏旨的风趣漫谈中,传达出对于生活本身的丰富情趣和富有同情的理解,这不正是一个民族的气度和力量的表现么?就现代散文的发展而言,"雅舍小品"的出现可以说是一个标志性的重要事件——它标志着独具一格的"知性散文"在现代中国文坛的成功崛起。

在最近所写的一篇读书札记中,我简单追溯了"知性散文"在现代中国的发展轨迹:

在五四文学革命时期产生了两个公认的现代散文类型，一是批判性的随感录即杂文的前身，一是艺术性的美文，又称随笔或小品。而后者按周作人所说，"这里边又可以分出叙事与抒情，但也很多两者夹杂的。这类美文似乎在英语国家里最为发达"（《美文》，1921年6月18日《晨报》）。但其实不论在西方还是在五四前后的中国，富有艺术性的散文都不止于"叙事与抒情"。胡适在1922年即指出："这几年来，散文最可注意的发展乃是周作人等提倡的'小品散文'。这一类的作品，用平淡的谈话，包含着深刻的意味；有时很像笨拙，其实却是滑稽。"（《五十年来中国之文学》，《胡适学术文集·新文学运动》第160页，中华书局，1993）所谓"用平淡的谈话，包含着深刻的意味"就不是"叙事与抒情"的风格，而显然更富知性，周氏兄弟的某些既非杂文又非抒情与叙事的散文，就是以亲切的人生漫谈而彰显出这种风格的，风格近似的还有梁遇春的《春醪集》和朱光潜的《给青年的十二封信》等。但在当时和此后相当一段时间，这类散文的独特风格却一直没有得到确认和独立的发展。三十年代的散文除了新增加的报告文学外，以战斗的杂文和抒情的以及幽默的小品为主要取向，而知性的人生——人文漫谈甚为少见，只有温源宁以英文撰写而被译成中文的《不够知己》聊备一格。直至四十年代，这类散文才获得了显著的发展，就中颇为杰出的便是梁实秋的《雅舍小品》、钱钟书的《写在人生边上》、冯至的《决断》、《认真》诸文以及李霁野的《给少男少女》等。他们都形成了各自的风格。梁实秋漫谈人情世态，简劲通脱；冯至分析实存状态，严肃深沉；钱钟书俯察人生诸相，机智超迈；李霁野指点人生迷津，风趣通达：凡此皆卓然不群，独步一时，并且都保有文章之美而不陷人于理障。

这些别具一格的散文在近年已经引起了人们的关注，但关于它们"别具一格"的所在迄今仍然含糊不明。有人注意到此类散文中的智慧、学问和书卷气,并追索到其作者从而称之为"学者散文"。这诚然于此类散文的独特品性有所感知,但距离准确的定性似乎尚有一间未达。窃以为称之为"知性散文"或许更为切当些。所谓"知性",当然有相对于理性和感性而言之意,但在此我无意强调它的哲学意义如老黑格尔所言。其实我所说的"知性",乃指融会在此类散文中的一种不离经验而又深化了经验的感受力、理解力,因为它既不同于理论论述的理性化、抒情叙事的感性化,甚至与激情意气有余而常常欠缺理性的节制及"有同情的理解"的论战性杂文也迥然有别,所以姑且借用现代诗学中的知性来指称它。如果说杂文着重表现的是批判性的激情和社会意识,抒情叙事散文着重表现的是感性的经验与情感而且一切常被"诗化"了,那么知性散文表达的则是经过反省和玩味、获得理解和深化的人生经验与生命体验。正因为所表达的不离经验和体验,所以知性散文仍保持着生动可感的魅力,又因为所表达的经验与体验业已经过了作者的反复玩味和深化开掘,所以知性散文往往富有思想的魅力或智慧的风度。诚然,写作这类散文的多是学者型的作家,知性散文其实就是他们所"历"、所"阅"与所"思"的艺术结晶。作为生活的有心人,他们当然也不乏直接的生活经验并且注意观察人生,但较之一般散文家,他们从广泛阅读所得的间接经验及其人文素养无疑更为丰厚,而由此养成的对人生、人性、人情以至于历史与风俗等等的理解力和分析能力,也较其他散文家更为健全些或者深刻些。此所以在他们的散文中不仅多了一般散文所没有的博雅之知与浓厚的书卷气,而且对人生较少执一不通的偏见,而更富于有同情的理解与豁达的态度。或许正因为如此,知性散文往往以富于开阔而且开明的人文主义心态见长。

　　知性散文在四十年代的显著崛起是一件颇有意义的事情：它有力地矫正了被杂文的刻薄褊急、抒情散文的感伤煽情和幽默小品的轻薄玩世所左右了的三十年代文风，恢复了中外散文艺术之纯正博雅的传统，不仅拓展了中国现代散文的天地，而且为之注入了开阔而且开明的人文精神。那精神在周氏兄弟二十年代的散文中曾经出现过，可惜在三十年代几乎失传了。

　　古语云："世事通明皆学问，人情练达即文章"，说的大概就是这类既富人生智慧又有人情味的好"文章"吧。

我得老实承认，当我写下这点感想、生造出"知性散文"这个概念的时候，我首先想到的并引为典型的便是"雅舍小品"。

2004 年 11 月 25 日夜于清华园

梁实秋散文:绅士风中的家常味

陕西师范大学 马 萌 李继凯

在世人的眼中,"闲适派"散文一脉的重要作家梁实秋,绝然是一个名士,一位"绅士型"的作家兼学者,烙印着中西文化模塑的深湛印记。梁实秋后半生避居台湾,在一次演讲时仍被报刊记者描述为"服装整洁,风度翩翩,为一绅士型学者"。他本人也曾写过一篇题为《绅士》的短文,认为绅士的行为方式和处世态度是为人的至高标准。可他自己对那位报刊记者的记载却觉得很有趣,给予了日常化的调侃:"好家伙! 风度无论矣! 服装则唯此一套,裤腿成口袋形,灰呢上的白线条半隐半显,还算是整洁,则其他教授作何模样可以想见,岂不惨哉!"据他的幼女梁文蔷形容,梁实秋对自己的服装并不考究,"一切以舒适为原则,旧衣旧鞋子可以穿上二三十年",因此常被妻女批评为"邋遢"①。其实,梁实秋的仪容和服饰,在常常布衣鄙履的文人学者中间,客观地说,实在算是中上之人了。当然更重要的是他内在的绅士气质与常人常态的复合,并凝炼成其独具特色的一副笔墨,透露出别具一格的风味格调,这确是相当难得的。

---

① 梁文蔷《梁实秋与程季淑》第142页,百花文艺出版社2005年。

一

梁实秋散文能将绅士风与家常味相调和,从而显示了以雅为本,雅而能俗,以雅化俗的艺术特点。而这一特点的形成与其人格理想、文艺观点、生长环境显然有着密不可分的关系。梁氏出生于故都殷实之家,早年生活衣食无虞,常随其父遍尝京中美食。虽非豪门望族,家中却严禁子弟与下人来往。稍长即受到相当良好的教育,十二岁入读清华学校,二十岁负笈美国,受到新人文主义代表人物哈佛大学教授白璧德的指点。1926年,年近二十三岁的梁实秋甫一归国,就受聘于国立东南大学。这样的经历使他在成长的过程中酝酿了一种贵族式的优越感,与下层的生活和情感有着天生的隔膜和疏离。作为当时社会制度的既得利益者,梁实秋拥有着相对安稳和优越的物质环境,"对于现存的经济制度,现存的社会秩序,他缺乏一种政治变革的欲求,……传统文化的熏染和阶级门第的因素,使得他的整个人生观呈现出一种比较保守、温和、陈旧的色调"①,这也是他之所以能接受带有浓厚古典主义色彩的新人文主义思想的重要原因。这与同时代的其他人,尤其是以后投向左翼阵营或倾向左翼的处于下层的文人和知识分子——例如创造社诸君——的蜗居于都市贫民窟的窘困境况相去不啻霄壤。因之,双方的思想形态的发展判然两途也就不足为怪了,一

---

① 鲁西奇《梁实秋传》第4—5页,中央民族大学出版社1996年。

为"狂叛",一为稳健;一为浮躁凌厉,一为平易中和①。这一切都使得梁实秋发展为一个既有东方传统名士风习,又有西方现代知识分子特征的"绅士",便成了势之必然。

然而,仅仅拿"绅士"两字来概括梁实秋,又是远远不够的。梁的家庭虽属殷实,却绝非豪门大族,他在成长过程中也并非完全的脚踵离地,断绝地气。在他的性格中有着贵族气,绅士味的一面。从他的散文中,我们可以清晰地感觉到,梁的幽默是一种在相当程度上与大众情感拉开距离的,有节制的,适度介入而又时刻保持着冷眼观照的文化姿态,犹如对着思考的人类微笑的"上帝"。然而同时,他的天性中又有着平易、冲和、澹静、超然的一种"家常味"。他热爱家庭生活的恬静与温馨,时时留意日常生活的点点滴滴,不愿冒险去破坏平静的生活,安于现状,维持现状多于要求变革。梁实秋在 1983 年 9 月 21 日给幼女梁文蔷的一封信中曾这样表白道:"我是一个 Family man 爱家庭的人(爱父母妻室儿女的小家庭,不是大家庭),我就怕离家,离家就皇皇然,不过因此就缺乏冒险进取的精神,一辈子庸庸碌碌老死于牖户之间。"②这种人生"家常味"恐怕才是这位曾经的新月派"首席批评家"的本真底色,也是他与其他"闲适派"一脉散文家的根本区别所在。

梁实秋散文"家常味"的形成,不仅仅缘于作者的天性,而且也有着散文文体上的学理依据。郁达夫在 1936 年出版的《中国新文学大

① 梁实秋曾在《谈徐志摩》一文中,这样谈到创造社诸人的情况:"创造社等人的生活状况,和志摩的,真是一个强烈的对比。这湫隘的住处,我也在一九二一年左右去过,民厚里是在哈同路,有民厚南里民厚北里,里内支弄甚多,纵横通达,一律是一楼一底房,是上海标准的上等贫民窟,的确是很难寻觅其门。我记得有一年暑假,我初访其处,那情形和志摩所描写的一模一样,只是创造社几位作者均见,坚留午餐,一日妇曳一花布和服,捧上一巨盆菜,内容是辣椒炒黄豆芽,真正是食无兼味,当天晚上以宴我为名到四马路会宾楼上吃豪饮,宾主尽醉,照例的由泰东书局的老伴赵南公付账。困苦的生活所培养出来的一股'叛'的精神,是很可惋惜的。但是席丰履厚的生活,所育煦出来的那种对'梦想的神圣境界'之追求,又何尝是健全的态度呢? 二都是极端,所以我说成一强烈的对比。"(《谈徐志摩》,见《梁实秋散文》第 1 卷第 177 页,中国广播电视出版社 1989 年。)
② 梁文蔷《梁实秋与程季淑》第 204 页。

系·散文二集》的导言中认为:"……我们的散文,只能约略的说,是
prose 的译名,和 essay 有些相象。"①中国现代散文,抒情性的作品诚然
为一大类,个性的发抒成为时代主流的艺术和思想的风尚,其数夥矣!
而那种接近于英美随笔,尤其是 informal or familiar or personal essay 的
作品亦不在少数。其特性在梁实秋、梁遇春、林语堂这样的,曾经留学
英美或在大学中攻读英美文学的作家身上,体现得更为鲜明和突出。
事实上,英美文学,尤其是随笔对中国现代散文和散文家们影响甚巨,
其作用是整体性的,内在的和深远的。当时就有人指出:"英国散文的
影响,在我们的智识阶级中间,是再过十年二十年也绝不会消灭的一
种根深蒂固的潜势力。像已故的散文作家梁遇春先生,且已有人称之
为中国的爱利亚了,即此一端,也可想见英国散文对我们的影响之大
且深。"②因此,中国现代散文实际上带着浓厚的随笔风味,这一点,梁
实秋的散文堪为代表。

　　美国文学批评家 M. H. Abrams 在他的 *A Glossary of Literary Terms*
一书中给随笔下了这样的定义:Any short composition in prose that un-
dertakes to discuss a matter, express a point of view, persuade us to accept
a thesis on any subject, or simply entertain,并把随笔分为"formal essay"
和"informal essay"两个类型,在"informal essay"中,作者通常以一种亲
切、平易的笔调来面对读者,喜欢谈日常生活甚于国家大事和公众事
务,其写法常轻松、自如、个人化,并时有奇思妙想(In the informal es-
say, the author assumes a tone of intimacy with his audience, tends to deal
with everyday things rather than with public affairs or specialized topics,

---

　　① 郁达夫《中国新文学大系·散文二集·导言》第3页,上海文艺出版社2003年影印上海良
友图书公司1936年。
　　② 郁达夫《中国新文学大系·散文二集·导言》第11—12页。

and writes in relaxed, self—revelatory, and sometimes whimsical fash-
ion)①。可见,体制的简短和取材的日常化是英美随笔的一个重要特
征,当然,这个"简短"是与长篇大论的正式文章相较而言的。近代的
随笔作家们已不再"在王公大人,惊心动魄的事情里面,或者良辰美
景,旖旎风光时节"或"自己的天外奇思,空中楼阁"中找出文学的材
料②(自然,情况也不能一概而论,有些散文家,如英国的 W. Hazilitt,他
们文章中的所谓 whimsical 还是相当明显的)。天性中的因素,加上留
学美国对英美文学的涉猎和研习,使取材的日常化在梁实秋的散文创
作中表现得非常明显,成为了"家常味"的一个重要的特征。

二

确切地说,梁实秋的散文创作是从《雅舍小品》开始的。虽然他此
前也曾出版过名叫《骂人的艺术》的文集,可那是一本在艺术上来说不
足为观的相当粗陋的书。集子中的文章是作者 1927 年在上海编辑
《时事新报》的副刊《青光》时所写的,大多数只不过是具有补白救急
性质的急就章,艺术价值并不大。

《雅舍小品》的出现,是作者由关注外在事功和外部世界转而回望
湛然心海,人生态度全面收缩和内转的结果,这样的"内转"则与他前
此的经历有绝大的关系,准确地说,是梁实秋人生中的两次转折促成
了这样的"内转"。第一次转折,便是与以鲁迅为代表的左翼阵营的文
学论争。现在看来,青年梁实秋并不缺乏积极进取的精神,在归国初

① M. H. Abrams,*A Glossary of Literary Terms*,文学术语汇编(第7版),外语教学与研究出版社,
汤姆森学习出版社 2004 年 8 月。
② 梁遇春《查里斯·兰姆评传》,《梁遇春散文》第 42 页,范桥、小飞编,中国广播电视出版社
1993 年。

期,他拥有的更多的是在文学批评领域内建功立业的满怀豪情①。然而,与左翼阵营(尤其是和鲁迅)之间爆发的那场文学论争,不能不说,是给了青年梁实秋一次重大的打击。关于论争本身,前人所述夥矣!是非曲直,在当代语境中,恐怕已不是首要要关注的问题了。值得注意的是,论争的劣势和"败北"(虽然梁本人从来都没有承认过这一点),对于一个意气风发,渴望在文学批评领域内建功立业,而思想尚未完全定型的青年才俊来说,打击可能是致命的,所造成的阴影则可能伴随其一生。梁实秋是一个相当倔强的人,即北京人所形容的"宁死棒儿骨","表示性格倔强到不可理喻的地步"。梁实秋晚年曾对自己的女儿感慨道:"我这个人做事如果做错了——就一直错到底",当女儿问他"那您不是太苦了吗?"时,他却斩钉截铁地回答"那没办法"②。虽然梁实秋终其一生也没有承认自己的失败,也再没有就这场论战发表过任何实质性的意见,但从他对鲁迅的耿耿于怀,对其人其文的苛刻评价,我们也可就此窥见一些端倪。毕竟,一个年仅二十多岁的青年,秉持着自己认为是万古至理的"人性论",奋起与一个组织化、集团化的左翼阵营——尤其是面对一个旷古未有的文学大师——孤军奋战,己方无人援手以助,其情势颇堪玩味。如果历史容许揣度的话,此时的梁实秋是否也有过对手曾经有过的"两间余一卒,荷戟独彷徨"的感喟呢? 这场论争的败北,使青年梁实秋的那颗渴望一展身手,蓬勃、躁动的心灵受到了沉重的打击,诱发了他天性中潜存的平

---

①　在1920年代末到1930年代初的三四年间,梁实秋先后出版了《浪漫的与古典的》(1927)、《文学的纪律》(1928)等论著,并在与徐志摩、叶公超等编辑的《新月》杂志上发表了《论思想统一》(第一卷第二号)、《论散文》(第一卷第八号)、《论批评的态度》(第二卷第五号)、《文学是有阶级性的吗?》、《论鲁迅先生的硬译》(第二卷第六、七号合刊)等重要的论文。尤其是那篇《论思想统一》,文章措辞凌厉,笔锋尖锐,作者抨击当局统一钳制思想的企图,毫不留情,高呼"我们反对思想统一!我们要求思想自由!",并公然反对国民党当局提出的建设"三民主义的文学"的文宣策略,其态度全然不似作者在以后的散文中那种平和、雍容、温文容与、纡徐自如的作风,俨然一个自由主义的"民主斗士"。

②　梁文蔷《梁实秋与程季淑》第86页。

和、澹静、超然的因子的复活、苏醒和凸显。是否可以这样说，在这场论争之前以及论争中的梁实秋，其实是走向成熟的梁实秋的思想形成的一个前奏与序曲，这似乎不宜理解为一个人遭受打击和压抑之后的消沉，而是他本真天性的回归，因为论争辩难本就不是梁实秋之所长。

论战的硝烟散去之后，梁实秋就再也没有兴趣介入到当时形形色色的论争中去，当然，他并没有认输，他仍然在坚持自己的理论。1934年他出版了《偏见集》，似乎是无意中用这样的形式为自己此前短暂的文学批评生涯作了一个总结。整个 1930 年代，梁实秋都处于这种"内转"之中。1936 年，他开始翻译莎士比亚戏剧，由关注当下回返古典。促成这个"内转"的最终完成的则是 1938 年的入川和又一场所谓"与抗战无关论"的文学论战。所不同的是，论战的主人公由主动出击变成了被动防守。抗战中的生活的困顿和颠沛流徙的经历，使"他的政治热情和理想在残酷的战争中被重重的击毁了……内心不仅滋生了一种人生无常的虚幻感"①。从根底上来说，梁实秋在政治上是一个自由主义者和保守主义者的结合体，而在文艺思想上，他却纯然是一个古典主义者。所谓的"文学与抗战无关论"，只不过是梁本人一以贯之的文艺思想的延伸和自然表达而已，因为在他看来"文艺的价值，不在做某项的工具，文艺本身就是目的"②，其实梁实秋并非一概的反对抗战文艺。当然，就像陈漱渝所说的那样："在那样一种敌人的刺刀对准了我们民族胸膛的血与火的年代，爱国作家究竟是应该'拿笔杆代枪杆，寓文略于战略'呢，还是应该继续在恬淡闲适之中来寻求艺术的人生情趣呢？如果我们谈问题不脱离特定的历史条件，应该是不难作出正确判断的。"③文学等同于宣传，或许就是文学在这一时代的必然使

---

① 鲁西奇《梁实秋传》第 7 页，中央民族大学出版社 1996 年。
② 梁实秋《论思想统一》，载《新月》第一卷第二号。
③ 陈漱渝《〈雅舍小品〉现象——我观梁实秋的散文》，见《梁实秋散文》第 1 卷第 4 页。

命,因为那是一个不容许考虑所谓"艺术性"的时候。生活的困顿,论敌的批判,加上此前的种种经历,使梁实秋酝酿已久的"内转"终于彻底的完成了,"入蜀是梁实秋人生态度的一个转折点,他开始从'兼济天下'转到了'独善其身',从追求外界事业的成功转到了追求内心生活的丰富"①。对文学批评的雄心,对政治的兴趣等等都已淡然远去,成了昨日黄花。

三

摆脱了对外在事功的执迷,梁实秋更加关注日常生活的点点滴滴和湛然心海上的一潮一汐。时代的风云变幻以及由此而起的内心激荡在其散文里表现得并不显著,他的散文集中表达的是他的自我人生和绅士风范,雅致闲适。其《雅舍小品》和续集、合集都体现了这种格调。这也就是说,梁实秋从《雅舍小品》开始到《雅舍谈吃》结束,其散文取材大体均不离身边琐事,周遭世相。这些文章既不是纯然的抒情叙事之作,也远离于"社会批评"或"文明批评",它们既不感时伤世,也不着力于揭橥国民劣性,其品性大体是一种作者对周遭世相和内在心潮的自我解说。这种"自语"便是梁实秋散文"家常味"第一个重要的特征,其例甚多,兹不赘述。但在"自语"中能够将其"家常味"与"绅士风"相融通,从而区别于庸俗无聊,这却是难能可贵的。

梁实秋还标举"简单"为散文艺术的至高标准,由此呈现出其散文"家常味"的第二个特征:"散文的美妙多端,然最高的理想也不过是'简单'一义而已。简单者,即经过选择删削以后之完美的状态",他力主"崇真实、尚个性、贵简单"的散文观,而要达到这样的境界,手段便

---

①　鲁西奇《梁实秋传》第 8 页,中央民族大学出版社 1996 年。

是"割爱"的原则。"散文艺术中之最根本原则,即是'割爱'。一句有趣的俏皮话,若与题旨无关,便要割爱;一段题外的枝节,与全文论旨不生关系,也便要割爱;一个美丽的典故,一个漂亮的字眼,凡与原意不甚洽合者,都要割爱。散文的美,不在乎你能写出多少旁征博引的穿插铺叙,亦不在词句的典丽,而在能把心中的情思干干净净直接了当的表现出来。散文之美,美在适当。"①"作文知道割爱,才是进入第三个阶段的征象。须知敝帚究竟不值珍视。不成熟的思想,不稳妥的意见,不切题的材料,不扼要的描写,不恰当的词句,统统要大刀阔斧的加以削删。芟除枝蔓之后,才能显着整洁而有精神,清楚而有姿态,简单而有力量。所谓'绚烂之极趋于平淡',就是这种境界。"②梁实秋的文艺思想有着浓厚的古典主义色彩,他接受了白璧德将西方文学潮流两分为古典的和浪漫的说法,并模仿着把中国文学分为儒与道两大潮流,推崇前者而贬抑后者。他认为"文学里可以不要规律,但是不能不要标准"③,而所谓的"标准",大体所指"节制""适当"等古典形态的美学原则和审美范畴。所以,他觉得"文学的力量,不在于开扩,而在于集中;不在于放纵,而在于节制"④。在梁实秋的散文中,其"简单"的创作原则和境界约略说来,体现在两个层面之上。第一个层面,是外在的表现形态,即篇幅的简短和文字的典雅和简洁。梁实秋大量的散文作品,除了《谈徐志摩》、《谈闻一多》、《清华八年》、《槐园梦忆》等少数几种外,绝大多数为一两千字的短制。为了追求"简单"的审美境界和效果,梁实秋对文字的表达和锤炼更是孜孜以求,刻意经营。他惯于使用一种兼有典雅的白话和浅近的文言,杂糅交错,和谐共存

---

①　梁实秋《现代文学论》,《偏见集》第176页,正中书局1934年。
②　梁实秋《作文的三个阶段》,《梁实秋散文》第3卷第276页。
③　梁实秋《文学的纪律》,《浪漫的与古典的·文学的纪律》第113页,人民文学出版社1988年。
④　梁实秋《文学的纪律》,《浪漫的与古典的·文学的纪律》第117页。

的语言,且多为短句,间有长句,读起来典丽浏亮,音韵铿锵,余味悠长。稍举一例,就可窥一斑而见全豹:"父执有名玉贵者,旗人,精于饮馔,居恒以一半香片一半龙井混合沏之,有香片之浓馥,兼龙井之苦清。吾家效而行之,无不称善。茶以人名,乃呼此茶为'玉贵',私家秘传,外人无由得知。"能做到这一点,自然得益于作者幼年对中国古典文学的浸淫揣摩和修读研习。第二个层面则是内在的。"所谓节制的力量,就是以理性(reason)驾驭情感,以理性节制想象"①,讲究中正、平和的艺术境界,哀而不伤,怨而不怒。梁实秋追求"简单"的审美境界,自有其合理和过人之处。可由于他使用的审美范畴和艺术手段都是古典形态的,与现代社会的情感模式和表达方式难免龃龉,并且过分孜孜于此,很多时候,便让人感觉到其思想规约大于发散,行文表达稍显板滞,失却了中国传统的小品文的轻灵飘逸和随笔文体本身的"杂花生树,群莺乱飞",神思飘扬的动人韵致。

　　"家常味"的第三个重要特征便是"幽默"。应该说,幽默是梁实秋前期散文的一个重要特点。其散文能够用幽默谐谑的笔调将生活琐事和人情世故构筑出独特的艺术境界,这相当难得。其幽默,是内在的,而不是外在的;是淡然的,而不是浓烈的;是气质的,而不是手段的。"雅舍体"散文的"幽默",既非冷嘲,亦非热讽,而是有节制的讽刺和绅士味的自嘲的结合,这一点多少有些接近中国传统的相声艺术。且看一例,作者抗战初到重庆,最感苦恼的不是蜗居湫隘陋室,而是房东豢养的那只狗。"我知道性命并无危险,但是每次出来进去总要经过它防次,言语不通,思想亦异,每次都要引起摩擦,酿成冲突,日久之后真绝厌烦之至。期间曾经谋求种种对策,一度投以饵饼,期收绥靖之效,不料饵饼尚未啖完,乘我返身开锁之际,无警告地向我的腿

────────────

① 梁实秋《文学的纪律》,《浪漫的与古典的・文学的纪律》第117页。

部偷袭过来,一度改取'进攻乃最好之防御'的方法,转取主动,见头打头,见尾打尾,虽无挫,然积小胜终不能成大胜,且转战之余,血脉贲张,亦大失体统。因此外出即怀回家,回到房里又不敢多饮茶。"①这就是典型的具有绅士风味的自嘲,梁实秋的幽默与讽刺,既不像鲁迅那样善于从小事小节中究出国民性的劣根,也不似梁遇春那样的旁及连带,妙笔勾连,大致是讲究"节制",就事论事,点到为止,戛然而终,余韵袅袅。

梁实秋后半生老大离家,亲人流散,避地海曲,因而文中更多的是看似淡然,实则醇厚沉痛之至的家国之思,感伤悒郁之情逐渐掩盖了早期的幽默。写于1960年代的名篇《骆驼》,其中有感于骆驼的"人地不宜"的喟叹,恐怕也可以视作作者对自己生平遭际的夫子自道。尤其是在《雅舍谈吃》中,八十老翁的思乡之情浓缩于对故都美食的追忆之中,一点一滴,纤毫毕现。初读澹然超远,实则常在不经意中忆物怀人,感伤之辞俯拾皆是。"狮子头是雅舍食谱中重要的一色,最能欣赏的是当年在北碚的编译馆同仁萧毅武先生,他初学英语,称之为'莱阳海带',见之辄眉飞色舞。化成客死他乡,墓木早拱矣,思之怃然!"(《狮子头》)"十几年前,友人高鸿缙先生,他是湖北人,以其夫人亲制鱼丸见贻,连鱼丸带汤带锅,滚烫滚烫的,喷香喷香的,我连吃了三天,齿颊留芳。如今高先生已作古,空余旧事萦绕心头。"(《鱼丸》)每每寥寥数语,就能撩起读者情思,颇有《世说》的流风余韵。

总之,梁实秋散文能将绅士风与家常味相调和,从而显示了以雅为本,雅而能俗,以雅化俗的艺术特点,并形成了一种雅致闲适的重要的散文创作范式,不仅值得回味,而且具有文学史的价值和意义。

---

① 梁实秋《狗》,《梁实秋散文》第1卷第77—78页。

梁实秋散文：乐生旷达与优雅风趣

北京语言大学　李　玲

梁实秋的散文大致分四类，一类体会日常生活趣味，代表作品如《雅舍》、《聋》、《理发》、《下棋》、《白猫王子五岁》等；一类对社会现象进行文明批评，代表作品如《旁若无人》、《排队》等；一类怀人忆旧，代表作品如《槐园梦忆》、《清华八年》等；一类是读书札记，如《莎士比亚与性》、《约翰孙的字典》等。前三类是作家直接面对现实生活的人生感怀，第四类是作家对书本知识的感悟介绍，也间接折射出作家对现实人生的看法。梁实秋散文以第一类数量最大。

梁实秋散文擅长于以旷达幽默的态度对日常事物、世相人情、人生境遇进行审美把握，从而在日常生活的顾眷中建立起超越世俗功利的人生境界，从中展示出作家乐生旷达、优雅风趣的自在情怀。

一、乐生旷达，从容优雅

梁实秋的第一本散文集名为《雅舍小品》，雅舍散文后来成为梁实秋散文的特定称谓。尽管"雅舍"是住宅名，"雅"字取自朋友吴景超夫人龚业雅的名字，与梁实秋散文的风格无关，但优雅又确实是梁实秋散文的基本格调。梁实秋散文的优雅风格并不是来自于对世俗生活的摒弃、对抗,恰恰相反,他的散文始终不排斥日常的世俗生活,而优雅正是来自于对待日常世俗生活的旷达态度。这种旷达便是乐生而不偏执,对世俗生活持一种超功利的有情态度。其情满而不溢,文章便由此产生一种从容优雅的美。

首先,梁实秋对随缘而遇的外界事物持旷达有情的态度。这些外界事物,如40年代在四川所居的"雅舍"、70、80年代在台北所养的白猫黑猫等,有两个特点:一,他们都不是梁实秋悉心求索之所得,不过因某种因缘相遇;二,这些事物从现实功利角度看都不是什么名贵之物。梁实秋对待他们的态度也有两个特点:一是有缘便有情,相遇便报之以喜爱关怀之心;二是虽喜爱但并不偏执,情感是有节制的。总之,作家对待这些事物的态度是温馨而又旷达的:

> 我不论住在那里,只要住得稍久,对那房子便发生感情,非不得已我还舍不得搬。这"雅舍",我初来时仅求其能蔽风雨,并不敢存奢望,现在住了两个多月,我的好感油然而生。虽然我已渐渐感觉它并不能蔽风雨,因为有窗而无玻璃,风来则洞若凉亭,有瓦而空隙不少,雨来则渗如滴漏。(《雅舍》)

"雅舍"在房子"蔽风雨"的功能上比较欠缺。梁实秋对它的恋眷之情,只因"住得稍久"的缘分而生,完全超越实用的现实功利目的。这样,作者便在对住所这种世俗物质的眷顾之中建立起了超越世俗的优雅态度。与刘禹锡的《陋室铭》比,梁实秋在《雅舍》中并没有强调"谈笑有鸿儒,往来无白丁"的文化精英感,也没有着意建构"唯吾德馨"的道德自豪感。他虽铺陈雅舍的种种特点,但归根结底,有情还是缘于"住得稍久"的缘分。此中作者表露的是一种乐生健康、随缘欢喜的生命态度。

白猫王子是梁实秋晚年散文中的名猫。然而,它只是一只流浪到家门口的台湾土猫,并非什么名品,但相伴便是缘分,梁实秋并不以别人品猫的标准来左右自己的感情,也不以占有的态度来苛责宠物,先后写了《白猫王子五岁》、《白猫王子六岁》、《白猫王子七岁》、《白猫王子八岁》、《白猫王子九岁》、《白猫王子》等多篇散文记述其行状,表达自己的温情关爱:

> 猫有时跳到我的书桌上,在我的稿纸上趴著睡著了,或是蹲在桌灯下面藉著灯泡散发的热气而呼噜呼噜的假寐,这时节我没有误会,我不认为他是有意的来破我寂寞。是他寂寞,要我来陪他,不是看我寂寞而他来陪我。(《白猫王子六岁》)
>
> ……我们只好"片时欢乐且相亲",愿我的猫长久享受他的鱼餐锦被,吃饱了就睡,睡足了就吃。(《白猫王子五岁》)

关爱一只猫而至于理解猫自身的生命逻辑,这里,梁实秋显示了他超越自我中心意识、关爱一切生命的有情态度和广博胸襟。

尽管喜爱"雅舍"、喜欢猫,梁实秋并没有产生不忍分离的执著欲念。"雅舍""聚蚊成雷",但梁实秋说:

> 冬天一到,蚊子自然绝迹,明年夏天——谁知道我还是否住在"雅舍"!(《雅舍》)
>
> "雅舍"非我所有,我仅是房客之一。但思"天地者万物之逆旅",人生本来如寄,我住"雅舍"一日,"雅舍"即一日为我所有。即使此一日亦不能算是我有,至少此一日"雅舍"所能给予之苦辣酸甜,我实躬受亲尝。(《雅舍》)

这种有情而不偏执的情感,亦是一种生命的健康。它说明创作主体既有包纳随缘之物的胸襟,又能不为物所困。若有情若无情的态度中,梁实秋建立起了人与外部事物的温馨关系,又拒绝了物对生命的操控、异化。

注重体会自我与日常事物的随缘关系,而不建构自我的精英角色意识、不强调自我的道德优越感,梁实秋散文在文化心理上承传的显然是中国古代文人中的名士传统①,而区别于在道德人格上以圣贤品格自律自傲的儒士传统。有情而又不执著,梁实秋的人生态度显然还受到了佛家色空观念、因缘观念的潜在影响。强调事物与自我的缘分,而不在意事物本身的品牌等级,梁实秋的文化心理显然更接近雅在我心的传统雅士,而区别于当下对日常生活进行审美化、讲究品牌等级的"小资"。

随缘欢喜、旷达有情,梁实秋写物的名篇因为蕴含丰富的人生观内涵而显得蕴藉丰腴。人生观内涵的厚薄,也决定了他写物散文的艺术成就并不均等。《雅舍小品》、《雅舍散文》各集的成就远胜《西雅图札记》诸篇。究其原因,是因为梁实秋介绍美国风物的时候,往往只有好奇心和知识欲在起作用,并未投注更多的人生观内涵去与异域之物做深层精神交流,并未升华到事物韵味的把握上。而在写本土风物的时候,梁实秋把自己由中华文化浸染而凝成的人生态度贯彻到了对物的态度上,达到了物与神游的境界,因而便能顾盼生辉,点化平凡之物为神奇。晚年在台北回忆北平风物,除随缘乐生的有情态度之外,梁实秋还熔铸进了深厚的故土之思,因而即便只是谈食物,文章也仍不

---

① 汪文顶在《春花秋实,圆熟雅致——略论梁实秋的散文》一文中评价《雅舍》的艺术风貌说:"这样的人品文调,当属于旷达俊逸、优雅淡远之类吧,与中国名士风一脉相承" 载汪文顶著《现代散文史论》第 270 页,福建教育出版社 1994 年。

失蕴藉有味。

　　除对外界具体事物持旷达有情的态度外,梁实秋还对人生状态、对自我生命境遇取有情旷达的态度。理发、散步、请客、旅行、听戏、拜年、饮酒、下棋,以及中年、老年、退休乃至于耳聋,都是他津津乐道的散文题目。这些平常的人生状态,他经历过之后,又在散文中体验其况味。这艺术的体验与描述,就使得日常生活升华出超越现实实际的韵味。审美品鉴,对于梁实秋而言,不是对日常生趣的否定,而是对日常生活中所体现出的生之趣味的精粹提炼与重新回味。这充分体现了梁实秋热爱现世人生、注重生趣体验的乐生态度。"他抒写闲情逸趣,表达的是安时处顺、自由自在的人生襟怀、恬淡心境和生命情调,不避世归隐而自有雅人深致。"①

　　同样注重体验日常生活趣味,梁实秋与时时感到人生之路的终点是死、觉得人在现世中总是寂寞孤独的周作人不同,死亡在梁实秋的感觉世界里并没有构成生的阴影。这一点,梁实秋继承了中国传统文化"未知生,焉知死"的思路。他只是体验生趣,并不思考生命的终点问题;而且,生之种种趣味,在梁实秋的感觉世界中营造出温馨的气氛,使得人无论是独处还是群居都不感到孤独寂寞。这样,梁实秋对人生况味的审美体验,就不像周作人散文那样总带着苦味和涩味。

　　最充分表现梁实秋这种乐生态度的,莫过于他对自己耳聋状态的体会。散文《聋》中,梁实秋说:"我虽然没有全聋,可是也聋得可以。"但对此他丝毫没有哀戚之心。他津津有味地介绍自己如何听不见闹钟、门铃、电话铃所带来的麻烦,饶有趣味地讨论耳聋是否足以避蜚短流长的问题,最后他说:

---

　　①　汪文顶《春花秋实,圆熟雅致——略论梁实秋的散文》,《现代散文史论》第278页。

安于聋聩亦非易易。因为大家习惯了把我当做一个耳聪的人，并且不习惯于和一个聋子相处。看人嘴唇动，我可不敢唯唯否否，因为何时宜唯唯，何时宜否否，其间大有讲究。我曾经一律以点头称是来应付，结果闹出很尴尬的场面。我发现最好的应付方法是面部无表情，作白痴状。瞎子常戴黑眼镜，走路时以手杖探地，人人知道他是瞎子，都会躲着他。聋子没有标帜，两只耳朵好好的，不像是什么零件出了毛病的人。还有热心人士会附在我耳边窃窃私语，其实吱吱喳喳的耳语我更听不见，只觉得一口口的唾沫星子喷在我的脸上，而且只好听其自干。

梁实秋并没有由年老耳聋而产生生命即将终结的焦虑感，没有由耳聋感喟自我生命已不完整。他把耳聋当作一种崭新的人生经验来享受并且与读者分享。耳聋所带来的不便，在这篇散文中变成了生趣的一种。作家旷达乐生的精神在此达到了巅峰。

没有生命有限性的焦虑感，梁实秋并非直面死亡之后建构起超越生命有限性的人生哲学。他只把注意力集中在生之趣味的欢欣中，而对生命的有限性视而不见。心境不因生老病死而趋于黯淡，始终保持对人生的勃勃兴致，梁实秋的人生观是最健康开朗的人生观。在种种人生趣味的体会中，建立起并不对抗日常生活的超越意识，梁实秋的人生观具有了形而上的哲学高度。但回避了对死亡问题的思考，摒弃了个体孤独感的体验，梁实秋的人生哲学并不是一种向死而生的人生哲学。这又使得此种人生哲学在形而上的深度上显出它的有限性。具有一定的超越意识，但并不彻底，这正是梁实秋散文在人生哲学深度方面的特点。

二、幽默风趣,亦庄亦谐

现实生活中的人生经验有令人愉快的和令人不愉快的两类,梁实秋凭着随缘乐生的人生态度,在散文创作中均把它们升华为生之趣味,从而造成令人愉悦的艺术效果。

令人愉快的人生经验,如"'雅舍'最宜月夜"(《雅舍》)、青岛"真正令人流连不忍去"(《忆青岛》)、新年装上为聋者服务的电话(《新年乐事》)等,是梁实秋散文中状写的生趣;但是梁实秋最擅长的乃是化腐朽为神奇,使得令人不愉快的人生经验,如理发,如为客所苦,如邻居的声音干扰,如下棋时对方不动声色,如自己的耳聋等,经过艺术点化均变成津津有味的生之趣味,而用以点化的"法宝"就是作家的幽默感:

> 如果你交一个刽子手朋友,他一见到你就会相度你的脖颈,何处下刀相宜,这是他的职业使然。理发匠俟你坐定之后,便伸胳膊挽袖相度你那一脑袋的毛发,对于毛发所依附的人并无兴趣。一块白绸布往你身上一罩,不见得是新洗的,往往是斑斑点点的如虎皮宣。随后是一根布条在咽喉处一勒。当然不会致命,不过箍得也就够紧,如果是自己的颈子大概舍不得用那样大的力。头发是以剪为原则,但是附带着生薅硬拔的却也不免……(《理发》)

理发本有不舒适的一面,但梁实秋在叙说的时候,故意夸大了自己的不愉快,把理发行为夸张为施虐行为,从而产生谐趣的效果,令人忍俊不禁。此种幽默夸张,并不导向对理发师的批评,却使得理发中稍稍有点不适的人生经验,在艺术地进行回味时转换成了给人精神享受的人生况味。

　　梁实秋一贯被人视为文明批评的那一类散文,实际上并不以批评的思想力量见长,而仍以点化负面人生经验为人生谐趣见长。"对于世俗生活之丑陋现象的玩味和幽默"①,是梁实秋散文的重要内容。《旁若无人》、《排队》、《谦让》等对国人的某些不良习性均有所批评。《旁若无人》中,他批评有些人看电影的时候用脚尖抖别人的椅子,批评有些人打哈欠的时候"把口里的獠牙露出来"、还"带音乐的",批评有的人漱口说话声音太大以至于打扰了别人的清静。最后他希望人们能提醒自己"这世界上除了自己还有别人"。《排队》中,他批评有些人"不守秩序、不排队"的习惯。《谦让》中,他批评"一般人处世的一条道理,那便是:可以无需让的时候,则无妨谦让一番,于人无利,于己无损;在该让的时候,则不谦让,以免损己;在应该不让的时候,则必定谦让,于己有利,于人无损。"梁实秋批评的现象都是日常生活中的各种不文明行为。他要么只限于对现象的批评,根本没有兴趣由此进一步对世道人心、社会历史做深入剖析;要么对这些现象后面的心理动因略有分析,但也只是浅尝辄止,仍不以思想的犀利深刻见长。梁实秋进行文明批评的理性热情在散文中总是被他的谐趣心怀、幽默兴味所分散。他一面理性地进行文明批评,一面又超越道德理性,对这些不文明现象做审美点化,使之变成人生趣味之一种:

　　　　在电影院里,我们大概都常遇到一种不愉快的经验。在你聚精会神的静坐着看电影的时候,会忽然觉得身下坐着的椅子颤动起来,动得很匀,不至于把你从座位里掀出去,动得很促,不至于

---

　　① 汪文顶《春花秋实,圆熟雅致——略论梁实秋的散文》,《现代散文史论》第271页。

把你颠摇入睡，颤动之快慢急徐，恰好令你觉得他讨厌。大概是
轻微地震罢？左右探察震源，忽然又不颤动了。在你刚收起心来
继续看电影的时候，颤动又来了。如果下决心寻找震源，不久就
可以发现，毛病大概是出在附近的一位先生的大腿上。他的足尖
踏在前排椅撑上，绷足了劲，利用腿筋的弹性，很优游的在那里发
抖。(《旁若无人》)

这段描写批评了电影院中抖腿这种不文明行为，但作家在写作的
时候突出了"我们"探寻颤动原因时的好奇心，这就使得"我们"原本
"不愉快"的感受转换成一种足以改变日常生活单调性的、新奇的人生
经验。感受上的新奇性与行为的不文明性在价值取向上形成落差，文
章便产生了亦谐亦庄的艺术魅力。尽管作家最终用"旁若无人"来归
结抖腿者的心理动因，然而这"对人心的讥嘲是轻微的，但是散文的幽
默趣味却是浓烈的、独特的"①。对人心的讥嘲尽管轻微，从中却仍然
体现出梁实秋崇尚文明的价值取向；而幽默的态度则显出创作主体心
态上的优游自在，造成散文艺术上的魅力。正面趣味只建立在"我们"
的心理好奇上，理性判断上仍把损人行为归为负面行为，梁实秋散文
的幽默便完全避免了恶俗的可能，显得谑而不虐、优雅风趣。

　　梁实秋的《女人》、《男人》等散文名篇，均应从幽默散文的艺术追
求上理解作家的兴味所在，不可把它们坐实为性别研究的思想杂文。
《女人》说"女人喜欢说谎"，"女人善变"，"女人善哭"，"女人胆小"，
"女人聪明"等等；《男人》说男人脏，"男人懒"，"男人多半自私"，男人
好议论女人等等。这些观点如果严格从理性批评的角度看，显然失之

---

　　① 这本是孙绍振对梁实秋《不亦快哉》一文的评论，见《散文中抒情与幽默的冲突——当代幽默散文考察之四》，载《当代中国文学的艺术探险》第 311 页，孙绍振著，福建教育出版社 1998 年。

于以偏概全,犯了本质主义的错误。然而,故意而连续地以偏概全并进行夸张铺陈,恰好造成幽默的趣味。显然,梁实秋的本意并不在于研究女人和男人的性别特质、性别差异,他不过是顺手借用对女人男人的通行看法,而用自己的幽默感来点化诸种人性特征,尤其是负面的人性特征,在或为之辩解、或对之微讽中既投注自己的人性观念,更灌之以自己从谐趣偏好中所流露出的勃勃人生热情,从而使作品显得兴味盎然、生机勃勃。

梁实秋不仅以幽默趣味对待他人所呈现出的世相人情,而且长于自嘲。梁实秋在《老年》中戏谑地夸张自己的老丑,在《聋》、《白猫王子五岁》中津津有味地描述自己的耳聋,均令人忍俊不禁。故有人称:"在实践中,用戏谑性自嘲,在艺术上创造完整的软幽默风格,而且影响了台湾、香港一代幽默散文家的当推梁实秋。"①

梁实秋固然为一代幽默散文大师,亦有幽默不当的时候。这便是当他以幽默的态度观照某些人生困境或困窘者的时候。《乞丐》中,在他以亦庄亦谐的态度发掘乞丐生活的正面价值上说:"他的生活之最优越处是自由;鹑衣百结,无拘无束,街头流浪,无签到请假之烦,只求免于冻馁,富贵于我如浮云。"无论是庄还是谐,这里都透出绅士对困窘者缺少同情理解的隔膜心肠。《穷》一篇说到"人越穷,越靠他本身的成色……人穷还可落个清闲……",这样的话不是用以自嘲,而是用以设想别人的处境,便同样在貌似温厚中显出隔膜以至于冷漠来了。但这类散文在梁实秋散文中数量极少。

生活中某些沉重的东西原不宜以戏谑态度使之趣味化。梁实秋对自己生命中真正难以超越的沉重便取严肃而非幽默的态度。《槐园

---

① 孙绍振《论台港和大陆散文中的硬幽默和软幽默——当代幽默散文考察之五》,《当代中国文学的艺术探险》第335—336页。

梦忆》是悼亡之作,梁实秋长歌当哭,回忆自己与亡妻程季淑一生相伴的情缘。文章不改雅舍散文关注日常生活、少写略写时代历史重大事件的特色,却一改其散文幽默达观的态度,"衷心伤悲,掷笔三叹",其情感人至深。

　　梁实秋的散文就整体风格而言,旷达乐生,幽默风趣,而又从容优雅。这根源于他的人生态度,也有赖于他的学养。梁实秋的散文是20世纪中国文学中的宝贵财富。

周作人与梁实秋闲适散文之比较

台湾东吴大学　钟正道

一、前言

闲适,即为"闲静安适"。闲适不仅是一种优雅风趣、充满体验与品味的人生态度,也是追求清闲安逸、超然于现实社会的文学潮流。在中国现代文学史上,闲适的文学创作具有丰硕的成绩,其主要的表现形式是"散文"这一文类。

闲适散文滥觞于 20 年代。1921 年 5 月,周作人在《美文》中正式提出"美文"的概念,呼吁"希望大家卷土重来,给新文学开辟出一块新的土地来"①,他并不断地从事"美文"的创作。《语丝》后期,周作人渐渐退去"叛徒"的浮躁凌厉之气,而"隐士"的隐逸之风逐渐抬头,其美文也从前期的具有"深刻的意味"②,走向闲适幽默的境地,与鲁迅那

---

① 周作人《谈虎集·美文》,《周作人全集》第一册第 202 页,台北:蓝灯文化事业股份有限公司 1992 年。
② 郁达夫《中国新文学大系散文二集·导言》第 6 页,台北:业强出版社 1990 年。

种辛辣的战斗杂文大异其趣，而成为闲适散文的雏形。

　　闲适散文发达于 30 年代，代表为周作人。1933 年至 1937 年，他一共出了七本散文集①，创造了小品文高产的新记录。另外，如林语堂、废名、俞平伯、老向等人，在《论语》、《骆驼草》、《宇宙风》、《人间世》等杂志中，也创作了不少的平和冲淡、悠然雅致的散文小品，由于他们"讲究生活的趣味，讲究个人的好恶，讲究身边的琐事"②，所以有人称之为"言志派"③。此时期，周作人散文小品的闲适风格已然成形，与鲁迅的战斗杂文形成了双峰对峙的态势。然而，闲适散文兴起的背后，却隐藏着不得不走下坡的危机。鲁迅曾为文批评闲适小品的不合时宜：

　　　　在风沙扑面、虎狼成群的时候，谁还有这许多闲功夫，来赏玩琥珀扇坠、翡翠戒指呢？……然而对于文学上的"小摆设"——"小品文"的要求，却正在越加旺盛起来，要求者以为可以靠着低诉或微吟，将粗犷的人心磨得渐渐的平滑。这就是想别人一心看着《六朝文絜》，而忘了自己是抱在黄河决口之后、淹得仅仅露出水面的树梢头。④

　　国难当头之际，缺乏"挣扎和战斗"⑤气息的闲适小品终无法获得长久的兴盛，继又随着周作人接掌伪职而被指为汉奸，闲适散文于是冷寂了下来，但它并未销声匿迹，其遗风正被一名赫赫有名的文人所

---

　　① 1933 年 3 月《知堂文集》、7 月《周作人书信》，1934 年 3 月《苦雨斋序跋文》，1935 年 10 月《苦茶随笔》，1936 年 2 月《苦竹杂记》，10 月《风雨谈》，1937 年 3 月《瓜豆集》。
　　② 朱自清《朱自清全集·论严肃》第 154 页，台南：新世纪出版社 1975 年。
　　③ 同前注。
　　④ 鲁迅《南腔北调集·小品文的危机》第 220—221 页，台北：风云时代出版公司 1991 年。
　　⑤ 鲁迅《南腔北调集·小品文的危机》第 221 页。

承继,他就是梁实秋。

梁实秋是 40 年代闲适散文的代表。其于 1939 年至 1947 年间创作的散文集《雅舍小品》风行一时,至今发行五十余版。之后梁氏写作不辍,又有续集、三集、四集等三十余种问世,洋洋百万之言,其在闲适散文中的创作成就与影响,可与周作人相提并论。周作人若是闲适散文的开创者,那么梁实秋则是闲适散文的承继者;二者虽然都以闲适散文著称,却各有不同的特色。

二、周作人与梁实秋闲适散文的差异比较

同样致力于闲适散文创作,周作人与梁实秋的作品却有着极大的差异。以下即从五个方面论析:首先,由生长历程的外缘因素探讨环境所产生的影响;其次以语言、闲适、幽默的角度观察两种迥异的文学风格;最后论述二者在篇章体式上的不同。

一、生长历程比较

1. 童年时代

周作人,1885 年生于绍兴的一个封建士大夫家庭,祖父官至内阁中书,后来因科场案入狱,家道中落,父亲乡试未中,在家闲居。周作人八岁时曾跟从一位叔辈亲戚读了半年书,下半年因祖父案发,跟随家人去外婆家避难。十二岁时阅读《四史》、《唐宋诗醇》、《诗经》、《书经》,开始学作八股文和试帖诗,十四岁参加院试,名落孙山,中举美梦破碎,每日还要早起卖菜。旧文化的没落,封建家庭的衰败,使他提早尝到了人世的炎凉,这一切都在周作人的心中留下了深刻的烙印,因而心灵的创伤时时折射于作品中,读来苦涩而清冷。

梁实秋,1903 年生,生长在北平一个古老而富裕的书香门第,他的

祖父非常威严,父亲是前清秀才,曾教导梁实秋描红模子和认字;母亲是传统妇女,家务之余常教导孩子读书。梁实秋六岁进入街口学堂,九岁被送进私立贵族陶氏学堂就读,十四岁获得全市高小应届毕业生会考第一名——因此,梁实秋的童年是在充满着旧式思想和封建习俗的环境中度过的,良好完整的教育使他具有顺于环境、彬彬有礼的温文性格,再加上他亲炙故都风情,深受传统伦理与艺术趣味感染,因此作品中浸染了古雅雍容的因子。

2. 青年教育

周作人十九岁就有翻译作品,二十岁开始创作,二十一岁赴日本学建筑,他读书杂且博,知兼雅俗,但主要是接受了部分日本文化中清疏有致、略带悲哀的闲适与宿命思想,又特别喜爱英国性心理学家及文化评论家葛理斯的自然主义心性道德观(即微妙地混合取与舍、禁欲与纵欲,自由与节制二重原则等思想),而使他的作品充满着艺术的辩证思维,表现出既放又收、既隐又显的特质。

梁实秋在清华八年的正规教育下,打下了深厚的国文、英文基础,并加入"清华文学社",担任《清华周刊》文艺编辑,从事频繁的文学活动。之后留学美国科罗拉多大学及哈佛、哥伦比亚研究所,主修英语和欧美文学,师从新人文主义批评家白璧德教授。白璧德教授崇尚和平中庸的人生境界,提倡发扬古典主义的典雅与稳健的传统,梁实秋大受影响,也推崇新人文主义与古典主义,并自认此为一生为人作学的转折点;青春浪漫的才情受古典理性的洗礼而升华,因此梁实秋的作品是雅致而节制的。

3. 中年遭遇

五四落潮之后,周作人表现得退缩消极,他辞去了燕京大学、北大女子学院等校的兼职,专任北平大学研究教授,寓居学府深院,闲然博学而木讷,完全是一派出世脱俗的隐逸之情,因此,造成了作品的闲与杂。

梁实秋回国后涉足社会，南来北往，具有丰富的阅历。三十七岁主编重庆中央日报副刊《平明》，受文艺观的影响，在"编者的话"中提出"于抗战有关的材料，我们最为欢迎，但是与抗战无关的材料，只要真实流畅，也是好的，不必勉强把抗战截搭上去"①，立刻引来许多文人的攻击，这些误会给了他极大的压力，但梁实秋依然坚持自己的主张，虽然不到半年就辞职了，他却执笔写起与现实无关的《雅舍小品》，为自己开辟了另一条创作的蹊径。

二、语言比较

周作人认为散文语言应当"采纳古语"、"采纳方言"、"采纳新名词"②，这主张在其作品中可见到具体实践：

> 故乡对于我并没有什么特别的情分，只因钓于斯游于斯的关系，朝夕会面，遂成相识。……名曰茧果，不知是什么意思，或因蚕上山时设祭，也用这种食品，故有是称，亦未可知。《泽泻集·故乡的野菜》)

> "破脚骨"是我们乡间的方言，就是说"无赖子"，……破脚骨官话曰无赖曰光棍，古语曰泼皮曰破落户，上海曰流氓，南京曰流户曰青皮，日本曰歌罗支其，英国曰罗格。……小破脚骨沿路寻事，看见可欺的人便撞过去，被撞的如说一句话，他即吆喝说：Taowanbangwaantatze?③ (《雨天的书·破脚骨》)

① 转引自刘炎生《才子梁实秋》第192页，百花洲文艺出版社1995年。
② 周作人《艺术与生活·国语改造的意见》，《周作人全集》第三册第601—603页，台北：蓝灯文化事业股份有限公司1992年。
③ 绍兴话"倒还碰患带者"，意云"难道撞了反倒不好了吗?"

还有平常的"便当",在形式内容上也总是美术的:……"文明"一点的有"冰淇淋"装在一只麦粉做的杯子里,末了也一同咽下去。……中国近来兴起一种"打鬼",——便是打"玄学鬼"与"直脚鬼"——的倾向。(《雨天的书·济南道中》)

"钓于斯游于斯"、"遂成"、"名曰"、"或因"、"故有是称"、"亦未可知"很显然采用了文言的用字;"破脚骨"、"Taowanbang waantatze"融入了绍兴方言;"便当"、"文明"、"冰淇淋"、"打鬼"、"玄学鬼"、"直脚鬼"是运用当时的语汇;因杂糅古今中外一切书面和口头语言因素,周作人所以造成了朴实亲切又不失古雅的语言;但是因其行文如说话,再加上受到西方语法的影响,因而文字不够洗练、句子太冗长而啰嗦、一篇文章中可易的字相当多是他的缺点,如:

所以小诗的第一条件是须表现实感,便是将迫切地感到的对于平凡的事物之特殊的感兴,迸跃地倾吐出来,几乎是迫于生理的冲动,在那时候这事物无论如何平凡,但已由作者分与新的生命,成为活的诗歌了。(《自己的园地·论小诗》)

余光中曾批评这段文字说:"不但文理凌乱,'便是将迫切地感到的对于平凡的事物之特殊物之特殊的感兴'一段,名词之间的关系也很不清,'感到的……感兴'尤为败笔。"①周作人的文字虽不至于"文理凌乱",然而句子过于絮叨,的确显得不够简洁,这是其"以口语为基本"②的文学主张所导致,形成了一种特殊的闲谈风格。

---

① 余光中《分水岭上·早期作家笔下的西化中文》第 126 页,台北:纯文学出版社 1981 年。
② 周作人《永日集·燕知草跋》,《周作人全集》第一册第 501 页,台北:蓝灯文化事业股份有限公司 1992 年。

　　梁实秋则用字精心推敲,造语删烦就简,刻意求工却不露斧凿痕,力戒繁冗、堆砌、粗陋等弊端,他崇尚简约的散文艺术主张是一以贯之并身体力行的,早年他在《论散文》中即提出散文的最高理想不过"简单"二字,所谓"简单",即是"经过选择删芟以后的完美状态"①。他古朴、简挹、雅洁的文字风格,是他巧妙运用文言的结果:

　　　　"雅舍"最宜月夜——地势较高,得月较先。看山头吐月,红盘乍涌,一霎间,清光四射,天空皎洁,四野无声,微闻犬吠,坐客无不悄然! 舍前有两株梨树,等到月升中天,清光从树间筛洒而下,地上阴影斑斓,此时尤为幽绝。直到兴阑人散,归房就寝,月光仍然逼进窗来,助我凄凉。(《雅舍小品·雅舍》)

　　　　邻居有叟,平常不大回家,每次归来必令我闻知。清晨有三声喷嚏,不只是清脆,而且洪亮,中气充沛,根据那声音之响我揣测必有异物入鼻,或是有人插入纸捻,那声音撞击在脸盆之上有金石声! 随后是大排场的漱口,真是排山倒海,犹如骨鲠在喉,又似苍蝇下咽。(《雅舍小品·旁若无人》)

　　文言句式如此信手拈来,非但不艰涩拗口,反使文章明白晓畅、语韵丰润,实是梁实秋深受古典文学影响所致。他曾表示白话文根源于文言文,不学好文言文,白话文是不可能写好的:

　　　　文言没有死。……语体文是继承文言文而来,如要写好语体文,如何能不先从研究文言文入手? 文言文搞不通,休想能写好语体文。……文言文需要语体化,以求其明白易晓,而语体文亦

————————————
① 梁实秋《论散文》,《新月》第 1 卷第 8 号(1928 年 10 月 10 日)。

需要沿用若干文言的词句语法，以求其雅洁。①

正因为梁实秋深明文言文的好处，才使得作品充满着古色古香、端庄雅致的语言。

周作人的长句为人诟病，而梁实秋却是运用短词的高手。其中以四字句为其散文用语主要成分，造成了强烈而流动的节奏感。如上举二例中"地势较高"、"得月较先"、"红盘乍涌"、"清光四射"、"天空皎洁"、"四野无声"、"微闻犬吠"、"归房就寝"、"助我凄凉"、"邻居有叟"、"而且洪亮"、"中气充沛"皆是四字成句；而"看山头吐月"、"等到月升中天"、"直到兴阑人散"、"真是排山倒海"，"犹如骨鲠在喉"、"又似苍蝇下咽"等，又都是以四字为主所组成的五、六字句，可见梁实秋似要在现代散文中营造出古典散文短洁利落的韵味。

三、闲适比较

周作人的闲适，以自我为出发，能在无奇的事物中自然找到动人的天理物趣，这完全是中国传统清高名士的思想反映。如：

> 喝茶当于瓦屋纸窗之下，清泉绿茶，用素雅的陶瓷茶具，同二三人共饮，得半日之间，又抵十年的尘梦，再去继续修个人的胜业，无论为名为利，都无不可，但偶然的片刻优游乃正亦断不可少。（《雨天的书·喝茶》）

这是周作人式的闲适，其中有内心的情趣，有生活的享乐，也有对

---

① 季季《古典头脑，浪漫心肠》，余光中编《秋之颂——梁实秋先生纪念文集》第363页，台北：九歌出版社1998年。

人生的颖悟,如同与友人谈闲话般,向人娓娓道来。一般以为,周作人散文的艺术特色是闲适平淡,然而周作人本身持着相反的意见,他说:

> 有人好意地说我的文章写得平淡,我听了很觉得喜欢但也很惶恐。平淡,迄是我所最缺少的,虽然也原是我的理想,而事实上绝没有能够做到一分毫,……中国是我的本国,是我歌于斯哭于斯的地方,可是眼见得那么不成样子,……平淡的文情哪里会出来,手底下永远是没有,只是心目中尚存在耳。(《瓜豆集·自己的文章》)
>
> 拙文貌似闲适,往往误人,唯一二旧友知其苦味,废名昔日文中曾约略说及,近见日本友人议论拙文,谓有时读之颇感苦闷,鄙人甚感其言。(《药味集·序》)

周作人认为自己的闲适,含有一种忧患的苦寂、清冷的涩味,身处乱世年头,避居于苦茶庵,在平淡洒脱的外衣里,尽是旁人无法理解的苦闷,其实他并未完全消除伤时忧国之心,只是带着几分对民族、历史和自我宿命的感伤,在"寂寞的不寂寞之感"①中苦里作乐罢了。

梁实秋的闲适不苦涩也不阴冶,却有一种老天真似的学者的儒雅。他以镇静、客观之眼来观察普通人喜怒哀乐的百态,从中得出永恒不变的人性,字里行间焕发出理性的光采。

在内容上,梁实秋特别关注人性中的道德伦理,因此其小品散文大多是《男人》、《女人》、《鸟》、《狗》、《下棋》、《写字》、《旅行》、《运动》等凡人凡事,抒写的是闲情逸趣,表达的是恬淡的心境与安时处

---

① 周作人《立春以前·文载道文钞序》,《周作人全集》第四册第 622 页,台北:蓝灯文化事业股份有限公司 1992 年。

顺、自由自在的人生襟怀。他谈起"雅舍",就想到"雅舍非我所有,我仅是房客之一。但思'天地者万物之逆旅',人生本来如寄"①;他讲到"猪",由猪的人缘好、为人食用是"超升成为有用的东西"、启发了仓颉造"家"字的灵感,从而体会出"任何事物不可以貌相"的道理②;他由下棋看见人生而好斗的本性,潇洒地说"人总是要斗的,总是要勾心斗角的和人争逐的。与其和人争权夺利,还不如在棋盘上多占几个官,与其招摇撞骗,还不如在棋盘上抽上一车"③;到了年事稍长的中年,他不但不慨叹青春易逝,反而说"中年的妙趣,在于相当的认识人生,认识自己,从而作自己所能作的事,享受自己所能享受的生活"④——除了调侃世俗众相,梁实秋的闲适还包括一种自得其乐、自我排遣的雅趣,常以超功利审美态度观照人生的各方面,无论何种处境,仿佛都能找出诗意,表现出达观与从容。

四、幽默比较

幽默,从美学的角度而言,即是要造成事物的内容与形式的巨大落差以致矛盾,从而对比出所要表达的趣味与深刻的意义。周作人的幽默,总是以轻松、不经意的方式说着严肃的主题,因此常给读者带来特殊的震撼。

譬如《医院的阶陛》一篇,说当年的北京协和医院是中国传统的建筑,正门有高大的台阶,这台阶给病情重者带来相当大的不便,必须"被同来的人架着两臂,连拉带拖的扶上那金陛玉阶去",周作人由此思考到东西文化的差异,讽刺协和医院设置雄美的高台阶却不重视病

① 梁实秋《雅舍小品·雅舍》第4页,台北:正中书局1993年。
② 同前注《猪》第112页。
③ 同前注《下棋》第70页。
④ 同前注《中年》第86页。

人,但读他生动而形象化的描写——"据胡适博士的介绍,是在东洋设备第一完全的医院"、"架着两臂"、"连拉带拖"、"爬上去"、"拖上拖下"、"旁人看了有点难受"——严肃的主题却顿时翻成了趣味的叙述。周作人对人生现实"只以婉而趣的态度对付之,此所谓闲适亦即是大幽默也"①,这种幽默极少人工痕迹,因此呈现自然而和谐的色彩。

又如《死法》一文,目的是要对1926年"三·一八"惨案的死者表达悲哀,并含蓄地谴责段祺瑞政府枪杀请愿人民的暴行,然而周作人以"死法"为名,极其轻松地畅谈各式各样的死法,其轻松达到了这样的程度:

> 统计世间死法共有两大类,一曰"寿终正寝",二曰"死于非命"。寿终的里面又可以分为三部。一是老熟,即俗云灯尽油干,大抵都是"喜丧",因为这种终法非入九十岁的老大爷老太太莫办,而他们此时必已四世同堂,一家里拥上一两百个大大小小男男女女,实在有点住不开了,所以他的出缺自然是很欢送的。……(《泽泻集·死法》)

乍读之下,上文似乎与"三·一八"无关,若周作人在文末没有提示为追悼会送挽联一事,读者实在不能知道"所说有些是玩话,有些不是"究竟是什么意思。古语说"嬉笑怒骂皆成文章",全文几乎是玩笑话及倒反语,他好像在恭维政府赠与了烈士们"好死",实际上不正在说段祺瑞政府的草菅人命? 在笑声中于是我们分辨出周作人幽默中的苦涩味。

梁实秋的幽默则严肃而雅致,毫无油滑气息,常于字里行间闪烁

---

① 《瓜豆集·自己的文章》第132页。

智慧,读后不知不觉地令人领悟其中的酸甜苦辣,亦庄亦谐,自成一格,是一种对于人生的"热讽"①:既站在人生之外的客观点观察,又回到人生里面,执著于人间爱,而不失温厚。

> 假如女人所捏撰的故事都能抽取版税,便很容易致富。(《雅舍小品·女人》)

> 有些男人,西装裤尽管挺直,他的耳后脖根,土壤肥沃,常常宜于种麦。……有些男人的手绢,拿出来硬像是土灰面制的百果糕,黑糊糊黏成一团,而且内容丰富。男人的一双脚,多半好像是天然的具有泡菜霉干菜再加糖蒜的味道……(《雅舍小品·男人》)

> 一般的女人到了中年,更着急。哪个年轻女子不是饱满丰润得像一颗牛奶葡萄,一弹就破的样子? 哪个年轻女子不是玲珑娇健得像一只燕子,跳动得那么轻灵? 到了中年,全变了。曲线都还存在,但满不是那么回事,该凹入的部份变成了凸出,该凸出的部份变成了凹入,牛奶葡萄要变成为金丝蜜枣,燕子要变鹌鹑。(《雅舍小品·中年》)

这样的句子在《雅舍小品》中俯拾皆是,可见梁实秋极善于在人生百态的题材中作如此的嘲讽,以自己独特的角度审视对象,而营造出与众不同的幽默,这幽默固然是他作品的精华,然而因为用得太明显,以致使幽默方式缺乏变化。刘绪源认为:

---

① 何怀硕《雅舍的真幽默》,余光中编《秋之颂——梁实秋先生纪念文集》第195页,台北:九歌出版社1998年。

……但因为这幽默太突出、太显眼,又用得如此普遍,以致读者一拿到他的作品就兴致勃勃寻找或等待这样的段落出现,他自己也不得不在作品中尽可能埋设这样的精采的部分,所以读得多了,反倒显出了一种单一来。①

梁实秋的幽默,是比较靠近于谐趣的,他尤其着力于对人生窘相的夸张嘲弄,虽能一下子吸引读者,但把他大量作品集中在一起,却不能如周作人作品般越读越能深得其妙。

五、章法结构比较

周作人杂学中西,学问相当丰富,作品中常一一列举古今中外相关事物,用以折射主题,致使全文结构看似枝节横生,其实乃合于一体。如《苍蝇》一文,首段从儿时玩苍蝇的记忆说起,顺便提到了希腊路吉亚诺思的苍蝇颂;次段想到了三年前自己作的一首有关苍蝇的诗;第三段提到在希腊苍蝇本是一个处女的神话传说;第四段说诃美洛思尝比勇士于苍蝇的古希腊史诗,以及法国昆虫学家法勃耳的昆虫记;第五段举中国的《诗经》与《尔雅》、日本的俳句诗人的咏蝇诗、意大利天主教圣徒、绍兴的小儿谜语歌为例,来证明苍蝇绝不比其他昆虫卑恶;末段以"中国人虽然永久与苍蝇同桌吃饭,却没有人拿苍蝇作为名字"作结,讽刺中国人只知填饱肚子,却忽略了换另一种眼光去欣赏身边充满情趣的苍蝇。——各段分立,缺一不可,段落间周旋转折的联系,全无斧凿痕迹,这实在是周作人旁征博引式的大家手笔。

在写法上,周作人的散文是"说自己的话"②,是一种重在致知的

---

① 刘绪源《解读周作人》第 24 页,上海文艺出版社 1994 年。
② 《乐味集·再谈俳文》,《周作人全集》第四册第 356 页,台北:蓝灯文化事业股份有限公司 1992 年。此为周作人对蒙田·蓝姆随笔的概括。

笔记式随笔,因此完全呈现一种"谈话风",似无定法,任性使文,打破了传统散文严谨的起合章法,这就散文创作而言当然是无可非议,甚至还形成了独特的风格,但他有些篇什实在是不够完整,思想也显得有些松散,不过这并不会影响到周作人作品的整体价值。

梁实秋则形式整齐,一篇篇都是相当规范的小品,字数一定,段落相当,题目是普遍而概括性高的事物,各段落常常如环绕题目的伞骨,至结尾便收束。以《雅舍》为例:首段写雅舍虽为四川房屋的典型,却依然有个性;次段写雅舍的位置;第三段写雅舍隔音差,又有老鼠蚊子为患;第四段写雅舍的月夜与雨景;第五段写雅舍简朴的陈设;第六段写人生如寄的感慨;末段点明以《雅舍小品》为书名,除了表示写作之处,且要谨记与雅舍的这段缘分。——《雅舍小品》中,几乎全是如此中规中矩的小品,写女人,就写女人爱说谎、善变、爱哭、多言、胆小、聪明;写男人,就写男人的脏、懒、馋、自私、长舌;写鸟,就写鸟的声音、形态、神气、苦闷、孤独——梁实秋完全走进规范的格局之中,使得作品缺乏变化。刘绪源认为:

> 规范不啻是大优点,但比起苦雨斋散文的驳杂随意来,这样的规范齐整又给人以一种小心与拘谨的感觉,似乎不够潇洒和大气了。周作人曾说,新文学与过去的旧文学的区别,在于"偶成"与"赋得"之不同,而苦雨斋散文的不拘一格,在"偶成"这一点上,显然要突出得多。[1]

整齐形式与选题虽较为讨好,但对于创作而言,却是在无形中画下了固定的发展空间,而这正是闲适散文应当避免的。

---

[1]　刘绪源《解读周作人》第 23 页,上海文艺出版社 1994 年。

在写法上,郑明蜊曾归纳出《雅舍小品》的几种惯用模式:"借宾定主"一法,是借着文章中的主(一事物)来批评或指涉宾(人)的写法,如《狗》、《猪》等;"万流归宗"法,各段叙述安排如枝叶,结尾便是一篇的主干,如《结婚典礼》;"层层递进"法,一层逼出一层意思,如《狗》的第三段,写狗之难于对付,最后逼出所要说明的"人患";"一正一反"法,从一件事物的正面与反面同时切入,产生言在意外的谐趣,如《女人》中说女人胆小,"在黑暗中或荒僻处,没有人,她怕;万一有人她更怕";"奇笔突起"法,文章开头常有惊人之语,如《画展》起头便是"我参观画展,常常觉得悲哀";"结尾促收"法,在结尾衔有余话之处戛然而止,具有逗趣的效果,如《理发》:"刮脸的危险还在其次,最可恶的是他在刮后用手毫无忌惮的在你脸上摸,摸完之后你还得给他钱!"——以上皆是梁实秋常用的章法,与周作人的闲谈体式明显不同①。

三、周作人与梁实秋闲适散文的共同特征

一、闲适散文是内心与外境和谐的表现

身处在硝烟滚滚的时代,周作人与梁实秋作为头脑清醒的读书人,应当对于社会现实有许多的不满与激动,然而他们为何不投身战争文艺的笔阵中,却反而有意避开现实,去孜孜于平和的闲适散文创作?许杰认为这导因于中国传统读书人的风格:

> 一个读书人或士大夫,他对于现实社会的不满,开首是时常寄寓着很好的理想的希望的……所以,在这个时期,他们都很不

① 郑明蜊《梁实秋散文概说》,何寄澎编《当代台湾文学评论大系(5)散文批评卷》第265—267页,台北:正中书局1993年。

吝啬的提出自己的理想,标榜自己的主张。可是,到了后来,看看自己的主张并不被采纳,于是……渐渐的灰心起来。可是,这个时候,他还不能忘情社会,他还不能断定完全绝望,因此,他便发起牢骚来,说一些讽刺话,还希望能够对社会下一个有力的针砭。这种情形,一直延长到社会的愈趋黑暗的时候,于是,士大夫们,觉得在适时候,连说话都有些困难,牢骚也不便乱发;没有法子,只好说说几句不着边际的风凉话,保持住名士的风度,在家的和尚"都会的隐士"了。①

　　既是"叛徒"又是"隐士"的周作人,常自称心中有两个"鬼",由于他政治与文艺思想的复杂②,再加上五四落潮后所产生的失望与苦闷,其内心与外在环境势必存在着种种的冲突,这些冲突经过无数次的均衡调适,终形成了以自我为出发的闲适文章;梁实秋从留学归国到抗战,其文艺观始终受到批判,生活漂泊,事业受挫,内心也是矛盾重重,1927年5月至8月,他在《时事新报》副刊上以"秋郎"为笔名,发表了一系列批评社会的讽刺文章(后集结为《骂人的艺术》),然而从1940年起却文风丕变,开始写作有意规避时事的《雅舍小品》——将士大夫这种矛盾心理演变,投射在陶渊明、袁宏道、袁中道、张岱、李渔等人身上,我们发现了中国名士在各种矛盾均衡后的一种精神核心:拥抱自我、独抒性灵、冲淡闲适——周作人与梁实秋正以此道在动乱时代中洁身自好,二者均选择了闲适散文来向社会告示他们对政治的不感

　　① 许例《周作人论》,姚乃麟编《现代作家论》第79—80页,上海:万象书屋1937年。
　　② 曹聚仁曾归纳周作人观念的演变:"周作人是主张为人生而艺术的人;他曾于一九二五年自述其思想变迁的大概。他最初也是守着尊王攘夷的思想后来一变而为排满与复古持民族主义计有十年之久。到了民元以后他又惺惺起来。五四时代他又趋向于世界主义后来修改为亚洲主义。到了一九二五年又觉得民国还未稳固还得从民族主义做起(他曾介绍了一些弱小民族文学作品)。五四高潮过去了以后宣布了他的个人主义趣味主义便从此贯穿下去成为他的思想的本质。"见《文坛五十年·章太炎与周作人》第140页,香港:新文化出版社1969年。

兴趣。

这种平心静气的闲谈,正是均衡内心各种矛盾后的心境产物。佘树森在《中国现当代散文研究》中论及"周作人的闲谈体"中谈到:

> 对于这种艺术"闲谈",最重要者乃是作者的心境。心境,此乃作者之个性、学问及文化心态在一定时空下的产物。只有当作者内在的文化机制同外部的环境气氛达到艺术的和谐之时,才会有最佳的创作心境。①

但因为二者的均衡心态是在现实的压迫下所进行的自我调节,带有无可奈何的味道,因此这闲适不是无怨无虑的快乐,而是一种苦中作乐的叹息,甚至偶尔流露出一丝激愤、一点牢骚,他们虽然都向往真正的"闲适",但却未能做到。周作人曾说:

> 我近来作文极慕平淡自然的景地。但是看古代或外国文学才有此种作品,自己还梦想不到有能做的一天,因为这有气质境地与年龄的关系,不可勉强,像我这样褊急的脾气的人,生在中国这个时代,实在难望能够从容镇静地做出平和冲淡的文章来。(《两天的书·自序二》)

这确实说出了他执笔时心里的衷曲,也反映了他们作品的共同特性。

---

① 佘树森《中国现当代散文研究》第 278 页,北京大学出版社 1993 年。

二、闲适散文是其力求永恒、切近人生文艺观点的实践

为促使散文的非政治化，而达到闲适的目的，周作人与梁实秋都想以写无目的的材料来向社会告示他们对目的——尤其是政治目的绝对不感兴趣。周作人钟情花草虫鱼，梁实秋细察男人女人，无非是想藉助这些中性材料抓住普遍的事物，使作品闲适而得以永恒。然而他们对世事并非是完全冶淡的，他们注重选择一些与世事似相关非相关的题材，用一种冶静旁观的态度，去面对普遍的人性，去处理留存于心中的一丝热气。

周作人与梁实秋都是学贯中西的知识分子，深受资产阶级人文主义思想的熏陶，追求个性的独立与自由，看重个人的价值，而对政治似有意回避，即使是在动荡激烈的时代，他们仍然躲进象牙塔里，讲性灵幽默，写人生百态，因此，二者的作品都固执地不随着时代、政治的变化而变化。周作人将文艺的功利观斥之于艺术规律之外，认为创作如性欲一般，是一种冲动，是生理上的需要；梁实秋则坚持文艺没有阶级、不表现时代精神、无所谓革命文学等观点，把文学看做是普遍的、固定的人性表现。

把文学看做是切近人生的，是二者都信奉文学之美在人生的表现。周作人曾提倡"人的文学"，梁实秋也认为文学的本质是人生，正因为深信这种超时代政治、近人生的文艺观点，他们才一头钻进象牙塔，勤于闲适小品的创作。

三、汲取中国与西方文化双重营养

1. 思想

周作人与梁实秋皆博古通今、学贯中西，作品具有极明显的丰富内容与独创性，他们的思想体系大多吸收西方人文主义、民主科学等

思想,又融会传统的儒释道精神,是彼此矛盾而复杂的。周作人曾多次指出中国新散文的源流是公安派和英国的小品文两者所合成①,他自己小品文里中西兼容的复杂思想早为人所公认;梁实秋在生活道路与文学事业上,始终受到白璧德新人文主义和古典主义的影响,关于自己的文学创作,他曾说:

　　　我的散文在思想方面、形式方面受英国文学影响不少。②

　　中西思想的融贯,的确是二者闲适小品的一大共同特征。

　　2. 笔调

　　由于熟谙西方文学,周作人与梁实秋的行文往往有外国随笔(主要是英国)的味道。

　　周作人"如在江村小屋里,靠玻璃窗,烘着白炭火钵,喝清茶,同友人谈闲话"的向往,与梁实秋惯用的层层剥示、唠唠叨叨话家常的腔调,正有随笔这种悠闲而雍容的美学品格,而形成如与名士谈心、与野老散游的自然节奏,"说它是抒情小品,又无柔情蜜意;说它是杂文,又无刺也不辣。就是这样拉拉家常,谈谈人生:虽无骨架,却有轴心;虽漫无边际,但也有一定的约束,洋洋洒洒有一种绅士风度"③。比较而言,二者的闲适散文还是更多地吸取了中国传统散文尤其是明清小品的营养。周作人曾多次说明明清明士派文章是现代散文的源流,梁实秋则更多地承续了传统散文温厚的一面,讲究中国式正统的遣词造句,反对欧化的写法,也接受了明清小品的某些气韵;二者皆受到中国

---

　　① 周作人《中国新文学大系散文一集·导言》第9页,台北:业强出版社1990年。
　　② 余光中编《秋之颂——梁实秋先生纪念文集》第361页,台北:九歌出版社1998年。
　　③ 周作人《雨天的书·自序一》,《周作人全集》第二册第265页,台北:蓝灯文化事业股份有限公司1992年。

文学深厚的陶冶，因此，熔铸而成一种与友人闲聊般、却又不失雅致的特殊风格。

四、结语

周作人与梁实秋可说是闲适散文中的双塔。尽管二者都是以闲适散文见长，又尽管《雅舍小品》延续了周作人冲淡小品的特点，但仍旧呈现出迥然不同的风格——因生长历程的不同，一个苦涩清冷，一个端庄节制；因语言的不同，一个自然不求洗练，一个简扼雅洁；因闲适的不同，一个有苦难言苦中作乐，一个达观从容自得其乐；因幽默的不同，一个清淡深远，一个热讽人生；因章法结构的不同，一个自由随心，一个拘谨小心。又因同样具有浓厚的中西学养、追求永恒切近人生的文艺观以及与现实发生矛盾而和谐，因此汲取了两重的养分，发而为一种超越时代社会、平和而不浮躁的散文创作。

闲适散文虽说脱离了时代与社会，但由另一个角度看，周作人与梁实秋的作品有意无意地淡漠政治革命，在炮声隆隆的血与火中作成鲜明的对照，正足以体现当时读书人个人的内心世界、真情实感，开拓文学创作的视野。而其广博的学识涵养、通达的人生观照、突出的语言体式以及在艺术上的成就，也是绝对不能一笔抹煞的，在现代文学史中应可作为一时代的标志。

梁实秋诗学论

武汉大学　陶丽萍　方长安

一、融通中西诗学以创造新诗

在新诗现代性追寻中一直存在着两种极端取向,或全盘西化,或回归古典,均不同程度地妨碍了新诗的健康发展。梁实秋则以中西文化为背景,始终坚守理性立场,主张在新的文学语域与文化背景下融通中西诗学,以创造中国自己的现代诗歌,表现出多元开放的现代气度。

与不少新诗倡导者一样,梁实秋主张以西方诗歌为参照,探讨中国新诗的发展路径。认为"新文学运动最大的成因,便是外国文学的影响;新诗,实际就是中文写的外国诗"[1]。表示应充分欢迎外国文学的"侵略",积极译介外国诗歌,以推进新诗现代化发展。但与五四时期彻底反传统的全盘西化者不同,梁实秋一直保持清醒的态度,反对

---

[1]　梁实秋《新诗的格调及其他》,《诗刊》创刊号 1931.1.20。

以一种文化取代另一种文化,坚持以批判的态度继承外来的与古典的诗歌传统与经验,主张有分析有辨别的"扬弃"。因此他既承认外国文学对五四新文学的巨大催生作用,认为外国诗歌形式的自觉输入,促进了诗体的大解放;同时又客观地指出外国的也不尽都是好的,不加节制地引进外国的东西,只能失去传统的根基,批评无纪律无目的的选择和翻译造成中国初期白话新诗大抵只是骚塞、哈代、吉卜林、泰戈尔作品的模仿,反对盲目崇洋。

作为新文化运动的拥护者,梁实秋坚决支持白话新诗,认为"旧诗种种无聊的过度的不合时宜的桎梏,有解脱必要"①。因此他激赏胡适的《尝试集》,称其"表示了一个新的诗的观念","提示出一个新的作诗的方向"②,主张进行革新,创立新的形式新的风格。极为可贵的是,中西诗歌的深厚学养及其古典主义信仰,使他突破了当时新与旧、中与西、古与今二元对立的思维局限,认为"文学的传统无法抛弃"③,提出将传统诗歌形式的有益因素与西方现代诗学相结合,经由对外来诗歌的借鉴、转换与传统诗歌的现代化改造,以创造新诗的现代品质。他说"新诗不能不受西洋诗的影响,但我们要取法乎上,不要浅尝而止"④。提倡在取材选择、内容结构和韵脚的排列上"明目张胆地模仿外国诗",音节却要借鉴传统,"在模仿外国诗的艺术的时候,还要创造新的合于中文的诗的格调"⑤。他反对抛弃民族语言习惯与诗歌经验,生硬地模仿西洋诗,批评五四浪漫主义者有一种"现代的嗜好",以为"凡是外国引进的是新颖的,凡是本土传统的都是陈旧的"⑥,使广大

---

① 徐静波编《梁实秋批评文集·现代文学论》第 163 页,珠海出版社 1998 年。
② 梁实秋《新诗的格调及其他》,《诗刊》创刊号 1931.1.20。
③ 《梁实秋批评文集·五四与文艺》第 253 页。
④ 《梁实秋批评文集·现代文学论》第 170 页。
⑤ 梁实秋《新诗的格调及其他》,《诗刊》创刊号 1931.1.20。
⑥ 《梁实秋批评文集·现代中国文学之浪漫的趋势》第 37 页。

青年过分地轻视传统,导致"近数十年来优秀文艺作品之贫乏"①,从而表现出在中西两种异质文学传统中构筑中国现代诗歌的创造性努力。

二、诗歌本质的独特阐释

出于自由主义的政治立场与理性方式,梁实秋既反对片面表现时代精神所造成的功利性偏差,也反对单纯表现自我而产生的对人生的超然逃避。他继承传统诗学的人本主义精神品格,接受白璧德新人文主义思想影响,以人性作为诗歌创作的圭臬,形成一种伦理人性的诗学观。

从追求人的抽象普遍性出发,梁实秋提出"诗的本质是以抒发情感为主"②,是情感幻想的结晶。但这情感不是浪漫派笔下飞扬或感伤情感的自我宣泄,也不是象征派怪僻神秘情绪经验的个人表达,而是人类共有的亘古不变的常态的情感,即理性节制下的普遍人性。在他看来,这种人性具有伦理教化性,是理想中的人类最高境界,只有少数人才能获得,显示出一种独特的人文主义价值理想与追求。那么如何表现人性? 与亚里士多德一样,梁实秋强调诗是人类活动的模仿,"人性的表现不在其静止的状态里,而在其活动的状态里。诗要模仿人性,所以不能不模仿人类的动作,动作者可以是物质实体的动作,也可以是精神心灵的动作。因此人的动作乃诗的灵魂"③。认为现代诗歌创作的唯一出路"便是抛弃了诗的宗教色彩,而采取一种积极的人本

---

① 《梁实秋批评文集·五四与文艺》第250页。
② 《梁实秋批评文集·文学讲话》第224页。
③ 《梁实秋批评文集·诗与图画》第67页。

主义的态度"①,以人的动作为中心,使每一部杰作都是"最深刻的人性的表现"。

立足于人性的根本立场,梁实秋确信人性作为诗歌的根本质素在空间和时间上是一成不变的,并以此建立起判断与批评的标准,推崇一种非功利主义的道德价值。认为"文学作品之是否伟大,要看它所表现的人性是否深刻真实……使读者能以深刻的了解人生之意义"②,强调诗的思想,声称对于一首诗,"我们不仅欣赏其文学的声调音韵之美,结构的波澜起伏之妙,描写的细腻绚烂之致,我们还要体会其中的思想、理论、宗旨"③,将善作为创作的最高目标。据此,他批评浪漫派诗歌表达情感的狭隘性与简单化,是自然的皈依;指责现代派诗人"想要回复到诗的原始状态,诗里没有用意,没有教训,没有思想"④,是诗歌的堕落。显然梁实秋以人性反对诗歌表现的时代性与阶级性(后期有所改变),存在思想认识上的明显矛盾与缺失,但其表现普遍人性人情的审美价值取向,对于左翼文学的普遍政治化倾向不失为有益的纠偏与补充,体现为一种纯粹的文学趣味,具有历史的纵深感。

对文学道德意义的追求,不仅使梁实秋关注诗歌对伦理人性内容的表现,且直指诗人对现实人生的态度。他认为诗的境界不同于自然和神的境界,处于人生境界当中,诗人的使命即是"了解人生,发掘人性……对人生形形色色都感兴趣"。指出杜工部可爱之处不仅在忠君爱国,还在于他的趣味之博,天性之厚。因此梁实秋重视诗人的生活,说"作诗宜先从作人起","一定先要是诗人然后才能有好诗"⑤。强调

---

① 梁实秋《偏见集·诗的将来》第 215 页,上海书店重印本 1988 年。
② 《梁实秋批评文集·现代文学论》第 162 页。
③ 《梁实秋批评文集·诗与诗人》第 244 页。
④ 梁实秋《梁实秋文集·科学时代中之文学心理》第 382 页,鹭江出版社 2002 年。
⑤ 《梁实秋批评文集·诗与诗人》第 245、247 页。

诗人若要取得重大成绩,一方面要提高艺术修养,另一方面要注重对客观现实的观察体验,即应生活而非生存:体味人生的趣味,品尝人生的甘辛,在积极入世中体验与思考世间百态。对现实中横流泛滥的物欲,他告诫"诗人要保持一种冷静的态度,悲天悯人也可,发会心之微笑也可,惟独热中不可"①,倡导诗人摒弃名利观念,富于正义,以时代号角而非应声虫的正义姿态批评人生,不仅表现时代性,还要表现永久不变的人性,显示出梁实秋传统的价值判断尺度。

三、强烈的诗歌形式意识

五四新诗革命高举"诗体大解放"和"表现自我"的大旗,使中国新诗彻底完成了从古典向现代的历史性转换,并以崭新面目进入世界文学的整体视野之中。但白话新诗在张扬自由精神,追求文体解放的同时,却也给新诗自身建设带来深刻危机:作诗如作文,混同了诗与文的界限,导致白话新诗"审美薄弱和创作粗糙",而"绝端自由"则取消了艺术的节制,使诗陷入诗情泛滥的无治状态。对此,梁实秋充满了强烈不满和深深的隐忧。认为"新诗运动最早的几年,大家注重的是'白话',不是诗,大家努力的是如何摆脱旧诗的藩篱,不是如何建设新诗的根基"②,"收入了白话,放走了诗魂"③。虽有过激片面之处,却揭示出白话新诗只注重语言工具的更新与自然流露,而忽略诗歌本身审美特征的非诗化倾向。因此,他超越白话自由诗学,将形式法则重新引入诗歌,主张诗首先应该是诗,它不仅仅是相对于文,更是对于现实世界的一种自我独立存在,有着自身独特的本质特征与规范,有力地

---

① 《梁实秋批评文集·诗与诗人》第245、247页。
② 梁实秋《新诗的格调及其他》,《诗刊》创刊号1931.1.20。
③ 梁实秋《读〈诗底进化的还原论〉》,晨报副刊,1922.5.27。

反拨了新诗的"散文化"倾向,表现出向诗歌艺术本体回归的旨趣。

　　首先,与表现人性的严正规范相对应,梁实秋认为诗有属于自己的规定性,应注重形式。"诗,就是以思想情绪注入一个美的形式里的东西。这形式若适当,不但不对内容发生束缚的影响,而且还能使那一缕缕的思想,一团团的情绪得一美丽动人的躯体"①,强调"形式是一个限制,唯以其能限制,所以在限制之内才有自由可言"②。并在大量中外诗歌创作研究基础上得出结论:形式的束缚不仅是必须的,而且是一切优秀作品的共同特点,断言"伟大的文学作品都是有'建筑性的',最注重的是干部的坚固,骨骼的均衡"③。从此出发,他批评十几年来诗歌不要语言、形式和技巧,旧形式旧风格一概打倒,新形式新风格不曾建立,认为"不该于解脱桎梏之际而遂想求打破一切形式与格律。自由是要的,放肆是要不得的;镣铐是要不得的,形式与格律仍是要的"④。但与格律派过于强调诗的外在诗形诗韵不同,梁实秋推崇一种经理性调节后内在情感表达的音韵美与含蓄美,认为诗的行数字数平仄韵律都是末节,形式的真正意义在于"使文学的思想,挟着强烈的情感丰富的想象,使其注入一个严谨的模型,使其成为一有生机的整体"⑤。这种指向情绪的形式观,使新诗的形式美重新得到确认,促成中国新诗进入规范化的理性自觉时代,对格律诗的绝对化倾向亦有一定启示意义。

　　其次,指出新诗的出路在建立新的格律。梁实秋认为音节、韵律等形式问题,是一个关乎新诗是否成功的重要标志,并以之作为诗歌批评与建设的基点。基于人文主义立场和对汉语母语的认识,他反对

---

① 《梁实秋批评文集·现代文学论》第167、164页。
② 《梁实秋批评文集·文学的纪律》第108页。
③ 《梁实秋批评文集·现代中国文学之浪漫的趋势》第44页。
④ 《梁实秋批评文集·现代文学论》第167、164页。
⑤ 《梁实秋批评文集·文学的纪律》第108页。

初期白话诗人彻底反传统的激进姿态,认为"中国诗之传统形式,是经过若干年长久实验而成,千锤百炼,方成定型"①,指出新诗用汉语写作,无法照搬西方诗歌的音韵与形式,批评新诗之大患在于和传统脱节,妄想彻底取消原来诗的"固定的形式",不但打破了旧诗的格律,也打破了一切诗的格律,结果散漫无纪。通过对中西大量诗歌音韵节奏的考察及分析,梁实秋大胆宣称"格律形式可以改变,但不能根本取消",强调"诗不能没有音节"②,且须在本国文字范围内"解决"。因此他将目光投向民族诗的格律传统,主张"就原有的传统而探寻新的表现方法与形式"③,积极探讨在汉语诗歌传统基础上创造新诗的"音韵声律"。在《诗的音韵》中,他从汉字的特性提出从韵脚,平仄,双声叠韵,行的短长四个方面创造"新诗的新音韵",主张新诗的外在表现形式可以借鉴外国诗的丰富多变,但在本质上不应与传统脱节。即通过炼字炼句切入汉语的音节、节奏,创造新诗流畅的外在韵律和诗意空间,反映出对民族传统创造性转换的现代审美追求。

第三,坚持诗歌的纯粹性。尊崇于理性的古典主义传统,梁实秋特别重视诗的文类特征,强调诗的抒情功能。认为"有诗才的人,同时兼擅绘事,永远是一件危险的事"④,因这易将图画混到诗里去,引起类型的混杂。在他那里,类型混杂是浪漫主义的杰作,缺乏"理性的选择",是根据逃避人生的文学观,将艺术的理想境界建筑在"情感的梦幻里",损害了文体的单纯性,不利于表现普遍人性的需要,也失去了诗质。因此他批评五四小说和散文诗创作将诗与小说、散文混合,是"不守纪律的情感主义",导致"什九没有故事可说,里面没有布局,也

---

① 梁实秋《文学因缘·新诗与传统》,台湾传记文学出版社 1989 年。
② 《梁实秋批评文集·文学讲话》第 228 页。
③ 梁实秋《文学因缘·新诗与传统》,台湾传记文学出版社 1989 年。
④ 《梁实秋批评文集·文学的纪律》第 110 页。

没有人物描写,只有一些零碎的感想和印象"①;指责散文诗是种畸形,"不是正格",表现出对文体形式规范的执著追求。不仅如此,出于诗歌创作的历史意识和对小诗创作的反感,梁实秋还提倡长诗的创作,并以外国史诗、剧诗为例,强调"伟大作品的内容必不是生活中的一鳞一爪,必不是一时的片断印象,而必有根本人性之深刻的描写","自然的需要相当的长度"才能表现繁复深刻的思想与情绪。因此他要求作家多读书,彻底了解西洋诗,"知道诗的花园里有的是伟岸的松柏,不仅是朵朵芬芳的玫瑰"②,以创造出中国的纪事诗与史诗。显然,梁实秋对当时社会历史情境缺乏深刻认识而贬低文体诗化及抒情文学的审美价值,存在认识的偏颇,但其强烈的文体意识以及对叙事诗的提倡,对于新诗文体形式的成熟与丰富,具有一定的"诗学"史意义。

四、理智优雅的审美规范

新诗作为五四启蒙话语的重要工具,强调在质朴自然的形式中抒发强烈的社会情怀,在精神特征和艺术趣味上呈现出一种前所未有的鲜明的平民化色彩,开启了现代诗歌表现大众,走向民间的先河,但同时也造成诗性的严重阙失。梁实秋对此进行了批判性反思,认为"现在一般幼稚的诗人,修养不深,工夫不到,藉口诗的平民化,不惜降灭诗人幻想神思的价值,以为必人人能了解的方得算诗"③,使诗质太粗糙朴素,缺少"诗的贵族性",诗失去了特有的韵味和美感。为此,梁实秋坚执于贵族化诗歌艺术的创造,认为诗以美为主,诗国绝不能建设在真实普遍的人生上面,而应站在社会的边上,创造"诗的艺术、诗的

---

① 《梁实秋批评文集·现代中国文学之浪漫的趋势》第44页。
② 《梁实秋批评文集·现代文学论》第169—170页。
③ 梁实秋《读〈诗底进化的还原论〉》,晨报副刊,1922.5.27。

想象、诗的情感"。再三表示"诗是贵族的,因为诗不是人人能作,人人能了解的"①,提倡一种理智优雅的诗歌审美规范,以对抗新诗理论与创作的大众化倾向。

一是提出理性节制的美学原则。针对新诗"粗糙、放纵"的散漫现象,梁实秋认为诗作为贵族化文体应恪守理性与纪律。他认为文学的目的就是使人以理性克制欲望,"把情感放在理性的缰绳之下。须不悖于常态的人生,须不反乎理性的节制"。强调"伟大的文学的力量,不藏在情感里面,而是藏在制裁情感的理性里面",即"以理性驾驭情感,以理性节制想象"②。如何进行节制? 梁实秋提出以形式上的格律和题材的适当,来抵制绝对自由所造成的形式的杂沓和情绪混乱,使诗的情感表现做到质的纯正与量的有度,从而实现和谐的审美理想。

从理性节制出发,梁实秋对五四新诗"浪漫主义""伪浪漫派"一味标榜自我,对题材、情感的质地不加理性选择的恣意纵情倾向进行清算,认为是"情感的推崇""印象主义"及弥漫的"抒情主义"导致了创作中滥情和感伤主义倾向,批评浪漫派表现自我和人生派描写人民疾苦的诗歌,对情感质地不加节制,是"颓废主义","普遍的同情心"的泛滥放大,使粗鄙低俗的平民生活进入诗歌,导致诗歌失去了应有的精神与气质。但梁实秋推崇理性并非排斥贬抑情感,他只是追求一种表现的合适与法度,在片面的极端化认识中,表现出对五四抒情传统及其平民化审美趣味的一种反拨。

二是适度地肯定诗歌美在音乐性与绘画性。基于对诗歌形式美的追崇,梁实秋承认音乐是诗歌中必不可少的质素。他对中外诗歌的发生及流变进行全面考察,认为"诗本来是和音乐有密切的关系

---

① 梁实秋《读〈诗底进化的还原论〉》,晨报副刊,1922.5.27。
② 《梁实秋批评文集·文学的纪律》第102—104 页。

的"①,从最初的歌唱,到吟诵,到现代才与音乐几乎完全分开成为阅读文本。因此他强调诗的音乐性,要求在模拟外国诗之外还要向旧诗学习,学习那"审音协律敷辞琰藻的功夫"②,以中国文字的特性(单音字天然宜于对仗,平仄宜于节奏)创造新音韵,奠定新诗的基础。批评新诗片面强调白话,追求自然音节,较旧诗缺乏"音乐的美",是对中国文字特性与诗学传统的背离。但与现代派追求诗的音乐性表现不同,他反对过度强调诗的音乐成分,认为与纯音乐相比,"文字根本的不是一个完美的表现音乐美的工具"③,音乐在诗里只是一种装饰品,一种技巧。若只求文字的声调铿锵,不仅对于诗的内容和意义往往是一种"牺牲",且将造成"类型的混乱"。

　　不仅如此,以中国文字"本身就有图画的意味"④的特点为基础,梁实秋还主张诗里不能完全免除图画的质素,赞扬诗中有画是文学艺术的融会贯通。但受古典主义的文学道德观局限,他坚持文学里的绘画美是有限度的。在《文学的美》中,他从诗的本质、诗艺特性与题材内容三方面对诗与画进行了比较分析,认为"图画的质素在诗里的地位,应该便是自然在人生里的地位。…… 风景物件……无论描写得如何栩栩欲活,结果不是诗。因为诗若没有人的动作做基础,就等于一座房子没有栋梁"。指出诗是时间的艺术,用文字来表现空间艺术的美只能用极少数的文字。因此"讲意境者,只能称引短诗或摘句了",而在长篇作品里表现绘画的美便是一串串意境与佳句的凑合,整体上未必是好作品。强调诗与绘画不同,题材选择"不一定要选美的,一定要选有意义的,与人生有关系的",鉴于此,

① 《梁实秋批评文集·文学的美》第201页。
② 《梁实秋批评文集·五四与文艺》第253页。
③ 《梁实秋批评文集·文学讲话》第226页。
④ 《梁实秋批评文集·诗与图画》第67页。

他批评现代诗将图画的艺术不加限制地应用在诗里,是耽溺于感官享乐的象征之一,亦是艺术类型的混乱,体现出古典主义的诗艺追求。

三是推崇古典优美的语言表达。从诗的贵族性立场出发,梁实秋对新诗言文一致所造成的浅白直露强烈不满,尤其反感于以口语俗语入诗所带来的诗歌艺术性的消解,认为白话"不能穿着褴褛的衣服便硬要跨进诗土","一定要披上一件美丽的袍子才可进去"①,须具有艺术的安排与剪裁,提倡一种古典的雍容尔雅的贵族化语言。因此他对闻一多的诗歌,尤其是诗中所包含的浓厚传统意味十分称赞,并为其进行辩驳,说,"诗料只有美丑可辨,并无新旧可分。用滥了的辞句是名家所不取,然古雅的典丽的辞句未始不可藉艺术的手段散缀在新诗里面"。甚至还认为:"一多宁愿作了自己能懂的诗,不愿他的诗有所谓'平民的风格'。所以他写诗的时候,忘怀了时间的观念,美的字句——无论是新的旧的——一起自然而然地辐凑到笔端,听候艺术的调遣。"②表现出其重视发掘汉语语言的审美功能并予以艺术化地呈现,从而在新诗与古典诗歌之间架构起一座桥梁的企图(后期则不满现代派诗歌创作,提倡诗要明白清楚,反对晦涩深奥的写作倾向)。

总之,梁实秋在中西文化融合与文化失真的矛盾中积极探索新诗发展的路径,其伦理人性的形式诗学在当时特定的历史语境中存在着明显的偏误。特别是在内容与形式,思想与情感,叙事诗与抒情诗等对立范畴中,他往往更重视前者,并将它们作为善的实现途径,呈现出鲜明的古典主义色彩。但片面中不乏令人深思的真知灼见。他并非

---

① 《梁实秋批评文集·拜伦与浪漫主义》第 17 页。
② 梁实秋《草儿评论》,清华周刊文艺增刊第 4 期。

简单地回归传统,而是希图以传统的审美规范和价值原则修正和救治新诗在西方文化压力下所产生的迷失和偏差,不仅丰富与完善了现代诗学内涵,而且体现了对新诗现代转型的一种独特思考。

论梁实秋的小说理论及创作

安徽师范大学　谢昭新

梁实秋30年代是以与左翼作家及鲁迅的文学论争,专事文学理论批评而享有盛名的。40年代以后则着力散文创作及翻译,散文力作有《雅舍小品》四辑,文学翻译著作颇丰,尤其是他前后用四十年时间完成了莎士比亚全集的翻译,计剧本三十七集、诗歌三集。正因为他理论批评、散文创作、文学翻译成就显著,因而学术界的研究视线多投于此,而对他在20年代初、中期的小说和诗歌创作则缺乏光顾。就小说而言,他既有理论又有创作,虽然数量不多,但质量较高,足以显示其鲜明的理论个性和独特的艺术风格。

作为理论批评家的梁实秋,他30年代成名,与他五四前后在清华读书期间的理论素养的培育有很大关系。他当时广泛接受外国文学作品、社会思潮和文学理论的影响,阅读过的书刊有:"胡适的《实验主义》、《尝试集》、《短篇小说集》、《中国哲学史》,周作人的《欧洲文学史》、《域外小说集》,王星拱的《科学方法论》,潘家洵译的《易卜生戏剧》,《少年中国》的丛书、《共学社》的丛书、《晨报》丛书等等。《新潮》、《新青年》等杂志更不待言是每期必读的。"同时他还说:"我那时看的东西很杂,进化论与互助论,资本论与安那其主义,托尔斯泰与萧伯纳,罗素与柏格森。太戈耳与王尔德,兼收并蓄,杂糅无章。"①其实他对各种思潮、"主义"还是兼收不杂,摄取"有章"的。初期在小说理论上虽然也强调写人生、述事实,但更看重"情感",着眼于小说的艺术形式、艺术本体;在创作上则以浪漫抒情为主调,留有忧郁、感伤之色彩。从理论与创作的结合上可以看出,初期的梁实秋是一个形式主义的青春的浪漫者。

梁实秋在清华读书期间,和顾一樵、张忠绂、翟桓等组织成立了"小说研究社",后经闻一多提议改为"清华文学社",成立于1921年11月,下设诗歌组、小说组、戏剧组。梁实秋是文学社的重要成员,既写诗歌、小说,又参加演剧活动。清华小说研究社于1921年编印了《短篇小说作法》,由北京共和印刷局1921年4月26日出版,共分上、中、下三篇,梁实秋写序言及中篇的第九、十章。在"序言"里,他特别声明编此书的宗旨,一是为小说作者提供训练作小说的参考工具,二是为小说批评提供批评的理论依据,从而以批评促进、提高小说创作的价值与艺术。在《短篇小说作法》中,首先从把握文体特征入手,将长篇与短篇作了区分,认为"长篇小说是扩张的,短篇小说是紧缩。长篇小说叙述面面俱到的人生,短篇小说描写某事某人某物最精警的一段。长篇小说容载的人物多而详,短篇小说容载的人物少而简。长篇小说的布局 plot 非常复杂,往往有许多枝枝叶叶。短篇小说只写一桩事情或是一桩主要的事情"。在区分长、短篇文体特征的基础上,对短篇小说作了明确界定:"短篇小说是一篇虚构的叙述文,展示一件主要的事情和一个主要的人物;他的布局是有意安排定的,他的机构是简化的,所以能够产生一个单纯的感动力。"②这种对短篇小说的界定比

---

① 梁实秋《清华八年》,《梁实秋代表作》第136页,华夏出版社1999年。

② 清华小说研究社《短篇小说作法》,《二十世纪中国小说理论资料》第2卷第109页,北京大学出版社1997年。

较系统、完整。在此之前，胡适早在 1918 年就对短篇小说作过界说，他说："短篇小说是用最经济的文学手段，描写事实中最精彩的一段，或一方面，而能使人充分满意的文章。"①二者相比较，梁实秋等清华小说研究社编的《短篇小说作法》对短篇小说的界定，既包含了胡适所讲的选材特点和描写方法、手段，又充实了短篇小说事件选择人物设置的单一，结构布局的简洁、单纯，艺术描写的虚幻等特征。中篇则主要围绕短篇小说艺术本体特征，从小说的选材、布局、叙述方式、描写方法乃至人称、视角等均作了描述。比如在讨论创作方法时，他们追溯其源流，认为大致可以分为"写实派，浪漫派与理想派、新浪漫派"，并论述了各派的创作特征，尤其关注"事实的用处"，重视事实与虚构、情感与想象的结合。梁实秋执笔的九、十两章论及"小说的主体"，更强调了"事实"的运用，认为"小说一定要有一段事实作骨子"，绝不能专致力于人物的描写，短篇小说"只有一单纯的事实，或一主要的事实"②。小说要以"事实"为骨子，但也要有"情感"，"短篇小说是最美的情感之最经济的记录"，即使是写实派的小说，它们之所以感动人，是因为有"情感的功效"，在他看来，现在的短篇小说能以情感见长的并不多，所以他把情感也看做"小说的主体"，又特别重视情感的作用，并将情感分为爱情、愤激与愉快三类，提出要善用情感，小说的事实与情感的融合要美，要有美感，而"写实小说往往刺激过深，使人失去美感"。而大战后的新浪漫派小说"渐渐的注重美感"③。与他在小说理论上追求艺术形式美、情感美相应称的是他对诗歌美感的倡导，他评

---

① 胡适《论短篇小说》，《二十世纪中国小说理论资料》第 2 卷第 36 页，北京大学出版社 1997年。

② 清华小说研究社《短篇小说作法》，《二十世纪中国小说理论资料》第 2 卷第 147 页，北京大学出版社 1997 年。

③ 清华小说研究社《短篇小说作法》，《二十世纪中国小说理论资料》第 2 卷第 152 页，北京大学出版社 1997 年。

论康白情的《草儿》，就以艺术的美、情感的美作为标尺，"以艺术的美为极，而不是什么善恶的道德所能上下左右"，认为《草儿》里有"旗呀，旗呀，红、黄、蓝、白、黑的旗呀！"还有"如厕是早起后第一件大事"之句，等等，是"俗恶不堪"的，是不美的。因此，我认为梁实秋初期的文学批评观是为艺术的浪漫主义的，与初期创造社的作家、批评家的理念相近，他在留美接受白璧德的新人文主义后，说白璧德教授"使我从青春的浪漫转到严肃的古典"①，可见，他自己也承认初期是浪漫主义的。

如果说我们从《短篇小说作法》和梁实秋对《草儿》的评论中，寻找到了他初期的文学理论观：偏向主观浪漫，追求艺术形式美，那么这一理论观在小说创作中也得以体现，达到了理论和创作的和谐统一。梁实秋的小说创作数量有限，仅见四篇，均发表于1922至1925年间（最近有学者发现他的一篇佚文《胸战》，就小说艺术而言，此篇与我要评析的四篇小说相比，要逊色多了，故在此不作评述）。梁实秋的小说的确是用最经济的手段描写一人一事，显得单纯、简洁，同时，在事实与虚构、情感与想象的结合上比较微妙。他的小说以"事实"作为"骨子"，但内中具有丰富的情感，多偏重主观抒情，带有自叙传色彩。《最初的一幕》以青春期的到来而告别"小孩子的天真缦烂的生活"留下来的忧郁、感伤为情感主线，写了"我"（带有梁实秋自身的影子）的心灵上的情感变化历程。"我"告别了小孩子世界后，不知道生活的基础在哪里，一生的终结怎么样，于是怀着忧思整天沉湎于《红楼梦》、《西厢记》、《神曲》等作品中，尤其在"我"傍晚散步时，见一村姑浣衣，那泪泪的溪水，穿着淡红衫的村女，还有洗衣木杵打衣服的悦耳的有节奏

---

① 梁实秋《岂有文章惊海内》，转引自许道明《中国现代文学批评史》第138页，江苏教育出版社1995年。

的音乐声,本来这样一幅很美丽的村姑浣衣图,能给"我"带来愉悦,但随着村女的离去,"交付了我一幅黯淡的黄昏的图画"。由村女浣衣引起对女性崇拜,再由对女性的崇拜引发对孤寂的单调的生活的埋怨,最后以心里压了"几块石头",失去了"天真缦烂境界"的惆怅作结。《苦雨凄风》是一篇自叙传小说,梁实秋在《槐园梦忆——悼念故妻程季淑女士》中,回忆说他在 1923 年 8 月初离开北京赴美留学,"在我临行的前一天,她在来今雨轩为我饯行,那一天又是风又是雨。我到了上海之后,住在旅馆里",写了这篇小说,"完全是季淑为饯行时的忠实纪录,文中的陈淑即是季淑"①。小说也以主观抒情见长,写主人公"我"与恋人的离别感伤,"自古伤别离,离愁果然是'剪不断理还乱'的了"。全篇写景写物写情写意均扣紧一个"愁"字,感伤缠绵,颇有李商隐之风。如果说这二篇小说具有感伤的浪漫主义色彩,那么写于留美期间的《谜语》、《公理》虽然仍有感伤浪漫色调,但更趋于讲究小说的艺术本体形式特征,是比较规格的小说,具备小说"三元素"(人物、情节、环境)的条件。《谜语》以刻画人物的性格为主,写一留美学生紫石因失恋而造成的心理疯态以及疯态心理的发展。先写他弹琴、唱歌、跳舞,望着人"狞笑",故意将头发揉成一团,行为反常,"如中了魔似的",同学们都把他视为"怪物"。他热恋一位金发女郎,给这位少女起名青鸟,每天都坐在寓所的窗口等待青鸟从窗前走过。有一天他从午后一直等到夜深,也未见青鸟倩影,他忧伤到了极点,就在那天夜里,紫石便"真疯了"。这之后,作家又进一步刻画他的疯态:吸烟,抱着椅子狂舞,跳完了又打开钢琴,弹起中国法国美国三国的国歌,眼睛红得像要冒火,头发揉成一团。几位同学把他送进了精神病院,"我"到医院看他时,紫石告诉"我":"生活只是一个欺骗",它欺骗了紫石,

① 梁实秋《槐园梦忆》,《梁实秋代表作》第 176 页,华夏出版社 1999 年。

使他失去了爱情，只剩下悲哀和狂乱。《公理》以主人公鲁和的行程地域为线索，他由珂泉至丹佛，再由丹佛返回珂泉，以所见所遇所感抒写怀乡思国之情。有景，有情，有人物行为心理描写，像写珂泉冬尽春来的自然美景，鲁和并没有陶醉在这良辰美景之中，却思念起自己的祖国，"咩！这里的风景虽好，终不是我祖国的河山！"他们到丹佛遭到警察的责罚，受尽了民族欺负之苦。小说以此事实作为"骨子"，又在情节的发展中加深人物的情感，主人公有对民族歧视的谴责，有忧伤，有愤怒，有希望祖国快富起来快强起来的愿望理想，有利用梦中的呼喊直抒胸中愤怒之情："打！打！谁说我是弱国的国民！……前进啊！同胞！他们欺负你的兄弟！你们还不起来？"又有情融于境的隐含的情感的显示。因此，这两篇小说虽然写得比较规格，但仍带有浪漫抒情色彩。

按照梁实秋所说，他是从浪漫主义转向古典主义的。在他接受白璧德的新人文主义和古典主义影响后，在《现代中国文学之浪漫的趋势》等文中，则极力反对浪漫主义及 19 世纪末 20 世纪初兴起的现代派文学。他认为五四以后新文学，从白话新诗、新小说到话剧与散文，从文学创作到文学批评，都表现为在外国文学影响下的浪漫主义。其主要特点就是非理性的情感主义，没有节制的自我表现主义，甚至是流于印象主义与颓废主义。对新文学这种"浪漫主义的趋势"，表示极端的不满。这与他初期对浪漫主义的理论追随和在小说创作中的主观抒情的实践，以及对现代派文学的美感所持的亲和的态度，形成了较大的反差。发展到 30 年代，他在 1934 年发表的《现代的小说》一文中，除了认为"小说是没有法子脱离写实主义的范围的"，与初期提倡写人生、重事实的观念相一致外，最大的变化是将"普遍的人性"观纳入小说理论中，认为在写实主义里，一定要以"普遍的人性"为描写重点，"好的写实作品，永远是人性的描写"，以写人性为标尺，他肯定了鲁迅的小说《阿Q正传》①。不仅如此,他还将"普遍的人性"观拉入小说本体艺术理论中。他坚守着小说"三元素"的艺术理念,针对五四以来的小说"很少能走上写实主义的道路"的历史、现状,特别是诸多小说不大注重故事(事实),即使写"事实",但没有"普遍的人性",因此他提出小说最需要"故事"。"在小说里,故事是唯一的骨干",这与他初期强调小说以"事实作骨子"的理念是一致的。而不同的是:1.他认为小说要写故事,但一定要写有意义的故事,何为有意义的故事,就是"借了故事的躯体而描写人性"。2.小说一定要有故事,但"不能专注重故事","没有故事便使小说趋向于抒情主义,或流为断片的描写,根本的失去了小说的性质与形式。专注重故事,便使小说变为肤浅的消遣品,根本的失了小说的任务"。3.将故事与人物、结构结合起来进行考察,认为以讲故事为消遣品,有故事有结构,而不注重人物性格刻画,这样的小说"毫无动人的力量";真正能感动人的小说,是以故事为骨干,结构完整,"要有头有尾有中部",又注重人性的刻画。人物要具有"普遍的人性",情节结构要完整、故事要有头有尾,环境景物要富有诗意,这是梁实秋在小说艺术本体理论上向古典主义的发展。

总之,从梁实秋的小说理论及小说创作可以看到,他初期(1915—1923年8月,清华读书期间)的理论观念主要是浪漫主义的主观抒情的,这虽然与初期创造社的浪漫主义的艺术主张有些相近,但梁实秋并不像创造社作家那样,特别强调表现自我情感、情绪,他在理论和创作上均表现出在写实基础上的主观抒情。而到30年代,作为新人文主义的批评家,在小说理论上也得以验证,他提倡写实主义写"普遍的人性"、强调故事、情节的完整,但故事情节里面也应有"普遍的人性"

---

① 梁实秋《现代的小说》,《二十世纪中国小说理论资料》第3卷第258页,北京大学出版社1997年。

的情感,而情感又必须用理性加以节制,这便成了古典主义的梁实秋了。所以,从梁实秋的小说理论及创作,也可以考察出他从浪漫主义向古典主义的发展。

梁实秋与"国剧运动"

中国矿业大学 王 青

在中国现代戏剧史上,20 世纪 20 年代的戏剧思潮作为当时中国新文化运动的重要部分,担负着重要的使命。胡适在自己的文章中坦言道:"新文化运动的根本意义是承认中国旧文化不适宜于现代的环境,而提倡充分接受世界的新文明。"[①]所以, 对于当时的戏剧界来说,推翻旧戏剧,再创新戏剧,让西方的话剧为中国戏剧所用,已在当时的中国戏剧界同仁中达成了共识。

"国剧运动"是 1924 年余上沅、闻一多、赵太侔、熊佛西、梁实秋等人在美国留学期间围绕"建设中华的戏剧"这个主题,经过大量的戏剧观摩、研究、改编和演出后提出的口号。余上沅等回国后,在北京艺术专门学校增设戏剧系,成立"中国戏剧社",在著名的《晨报副镌》上开辟"剧刊"专栏,就当时的剧运中的重要问题展开讨论,进行"国剧运动"的理论倡导与艺术实践。梁实秋作为"国剧运动"的倡导者之一,对于中国化的戏剧提出了自己的看法。这些观点与余上沅等人的主

---

① 胡适《人权论集》,转引自洪深《中国新文学大系戏剧集·导言》第 7 页,上海良友公司 1935 年。

张并不完全一致,在梁实秋自己的文学理论中却是一以贯之的。本文主要分析梁实秋的戏剧观念与"国剧运动"派同仁的差异,进而探索其戏剧观念与其文艺思想之间的关系。

一

"国剧运动"派成立的全国性组织——中国戏剧社,宗旨定位为:研究戏剧艺术,建设中国新"国剧"。成员包括宋春舫、叶崇智、徐志摩、丁西林、熊佛西、梁实秋、张彭春、欧阳予倩、洪深、吴瞿安、田汉等,一时影响甚大。一年之后戏剧社解散。最能体现"国剧运动"派理论实绩的是,余上沅、赵太侔、张嘉铸、熊佛西、顾一樵等人在《晨报副镌》"剧刊"专栏上发表的文章,集中探讨了戏剧理论、中外戏剧比较、舞台美术及表演技巧等大约四十三篇,后经过余上沅选取其中二十三篇汇编成册,题名为《国剧运动》,由上海新月书店 1927 年出版。《国剧运动》一书由余上沅作序,书中收入文章:徐志摩一篇、赵太侔三篇、余上沅五篇、梁实秋一篇、邓以蛰二篇、熊佛西一篇、杨振声一篇、西滢一篇、闻一多一篇、张嘉铸二篇、叶崇智一篇、恒诗锋一篇、顾颉刚一篇、俞宗杰一篇、徐志摩、余上沅合著"剧刊终期"一篇,共二十三篇。

"国剧运动"派的主张主要体现在以下三个方面:第一,强调戏剧要艺术地表现人生;第二,认为戏剧是综合的艺术;第三,强调建立具有民族特色的戏剧。

首先,对于戏剧本质的认识,"国剧运动"派主张戏剧首先是艺术,戏剧应艺术地表现人生。这一问题的提出主要是针对当时西方话剧引进后,易卜生式的社会问题剧在中国观众的接受情况而提出的。易卜生自 20 世纪初由鲁迅介绍到中国立刻引起国人强烈的反响,特别是《新青年·易卜生专号》一出,易卜生立即退迩闻名,娜拉也即风行

全国,几乎成为个性解放的代名词。比起更早介绍进来的莎士比亚的
戏剧的命运来,显然,国人更爱前者。"莎士比亚在中国人民眼里,似
乎只是超然于思想斗争之外的戏剧家。易卜生则不同,中国人民首先
把他当作思想家,其次才把他当作戏剧家。"①在这样接受的情况下,我
们就不难理解为什么在 1921 年前后,《终身大事》、《娜拉》、《群鬼》、
《华伦夫人的职业》等剧会演出失败。在寻求戏剧的本质问题上,"国
剧运动"派提出了自己的思考。徐志摩说:"戏剧是艺术的艺术。因为
它不仅包含诗,文学、画、雕刻、建筑、音乐、舞蹈各类的艺术,它最主要
的成分尤其是人生的艺术。"②余上沅指出:"新文化运动期的黎明,易
卜生给旗鼓喧闹地介绍到中国来了。……政治问题,家庭问题,职业
问题,烟酒问题,各种问题,作了戏剧的目标:演说家,雄辩家,传教士
一个个跳上台去,读他们的词章,讲他们的道德。艺术人生,因果倒
置。他们不知道探讨人心的深邃,表现生活的原力,却要利用艺术去
纠正人心,改善生活。结果是生活愈变愈复杂,戏剧愈变愈繁琐,问题
不存在了,戏剧也随之不存在了。通性即失,这些戏剧便不成其为艺
术。"③闻一多也认为,戏剧不是抽象地说理,"你尽管为你的思想写
戏,你写出来的,恐怕总只有思想,没有戏。果然 ,你看我们这几年所
得的剧本里,不是没有问题,哲理,教训,牢骚,但是它禁不起表演,你
有什么办法呢?况且这样表现思想,也不准表现的好。""现在我们觉
悟了。现在我们许知道便是易卜生的戏剧,除了改造社会,也还有一
种更纯洁的——艺术的价值。"④显然,在戏剧、社会、艺术的关系问题
上,"国剧运动"派不否认戏剧与人生的关系,但是他们更强调戏剧自

①　陈平原《在东西方文化碰撞中》第 240 页,浙江文艺出版社 1987 年。
②　徐志摩《剧刊始业》,见余上沅《国剧运动》第 3 页,新月书店 1927 年。
③　余上沅《国剧运动·序》,见余上沅《国剧运动》第 3 页,第 1 页。
④　闻一多《戏剧的歧途》,见余上沅《国剧运动》第 56—58 页。

身的艺术审美特性,戏剧要表现人生,但应该艺术地表现人生。

其次,"国剧运动"派认为戏剧是综合的艺术。这个观点在徐志摩《剧刊始业》、赵太侔《国剧》、闻一多《戏剧的歧途》、西滢《新剧与观众》与熊佛西《论剧》等一系列文章中都有类似的表述。余上沅说:"在一切艺术里面,戏剧要算最复杂的了。编剧一部独立起来,要算一种艺术;导演、表演、布景、光影、服饰独立起来,也各自要算一种艺术;还不论戏剧与建筑、雕塑、诗歌、音乐、舞蹈等等艺术的关系。一部做到了满意,戏剧艺术依然不能存在:要各部都做到了满意,而其满意之处又是各部的互相调和,联为一个整的有机体,绝无彼此抢夺的裂痕,这样得到的总结果,才叫做戏剧艺术。"①因为如此,"国剧运动"派非常注意舞台的作用。舞台也关系着戏剧的成败,按余上沅的说法:"戏剧永远在舞台上生动着",舞台作为戏剧的表演场所"每一次都是个单独的创造。因此演戏的困难,便不住地包围戏剧艺术家,甚至于观众。"②这样结论的得出,主要是出于对中国观众对于话剧接受能力的考虑以及他们在美国大量观摩话剧演出的体会。熊佛西非常推崇美国戏剧家宗诗(Robert E. Jones),休木(Sam Hume)和赵太侔、余上沅的老师盖迪斯(Norman Bel Geddes),认为他们的戏剧因为有了情节、动作及个性,使全剧成为更美丽的艺术品。

最后,他们立志建立有中国特色的新"国剧"。余上沅等人将中国的旧戏曲与西方的话剧进行了比较之后,认为西洋剧重写实,中国传统艺术重写意。"写实派偏重内容,偏重理性;写意派偏重外形,偏重感情。只要写意派的戏剧在内容上,能够用诗歌从想象方面达到我们理想的深邃处,而这个作品在外形上又是纯粹的艺术,我们应该承认

---

① 余上沅《戏剧的困难》,见余上沅《国剧运动》第124—125页。
② 余上沅《戏剧的困难》,见余上沅《国剧运动》第126页。

这个戏剧是最高的戏剧,有最高的价值。"①赵太侔也对中西方戏剧进行了比较,认为旧剧由于"模拟既久,结果脱却了生活,只余了艺术的死壳"②。但他也肯定了旧剧的独特性,认为戏曲与话剧谁也代替不了谁。正是在这样的基础上他们提出了建设中国特色的新"国剧"。应该是"根本上就要有中国人用中国材料去演给中国人看的中国戏,这样的戏剧,我们名之曰国剧"③。这里更加强调了西方话剧的本土化,中西艺术结合的特点。

二

作为"国剧"运动的提倡者之一,梁实秋的戏剧观与他的文学观基本是一致的。正像对五四诗歌评价不高一样,此时,梁实秋对五四以来的戏剧的评价也不太高。认为中国的现代戏剧仅仅只是借鉴了西方近代以来的戏剧,但是在学习西方戏剧的时候并没有学到真正的戏剧意识。他说:"这些剧本在中国文学上发生影响的不是莎士比亚,不是毛里哀,更不是莎孚克里斯,而是萧伯纳,是易卜生,是阿尼尔。"④梁实秋是更加看重戏剧的艺术性,而且,从文体的类型来看,他也更推崇诗和戏剧。

从收在《国剧运动》集子中的文章《戏剧艺术辨正》一文中,我们可以清晰地看到梁实秋的戏剧观,同时也可以看到他与余上沅等人观点的微妙差异。《戏剧辨正》一文由三个部分组成:(一)戏剧的定义;(二)戏剧与舞台;(三)戏剧与观众。

① 余上沅《旧剧评价》,见余上沅《国剧运动》第201页。
② 赵太侔《国剧》,见余上沅《国剧运动》第10页。
③ 余上沅《国剧运动·序》,见余上沅《国剧运动》第1页。
④ 梁实秋《现代中国文学之浪漫的趋势》,《浪漫的与古典的·文学纪律》第10—11页,人民文学出版社1998年。

首先,梁实秋所持的是他一贯的贵族化立场,认为诗与戏剧的地位均在小说之上。对于什么是戏剧这个问题,他认为"戏剧者,乃人的动作之模仿也。其模仿的工具为文字,其模仿的体裁乃为非叙述的而是动作的。其任务乃感情的涤净与人生的批评"①。梁实秋并未讳言这种 mimesis 直接出自亚里士多德的观点。亚里士多德把艺术与人生联系起来,认为艺术模仿的对象不是自然而是人生,艺术的主要内容不是描绘自然,而是模仿人,人的行为和遭遇,再现人生。梁实秋认为对于一个戏剧家来说,他必须要感悟人生,理解人生:"戏剧家是诗人的一种,必须深邃的理解人生,纯熟地用诗的艺术。当他得到灵感,领悟人生的真理,并经过艺术的布置,此时戏剧已经在他心里存在了。并且是真实的绝对的存在了。"②由此可见,对于戏剧的本质,即戏剧是为人生的艺术这点上,梁实秋与"国剧运动"派同仁是一致的,强调戏剧的审美价值。但是,梁实秋的理解要更加深入一些,对于戏剧的效果,他的看法似乎也直接吸收了亚里士多德对于悲剧效果的看法。亚里士多德在《诗学》第六章悲剧定义中最后一句话是悲剧"激起哀怜和恐惧,从而导致这些情绪的净化"。梁实秋认为戏剧能够涤净人的感情,并对人生进行批评,显然也是看重戏剧的效果。

其次,与"国剧运动"派强调戏剧是综合的艺术不同,梁实秋更加看重剧本的作用,认为剧本决定了一切。梁实秋认为:"戏剧是艺术的一种,是文学的一种,是诗的一种。"③"现今最流行的误解,以为戏剧是各种艺术的总合,以为舞台指导员布景人化妆者均与戏剧者占同样之重要,同为戏剧上不可少之成分。殊不知戏剧之为物,故可演可不

① 梁实秋《戏剧辨正》,见余上沅《国剧运动》第27页。
② 梁实秋《戏剧辨正》,见余上沅《国剧运动》第27页。
③ 梁实秋《戏剧辨正》,见余上沅《国剧运动》第24页。

演,可离舞台而存在。"①"剧场艺术与戏剧艺术是两件不同的东西。
剧场的成功,固然是演员布景者等俱有贡献,不可埋没,但根本上负
责者应是戏剧的作者。……剧场的失败,负责最大者是演员布景者等
等。"②他认为舞台等都是为戏剧服务的,而剧本本身的优劣关系重大。
虽然梁实秋也认为戏剧是靠动作来表现的,在舞台上表演,要靠灯光、
布景的配合,但是它是技术层面的艺术,而剧本则是哲学的更高层面
的艺术。这样他就把舞台艺术与戏剧艺术分开,而更推崇戏剧艺术。

　　最后,为了给他的戏剧观做一个完整的总结,梁实秋又谈到戏剧
与观众之间的关系。认为宁可没有戏剧也不能没有观众。在"国剧运
动"派的论述中,不少人都涉及到舞台与观众、戏剧与观众的问题,而
且他们普遍认为中国的戏院与西洋戏院不同,中国的观众也与西洋观
众不同。与这种单纯比较不同的是,梁实秋特别论述西洋观众的意
义,确切说是推崇古希腊观众的品位,认为其要比现代美国观众的品
位高。在他看来,观众不仅仅要看戏,满足自己的娱乐的需要,更重要
是由鉴赏到批评,真正对戏剧起到批评家的作用,这对于观众的品位
就是一个考验了。他还比较了歌德创作的戏剧排演失败,原因就是没
有合适的观众,而莎士比亚的戏剧当时所以流行原因也是因为有了合
适的观众。这样,梁实秋提出了他理想的观众:他是一个有着艺术趣
味的批评家,他关注戏剧艺术本身,剧本的优劣,他对戏剧家的创作起
到一个促进的作用。很显然,在现代中国戏剧的探索时期,这样对戏
剧观众品位的要求,对于广大普通民众来说不能不是一种乌托邦的
理想。

　　由此,我们可以看出,虽然梁实秋也是"国剧运动"的积极提倡者,

①　梁实秋《戏剧辨正》,见余上沅《国剧运动》第28页。
②　梁实秋《戏剧辨正》,见余上沅《国剧运动》第34页。

但是他基本持的是一种贵族化的立场,把戏剧看做是一种审美的艺术,戏剧家的地位与诗人的地位一样,高高在上的,戏剧固然要表现人生,批评人生,但是这种表现与批评是一种艺术的。同时,作为与戏剧家创作的一种互动,观众也承担着批评家的作用,也要求有较高的艺术审美品位。

作为梁实秋文艺批评的一部分,我们发现他此时对于戏剧提出的一些看法,与他一贯的批评立场密切相关。

以往一些文学史家认为梁实秋否定了五四新文学运动,实际他是采用另一种角度对五四以来的新文学进行反思,目的也是在于建设中国的新文学,我们可称之为一种精英知识分子的贵族化批评立场。在《现代文学论》一文中,他说:"中国新文学运动到现在已经有了相当的成绩,例如白话之成为确定的文学工具,外国文学作品与理论之输入,中国旧作品之重新估价,新作品之实验的创作,这都是不容否认的。"在肯定的基础上,他提出了问题,例如把五四以来的新文学运动归之于"浪漫的混乱"。这些观点的提出是因为他认为五四以来的新文学家们感情过于泛滥,创作失去必要的秩序。

梁实秋运用白璧德的新人文主义文学观,对于五四运动以来的文学进行反思,他认为新文学在接受易卜生时发生了偏差,所以在新剧的建设问题上只注重思想性而忽视了艺术性的建设,"五四运动以后直到现在的话剧仍大致不脱离攻击社会的态度。这态度并不错,不过这态度和戏剧本身没有大关系。至少在草创时间中的中国新剧,应该除了这态度之外,再努力于艺术的养成"①。对照上面梁实秋对于戏剧建设的思考,我们不难发现在梁实秋看来,现代戏剧之所以不成功,并非简单地因为忽视了艺术性,而对思想性的强调,而是在于戏剧脱离

① 梁实秋《现代文学论》,《梁实秋批评文集》第179—181页,珠海出版社1998年。

了古希腊戏剧的精英的贵族化的轨道，变得平民化、大众化了。而在古希腊时期，戏剧是贵族的艺术，戏剧家的创作为贵族社会所享用。但是，五四时期的中国戏剧将其作为改造社会的工具，在梁实秋看来，大大失去了戏剧的艺术性，这实则背离了戏剧贵族化的立场，"是不便以艺术的立场来考量的"，"不能以严重的文学观点来考查的"①。正像对于五四以来宣扬劳工神圣的作品以及爱情小诗的否定一样，梁实秋依然用古典艺术的标准来衡量戏剧。这些观点，我们今天来看虽有片面的地方，但是他是从建设新文学的角度提出的，他对文学创造中出现的问题，及时提出了自己的思索，保持了一个批评家的清醒。

另外，我们还注意到梁实秋的戏剧观与他的文艺思想中的"天才论"观点是相互联系的。在 1928 年至 1930 年的一系列与左翼作家争论的文章中，梁实秋不仅认为"文学乃是基于固定的普遍的人性"，而且主张"天才"创造文学，"一切的文明都是极少数天才的创造"，认为文学与大多数人不发生关系。不难看出，这种立场是一种古典主义的立场。他对亚里士多德诗学观念进行思考，进而反思五四以来的戏剧，虽然他也欢呼要建立中国自己的戏剧，但是他对"国剧"的实质的思考与他对五四以来诗歌及小说的创作都是联系在一起的。他不仅要求戏剧要批评人生，而且强调戏剧的艺术性：要求强调戏剧的艺术效果，可又反对用戏剧来攻击社会，作为工具化的手段。认为戏剧当是一门贵族化的艺术，与诗一样，要节制情感。戏剧的观众也应是一个真正的批评家。

梁实秋在《现代文学论》一文中又谈到："我所说文学该注重现实生活，我的意思是说文学家对于实际人生应做深刻之观察，具体之描写，优美之表现，并不是说文学家仅以目前之政治经济之情形为分析

---

① 梁实秋《现代文学论》，《梁实秋批评文集》第 179—181 页，珠海出版社 1998 年。

研究之对象。……文学不能救国，更不能御侮，惟健全的文学能陶冶健全的性格，使人养成正视生活之态度。"这段话的意思非常明确，即注重文学的审美作用。在梁实秋的文艺思想储备中，一方面，他接受了白璧德的人文主义思想；另一方面，经由白璧德，他又吸收了柏拉图、亚里士多德、贺拉斯、布瓦洛、约翰生等不同时代的西方古典主义文学思想家的文章观念，这些文学思想经过梁实秋自己的选择、吸收、加工、变形形成了他自己的既古典又现代的文艺批评思想。他推崇古典主义的文艺观，借鉴白璧德的思想把中国的文学分成古典的和浪漫的两大潮流，另一方面，他也看到新文学尽管有缺点存在，但是它毕竟是时代进步的反映。

他的戏剧观的提出，以及对新文学的反思都是出于建设新戏剧、新文学的目的。这样，我们也可全面地理解梁实秋的文艺批评思想，理解他为何激烈地批评现代文学的"浪漫趋势"。

总之，"国剧运动"时期的梁实秋，他所持的立场，以及他的批评观点都与他一贯的文艺批评思想密切相关。他像"国剧运动"派同仁余上沅等人一样，希望中国的戏剧能够在吸收西方外来戏剧观念的基础上有所发展和创新，同时他又希望这样一种吸收能真正学到其精华所在，真是可谓用心良苦。

法国文学批评家阿尔贝·蒂博代曾经把文学批评的类型分为三种，即"自发的批评"、"职业的批评"和"大师的批评"，并且认为："自发的批评流于沙龙谈话，职业批评很快成为文学史的组成部分，艺术家的批评迅速变为普通美学。"①当然，我们并不要拘泥什么头衔。梁实秋结合自己的文学实践活动，自觉地将自己的文艺批评思想资源贡献于中国文坛，而不计个人得失，显示出一个批评家的勇气。梁实秋

---

① 阿尔贝·蒂博代《六说文学批评》第 99 页，三联书店 1989 年。

的批评带有职业批评家的特色却又不受其拘泥。正如"国剧运动"派对中国话剧运动做出了不容忽视的贡献一样,作为梁实秋文艺批评思想一部分的戏剧观,同样应该引起我们足够的重视。

梁实秋的文化人格及其学术起点

梁实秋与闻一多文化人格之比较

山东大学 潘 皓

从心理学和社会学角度来说,人格指的是个体相对独特而稳定的各种心理特征的总和,同时也是一个人在社会化过程中所表现出来的、具有连续性和动力一致性的持久自我。文化人格,就是人在文化层面所表现出的人格特质,是人与一定的文化环境相互作用而形成的文化心理和精神特征的总和。一般说来,人格对个体行为具有结构性和引导性的特点,"人格结构是一种内在的、隐形的模式……人格一旦形成,就总是倾向在现实世界中加以实现,这实现的途径,一是将其展开为相应的思维方法,一是将其外现为相应的行为模式"[①];同样,文化人格也通常会外显为、或者说直接影响和决定着行为主体的文化选择与价值取向。荣格说,一切文化的最后成果是人格;反过来,我们也不妨说,人格也构成了我们据以考察文化现象的一个有力维度。特别是在那些剧烈变动的文化转型或文化冲突与融合的时期,面对不同知识个体纷繁的精神现象与文化选择,从结构和功能的意义上考察其内在的文化人格,似乎尤有必要。

---

① 刘承华《文化与人格》第54页,中国科学技术大学出版社2002年。

20世纪早期的中国社会,正处在一个典型的转型时期,多元文化交汇撞击,身处其中的知识分子,在诸多层面上都无可避免地要面临多重价值之间的冲突与选择问题,例如传统与现代、中国与西方、思想与行动、理想与现实、激进与保守、群体与个人,等等。而不同的文化人格,则导致了他们迥异的观念、行为和价值取向,也形成了那个时代纷繁复杂的文化景观。这一点,在家庭出身、教育背景和人生经历都大致相仿、但最终的文化选择却大相径庭的梁实秋和闻一多身上,表现得格外明显。

闻梁二人均毕业于清华学校,且是相交甚笃的挚友。他们的人生轨迹有相当多的重要段落是交织在一起的:少年时成立清华文学社切磋文墨,赴美留学后在珂泉同居一室,在芝加哥共举"大江会",回国后同为"新月"主将,又一同赴青岛大学任教……他们的许多观念主张也有着声气相求的一致性:文学上,早在清华时期,少年锐气的闻一多和梁实秋便一同标举诗歌应有自身的美学特质,合出《〈冬夜〉〈草儿〉评论》,毫不客气地批评当时文坛主将俞平伯、康白情等人的白话诗;"新月"时期,他们又不约而同对浪漫派诗人的情感泛滥提出批评,并分别从诗歌格律和理性原则的角度,共同发展了新月派追求"典雅""纯正"趣味的文学主张;政治思想上,爱国主义和民主自由是他们共同的、也是贯穿二人一生的核心价值和基本立场。

但是与这些共同之处相比,这对好友人生曲线的差异性对照也许更加耐人寻味。新月后期,闻一多已经开始了他谓之"向内转"的学者生涯,埋首书斋治古典文学,而此时梁实秋正与左翼文坛进行着关于文学"阶级性"与"人性"的激烈论战;离开青岛大学后,两人先后赴京任教,在北大的梁实秋授课之余仍热心政治,常作政论刊于报端,而清华园中,闻一多却更深地沉潜于经卷典籍,并对梁实秋的政治热情深不以为然,乃至讥为不务正业;然而抗战爆发后,二人的生活却发生了戏剧性逆转:随校南迁至昆明的闻一多逐渐走出书斋,抨击时政,思想日益激进,终被特务暗杀而震惊中外,而同样满怀报国热望来到四川的梁实秋,却因《平明》副刊引发的一场"抗战无关论"公案而对政事意兴渐阑,开始经营起自家的雅舍小品来……如果说人生如旅,那么梁实秋和闻一多可以说是从同一个站点出发,此后又结伴并行了相当长一段历程,但是最终他们的人生列车却驶向了不同的方向。

对于闻梁二人在文化和政治选择上的差异,传统研究多从外部因素加以阐释。例如,关于闻一多后期的思想转变,常被提及的两个原因,一是当时国民党统治下的政治社会状况,一是闻一多个人生活的贫困化;而谈到梁实秋一向坚持的文学"人性论"和他的自由主义政治立场时,则多强调其家庭出身、社会阶层、其所受的英美式教育,尤其是白璧德学说的影响,等等。应该说,从对象所处的社会历史条件、生活环境、文化背景乃至思想资料的来源等外部视角切入并把握对象特征无疑是很有效的方法,但它并不能解释所有的问题。

就闻一多和梁实秋而言,二人的家庭环境、教育背景、生活经历皆有很大的相似性。都是出生于传统旧式大家庭,受到较深的传统文化浸染;又从清华赴美留学、接受典型的英美式教育;回国后主要在大学任教。至于闻一多在40年代所身处的社会环境,政治专制、官员腐败等等在当时的中国后方亦是普遍现象,云南四川概莫能外;而闻一多所遇到的个人生活境况恶化的问题,对于梁实秋和当时许多大学教授来说也同样存在。所以从某种意义上说,闻梁二人所身处环境的差异,无论是社会环境还是文化环境,更多的是程度上的不同,而并无本质区别。

显然,在类似的社会环境中,面对同样的文化资源,不同的主体仍然会作出各自不同的选择。由此,深入到对象的内部自我,对从结构和功能的意义上对其文化人格的特征进行分析比较,也许是能够帮助我们加深理解、不同于外部考察的另一个角度。因为,正是这种具有明显差异的内在人格结构在思维和行为层面的外化,才导致了二人在现实人生中的巨大分野。

如前所述,闻一多和梁实秋生活的时代,是一个多重价值激烈撞击的时代,而他们所处的文化空间,无论是双语教学的清华学校,还是留美的中国学生会,或是回国后的大学教授阶层,都堪称典型的“文化接触”地带,激荡着不同的文化因素和价值观念之间的矛盾与冲突。因此,作为对环境刺激的回应,其文化人格最基本和首要的特征之一,就是其内在精神结构中各种矛盾质素的相互关系及彼此作用。

从这一角度,我们会发现,梁实秋的精神结构在相当程度上具有整合性和取中性的特点,即,强调主体结构的稳定性与持久性,致力于将彼此不同、甚至是对立冲突的多种要素纳入一个相对固定整一的秩序系统,并在此基础上对矛盾各方加以调和、整合,避免事物向极端化发展。作为古典主义文学批评家的梁实秋对“古典主义”和“文学批评”是这样理解的,所谓古典主义,乃“各种原质的特点之相当的配合”,“是各个成分之合理的发展”[①],而文学批评则“要有一客观的固定的普遍的标准”,“健全的批评”“是一定要能创造出系统和标准才成。”[②]实际上,这种对“固定标准”、“系统”以及系统内各成分之间“相当的配合”、“合理的发展”的追求,也恰是梁实秋的整合性精神结构在文学批评领域的同构体现,梁实秋对古典主义文学批评的表述,也正可适用于我们对他本人精神结构的考察和描述。

---

① 梁实秋《文学的纪律》,《浪漫的与古典的·文学的纪律》第 118 页,人民文学出版社 1988 年。

② 梁实秋《文学批评辨》,《浪漫的与古典的·文学的纪律》第 101 页。

相比而言,闻一多的精神结构则更多地体现出矛盾对峙和矛盾的极化特点,即,强调对立和差异,矛盾双方始终呈现为一种无法消弥的内在紧张与对峙,即使其中一极在某些时候可能或隐或显,但具有张力的矛盾结构本身并未消失,特定条件下亦有可能向极化发展。闻一多具有浓厚的诗人气质,他曾经这样形容诗人:"诗人应该是一张留声机的片子,钢针一碰着他就响。"①言下之意,诗人当以敏感的心灵感知外部世界并做出反应;而在一个旧有价值体系分崩离析、新的秩序系统尚未确立的社会里,一个如闻一多所说的"钢针一碰就响"的诗人,必然会对思想领域里的各种动态和价值取向都有着强烈的敏感,一些彼此矛盾的精神元素也必然会在其人格结构中留下深刻烙印甚至同时发展,呈现出矛盾相持对峙的状态,这种内在紧张积聚到一定程度则往往爆发,促使矛盾向极化发展。

闻梁二人内在精神结构的这种差异,在其面对人生诸多层面的矛盾质素时都有体现,尤其是当他们面临那些对当时的中国知识分子来说具有普遍意义的冲突情境时,这种差异就更为明显。

例如,在激情与理性之间。闻一多和梁实秋就读清华时正值五四前后,新文化运动从思想上发出了个性解放、扩张自我的呐喊,蓬蓬勃勃的学生运动则在行动层面唤醒了反抗的热情与活力,时风所及,当时思想活跃、感受敏锐的青年几乎无人能置身于此大潮之外;然而另一方面,在清华园这个具体的文化环境内,清华学校的教育理念,则以注重秩序、严格管理、约束言行为特色,无论是学生的饮食作息、日常行止,还是书信来往、课外阅读,学校都有明确而具体的约束规定②。在时代唤起的个性激情和清华校园文化倡导的理性节制之间,梁实秋

---

① 闻一多《文艺与爱国——纪念三月十八日》,《闻一多全集》(2)第134页,湖北人民出版社1993年。
② 苏云峰《从清华学堂到清华大学》第215—216页,三联书店2001年。

的态度是,从伦理修养的角度出发,将二者予以协调。一方面,他肯定五四给青年人带来求知热情和自治能力,另一方面,他也认同清华的理性秩序,认为有利于培养学生良好的性格行为并且不会扼杀个性。相反,他反对放任个性自由发展的所谓"树大自直"的教育观念,也对学生运动的非秩序、无约束行为颇有微词。可以说,从五四时期直到老年,梁实秋基本上都立足于在"浪漫心肠"和"古典头脑"之间寻找一个平衡点,如他自况:"一方面是开阔的感情的主观的力量,一方面是集中的理性的客观的力量,互相激荡,纯正的古典观察点,是要在二者之间体会得一个中庸之道。"①

　　相比之下,在闻一多的精神世界里,激情与理性的碰撞则要激烈得多。在清华求学时,一方面,受五四时代氛围熏陶,他追求个性的独立自由,为了维护心中的正义原则亦不惧与校方对抗,对"很有礼貌"、"很有规矩"的清华学生,闻一多激烈地讽为"平庸"——"清华学生不比别人好,何尝比别人坏呢?……他们没有惊人之长"②;然而就在同一时期,他也大声呼吁要"爱和平重秩序",呼吁受了"新思潮底遗毒"的"可怜的时代底牺牲者"的青年人要同校方和解,"太烘热的脑筋要尽力地冷下来",强调要"善于驱使理智节制感情"③。激情与理性的精神质素同时存在,且并未在认识层面达成统一,其中隐含的冲突力量积聚到一定程度时便会突破原有的对峙形态,而且往往呈现出倾于一端的极化方式。所以日后,在闻一多潜心治学的时期,对社会矛盾体察未深,便更多地强调秩序和理性的作用,任教青岛大学时他对学潮持反对态度,西安事变后他更怒不可遏,认为是对"领袖的绑架",是"没有王法"、"危害国家";然而当他对现实政治失望透顶之后,激情

---

① 梁实秋《文学的纪律》,《浪漫的与古典的·文学的纪律》第113页。
② 闻一多《美国化的清华》,《闻一多全集》(2)第340页。
③ 闻一多《恢复和平!》,《闻一多全集》(2)第331—332页。

的力量便冲决了秩序的规范,40 年代的闻一多终于走出书斋,成为一名愤怒呐喊的斗士。

再如,从文艺观而言,文学自身的独立性与现实功用性之间的关系也是现代中国知识分子无法回避的问题。对这一问题,梁实秋始终坚持文学有其自身独立的价值和评判标准,"文艺的价值不在做某项的工具,文艺本身就是目的"①。但值得注意的是,梁实秋所说的文艺自身的价值和标准,并非指艺术审美特质而言,而是从伦理道德的角度立论,以"纯正之人性"作为文学批评"唯一之标准",所以他认为"文学批评与哲学之关系,以对伦理学为最密切"②肯定伦理学对文学的重要性犹在美学之上。推重文学的伦理价值,则必然涉及其道德功用,涉及文学与人生之关系,所以梁实秋说凡文学没有不为人生的。沿着这一思路,他对文学的现实功用并不彻底否认,甚至也承认革命时期的文学具有工具性,只是他反对将文艺纯粹作为宣传工具,因为那样"文学价值便由永久缩至暂时"③;人性与阶级性也可以同时并存,但"阶级性只是表面现象,文学的精髓在于普遍人性的描写"④;可见,正是以伦理价值为基点,梁实秋在文学的独立性与现实功用性之间找到了平衡,建立了自己较为固定而持久的文艺批评标准。

而闻一多对这一问题的看法就显得矛盾和复杂。闻一多早期文艺思想受唯美主义思潮影响较深,主要从审美角度谈论文学的独立性,主张艺术的非功利和纯形式,认为艺术最高的目的,是要达到"纯形"的境地,反对以文艺阐发道德、演绎思想。他批评当时的戏剧家热衷探讨道德、哲学和社会问题,认为"问题粘的愈多,纯形的艺术愈

① 梁实秋《论思想统一》,《鲁迅梁实秋论战实录》第 253 页,华龄出版社 1997 年。
② 梁实秋《文学批评辨》,《浪漫的与古典的·文学的纪律》第 104 页。
③ 梁实秋《文学与革命》,《偏见集》第 15 页,上海书店 1988 年影印。
④ 梁实秋《人性与阶级性》,《偏见集》第 299 页。

少"①,也批评泰戈尔的诗只有哲理、没有形式,"我不能相信没有形式的东西怎能存在,我更不能明了若没有形式艺术怎能存在!"②他之所以倡导新格律诗,也正是这种强调文学审美特质、注重艺术形式的文艺观的体现。但是另一方面,作为一个对时代和社会有着强烈敏感、深受感时忧国精神传统熏陶的诗人,闻一多又并不能忘情于忧患现实。因此就在追求"纯形"艺术理想同时,他也认同阿诺德提出的"诗是生活的批评",在强调诗歌格律、戏剧形式的同时,"三一八"血案的残酷现实也令他写下了《文艺与爱国》,认为"爱国运动能够和文学复兴互为因果",强调文学对现实的社会功用。由此,在闻一多早期的文艺观中,实际上隐含着追求艺术非功利纯形式的唯美倾向与强调文艺的现实社会功用之间的内在矛盾。在现实环境相对稳定的时候,他可能更多地强调艺术的审美特质;而当现实环境变得严峻、民族危机迫切的时刻,他就会更多地倾向文艺的现实功用。所以抗战期间,闻一多的诗歌批评标准由过去推崇韵雅优美的"琴师"一变而为赞美"时代的鼓手",在艺术的审美原则和社会功用之间明显地强调后者。

从比较文化观的角度也能看出二人精神结构的差异。闻梁二人对中西文化均有较深的体认,但是梁实秋更多地将中西文化视为有差异而不对立、彼此可以互相沟通阐发,例如他以孔子学说与西方古典主义思想传统互相印证,以道家思想和西方浪漫主义思潮互相类比,从而建立起自己以伦理理性为基石、以浪漫和古典为主要标尺的文化观和文学批评系统。这种在差异性中寻求基本沟通点、并据此建立整合体系的思维方法,鲜明地体现了梁实秋精神结构中的整合性倾向。事实上,梁实秋对其美国先生白璧德学说的接受和推崇,很大程度上

---

① 闻一多《戏剧的歧途》,《闻一多全集》(2)第148页。
② 闻一多《泰果尔批评》,《闻一多全集》(2)第128页。

也正是因为后者在建立其新人文主义思想体系时所采用的将东西方思想予以融合的思维方法，和梁实秋本人这种整合性的精神取向相契合。

闻一多的中西文化观则更多地体现了在文化差异与冲突中的复杂矛盾心理。一方面，从文化理想的角度，闻一多也主张东西方文化的融合沟通，这一点在其早期和后期的文章里都能见到。但是一旦与现实的社会文化语境相遭遇，他便往往对中西文化异质对立的一面强调得更多。当他遭遇真实的民族歧视的屈辱、切身感受到文化间的不平等时，被激起的是逆反性的文化自卫心理，表现方式就是在以中国古老的历史文化作为精神自卫的屏障，"呜呼，我堂堂华胄，有五千年之政教、礼俗、文学、美术，除不娴制造机械以为杀人掠财之用，我有何者落后于彼哉！"①从而将东西方的文化简单地理解为"精神"与"物质"、"优雅"与"野蛮"之间的对立冲突，肯定东方的"精神文明"以对抗西方的"机械文明"；而当他对国内的现实状况日益失望时，政治批判和文化批判的立场也使其文化观发生转变，对中国传统文化由从前的感性礼赞、诗意想象转而至激烈尖锐甚至不无偏激的否定，例如将儒道墨三家分别斥为"偷儿、骗子、土匪"。闻一多此时对传统文化的全面批判，固然是出于其诊断民族病症的痛切愿望，有其现实的政治目的和工具色彩，但无疑，其个性中"好走极端"的特点也是导致他前后期文化观截然对立的一个重要因素。

梁实秋的这种以整合取中为特点的精神结构，倾向于在一定的共同基础和整一秩序内将各矛盾质素加以协调、融合，而这种人格特性在很大程度上是诉诸主体内在理性的自我协调与控制。正如梁实秋

---

① 闻一多《致父母信》(1922,8)，《闻一多全集》(12)第50页。

谈到他所推崇的古典主义时说,古典主义者提倡的是以理性为"最高的节制的机关"的"内在的制裁"。所谓内在的制裁,则意味着主体精神结构主要依靠内在理性进行自我整合,而相对较少受外部因素的影响和左右。因此,即使在外部环境变化较大的现实中,由于内部理性的协调与制约,主体人格仍会显出较强的同一性和稳定性,较少剧烈的自我冲突。此种人格类型投射于思想层面,则较易形成固定一贯之观念主张;外化为人生形态,则多表现出平和稳健的特点,人生曲线常具有较大的一致性和连贯性。纵观梁实秋的一生,固然也有在某些文艺主张上的自我调整,也有中年以后的少谈政治,但从整体而言,其基本的文艺观和政治观并没有太大的变化,其人生的基本形态也主要是著文立说,固守着一个从文化本位关注现实的自由知识分子的立场。

而在闻一多的精神结构中,矛盾质素始终以紧张的方式共存并对峙。这种对立冲突无法在自我内部实现融合,而矛盾对峙的紧张状态亦不可能恒久,矛盾双方发展到一定程度,便会向外寻求突破和解决。闻一多本人对此应该是有着很深的自觉意识的,所以他始终试图寻求某种超越性方式,以求实现自我人格的矛盾统一。这也就是他在写给臧克家的一封信里所谈到的,他的内心也是"有火"的。那火烧得他痛,却始终找不到冲决的方式。而且值得注意的是,正是由于人格结构中的矛盾冲突无法在自我内部实现统一,所以矛盾的发展往往受外部因素的影响较大,而其解决方式也通常是向外投射到行动层面。闻一多一生从诗人而学者,而民主斗士,外部环境的影响都是重要的契机,从他自身而言,则是不断地试图从现实的人生选择中找到一个可以超越自我的突破口,是其矛盾性精神结构的外化。也正因此,闻一多的整体人生形态呈现出鲜明的阶段性变化特征,正如罗隆基所说的"一多善变",而且每一阶段都变得猛,变得激烈。

从某种意义上说,闻一多的整体人生如同一首诗,浓烈激越,其中蕴含的激情和渴望超越的努力让人感动,其不足则在冲动偏激;梁实秋的一生则更像散文,平稳、自成一统,其透露出的理性力量和从容态度启发人思考,其局限则易陷于保守。

闻梁二人文化人格的差异,说明了每一种思想和精神景观的出现,都有其自身内在的逻辑,同时也是一个和外部环境不断互相作用的过程。不同的精神主体即使面对同样的文化文本和历史现实,也会作出完全不同的解读和选择;而这种不断进行的选择,反过来也会进一步促进和深化主体文化人格的形成与自觉。

另一方面,梁实秋和闻一多那一代知识分子所面临的多重价值交汇撞击的文化语境,今天依然存在。他们二人内在精神结构的基本特征和大致取向,他们在文化和政治上的选择,以及这种选择的得失、其与时代历史之间的错位和耦合,在一定程度上也仍然具有普遍性,对我们当下的确认自身也许不无启发意义。

梁实秋家书中的冷暖人生

　　如果对梁实秋 1949 年离开大陆去台湾前的文学作品和文艺批评作一较为简洁的界定或评价的话，以高旭东教授所著《梁实秋：在古典与浪漫之间》的书名来描述应是再恰当不过的了。但是，如果描述他八十余年的整个人生，特别是他迁台之后近四十年的人生，我认为，绝不是浪漫或古典这类属于学术范畴的用语所能简单而又确切地涵盖的。梁先生可谓一生坎坷。青壮之年时局动荡适逢战乱，与家人聚少离多，半生颠沛流离，为文又遇上"横眉冷对"的鲁迅先生，与其论战被骂得几成"丧家的资本家的乏走狗"；迁台亦当属迫不得已，留下骨肉至亲在大陆竟四十余年不能团圆，甚至音信全无，不知死活（梁实秋发妻程季淑直至辞世也不知分别几十年的长女还在人世的消息）①。居台不久梁实秋辞官不做，以任教鬻文为生。1974 年突然失去程季淑之后，痛不欲生，每日以泪洗面，后虽与韩菁清演绎出黄昏的传奇爱情，也只可算做聊以慰藉，难称古典，更说不上有多少浪漫。何况，程女士

---

① 梁文蔷《悼亡——长相思·泪难干》，载《长相思：槐园北海忆双亲》，台湾时报文化出版企业有限公司 1988 年。

和梁先生原本是一对恩爱老人，本可相依为命到寿终正寝，谁曾料想，在西雅图购物，好端端的程女士竟被商场梯子砸倒。这岂不是运命多劫、祸福不卜？梁先生在随后的有关文字中常连用"惨，惨，惨！"或"惨痛，惨痛！"来慨叹世事之不公，来表达其心中的哀恸！但更为惨痛的还不止于此。据梁实秋和程季淑子女们后来的回忆所述，程季淑虽遭商场梯子击打受伤，但也只是骨折，不致伤及性命，送医院手术前虽疼痛难忍，但神智一直清醒①。她的真正死因是由于骨折动手术，麻醉过量，手术后无法苏醒而导致，而医院却说是心脏病死的。真是好生委屈和冤枉！另外，据梁实秋儿子梁文骐在《父亲的命案》中所述，梁先生本人的死也是一桩医疗事故，一桩冤案，一条冤命！实际上，在我看来，梁实秋赴台之后的岁月，特别是在失去人生伴侣程季淑之后，差不多是在寂寥悲切、愁伤断肠、凄惨哀凉的长吁短叹中捱过的。也许，韩菁清曾经给老年的梁先生带来些许暖意，但从他的家书中我们却不难揣度，他多半的心境是冷的，凄凉的。梁先生远不如以追求"爱"与"美"为生命的徐志摩热烈和浪漫，也不比冷静温和地谈论"吾国吾民"和"新中有旧，旧中有新"的林语堂中庸和古典，自然也没有"民族魂"和"旗手"鲁迅先生那么轰轰烈烈和斗志昂扬。有时我甚至想，梁先生的人生轨迹，是不是一个提倡文艺"与抗战无关"（进而也就"与民族存亡无关"、"与政治无关"）的知识分子——小资产阶级知识分子——的一种宿命或必然。

一

1958 年 3 月，梁实秋二十六岁的小女儿梁文蔷离开台湾到美国读

---

① 梁文蔷《死别》，载《长相思：槐园北海忆双亲》，台湾时报文化出版企业有限公司 1988 年。

书,行前梁实秋夫妇与女儿有一个约定,即每周互相书信一封,以寄情思。在随后至1987年10月梁先生过世的近三十年当中,除去与女儿相聚一起时不需写信之外,梁先生共给小女儿写过家书一千一百三十四封,其中自1958年到1972年梁先生夫妇卖掉台湾房产迁至美国与女儿同住,共计五百一十四封,由梁实秋先生夫妇合写;另外六百二十封是自1974年程季淑去世至梁实秋辞世近十四年时间由梁先生一人写给小女儿和女婿的。梁先生对收信、写信、发信、藏信之爱在《雅舍小品》初集《信》中已表现得淋漓尽致,但从梁文蔷在《长相思:槐园北海忆双亲》的追忆和补充中,我们兴许还可以领略其书信中表达的另一份情感内涵和意蕴:

> 写信是爸爸生命中很重要的一环。他爱收信、爱写信、爱发信、爱藏信。我很难想象,如果没有邮局,他的生活会变成什么样。一九七二年爸妈迁美与我同住。我们为了筹备迎接他们,决定买房搬家。买新房条件之一是必须近邮局。我常喜调侃爸爸,说他一辈子只会做两件事,一是写稿子,二是上邮局。
> …………
> 爸妈给我的家书,在一九七五年以前,都用邮简,当然是为了节省邮费。但是一九七五年以后,渐改为航空信封,并且说明以后不再用邮简了。这个转变,我不明确知道为什么,因为我没问过爸爸。但我猜测与他的年纪有关。上了年纪的人常会想到身后之事。(《爸爸和信》)

梁实秋的《槐园梦忆》是怀念发妻亡灵、寄托哀思之作,为此他曾在书桌上方自悬警句"加紧写作以慰亡妻在天之灵"。梁文蔷谓此状"惨不忍睹"。然而最能表达其哀痛和伤怀的,仍莫过于家书。发表的散文是给人看的,虽可抒情,但毕竟不如家书可以百无禁忌、直言不讳。梁文蔷说:"爸爸——的家书可称细腻,——轻轻的几句淡描,勾出了凄怆悲戚的心境,铁心人也会为之动容。"梁文蔷的下面一段描述,兴许更能让我们了解梁实秋家信中所流露的伤感和他生活中的遗憾:

> 爸爸的信如其散文,文白相掺。常引古人句,或吟诗填词以抒情。但几无例外,所有诗词皆为感伤之作。不知为什么,人在得意快乐时就没心思去咬文嚼字地寄情诗词了。
>
> ……爸爸早年最大的收藏当推爸爸留美时爸妈互写的情书。那是份量很重的一大捆信,密藏在一个细长的小柜中。这个小柜在有雕木罩盖的古式大床的两侧下方,小柜没有锁。尘封的那捆信就藏在小柜深处,外面放满了妈妈的鞋。我小时候喜欢趁妈妈不在家时,偷穿妈妈的高跟鞋,没想到把鞋取出后,发现在黑洞洞的柜底有一大卷纸。我用长棒把它钩了出来,信纸上全是密密麻麻的蝇头小楷。那时,我太小,还不识几个字,更不明白什么叫情书,只知道有些神秘,很害怕。所以,一声不响地又把信放回小柜最深处,佯作不知。一九四八年冬,爸爸仓促离平时,付之一炬。为了此事,妈妈十分伤心。
>
> …… ……
>
> 爸爸最后想要珍藏的信是他自己写给我的家书。三十年来已积存逾千封。爸爸在最后几年中,每年都要盘问我是否收妥。我想他如此珍惜他自己的信,恐怕也是一个"情"字吧!(《爸爸和信》)

生活中的确存在很多的憾事与不得已,如此重情的梁实秋当年把给发妻的情书付之一炬，想必那时有性命难保、生死未卜的无奈之感，否则，能藏入小柜的一捆信纸谅不会增加太多辎重，亦不致危及性命，当比他物珍贵。这件事情不仅使程季淑备感遗憾，对后人了解梁实秋先生当时的心路历程或思想也是一个重大损失。我想，事情恐怕仍坏在他的文艺观点上，他的观点特别是那"文艺与抗战无关"的著名论断，事实证明是不合时宜的，必然会为当年占有主流地位的"左翼"阵营贴上"反动"的标签。当年他若没有文艺界的反面角色和身份之忧，也许不会仓惶逃台，而那捆属于纯粹个人情感交流的情书也许不会遭此下场。恰如高旭东教授所描述的："幸亏梁实秋有自知之明，跟着蒋家王朝灰溜溜地去了台湾。如果他留在中国大陆，定然逃脱不了历次运动的批判，以他那倔强的个性，恐怕连在海峡对岸思乡的福分也没有了。"①相反，他若不是得罪了"旗手"，成为"逆流"，那一捆情书说不定也可成为供人推崇和奉读的"两地书"。从这个意义上讲，梁先生的遭遇可以视为文艺思想"惹的祸"。此后的历史发展，文艺不但变得"与抗战有关"，而且从为人民大众服务进而为政治服务，不仅民族的文艺受其影响，个人的运命也不能不说与其息息相关吧！梁先生后来的文字再未谈过"有关"、"无关"，但他的小品创作多是谈天喝茶的生活琐事，如同《雅舍谈吃》一样由美食主义感受生发出的一系列美文，表现了"人情"、"人生"、"人性"，一以贯之，符合他早年鼓吹的"人性论"，但均属无关痛痒的生活美学。用他自己的话说："我是小资产阶级。"这种"小资产阶级"情调，在文艺以惊天动地和"高大全"为基调的"宏大叙事"之后，在人的思想和情感受到极度压抑和扭曲之后，随着二十多年前拨乱反正和改革开放的帷幕拉开，会受到大陆读者的广泛欢迎，当属自然。

① 高旭东《梁实秋：在古典与浪漫之间》第2页，文津出版社2005年。

　　要真正了解一个人确实不容易。梁文蔷总结了了解人的三种较好方法,她说,最好的方法是住在一起,朝夕相处,一言一语一举一动尽在眼中,对其人之学识思想人品道德自可一览无遗;第二种是长期共事,这样也可洞悉一个人的习性和格调,或者有同甘共苦的经验亦可在短期内觉察一个人的内涵。第三种就是读其私信。这也不失为一个了解人性的良方,因为私信不是为发表的,自然直率,容易窥视作者灵魂。梁文蔷对父亲的了解是以上三者兼具,必然深刻、透彻。不过,即使不谈梁文蔷女士的感受,我们按第三种方法来直接阅读梁先生给其亲骨肉的家信,恐亦能体会梁实秋的心境、生活状况、个中滋味以及他对人生、对文学艺术的看法:

　　　　我期望你在我故后写《回忆录》,巨细靡遗,要亲切真实。你这样做会减少我的哀思。你母逝后,我痛不欲生,急写《槐园梦忆》,顿觉稍减心中痛苦。

　　　　　　　　　　　　　　——一九八六年二月二十二日

　　梁先生始终遵循和秉承其文艺表情抒情作用的观点,认为文学写作可以直抒胸臆,排遣郁闷,缓解苦痛,并以此教导骨肉之亲。如梁文蔷所自述:"他以他自己失去妈妈时的经验和减轻悲伤的方法教我去实行。他想我一定也会得到同样的精神上的解脱。"①

　　梁文蔷回忆说,查看三十年来父亲母亲给她的家信,几乎没有一封没有诉说程季淑疼痛的。1958 年程女士写信说:

　　　　你别象我似的,一辈子就没有放肆过,小时候不能玩儿,大时

────────────

　　① 梁文蔷《承诺》,载《长相思:槐园北海忆双亲》,台湾时报文化出版企业有限公司 1988 年。

不能玩儿。现在老啦！拘谨成了天性,让我狂欢一下,也狂不出来了。好像老太太的脚趾头,弯曲了一辈子,再让它直也直不起来了。……变成了长期的郁闷,非常苦恼。

同年,梁先生也写信说:

> 妈妈近来身体不好,眼不好、头晕、胳臂疼、腿疼、牙疼、胃疼。总之,是不疼的地方较少。

梁文蔷在《长相思:槐园北海忆双亲》中还专门写了一节《牙的困扰》,记述梁实秋晚年牙疾之苦,随后她说:"爸爸在信中总是把他的痛苦轻描淡写,不失诙谐,……但是藏在心底的却是无限的悲哀。"牙疾对一个美食主义者来说必然是一种精神和肉体的双重伤害,梁先生后来关于牙疾的家信越来越多,成年累月连续提及,恐怕也赶得上当年诉说程女士疾病之苦的家信了:

> 我牙痛难忍,找牙医,他还是舍不得拔,他说下面拔光了固然可补,但不会很理想,能忍耐还是忍耐,给我刮洗了一阵子(好痛),今痛渐止。苦也,苦也。我如今吃烂东西,吃肉末,菜泥。很像是一个标准的老者! 可笑。
>
> ——一九八零年十一月二十四日
>
> 最近一星期大为牙痛所恼,一再去求医,苦痛不堪,半个脸都肿了。……忍耐而已。
>
> ——一九八零年十二月十四日

梁实秋的小品虽出自"雅"舍,但所谈均为世"俗"。迁台后的文风,更如他的为人,颇具人情、人性味道,堪称美文,但是,太过婉约,缺乏激情,不够豪放,家书更如此,真是鸡毛蒜皮,充满对生活的感伤哀叹,常叹人生苦短,世事悲凉。这既是其文风,也为其人风,更是其心境和生活的写照。家信也是苦多乐少——至少我们看到的家书给人如此印象。发表的文章没有宏大主题,是生活琐事中的人性——日常生活中的爱恨情愁,家信就更是如此。

二

所谓浪漫主义,乃"试图用美丽的理想去代替那不足的真实"(席勒语),因而浪漫主义侧重心理刻画,揭示主观世界,具有强烈的抒情性、幻想性、主观性。此类所谓浪漫的诠释无法描绘琐碎的人生,更不适宜于概括人和人沟通的家书。

迄今为止,梁实秋的家书尚面世不多,现有的资料只有梁文蔷介绍的一些。差不多可代表梁先生全集的、由厦门鹭江出版社 2002 年出版的十五卷本《梁实秋文集》,第九卷收录的书信,并未收入梁先生与梁文蔷女士家书。梁文蔷女士开始动笔写作《长相思:槐园北海忆双亲》是在梁实秋先生离世不久,梁女士沉浸悲痛之中,自然备受煎熬,纪念文章弥漫着悲哀的情调,其中引述和公诸于世的家书也多为增加哀思氛围的悲文悲书悲信。通过梁文蔷的回忆和三十年来的家书,我们不难捕捉梁实秋家庭生活情境,及其思想、为人和情感世界。有些家书是在给韩菁清写情书的同时写就的,梁先生一边给女儿写家书诉说对亡妻的撕心裂肺的怀念和对女儿子孙的亲情,一边向小他二十八岁的歌星韩菁清写情书诉说爱情。挣扎在怀念和渴望、痛苦和甜蜜之中,透过某些诉说,我们仍不难觉察他生活的悲喜和冷暖。

按照梁文蔷的记述,1974 年 4 月 30 日梁实秋在西雅图失去老伴程季淑,使其骤然失去依靠,每天二十四小时,全部沉湎于回忆中,没有现在,没有未来,没有人能代替程女士位置而使他暂时忘却悲哀。在程女士去世后的那半年中,每一分每一秒都是对梁先生灵魂上的无情鞭策。他写、写、写。他唯一能发泄情感的方法就是写。写作是他与世界沟通的唯一渠道。当年10月女儿梁文蔷劝梁先生回台访友散散心,从此梁先生开始奔走于台北与西雅图之间,直到1982年最后一次到西雅图。1983年起,女儿梁文蔷开始每年到台湾探望梁先生,相聚之后再开始漫长的分离,借每周一信来维持彼此精神上的支援。

1976年1月,梁实秋与韩菁清正沐浴爱河,但在给女儿的家信中又勾起对先妻的思念:

> 今晚××请吃饺子。这又犯了我的忌讳。因为我曾问过妈,若回台湾小住,你最想吃什么,她说自己包饺子吃。如今每次吃饺子,就心如刀割。

梁实秋和韩菁清演绎传奇爱情故事,与其不停给女儿写家书寄托对发妻哀思是同时进行的。他一边写家书追悼亡妻,倾诉亡妻之痛,一边自称"秋秋"给"亲亲"写情书,倾吐渴望之情。据叶永烈所著《梁实秋与韩菁清》记载①,梁先生有时一天是写两封书信:一封家书,一封情书:

> 我吃鱼时总是想起我的母亲,冷饮时总是想起我的父亲,现在则日夜无时不忆念你们的妈妈。×××常常问我:"你为什么忽然发楞?"我则以谎言支吾,因我心里痛苦,不愿累及别人不快。

---

① 参见叶永烈著《梁实秋与韩菁清》,广西人民出版社 2004 年。

槐园是妈妈遗体所在地,还不是我最系心的对象,最系念的是今已不复能再见的活生生的人。她活在我的心里,也活在你们心里。惨痛! 惨痛!

这封信中的×××,我猜应是韩菁清。

梁实秋与韩菁清 1975 年 5 月 9 日结婚,1976 年农历腊八梁先生生日,他在给梁文蔷的信中说:

腊八忘了最好,我根本不要再提生日,提起来我伤心。因为现在没有了妈妈,我的心情变了,我已经不是从前的我。希望你们以后也不要再提起。今年腊八切大蛋糕时,我的泪滚滚而下,但是没有被人窥见,我还放声大笑呢。

1976 年程季淑冥寿前梁先生书信说:

阴历二十七为妈冥寿,……妈妈若活着,今年七十六岁了。明年是我们结婚五十周年,但不得庆祝。恨! 恨! 恨!

至 4 月 30 日程女士忌日,梁先生又道:

我今天并不特别悲伤,因为天天悲伤之故。我自来台北后,寂寞是没有了,心里的苦痛无法排除。没有人能为我解忧,我自己也不能。恨,恨,天公如此残酷。

一年后的 6 月间,梁先生要回到美国看望孩子们,此前又写道:

> 我回到美国,也是心酸,不回去,也是心酸。此生残余之日,注定的永远要心酸。人生凄苦,莫此为甚!

梁文蔷在《长相思:槐园北海忆双亲》中还描述了梁先生家信中其他悼念发妻程季淑亡故的内容:

> 你妈妈精神物质均已不存在,……思之惨然。我每日静时,至少落泪一次。

> 我时常在家里没人的时候,或散步时,放声大叫妈几声,没人回应,好不惨然! 她逝去将近三年,创痛犹深也。

> ……我现在事实上是孑然一身,……我没有一天不低声呼唤你妈妈,她已去了三年多,……我需要她……

> 我的泪已经哭干了,幽明永隔,此恨绵绵,永无绝期。

> 我的心痛极了! 我把《槐园梦忆》里的事,一幕一幕重温一遍,不禁老泪纵横矣。……我会以冥想,沉思,读书,写作消磨漫长的时间,我会一个人在屋里自言自语,我会在旷野无人的地方高声喊叫我失去了的爱人的名字! 我时常觉得我是一个丧家犬,又像是失群的野兽,又像是红尘万丈中的一个落魄的行脚僧。

梁实秋在世最后一年的 4 月 30 日,是程季淑十三周年忌日。他在给女儿的信中写道:

近几日屡次梦中来晤,使我彻夜失眠,躺在床上吟成古诗一首,钞附一阅,虽然不工,凝思琢句,有高歌当泣之感。写罢重读,泫然泪下。

这些家书,不仅写在程季淑女士的忌日或纪念日,而且写在平时。我们似可以这样解释梁实秋与程季淑的爱情以及他晚年与韩菁清的爱情的矛盾:这不是他性格的矛盾,更不是古典与浪漫矛盾的性情使然。他与程季淑的感情随着时代与生活的变迁,更多地已从青年之间的爱情转变为亲情,转变为一种通过子女的血液而相互关联的血亲关系,他们是大半人生的伴侣,更是生命不可缺少的部分;而他与韩菁清之间,是承受丧偶之巨大痛苦后随着思绪焦点的转移而焕发出的感情,进而产生激情,这是一种生命接近黄昏接近终点的恋情,不能否认这是深深的爱情,是一种从痛不欲生的悲情中回到新生的精神支撑,一种慰藉孤独和打发无聊的精神需要。恰如梁实秋在家信中所称:"妈妈一去,使我大彻大悟","能吃时赶快吃","工作要紧,享受亦要紧",而且此时连猫都更容易成为宠物,成为"白猫王子",成为"家庭成员"①。因此,这份爱情的产生,恰如刚刚遭受失恋苦痛的少男少女们更易迅速寻找新欢并在一夜之间速配连理一样。无独有偶,2004年热点新闻之一的杨翁之恋似可谓异曲同工。世上的事,真是难以说清。按理,女性相对于男性应更多浪漫情怀,但很少见年逾古稀的老太嫁给青年小伙子的案例。因此,此类故事,恐非"浪漫"或"古典"两字可以说清。不过,按照梁文蔷列具的了解人的三种方法,我们均不是其中任何一种的当事人,所以,均属阅读文本后的"读者"猜测、联想、发挥甚至臆断。

---

① 参见梁实秋著《白猫王子及其他》,台湾九歌出版社1980年。

女儿梁文蔷在描述父亲梁实秋晚年的心境时这样说:"人常言,只有时间可以治愈失去爱人的痛苦。我以前也相信。但是看了爸爸失去妈妈后十三年所受的折磨,感人肺腑的常相思,几乎每信必提的'汝母'——我开始怀疑时间的力量。我自失去爸爸——我五十四年的挚友良师之后,更能体会爸爸晚年的心境。"①

梁实秋晚年的人生冷暖,只有贴心的女儿体会更加深刻。

三

性格决定命运。

按照梁文茜和梁文蔷对梁实秋的有关回忆,梁先生集风趣与严肃、开通与顽固、慈祥与冷峻、勇敢与怯懦于一身;曾及时行乐,也曾忧郁半生;有时为人拘谨,有时玩世不恭;很重人情,但也可以绝情——他属爽朗又倔强,有人情又不谙世故的知识分子代表。不过,具体地讲,他身上还是坚毅倔强的成分居多,是"好汉打落牙合血吞"的那种人。这不仅是被两个女儿认同的,也是与他交往和交锋过的文人朋友和"敌人"的共识。

梁文蔷回忆随父迁居台湾后的生活时,描述了初在德惠街一号落脚的情形,还记述了家信被当局拆检,资料被便衣收查和家中被盗等生活场景。梁文骐还记述了梁实秋患病而医院却供氧不足导致死于医疗事故的过程。每及这类场景,我曾不止一次设想,如果当年梁先生不与"主流"作对,不坚持"文学为人性",而跟随"主流"阵营,最后留在大陆,凭他比很多"走红"文人都高得多得多的学识,是否命运将

---

① 梁文蔷《悼亡——长相思·泪难干》,载《长相思:槐园北海忆双亲》,台湾时报文化出版企业有限公司 1988 年。

会不同？然而，梁实秋就是梁实秋，不管命运如何，他坚持自己的文艺信念，走完一生的路程。

但是，梁实秋的小品着实充满着所谓小资产阶级情调，家书更是如此，与其说是对人性的描写与挖掘，倒不如说是对人生的慨叹与感触，很多文章"与国计民生无补"（季羡林语）。梁先生是公认的作家和翻译家，但他所得到的待遇，特别是晚年的生活境遇，好像用"资产阶级落寞文人"来描述并不过分。

梁实秋在晚年的家信中曾多次谈到死亡，如：

> 林语堂死了。……我认识的人，一个个倒下去，好像宴席上的客人一个个的起身而去，只剩下自己守着狼藉的杯盘，四顾茫然，纵有山珍海味也难以下咽。
>
> ——一九七六年三月二十九日
>
> ……我生日一过，就是七十七岁了，糊里糊涂弄到了这样的年龄，不堪回首，更不堪前瞻！我近来时常冥想，想人生生死的问题，想来想去觉得自己渺小，任由环境摆布，到了老年才开始认识自己，四顾茫然，悚然以惊。
>
> ——一九七八年一月十四日
>
> 萧公权死了。×××怕也不能延长太久。老一辈的人一个个的凋谢，令人为之心惊。……每年我看秋天的枫叶，我心里就难过。红叶即是白头，死亡的现象，不过树木还有明年的新生，人则只活一辈子而已。……及时行乐吧！
>
> ——一九八一年十一月十四日

林语堂的风格在大陆读者的心目中要比梁实秋先生更稳重和冷静。他们的人生轨迹和在大陆读者心目中的地位有很多相似，又有巨大不同。上世纪80年代初期,林语堂的作品先梁实秋一步开始重新在大陆读者面前出现,其受欢迎程度亦略胜梁先生一筹。他们都与鲁迅打过交道,对当时的大陆读者来说,鲁迅几乎成了把他们联系在一起的中介。鲁迅著名的《纪念刘和珍君》和《"丧家的""资本家的乏走狗"》当年可谓家喻户晓,而后文就指涉梁实秋。林语堂当年也有《悼刘和珍杨德群女士》和《泛论赤化与丧家之狗》二文。鲁迅曾劝林语堂翻译莎士比亚,而最后完成莎士比亚全集翻译的却是梁实秋。在鲁迅逝世后,林语堂写了《鲁迅之死》以示哀悼和纪念,梁实秋后来向台湾读者介绍鲁迅时写过《关于鲁迅》表明自己对鲁迅的看法。居台期间梁实秋主编了《远东英汉大辞典》等多种词典,林语堂编著了《当代汉英词典》。梁先生翻译了《莎士比亚全集》,出版了《英国文学史》,林语堂先生以英文写作向外国人介绍中国文化,著有《吾国吾民》、《京华烟云》等等……

林语堂在《鲁迅之死》中说:

> 鲁迅与其称为文人,不如号为战士。战士者何? 顶盔披甲,持矛把盾交锋以为乐。不交锋则不乐,不披甲则不乐,即使无锋可交,无矛可持,拾一石子投狗,偶中,亦快然于胸中,此鲁迅之一副活形也。德国诗人海涅语人曰,我死时,棺中放一剑,勿放笔。是足以语鲁迅。①

由于性格的不同,梁实秋所望与自己长眠的伴物必会不同。梁先生家信有这样的心迹:

---

① 林语堂《鲁迅之死》,载《林语堂作品精选》,长江文艺出版社2004年。

　　我死不能与汝母同穴,将是我一大憾事。人生苦短,如石中
火,炯然一现,万事皆空……

　　梁文蔷根据自己对父亲的了解,在梁实秋先生入葬时,给他的棺
柩中放入了这样三件物品:梁先生与程季淑的合照,程季淑的一缕花
白头发,程季淑去世后梁先生经常偷偷抚摸的程女士的半高跟鞋。梁
文蔷认为以此"作为陪葬品是再恰当不过的了","我相信爸爸会高兴
我做了这个选择"①。
　　这一定是梁实秋先生的选择。不同的性格演绎了不同的人生,而
实际上,人生本质上都是悲剧,只是卓有智慧的人能把这悲剧演绎得
更动人罢了!

----

　　①　梁文蔷《悼亡——长相思·泪难干》,载《长相思:槐园北海忆双亲》,台湾时报文化出版企
业有限公司1988年。

"清华八年":梁实秋的学术起点

曲阜师范大学　刘　聪

　　清华学校(现清华大学的前身)对于塑造梁实秋的学养和品格发生了重要作用。在20世纪初期的中国,校园文化对现代知识分子的文化品格有着举足轻重的影响。如同一个人的成长有童年期一样,清华八年就是梁实秋的学术童年期。它塑造了梁实秋初始期的学术生存心态,这种学术生存心态在他的一生治学历程中,有相对的封闭性和稳定性,如同人类的童年经验在人的一生中的重要影响。布尔迪厄在他的社会学论著中将"生存心态"(habitus)①描述为一种"持久的预设及原则",认为它是行动者内心的制动系统,影响着行动者的行为。同时它还是一种"开放的性情倾向系统",不断随经验而变化,但"初始经验必然是优先的,更为重要"②。对梁实秋而言,清华八年的教育构成了梁实秋生存心态的基点,它赋予了他中西文化化合基础上眷顾东方文化的文化立场和舍我其谁的领袖意识;而这些心态又使他在面对

---

　　① 大陆翻译界将布氏的这一概念译为"惯习",台湾学人高宣扬在其著作《当代社会理论》(台北:五南图书出版公司,1998年版)中将其译为"生存心态",他曾就这一概念的翻译问题亲自请教过布氏,布氏肯定了这一词的用法。
　　② 布尔迪厄《实践与反思——反思社会学导引》第179页,李猛、李康译,中央编译出版社2004年。

以西方文化为参照系而建立起来的新文学场时，不可避免地产生了话语差异，且对新诗艺术性的追求也与诗体大解放后自由无序的新文学场产生了冲突，这就使他在不甘平庸中对新文学场充满了挑战意识。

一、传统文化立场和"领袖"意识——清华八年的教育导向

清华学校是一所有特殊背景的学校，它是在美国退赔庚款的经济基础上建立起来的，由"游美学务处"——"游美肄业馆"——"清华学堂"发展而来，由一个负责招考学生遣派美国的办事处发展成一个学制八年的培训学校，这一过程本身暗含着中国与美国之间在留学生培养上的控制与反控制，这一发展过程本身就是一场中西文化的抗衡。美国之所以能同意退赔庚款，完全是出于从精神上征服中国的文化策略，"1906 年，美国伊里诺大学校长詹姆士（Edmund J. James）给美国总统西奥多·罗斯福的《备忘录》中说：'中国正临近一次革命。……哪一个国家能够做到教育这一代青年中国人，哪一个国家就能由于这方面所支付的努力，而在精神和商业的影响上取回最大的收获。如果美国在三十年前已经做到把中国学生的潮流引向这一个国家来，并能使这个潮流继续扩大，那么，我们现在一定能够使用最圆满和巧妙的方式，控制中国的发展——这就是说，使用那从知识上与精神上支配中国的领袖的方式。'"①从这段话中，我们可以清楚地看到美国为什么要在退赔庚款的谈判中，以赔款必须完全用来培养赴美留学生为条件。而洞察美国战略的中国当然也不会坐视不顾。由于国内符合赴美留学条件生源的短缺，以及朝廷对于留学生有可能全盘西化思想激

---

① 清华大学史料选稿第一卷——清华学校时期（1911—1928）》第 72 页，清华大学校史研究室编，清华大学出版社 1991 年。

进的忧虑,外务部和学部决定筹措设立一个专门的留美培训学校,在学制的问题上,采用了八年一贯制,这是外务部与学部争议的折衷方案。他们争议的焦点就在于:"应选派年幼学生还是成年人?是希望学生全盘接受美式教育呢?还是坚持中体西用原则?1909年接袁世凯任的外务部尚书梁敦彦,依据自己随容闳留学美国的经验,主张多派幼生直接留美,以便完全接受美式教育,养成现代人才,回国后分送到全国各府厅州县,进行各地之改革,推动中国之现代化。而学部则秉承张之洞的遗旨,主张应派有国学专长的成年人,以免洋化忘本。"这样经双方妥协,采取一个折衷方法,让学生在国内接受长期的养成教育,然后再赴美留学,这样既可以为学生打下中国文化根基,又避免了完全西化的现象。此外,还要求在美国设立一个"游学生监督处",就近监督留学生,以免被美国同化①。

清华校歌中也体现着这种精神:"西山苍苍,东海茫茫,吾校庄严,岿然中央。东西文化,荟萃一堂,大同爰跻,祖国以光。"校歌中所发扬的除了"岿然中央"的精英意识之外,还尤其强调了东西文化化合的治学精神。在《清华中文校歌之真义》中有这样的阐释:"与本校最适宜,且今世最亟需之学术,尤莫亟于融合东西之文化。故本校歌即以融合东西文化为所含之'元素'。……此吾人所以不妨一日三复白圭也。"②从治学的路径上来说,清华的宗旨在最初即与作新文化运动旗手的北大学人群体相冲突,而梁实秋与五四文坛的冲突在这里即已埋下伏笔。

由最初的游美学务处,到后来的游美肄业馆,再到清华学堂、清华学校,直至1928年清华大学成立,清华人走的是一条逐步摆脱西方文

① 苏云峰《从清华学堂到清华大学》第52页,北京三联书店2001年。
② 《清华大学史料选稿第一卷——清华学校时期(1911—1928)》第267页,清华大学校史研究室编,清华大学出版社1991年3月。

化的控制,走向文化学术独立的过程,在这一过程中,对传统文化的眷顾成为他们削弱西方文化控制,确立民族文化自信心的主要方法。在清华人的眼中:"……清华之成立,实导源于庚子之役。故谓清华为中国战败纪念碑也可;谓清华为中国民族要求解放之失败纪念碑也亦可;即进而谓清华为十余年来内讧外侮连年交迫之国耻纪念碑亦无不可。清华不幸而产生于国耻之下,更不幸而生长于国耻之中。缅怀往迹,曷禁悲伤! 所可喜者,不幸之中,清华独幸而获受国耻之赐。既享特别权利,自当负特别义务。"①这特别的义务,即是由国耻而引发的对民族传统文化的尊重与发扬。

尽管官方意志中的清华应该是东西化合的,但出于让学生适应美国学习生活的现实需要,它的办学方针几乎完全是美国式的,课程的设置、教材、课外活动等全是美国风格的,英语教学是主体,汉语教学则退为其次。这种状态使得清华学校长期处于国内文化舆论的谴责之中。因为清华的课程设置方式,使很多学生无形中蔑视本国文化,崇拜西洋,与官方的意志相左。梁实秋的心理却恰恰相反,对东方文化或者说中国传统文化表现出深深的眷顾之情。他常常在英文课上捣乱而非常尊重国文老师,并为国文老师受到的与英文老师的不同待遇而不平。正是这一因缘使他在清华学校遇到了一个对他后来的文学生涯影响很大的老师徐镜澄。而梁启超赴清华的一次演讲,更进一步推动了梁实秋的文学步伐,使他对中国文学产生了浓厚的兴趣。不仅如此,他在校期间还参加了一些孔教会的活动,而且强烈批评上海的西方化现象,并说:"我希望我们中国也产出几个甘地,实行提倡国粹,别令侵入的文化把我们固有的民族性打得片甲不留。"他甚至呼吁

---

① 《清华大学史料选稿第一卷——清华学校时期(1911—1928)》第35页,清华大学校史研究室编,清华大学出版社1991年3月。

即将出国留学的清华学子,说:"……我愿大家——尤其是今年赴美的同学——特别注意,若是眼珠不致变绿,头发不致变黄,最好仍是打定主意做一个'东方的人',别做一架'美国机器'!"梁实秋的儿子梁文骐在父亲去世后,称他父亲为"中学为体,西学为用"的传统中国读书人,可见梁实秋的这种文化心态贯穿了他的一生。

中国对这批留学生的期望值是非常高的,在宣统元年五月二十三日(1909年7月10日)外务部给朝廷的奏折中,直接阐明了朝廷对庚款留学生的期望:"造端必期宏大,始足动寰宇之观瞻;规划必极精详,庶可收树人之功效。……"①因此清华学校在人才培养方向上,突显出了培养"领袖"人才的目标,即要"足动寰宇之观瞻"。

1914年,梁启超应邀到清华学校作了题为《君子》的演讲,他说:"清华学子,……异日出膺大任,足以挽既倒之狂澜,作中流之砥柱。"②梁启超的演讲词慷慨激昂,代表了当时中国社会主流意识形态对清华学生的期待,这种期待无形中垫高了庚款留学生的社会地位,也可以说是形成了这一批人最初的文化资本积累,"庚款留学生"在尚未真正进入社会场域之前,已经被社会授予了一个高价值的文化符号。这种文化符号使庚款留学生对中国的现代化产生了一份"舍我其谁"的担当意识,这种担当意识,也就是他们在当时的社会场域中的"位置感"——"领袖"。它在当时的清华学校中,形成了一种精神学统,凝结在一批批庚款留学生的人格养成的过程中。

梁实秋是1915年进入清华学校,当时的周诒春校长已经把"自强不息,厚德载物"作为校训,其内涵与梁启超的演讲互相呼应,感奋了

---

① 清华大学史料选稿第一卷——清华学校时期(1911—1928)》第11页,清华大学校史研究室编,清华大学出版社1991年3月。
② 清华大学史料选稿第一卷——清华学校时期(1911—1928)》第261页,清华大学校史研究室编,清华大学出版社1991年3月。

清华学子。梁实秋的同班同学吴景超在 1922 年 9 月 11 日的《清华周刊》上发表了《清华学生安身立命之路》的文章，说："罗君（即罗隆基——作者）……曾说过：'清华学生，个个都有当领袖的责任。'这句话好像说得不客气，其实倒是一句老实话。孔子说：'当仁不让'，在这种时候，我们不预备出来当领袖，还等谁呢？"①其意气风发的精神风貌可见一斑。在《对清华文学的建议》中，梁实秋引了元遗山的两行诗：纵横自有凌云笔，俯仰随人亦可怜。他说："清华的历史，虽只有十一年，但是很充实；清华的学生，虽前后只有千人，但大半是优秀分子。……在一般混沌的时候，清华做她的领袖事业，在一般狂飙突进的时候，清华退隐潜韬，做她的自修的工夫和监督的责任——这是清华在文化运动里光荣的历史。"由此可见，梁实秋的人格精神中也渗透着强烈不甘平庸的"领袖"意识，当然，这种领袖意识是指向他的职业选择——文学领域的。

二、从新诗创作转向文学批评——挑战新文学场法则

在新文化运动基础上成长起来的新文学，在很大程度上是肩负着新文化事业的使命而行进的，这就使新文学场的部分法则偏离了文学的立场，从而也为后来者提供了话语空间。1921 年，受五四新潮启蒙的全国性的文学活动开始到来。这一年，梁实秋开始了新诗创作，出于对新诗的共同爱好，梁实秋与在《清华周刊》上发表新诗的学兄闻一多相识。闻一多的国学根底非常深厚，他追求诗的艺术美，注意新诗的形式打造等都给梁实秋以重大影响，他一度视闻一多为"文艺上的

---

① 清华大学史料选稿第一卷——清华学校时期（1911—1928）》第 390 页，清华大学校史研究室编，清华大学出版社 1991 年 3 月。

老大哥",认识闻一多之后发表的二十几首诗,在当时的诗坛上堪称佳作。梁实秋曾这样界定他们的诗歌主张:"我和闻一多都是把诗当艺术看,着重的是诗的内涵,与胡适先生所倡导的'工具革命'已经是两回事了。"①

这一时期,新诗还处于草创期,创作的原则延续着胡适《谈新诗》的主张:"新文学的语言是白话的,新文学的文体是自由的,是不拘格律的。……新诗除了'诗体的解放'一项外,别无他种特别的做法。"②而当时的文坛法则或者说文学批评标准,正如胡适所说:"简单地说来,我们的中心理论只有两个:一个是我们要建立一种'活的文学',一个是我们要建立一种'人的文学'。前一个理论是文字工具的革新,后一种是文学内容的革新。中国新文学运动的一切理论都可以包括在这两个中心思想里面。"③由此,他把自己提倡的"活的文学"和周作人提倡的"人的文学"视为中国新文学的新传统,也就是当时文学场的法则。遵从这一法则创造的新文学在整体上有一种走向大众的努力,而梁实秋此时的文学观念却与这种法则相背。这就意味着在胡适与周作人所创立的文学法则之下,梁实秋很难得到文坛认可,更不必说要领袖文坛了。因此梁实秋诗歌创作之路,在他自己的眼中,是前景渺茫的。

梁实秋在这一年的诗中写道:"我感到恐怖的黑暗,便灭了我手里的纱灯;但是,到海底探珠的人们啊! 往黑暗里去求光明的朋友啊! 燃着你们的灯光罢!"其间透露出来的正是对诗歌创作的放弃。闻一多作于同一时间的诗歌评论文章《〈冬夜〉评论》中,则称梁实秋为"豹隐"的诗人。闻一多对梁实秋的诗歌评价是非常高的,他称梁实秋为

① 《梁实秋文集》第7卷《〈论文学〉序》。
② 赵家璧主编《中国新文学大系·第一集》第295页,上海良友图书公司1935年10月。
③ 赵家璧主编《中国新文学大系·第一集》第18页,上海良友图书公司1935年10月。

"红荷之神"，说："实秋的作品于其种类中令我甘拜下风——我国现在新诗人无一人不当甘拜下风。"①虽然闻一多在美国一再呼唤："莲蕊间酣睡着的恋人啊！不要灭了你的纱灯"，梁实秋还是告诉他："我是人间逼迫走的逃囚"，但他仍愿意"扇着诗人底火"，言下之意就是要"豹隐"，并转而走文学批评的路子。这也是为什么梁实秋始终没有把他的诗集《荷花池畔》与闻一多的诗集《红烛》一起出版的原因。因为他已经志不在此。

　　1922年5月27日至29日梁实秋的《读〈诗底进化的还原论〉》在《晨报副刊》上发表，这一篇文章充满了对当时文坛的理论清算的味道，同时也树起了自己的旗帜。梁实秋说："我这篇文并非是专与俞君相辩难，实是与现在一般主张'人生的艺术'和'平民的文学'的人作一个问题的讨论。"在这里，梁实秋的批评指向了已经为文学场所认可的文学创作的"普遍性法则"。当时声势强大的文学研究会正以"为人生"为旗帜领导着整个文坛的走向，而这一文学观的始作俑者是周作人。梁实秋在文章中旗鼓相当地提出了自己的观点："艺术是为艺术而存在的；他的鹄的只是美，不晓得什么叫善恶；他的效用只是供人们的安慰与娱乐。……诗是贵族的，决不能令人人了解，人人感动，更不能人人会写"，而且"诗是贵族的，要排斥那些丑的"。最后的这句话，他所批评的是诗人在诗中使用革命、军警弹压处、电灯、厕所、小便等"丑"的词语的现象。受闻一多的影响，梁实秋在诗歌上追求传统文学的精致的美感，无论在语言还是形式上，他都主张应该以精致典雅为诉求，他这里所谓的"贵族"即是标举这种主张。这篇论文与其说是对俞平伯诗论的批评，不如说是梁实秋对文坛的自我宣言。周作人随后在《晨报》上发表了《丑的字句》对梁实秋的观点作了反驳，认为梁实

①　《闻一多全集》第12卷第78页，湖北人民出版社1993年12月。

秋有"学衡派"的保守嫌疑,两人互有几篇文章发表,在《晨报》上也算
掀起了一场小小的风波。而梁实秋在批评周作人的同时也对胡适加
以批判,认为诗歌在他的倡导下:"收入了白话,放走了诗魂。尤有甚
者,即是因为受了各种新思潮的影响,遂不惜把诗用做宣传主义的工
具。⋯⋯诗真可以算是命途多舛了!才从脂粉堆里爬出来,又要到打
铁抬轿的手里去了!诗人也真不幸啊!诗人也要服从'到民间去'的
命令吗?⋯⋯诗的本身是目的,不是手段。"这样一篇横扫文坛的批评
文字,是梁实秋发表的第一篇规范的文学批评,逻辑上有破有立,旗帜
鲜明,而且立足于诗歌本体的艺术特征来批评诗歌,初步显示了他文
学批评家的素质。闻一多写成《〈冬夜〉评论》,梁实秋则在 1922 年 8
月作了《〈草儿〉评论》一文,文中他说:"现在几乎没有一种报纸、杂
志,不有几首新诗,而又几无一首是诗,其鄙陋较之《草儿》更变本加厉
了;若一一引而评之,势有未能,所以溯本探源,把始作俑的《草儿》来
评一过,实在又是擒贼擒王的最经济的方法了。"①在这段话中,身为新
诗创作者的梁实秋不仅是对《草儿》这一部诗集,而且对整个诗坛进行
了批评,新诗"几无一首是诗"的断语后面凸显的是他确立自己的话语
地位的努力。但这两篇头角峥嵘、别立新宗的评论,写出来之后却无
处发表。让他们最痛心疾首的是,这一年的 9 月 3 日和 10 月 1 日,胡
适在自己主编的《努力周报·读书杂志》上连续发表了《评新诗集
(一)康白情的〈草儿〉和《评新诗集(二)俞平伯的〈冬夜〉》,这两篇在
闻、梁两人之后写出的新诗批评,却先于两人公开发表,怎能不让正蓄
势待发的闻、梁两人焦虑。

　　梁实秋把这些情况告知已在美国的闻一多后,闻一多在信中说:
"最要紧我们在这一年中,可以先多作批评讨论的零星论文,以制造容

---

① 《梁实秋文集》第 1 卷《草儿评论》。

纳我们的作品底空气。……感谢实秋报告我中国诗坛底现况。我看了那，几乎气得话都说不出。'始作俑者'的胡先生啊！你在创作界作俑还没有作够吗？又要在批评界作俑？唉！左道日昌，吾曹没有立足之地了！"①由于梁实秋在这一时期的书信已经遗失，我们只能根据闻一多的信对他的当时的思想做出推断，他与闻一多作为清华文学社的主力，颇有当仁不让的与文坛争锋的气势。这虽然加重了他们后起的焦虑感，但他们的行动也因此极富策略，先要以零星的论文冲击文坛，让人们注意并接受他们的倾向，为他们话语的现身"造势"。

这两个长篇的诗评在发表无望的情况下，最后是由梁实秋的父亲出资，于1922年11月，以《〈冬夜〉〈草儿〉评论》为题作单行本付印。这一部诗评的出版，可以看做梁实秋与闻一多携手向文学场迈出的郑重的一步，在文坛上引起了不小的反响。但从闻一多的信中我们可以看出，这一部诗评的写作也不全是基于纯粹的文学观念，其中有着明确的话语策略，它的行文中有和预想敌人的交锋，也有和预想朋友的沟通。信中闻一多说："实秋，我们所料得的反对同我们所料得的同情都实现了。我们应该满意了。郭沫若来函之消息使我喜如发狂。我们素日赞扬此人不遗余力，于今竟证实了他确是与我们同调者。……我们从此可以随时送点东西给《创造》也不错。……因为我们若要抵抗横流，非别人协力不可。现在可以同我们协力的当然只有《创造》诸人了。"②

梁实秋与创造社的因缘就是由此形成，由于梁实秋、闻一多和郭沫若都在新诗创作中较早自觉追求诗歌艺术性和情感的重要性，因此产生了艺术追求上的共鸣，再加上他们都是与新文学法则对抗的弱势

---

① 《闻一多全集》第12卷第97页。
② 《闻一多全集》第12卷第128页。

群体,所以难免产生闻一多信中所流露出来的惺惺相惜之感。但闻一多并没有完全认同郭沫若的诗歌主张,而是认为他和梁实秋对诗歌艺术美的追求与郭沫若的主张是不同的,他对创造社的倚重更多的是出于联合冲击文坛的策略使然。此前给梁实秋的信中就谈到:"迩来复读《三叶集》,而知郭沫若与吾人之眼光终有分别,谓彼为主张极端唯美论者终不妥也。"[①]梁实秋却与创造社保持了更多的联系,并且与其成员有交往。这一年底,他在《对清华文学的建议》中说:"据我臆测,清华将要诞生的骄子,将要贡献的牢飨,将要树植的大纛,就是文学的唯美主义、艺术的纯艺术主义。"从中我们可以看出他这一时期的浪漫主义艺术追求。但梁实秋这种浪漫的质地,与创造社不同,创造社对浪漫的理解更趋向于一种狂放不羁的情感色彩,这是清华严谨的学风训导下的梁实秋所不能接受的。梁实秋此时的浪漫主义除了他自己所说的"青春的浪漫"之外,也出于一种挑战新文学法则的策略,那就是"清华在文学上也似乎该有她的特殊的主张"。如布尔迪厄发现的那样,争夺文学场合法定义的符号斗争在具体策略上常常是通过诸如标举什么主义这样的实践上的分类工具来制造差异,并由此获得远离文学场现有位置的新的位置。在这一时期流行于文坛的是文学研究会的"为人生"的艺术和"平民的艺术",新文学带有鲜明的功利色彩。梁实秋则张起"艺术的纯艺术主义"的大旗,与创造社互相呼应,要为文学书写"新纪元"。"纯艺术主义"主张是对文学场最有冲击力的主张,因为为文学场建立权威性普遍性法则的人,都要通过证明自己的观点是最合于文学自身规律来以维护文学"真理"的面目统摄文坛,而在所有的主张中,"纯艺术主义"的主张无疑是体现了对文学自身的最大限度的维护,比其他主张更有文学"真理"的意味。闻一多曾把胡适

---

① 《闻一多全集》第12卷第81页。

和周作人的理论统摄下的文坛,称为"左道日昌",其间透露出来的就是他和梁实秋才是文学"真理"的真正维护者的自信。不仅如此,在梁实秋的文章中充满了为清华在文学运动中"正名"的努力,他要修正清华在文学运动中落伍的形象,强调其"先锋"性。梁实秋的自信也不是狂妄。他和闻一多对诗歌的探讨也确实是比胡适等人较早地从诗体解放的层面转入艺术性追求。在《诗的音韵》中,他提出要"创造出新诗的新音韵……我相信新诗的音韵问题,诚有待于几个真正的先锋诗人去解决他"①。所谓"真正的先锋诗人"则是他自认为他与闻一多等人更能逼近诗的本质。

　　1923年,梁实秋选择了文学批评专业赴美留学,这一选择无疑是一个大胆的举动,当时的新文学阵营中,文学专业出身的人是凤毛麟角。且在当时新的文学观念尚未形成,总体上仍然不脱传统的"文章之学"的范畴,与西方的文学观念没有形成真正的对话。五四时期的知识分子从传统中来,基本上都有传统文化的底蕴,"文章之学"是他们学养的一部分,几乎无人不能谈文章之道术。这就产生了一个非常独特的现象,那就是新文学是由一大批文学专业之外的知识分子发起和创造的,缺乏专业性的规范。由此可见,梁实秋的选择是大胆而有策略的,除了借此有效地制造容纳自己的文坛空气以外,这一专业选择上的冷门与国内百废待举的文坛现状之间的巨大反差(虽然新文学已经有了一定的成绩,但规范的建制尚未形成,一切仍处于运筹之中),给人以广阔天地大有作为的豪情。在知识分子们纷纷向西方求取"真经"的时代语境中,梁实秋无疑是怀着要为中国文学批评界求取"真经"的理想赴美的。

　　在美国的梁实秋接受了新人文主义者欧文·白璧德的影响,这是

---

① 《梁实秋文集》第7卷《〈论文学〉序》。

一个非常推崇东方文化尤其是孔子思想的学者,他的思想使梁实秋更
坚定了对中国传统文化的信心,他的文学批评理论使梁实秋获得了系
统的文学批评专业训练。当梁实秋学成归国之后,以传统文化为重心
且"术业有专攻"的他面对受西方文化影响而成长起来的新文学时,挑
战性的批评风格也就在所难免了,这也是他在 20、30、40 年代屡屡陷
入论争的缘由所在。

梁实秋翻译研究

将莎士比亚译入华文

北京外国语大学　何其莘作

张　萍(清华大学)　王　刚(北京语言大学)译

高旭东　徐立钱(北京语言大学)校

自20世纪初,翻译就一直是莎士比亚进入中国的主要途径。过去由于中国闭关自守、与世隔绝,偌大一个国家仅有少数的英语学习者。最近二十年,情况的确有了很大变化,由于中国领导人鼓励向西方技术敞开国门并大力促进与其他各国的文化交流,在这种政策影响下,英语学习者急剧增多。尽管如此,多数热切的英语学习者还是未能超越语言学习的初始阶段,很少人能够轻松地阅读现代英语文学作品,因为汉语的起源完全不同于任何印欧语系语言。因此,在拥有世界四分之一人口的中国,由于多数人不谙英文,阅读莎士比亚戏剧主要还是依靠中文译本。

翻译的过程是从一种语言到另一种语言的转换,而每一种语言都有自己的发音、节奏、意义、结构以及其他与民族文化特点相关的特质。莎士比亚作品的中译者所面临的,是两种文化(文艺复兴时期的英国和20世纪的中国)和两种语言(英文和中文)之间的鸿沟所带来的特殊问题。

对莎士比亚戏剧进行学术翻译的目标是译文总体上忠实于原著,

并且能够用中文有效地传达莎士比亚的所有用语和形象,以便中国读者尽可能地贴近莎士比亚写于四百年前的原文。要实现这样的目标,译者面临着两类问题:一类来自于文艺复兴时期的英国和现代中国之间历史、社会、宗教和文化的差异,一类则是早期现代英语和现代汉语之间词法和语义上的差异,以及两种语言文学传统的差异而产生的问题。此外,莎士比亚的译者往往因中国政治与意识形态的干扰而使问题变得更加复杂,对戏剧不公正的阐释导致了对原文的错译和误译①。

目前,关于莎剧汉译很多问题的研究聚焦于一些众所周知的莎剧上。为简便起见,笔者主要选取悲剧两种(《哈姆雷特》*Hamlet* 和《李尔王》*King Lear*),喜剧一种(《量罪记》*Measure for Measure*)以及历史剧一种(《亨利四世上篇》*1 Henry IV*),所选范例来自于《哈姆雷特》的五个中译本:田汉(1922),邵挺 (1933,文言文)李伟民《光荣与梦想莎士比亚在中国》(2002:325)中提到"将《哈姆雷特》译为中文的还有邵挺的《天仇记》(文言本1924)"。张泗洋等著的《莎士比亚引论》下,522 页也印证了这一点。由此看原文中的 1933 年似有误(——译者按。)梁实秋(1938),卞之琳(1956)和朱生豪(1978);《李尔王》的两个中文译本,梁实秋(1967)和朱生豪(1978);《量罪记》三个中文译本,梁实秋(1967),朱生豪(1978)和英若诚(1981);《亨利四世上篇》的两个中文译本,梁实秋(1967)和朱生豪(1978)。

莎士比亚中译本中的第一类问题见于历史和神话典故的翻译。其中最为困难的是历史典故的翻译,尤其是涉及到真实历史事件的翻译时。如果说,法国和英王亨利五世之间荣耀的阿金库尔特(Agincourt)战役、玫瑰战争(1455—1485)以及其后亨利八世统治时期那些

① 欲知莎剧汉译过程中遇到的问题,请翻阅本文作者尚未出版的硕士论文 *On Translating Shakespeare into Chinese*(阿克伦大学,1984)第三章("莎士比亚汉译过程中的主要问题"),第 28—53 页,以及第四章("莎士比亚汉译的可行办法")第 54—85 页。

惊世骇俗的事件对于20世纪的英国人都已显得有些遥远的话，那么，对于拥有完全不同历史和文化传承的中国读者来说就显得更加陌生了。在莎士比亚历史剧中具有历史意义的地名例如 Holmedon 和 Shrewsbury，以及历史人物形象，例如亨利四世和亨利·珀西，中国读者甚至闻所未闻。如何准确、完整地欣赏莎士比亚历史剧成为长期困扰中国译者的问题，其解决方法难以预知。这很可能有助于解释莎士比亚戏剧中的历史剧被译成中文的时间最晚这一事实。我们知道，首部历史剧（《亨利四世》第一部和第二部）直到1947年才出现在中国人的视野里①，而直到1986年4月才有历史剧——《理查德三世》被搬上舞台。

　　当然，只要译者下笔谨慎，出现在莎翁喜剧和悲剧中的历史典故就并非不可译，因为此时对于戏剧的欣赏并不那么依赖于历史知识，剧情本身的快乐和痛苦就可以轻而易举地打动来自不同文化群体的读者。以两个罗马历史典故为例，在《量罪记》中，埃斯卡鲁斯（Escalus）拿拉皮条客的仆人庞贝（Pompey）的姓开了一个粗俗的玩笑，他说道：Pompey, I shall beat you to your tent, and prove a shrewd Caesar to you②（如果你再犯在我手里，我就要像凯撒当年对庞培那样不客气，叫你无处藏身。——英若诚（1999：71）译）；恺撒和庞培这两个名字对于中国读者来说很陌生。朱生豪和英若诚直译其名对于读者的理解并没有多大帮助（朱译为："那时候我看见了你，你可逃不了一顿皮鞭子"，并没有直译其名，原文似有误——译者按）。除非像梁实秋那样在脚注中介绍公元前48年的 Pharsala 战役③，否则埃斯卡鲁斯的玩笑对于中国读者来说达不到预期效果。第二个例子中典故的含义更加

---

① 威廉·莎士比亚，《亨利四世》，朱生豪译，上海：世界书店，1947。
② 《一报还一报》，第二幕第一场，248—249。
③ 威廉·莎士比亚《一报还一报》，梁实秋译，《莎士比亚全集》，台北：远东图书公司，1981。

微妙。在哈姆雷特临死之前,他的朋友霍拉旭(Horatio)大声呼喊:"I am more an antique Roman than a Dane. / Here's yet some liquor left. (我虽然是个丹麦人,可是在精神上我却更是个古代的罗马人;这儿还留剩着一些毒药。——朱生豪译 1977:123)"①接着,他试图喝掉杯子中残留的毒酒。"antique Roman"这个词在所有五个中文译本中都被译为"古代的罗马人"。这一直译并没有把它暗含的意思——罗马人宁死也不愿投降——传达给中国读者。实际上,梁实秋和卞之琳试图用加脚注的方式来填平理解的鸿沟,而朱生豪则将"liquor"译成"毒药",来解释"古代罗马人"的真正意义,但结果并不令人满意。

同历史典故一样,莎剧中无数古希腊罗马时期的神话典故也给中文翻译带来了普遍存在的问题。很多母语是英语的现代读者对于神的典故和其他古代人物的指涉常常一头雾水,中国读者面临的时代鸿沟和文化障碍就更加难以逾越。当然,一些古代神话典故可以通过某种方式转化传达给中国读者。

《哈姆雷特》第一幕第二场的首次独白中提到了希腊的亥伯龙"Hyperion"和尼俄伯"Niobe"。田汉、梁实秋和朱生豪在《哈姆雷特》各自的中文译本中都将"Hyperion"译成"日神"或"太阳神",二者意义均为"太阳之神"。卞之琳的翻译则采用了"Hyperion"音译,并在注释中解释其含义。而在翻译"Like Niobe, all tears"这句话时②,田汉和梁实秋结合使用了"Niobe"的音译和意译,如梁译"像是奈欧璧一般哭得成个泪人儿",另两位译者(卞之琳和朱生豪)则只保留了"哭的泪人儿似的"这个表达。虽然第二种方式不符合学术翻译的一般要求,但在翻译过程中原句的本来意义并没有完全丧失。这是因为"all

---

① 《哈姆雷特》,第五幕第二场,341—342。
② 《哈姆雷特》,第一幕第二场,149。

tears"直接解释了 Niobe 所暗含的意义。

然而,在莎剧中大多数的古希腊罗马典故都比这两个例子要复杂得多。在福斯塔夫劝告哈尔亲王(Prince Hal)时[1],典故中的戴安娜集月神(高贵圣洁的月亮女神)与贞节女猎手两个含义于一身。"Diana"可以直译为"狄安娜",但它在中文里的对应女神"月神"却有着不同的含义。在一些中国传奇故事中,嫦娥是一个年轻的女子,她偷吃了丈夫的长生不老药并飞向月宫,因此成为中国的月亮女神——一个可爱但有些伤感的形象。而在另一个传奇故事中,与月神有关的形象则是"月老",一个好心的白发老人,专为年轻男女牵线搭桥。但这两位中国神仙都与狩猎和贞节无关。另一个例子是哈姆雷特所说的半人半兽的森林之神萨堤罗斯 satyr[2],这样的神仙在中国神话中根本找不到含义相近的对应翻译。田汉译本中的"羊精"和梁实秋译本里的"羊怪"都仅仅表现了这个神话人物的部分特征:尖耳朵,腿和角,但另外一些特征,如——好色、淫乱的克劳迪亚斯的完美写照——就没有在译文中体现出来。在《哈姆雷特》的五个中译本中,只有卞之琳的译文在翻译 satyr 时附带一个长长的脚注从而成功地保留了该形象的双重特质。但是脚注的方法并非总能奏效。梁译和卞译中对于"the Nemean lion's nerve"的解释性脚注就可能让中国读者不知所云[3],因为他们在解释一个陌生词汇时又添加了"赫拉克里斯(Hercules)"和"他的十二磨难(his twelve labors)"等这样更难解的内容。而朱生豪的翻译省略了"lion's nerve",反而对中国读者来说更易理解,因为狮子在传统中国文化中是万兽之王,而"狮的筋骨"正好暗示了坚定和不屈不挠的精神。当然这种省略重要典故的译法很难被认为是忠实原文。

---

① 《亨利四世·第一部》,第一幕第二场,25—29。
② 《哈姆雷特》,第一幕第二场,140。
③ 《哈姆雷特》,第一幕第四场,84。

中国译者面临的第二类问题是由中英两种语言的差异所造成的，更确切地说，是莎士比亚时代的英文和现代中文之间的差异造成的。中英两种语言分别属于两种几乎毫无关联的语系：印欧语系和印中语系。在运用这两种语言表达思想时，句法上的差异非常显著，中文译者根本不可能完全仿效英语句式，因此面临着难以逾越的障碍。那么，有待解决的问题主要是语言的形态和语义成分的翻译，在这一点上，英语和中文是有一些相似之处的，另外还有翻译过程中涉及的文学传统的翻译。

第二人称代词的单数形式在现代英语中已经消失不见，但在莎式英语中还保留有这种形式。Th 形式（thou, thee, thy, thine）常用来称呼下属和子女，在恋人间使用则显得亲热。同时也可以用以表达轻蔑或愤怒。Y 形词（you, ye, your, yours）则被用来称呼上级或作为一种中性称呼。在莎氏英文中，这些第二人称代词的区别使用可以表达出语调、熟识度和双方关系上存在的细微差别。莎士比亚《维洛那二绅士》（*Two Gentlemen of Verona*）的主题是爱和文艺复兴时期的友谊。两个朋友，普洛丢斯和伐伦泰因（Proteus and Valentine），最初互称 thou①，但当他们谈到爱的话题而意见不一时，他们就突然转向用 you②，在争论结束互道再见时，这两个亲密好友又接着使用更为亲昵的 th 形词③。

然而，现代中文中却没有同样的表达格式。在翻译苔丝狄蒙娜临终前在卧室的最后一幕时：

---

① 《维洛那二绅士》，第一幕第一场，1—24。
② 同上，第一幕第一场，25—50。
③ 《维洛那二绅士》，第一幕第一场，51—63。

Des. Who's there? Othello?

谁？奥瑟罗吗？

Oth. Ay, Desdemona.

嗯，苔丝狄蒙娜。

Des. Will you come to bed, my lord?

您要睡了吗，我的主？

Oth. Have you pray'd tonight, Desdemona?

你今晚有没有祈祷过，苔丝狄蒙娜？

Des. Ay, my lord.

祈祷过了，我的主。

Oth. If you bethink yourself of any crime

Unreconcil'd as yet to heaven and grace,

Solicit for it straight.

要是你想到在你的一生之中，还有什么罪恶不曾为上帝所宽宥，赶快恳求他的恩赦吧。

Des. Alack, my lord, what may you mean by that,①

哎哟！我的主，您这句话是什么意思？（朱生豪译）

朱生豪已经注意到，奥赛罗所使用的是带有疏离之意的 you，而苔丝狄蒙娜使用的则是带有尊敬之意的 y 形词。在翻译中他通过调用中文里具有相似用法的"你"和"您"来成功地实现原剧语气变化的对应。但是当罗密欧和朱丽叶在舞会上初遇时，他对朱丽叶的称呼经过了从 you 到 thou 再到 thine 的复杂转变：

---

① 《奥赛罗》，第五幕第二场，23—29。

Jul. Good pilgrim, you do wrong your hand too much,

信徒,莫把你的手儿侮辱

Which mannerly devotion shows in this:

这样才是最虔诚的礼敬

For saints have hands that pilgrims' hands to touch,

神明的手本许信徒接触

And palm to palm is holy palmers' kiss.

掌心的密合远胜于亲吻

Rom.Have not saints lips, and holy palmers too?

生下了嘴唇有什么用处?

Jul. Ay, pilgrim, lips that they must use in pray'r.

信徒的嘴唇要祷告神明。

Rom.O then, dear saint, let lips do what hands do,

那么我要祷告你的允许

They pray-grant thou, lest faith turn to despair.

让手的工作交给了嘴唇

Jul. Saints do not move, though grant for prayers' sake.

你的祷告已蒙神明允准

Rom.Then move not while my prayer's effect I take.

神明,请容我把殊恩受领

Thus from my lips, by thine, my sin is purg'd,①

这一吻涤清了我的罪孽。(朱生豪译)

中国译者无法表明这对恋人之间不断增加的亲近感。中文第二

---

① 《罗密欧与朱丽叶》,第一幕第五场,97—107。

人称代词的仅有形式:普通的"你"和表示尊敬的"您",都不能显示这种语气变化。同样,当哈尔亲王(Prince Hal)和他的对头霍茨波(Hotspur)用表示轻蔑的 th 形词互相大肆侮辱时①,这种特殊代词形式所表达的愤怒和蔑视在译文中也已经荡然无存。

除了语言形态特征之外,英语的语义,尤其是字或词的内涵和大量的隐含义对于中国译者来说是一个更加严峻的挑战。在所有成熟的语言中,词汇不仅有指称意义还有内涵意义,包括暗示的情感或价值判断。一般说来,掌握一个字的字面意义并将其翻译成另一种语言并不难,但其隐含义往往被忽视、误解或错译,这些问题在莎剧的汉译过程中也都曾出现过。

哈姆雷特著名独白的第一句"To be, or not to be"就是对中国译者的一个挑战。很明显在中文中没有 be 的语义对应词,因为 be 在哈姆雷特的冥想中代表的是一种复杂而悲哀的情感。中文的"是"和英文的"be"作为联系动词时的含义相同,而中文的"存在"作为一个哲学术语,则是英文"exist"的近义词。这两个中文词汇的差异非常大,不可通用。因而独白中的第一句,在某种程度上说是不可译的。以下将讨论这一句的五种不同译法:

1. 还是活着的好呢,还是不活的好呢?——田汉("Is it good to live on or is it good not to? —This is a question.")

2. 吾将自戕乎?抑不自戕乎?成一问题矣。——邵挺(此译文选自李伟民 2002:326,原文中拼音 ziqiang 为 zijin,似有误——译者按)(文言文,"I shall commit suicide or I shall not. This has become a question.")

3. 死后还是存在,还是不存在——这是问题。——梁实秋("Is

---

① 《亨利四世第一部》,第五幕第四场,59—74。

there a state of existence after death or not? This is the question. ")

4. 活下去还是不活：这是问题。——卞之琳（"To live or not to live, this is the question. "）

5. 生存还是毁灭，这是一个值得考虑的问题。——朱生豪（"Existence or destruction, this is a question that warrants consideration. "）

莎士比亚评论家对于这句话解释各异、难以统一，难怪译者在各种诠释面前会感到无所适从。但必须承认的是，上面的各种中文译法就准确度和完整性来讲都有不尽人意之处。

同样，哈姆雷特独白中的隐喻"a sea of troubles"也遭遇到同样命运①。在五个中文译本中，这个短语分别被译为：

1. 狂波骇浪（"raging wave"）

2. 海（"sea"）

3. 滔天的恨事（"a monstrous matter for regret"）

4. 无边的苦恼（"endless trouble"）

5. 无涯的苦难（"boundless suffering"）

"sea"在这里的比喻意义显而易见。Oxford English Dictionary 将其定义为"a copious or overwhelming quantity or mass"。莎士比亚也将其用于其他作品中，例如"a sea of melting pearl,"②"the wild sea of my conscience,"③"a sea of glory,"④ and "this great sea of joys."⑤在这种语境下，整个短语可以理解为：人生的苦恼如潮水般涌向哈姆雷特，并将他团团围裹。在中文的现有词语中，虽然"海"也可以用于比喻用法，例如人山人海，但是我们却找不到既可以传达"大海"的意象又暗

---

① 《哈姆雷特》，第三幕第一场，58。
② 《维洛那二绅士》，第三幕第一场，226。
③ 《亨利八世》，第二幕第四场，201。
④ 《亨利八世》，第三幕第二场，360。
⑤ 《泰尔亲王配力克尔斯》，第五幕第一场，192。

含"烦恼"之意的对应词汇。很明显,范例中的前三种译法不够完美,因为第一种和第二种省略了"烦恼"的含义,而第三种译法任意套用常用语,使得原意尽失。第四和第五种的释义法看上去要略胜一筹:卞之琳翻译的"苦恼"和"trouble"近义,而"无边的"表达的正是"广大的"含义。但即使这两种译法也并不完全令人满意,因为原文中"sea"的比喻意义都消失了。

隐含意义的缺失在翻译中比较常见。还有一些中国译者则在翻译莎士比亚用语时添加了新的隐含意义。比如,英若诚翻译《请君入瓮》(即《量罪记》)中一开头公爵向安哲罗告别时的一段台词:

> …We shall write to you,
> 我会给你们写信,
> As time and our concernings shall importune,
> 只要时间允许,由此必要
> How it goes with us, and do look to know
> 告诉你们我的情形,也关心
> What doth befall you here. ①
> 你们这里的遭遇。(英若诚译)

Oxford English Dictionary 上对于 befall 的解释是"to fall out in the course of events", or simply "to happen",即"发生",词义属于中性。梁实秋和朱生豪为适应中文的惯用表达法而改变了"befall"词性,都将其译为"发生的事情"。英若诚则选择另一个对应词"遭遇"。这个词包含了"发生"的意思,但同时其隐含义接近于"厄运和不幸",这样,

---

① 《量罪记》,第一幕第一场,55—58。

英若诚的翻译非但没有为读者填平语言的鸿沟,反而曲解了原意,似有误导读者之嫌。

语义问题的另一个方面是莎剧中某个给定词语往往有非常丰富的含义。莎士比亚是 Oxford English Dictionary 最常引用的作者,其语言的丰富性不仅体现在他掌握的英语词汇数量之庞大,而且还体现在他赋予每一个词或短语的意义之广泛。这使翻译莎剧的工作更为艰难。以 Sleep 这个词为例。Oxford English Dictionary 中辑录的该词的相关含义可以总结如下:n. (1) the unconscious state regularly assumed by men and animals; (2) a period of slumber; (3) the repose of death; v. (4) to be in the state of sleep; (5) to rest peacefully, to remain calm or motionless; (6) to lie in death; and, (7) to be dormant, inert, or inactive. 由此可以看出本文列举的四出戏剧中莎士比亚赋予一个词的丰富含义。第3、6、7 条在 Oxford English Dictionary 中被看做是该词的比喻用法,其他则是字面意义。研究它在各剧中使用情况可以看出:在《哈姆雷特》中出现的"sleep"一词有一半以上都是比喻义,它表达的是一种哲学含义而非其本意;而在《量罪记》"sleep"出现六次只有一次是比喻义用法。

中文的"睡眠"一词最接近 sleep 作为名词的含义,"睡觉"或"睡"则接近其作为动词含义。"睡"加上一个字或短语在中文中可以表达睡的状态。英语中的名词短语"the heaviness of sleep"[1]可以译为"睡梦"(deep sleep)或"熟睡"(sound sleep),动词短语"sleep the / Sounder"[2]可译为"睡得香"(英若诚译文)和"痛痛快快睡"(朱生豪译文)。"长眠"和"长逝",不论是动词还是名词,都符合 Oxford English Dic-

---

① 《李尔王》,第四幕第七场,20。
② 《一报还一报》,第四幕第三场,46—47。

tionary 中第三和第六条定义。但当 sleep 带有比喻意义表示"dormant,
inert, inactive"时,中文就没有对应的翻译词了。在我们所讨论的哈姆
雷特的五个译本中,朱生豪和梁实秋的译文将哈姆雷特独白中的 sleep
译为"隐忍":

> …How stand I then,
>
> That have a father kill'd, a mother stain'd,
>
> 可是我的父亲给人惨杀,我的母亲给人侮辱,
>
> Excitements of my reason, and my blood,
>
> 我的理智和感情都被这种不共戴天的大仇所激动,
>
> And let all sleep. ①
>
> 我却因循隐忍,一切听其自然。(朱生豪译)

"隐忍"比卞之琳直译的"睡觉"要更贴近原意,但是译文和原文
之间的差异也还是可以看出来的。莎士比亚用法的语义层面常常被
一些中国译者所忽略。很明显,要保留莎剧中语言的丰富意义需要对
英语词汇的含义进行详尽研究,然后全面仔细地搜索其对应的中文
表达。

语言和文化的巨大差异自然导致文学传统的差异。在试图保持
莎士比亚无韵诗的节拍效果时,中国译者也遇到了很大困难。格式整
齐的中国古代律诗,如五言律诗、七言律诗等已经很少出现在中国现
代戏剧中了,而中国现代诗歌又没有与之相似的以十个轻重相间的音
节来组成一行诗的格式。除此之外还需要注意莎剧中韵脚的使用。
卞之琳在其有关哈姆雷特的文章中首次从翻译角度研究了莎士比亚

---

① 《哈姆雷特》,第四幕第四场,56—59。

的诗歌形式①。作为一个诗人,卞之琳在翻译独白中的"to be or not to be"时成功地保留了其他译者所忽视的节奏效果。正如 Frederic Ness 指出的那样,在《量罪记》第五幕第一场中,莎士比亚采用了顿步韵脚的方式来引出该剧的题目(measure for measure)。

> The very mercy of the law cries out
> 那么法律无论如何仁慈
> Most audible, even from his proper tongue,
> 也要高声呼喊出来,
> "An Angelo for Claudio, death for death!"
> "克劳狄奥怎样死,安哲鲁也必须照样偿命!"
> Haste still pays haste, and leisure answers leisure;
> 一个死得快,一个也不能容他缓死;
> Like doth quit like, and measure still for measure. ②
> 必须用同样的尺度去量定。(朱生豪译)

在这一节中有六个顿步的停顿节拍,公爵对安哲罗的指责变得愈加严厉,直到在"measure still for measure"达到高潮,这是一种诗学效果。朱生豪的翻译将原来的六个节拍短语缩短为三个,结尾分别是死和命,快和死,法和罪,该剧的题目则另用简洁语句带出,相应地,韵律的均衡和诗句的修辞效果在英译的过程中丧失殆尽。

不同于法国、德国、西班牙和其他西方国家的同行,中国的莎士比

---

① 卞之琳在其《莎士比亚悲剧(哈姆雷特)的汉语翻译及其改编电影的汉语配音》(1983,6—23)中讨论了《哈姆雷特》的无韵体格式及其在译文中如何保留韵律效果,尤其是对于"To be, or not to be"独白和戏中戏话语的翻译。卞将独白的首句译为:活下去还是不活:这是问题。(To be, or not to be; that is the question.)

② 《量罪记》,第五幕第一场,407—411。

亚评论者和翻译家们还面临着另外一种困难。这一困难不是来自原剧和语言的差异,而是来自于译者自身阅读和理解剧作的方式。解读莎士比亚时过于注重政治和意识形态会导致译文不准确或不完善。

在讨论莎士比亚的日文翻译问题时,日本的翻译家和评论家 Toshiko Oyama 指出,译者和评论者解读莎剧时往往扮演着不同的角色①。对于评论者来说,理解莎剧的语言和形象非常关键,这构成了他批评性解读的基础。由于可以自由选择批评理论和策略,因此基本上评论者可以从任何可能的角度来解读作品。对于译者而言,翻译的第一阶段就是作为一个接受者来阅读的阶段,因此理解莎士比亚的语言和形象至关重要。但是当译者再将相同信息传达给读者时,就不可以表露自己的看法。忠实于原文和客观的翻译态度是对译者的基本要求。1949 年后的中国译者多数本身也是批评者,于是这两种功能被混为一谈。一些译者,用一种政治的、意识形态的方式接近原作,将兴趣放在莎士比亚时代的政治背景、写作目的和他的亲民态度上,这就已经将他们的个人观点强加在莎士比亚作品的翻译中。这样,莎剧中的一些段落和人物不可避免遭到误解,最终导致了翻译的扭曲。

很多中国评论者和译者对于《哈姆雷特》中"墓地"一场很感兴趣,尤其是哈姆雷特对他的朋友霍拉旭所说的话:

> How absolute the knave is! We must speak by the card, or e-quivocation will undo us. By the Lord, Horatio, this three years I have took note of it: the age is grown so pick'd that the toe of the peasant comes so near the heel of the courtier he galls his kibe. ②

---

① Toshiko Oyama,《翻译家的两难境地》,《莎士比亚翻译》,1977 年第四期,100。
② 《哈姆雷特》,第五幕第一场,137—141。

　　这混蛋倒会分辨得这样清楚！我们讲话可得明白仔细,含糊其词就会自找没趣。凭着上帝发誓,霍拉旭,我觉得这三年来,时事变得越发不成样子了,庄稼汉的脚趾头已经挨着朝廷贵人的脚后跟,都能磨破那上面的冻疮了。(朱生豪译)

　　如果注意到整个墓地场景的语境,尤其是上文中关于 lie 的文字游戏①,我们完全可以看出哈姆雷特的话只是对于掘墓者夸大其词所发表的评论以及对于自己和霍拉旭注意言语慎重的警告。根据 Oxford English Dictionary 和 Alexander Schmidt 的《莎士比亚词汇和引语辞典》,"pick'd"的含义是"精致优雅的"(refined),而"age"可被理解为"生活在那段时期的人"而非"历史中的某段时间"。但是朱维之在其关于《论莎士比亚化》的评论文章中却脱离了哈姆雷特话语的语境,将其地位抬高到预示"封建社会必将灭亡而资产阶级革命一定会爆发的历史发展的规律"的程度②。朱维之在翻译中贯彻的完全是自己的观点。在朱生豪和梁实秋的译本中"the age is grown so pick'd"被译成"人人都越变越精明",而在朱维之的翻译中变成了"时事变得越发尖锐了"。显然,哈姆雷特的原话已被朱维之篡改以适应他自己的观点。一般受众无法分辨这种被曲解的译文,常常以为他们读到的翻译就是莎士比亚的原文,因而受到了误导。

　　过度的政治化还会导致一些中国译者对于莎士比亚人物的误解和错误处置。卞之琳在他关于哈姆雷特的文章中声称分析莎剧人物时"应该在统治阶层和被统治阶层之间、压迫者和被压迫者之间有一条

① 同上,122—129。
② 朱维之,《论莎士比亚化》,71。

分界线"①。他认为哈姆雷特王子是"其时代的先进楷模"②,因此哈姆雷特的形象应拔高处理,就像现代中国文学中的英雄形象一样。这很可能是他误译下面哈姆雷特台词的原因:

> … Horatio, I am dead;
>
> Thou livest; report me and my cause aright
>
> To the unsatisfied. ③

卞将"me and my cause"译成"我的人格和我的事业"。personality 和 undertaking 的中文对应词带有鲜明的褒义色彩,而且属于中国无产阶级文化和文艺中英雄形象的老套语,对于这三行的误读当然会使读者相信他在批评文章中所说的"哈姆雷特认为自己即使在临死之前也有责任告诉民众……他让他的亲密朋友霍拉旭告诉人们他的抗争——也就是我们所说的教育人民"④。但这只是卞之琳对哈姆雷特性格的个人理解,不应该被带入翻译之中。

同样在朱维之的文章《论莎士比亚化》中,我们也可以看到作者对于哈姆雷特有相同的处理手法。"The time is out of joint-Ocursed spite, / That ever I was born to set it right"中,哈姆雷特说的"to set it right",被朱译为"重整乾坤",这又是中国现代文学中描述英雄形象的套语。朱断言莎士比亚时代是"英国资产阶级革命的前夜"⑤,他猜想"哈姆雷特充分意识到了历史的趋势以及资产阶级革命时机尚不成熟的事

---

① 卞之琳译,《哈姆雷特》,106。
② 《哈姆雷特》,第五幕第二场,338—340。
③ 《哈姆雷特》,第五幕第二场,338—340。
④ 卞之琳译,《哈姆雷特》,89—90。
⑤ 朱维之,《论威尼斯的商人》,70—71。

实"①。但是,朱的翻译所创造的形象当然不是莎士比亚心目中的哈
姆雷特。

很明显,中国读者的民族和文化背景以及中英文之间的语言鸿沟
使得莎士比亚的学术性翻译变得极端困难,而这又因为中国主流的莎
学批评方式而变得更加复杂。中国的莎学评论和莎剧翻译在这种僵
化限制莎剧政治观的氛围中受到了制约,这不仅影响了他们对于剧作
的理解,而且也影响了莎士比亚的中文翻译。结果因为阅读莎士比亚
评论的人不多,所以广大读者通过译本看到的往往是一个不真实的莎
士比亚,这不能不令人感到失望和遗憾。

① 朱维之,《论莎士比亚化》,71。

梁实秋新人文主义思想对其翻译的影响

台湾中山女中　白立平

梁实秋翻译成就非凡,他用了三十七年的时间独自译完《莎士比亚全集》;除此之外,他还翻译了十几种作品,如《阿伯拉与哀绿绮思的情书》、《西塞罗文录》、《织工马南传》等西方文学名著。梁实秋又是著名的文学批评家,他强调文学应当描写永恒的人性,强调理性的节制,写有大量的文学批评的文字,如《偏见集》、《文学的纪律》、《浪漫的与古典的》等。梁实秋曾在美国师从白璧德,他的文艺思想深受白氏影响。梁实秋的文艺思想不仅体现在他的文学批评里,体现在他和鲁迅进行的那场论战中,而且还体现在他的翻译活动中,尤其是体现在他翻译选材上。本文将主要讨论梁实秋的文艺思想对他翻译选材的影响。

一

首先我们来看梁实秋的文艺思想。侯健说,"用最简单话说来,梁实秋认为文学的内容是基本的普遍的人性,文学要求纪律,亦即理性的节制"(侯健 1974:155)。这一"文学的内容"则深受白璧德的影响。

　　梁实秋早年是一个浪漫主义者,对唯美主义者王尔德的作品"至为爱好","以为他在任何方面都是了不起的人物"(梁实秋 1977a:3)。他 1923 年赴美留学,先在科罗拉多大学学习,发表了《拜伦与浪漫主义》一文①。在这篇文章中,他对卢梭给予了很高的评价,认为"卢骚是法国大革命的前驱,也是全欧浪漫运动的始祖。卢骚的使命乃是解脱人类精神上的桎梏,使个人有自由发展之自由;浪漫主义只是这种精神表现在文学里罢了"(梁实秋 1926a:110)。但自从他进入哈佛大学师从白璧德之后,思想发生了很大的变化。他开始对自己以往的浪漫主义思想进行检讨,写了《王尔德及其浪漫主义》一文,并得到白璧德的赞赏。侯健认为,《论中国新诗》与《现代中国文学之浪漫的趋势》代表着梁实秋思想转变前后的不同观点。前者刊登在 1925 年 2月的《中国学生月刊》(Chinese Students Monthly),写作地点为哈佛大学,日期应早于梁实秋接受白璧德思想之前;后者写于 1926 年 2 月 15日,此时,梁实秋已转入哥伦比亚大学。在《论中国新诗》里,他推崇感情,宣扬新奇,对郭沫若大加赞赏(梁 1925:55);而《现代中国文学之浪漫的趋势》则是"梁实秋否定自己的过去,转到白璧德大旗之下的宣言。自此以后,他的文学思想与信仰都是它的延续与阐释"(侯健1974:151)。

　　白璧德的《卢梭与浪漫主义》是对梁实秋产生重要影响的一本书(参见梁实秋 1985)。白璧德的"英国十六世纪以来的文学批评"一课使得梁实秋深为折服。他刚开始时感到白璧德的思想与他的见解"背道而驰",但读过他的书,上过他的课之后:

---

　　① 该文末尾注有"癸亥十二初八美国柯泉"(梁实秋 1926b:101),但该文发表于 1926 年 5 月16 日的《创造月刊》。

突然感到他的见解平正通达而且切中时弊。我平夙心中蕴结的一些浪漫情操几为之一扫而空。我开始醒悟,五四以来的文艺思潮应该根据历史的透视而加以重估。我在学生时代写的第一篇批评文字《现代中国文学之浪漫的趋势》就是在这个时候写的。随后我写的《文学的纪律》,《文人有行》,以至于较后对于辛克莱《拜金艺术》的评论,都可以说是受了白璧德的影响。(梁实秋1985:124)

白璧德渊博的学识、精深的思想体系使抱着一种挑战者的心态去上他的课的梁实秋心折首肯,使其文艺思想产生了决定性转变。梁实秋说,"从极端的浪漫主义,我转到了多少近于古典主义的立场"(梁实秋1977a:3)。从此,他的思想再也没有大的变化。他在《重印"浪漫的与古典的"序》里说,"我对于文学的看法数十年来大致没有改变,也许这正是我的不长进处。我一直不同情浪漫趋势,我以为伤感的浪漫主义与自然的浪漫主义都是不健全的"(梁实秋1965:1)。他在《我是怎么开始写文学评论的? ——"梁实秋论文学"序》里就说过这样的话,"从一九二四年到现在,我的观点没有改变……"(梁实秋1989a:13)。

罗钢在《梁实秋与美国新人文主义》一文作出这样的评论:

如果就理论的直接来源看,梁实秋的文艺思想无疑是彻底的西化的,他的几乎每一个基本的文学观念都是来自白璧德或其他西方古典主义文艺批评家。他的一些文章从标题到内容,以至文中的引语、修辞等等都抄自白璧德的著作(如《与自然风化》等文)。这种抄袭与全盘搬用,即便在学习西方文化蔚然成风的五四时期也是极为罕见的。(罗钢1991:634—35)

这里的有些说法或许还值得商榷,但至少可以看出白璧德对梁实
秋影响之深。

梁实秋是如何来认识白璧德的思想的呢? 他说:

> 白璧德的基本思想是与古典的人文主义相呼应的新人文主
> 义。他强调人生三境界,而人之所以为人在于他有内心的理性控
> 制,不令感情横决。这就是他念念不忘的人性二元论。中庸所谓
> "天命之谓性,率性之谓道,修道之谓教",孔子所说的"克己复
> 礼",正是白璧德所乐于引证的道理。他重视的不是 élan vital(柏
> 格森所谓的"创造力"),而是 élan frein(克制力)。一个人的道德
> 价值,不在于他做了多少事,而是在于有多少事他没有做。白璧
> 德并不说教,他没有教条,他只是坚持一个态度——健康与尊严
> 的态度。(梁实秋 1985:125)

从这里可以看出,白璧德的思想与中国传统儒家的"中庸"及"克
己复礼"的思想有一定的渊源。文中谈到的"健康与尊严的态度",其
实也是"新月的态度"。《新月》的创刊号《"新月"的态度》一文也提出
了《新月》的两大原则——健康与尊严①,与白璧德的思想有吻合之
处。这篇文章由徐志摩执笔,但应该是代表整个《新月》一群人的观
点。梁实秋说,"创刊之初,照例要有一篇发刊词,我们几经协商,你一
言我一语的各据己见,最后也归纳出若干信条,由志摩执笔,事后传观
经过,这便是揭橥'健康与尊严'那篇文章的由来"(梁实秋 1989b:
126)。如果不是巧合的话,这里应该有白璧德的影响,这种影响自然

---

① 见《新月》的创刊号(1928 年 3 月 10 日)《"新月"的态度》一文第 5—6 页。

也极可能是梁实秋施加的,因为在《新月》一群人中,只有梁实秋是"白璧德的门徒"。

白璧德是一个以"人性"论为中心的新人文主义者。梁实秋说:"他(白璧德)的主张可以以一言以蔽之,察人物之别,严人禽之辨。他强调西哲理性自制的精神,孔氏克己复礼的教训,释氏内照反省的妙谛。我受他的影响不小,他使我踏上平实稳健的道路"(梁实秋1989b:6—7)。第一次世界大战前后的西方社会,存在着严重的精神危机与社会危机。白璧德认为,为了将资本主义从精神危机与社会危机拯救出来,就必须向历史以及传统寻找救世良方。他认为,人性存在着善恶、情理的二元对立,只有用理性来进行内在的控制,以克制欲望与冲动,人才能完善,社会才可以走向秩序。

白璧德的人文主义思想在当时的美国被很多人视为"反动的守旧的迂阔的"(梁实秋 1977a:1),并没有引起大的影响。白璧德在他的著作里不断对卢梭进行批评,因为白璧德极力反对浪漫主义,而浪漫主义则要追溯到卢梭,这是他"大处着眼擒贼擒王的手段"(梁实秋1977a:1)。上文谈到了梁实秋在未接受白璧德思想之前,曾对卢梭给予了高度的评价,但后来他也著文(比如《文人无行》)对卢梭进行批评。梁实秋也极力反对中国文学中的浪漫主义倾向,他的《浪漫的与古典的》就是这样的一本书。梁实秋认为浪漫主义是一种不守纪律的情感主义,他主张情感表现应该做到质的纯正和量的有度,文艺应该有严肃性,提倡重理性、守纪律、从心所欲不逾矩的古典艺术。他在中国的命运也有点类似白璧德,他极力宣扬的人性论在当时的中国也受到严厉的批评。鲁迅曾对梁实秋进行过猛烈的抨击,同时也在他的文章里对白璧德加以讥讽(梁实秋 1977a:4)。美国的辛克莱(Upton Sinclair)在《拜金主义》(Mammonart)里对白璧德进行攻击,该书后来由郁达夫和冯乃超翻译出版,其翻译的动机以及矛头所指是很清楚的。看

来,梁实秋与他的老师都是鲁迅等人批评的对象,这有力地说明了梁
实秋与白璧德的思想一脉相承。在阵阵批判中,梁实秋奋起反击。在
30 年代初次出版的《偏见集》就收录了他的一些文学批评文字。30 年
后重印《偏见集》时,梁实秋说,"现在想想,指责我的已不需要指责,称
许我的已不能再称许,我则依旧故我,'好执偏见,不通物情'"(梁实
秋 1969a:2)。从中可见他立场与信念的坚定。

在文艺思想上,白璧德极力主张西洋文学中正统的古典的思想,
"从亚里士多德以至于法国的布窪娄和英国的约翰孙",都是他所欣赏
的,而由卢梭以来的浪漫主义在他看来则是歧途(梁实秋 1977a:7)。
梁实秋也对古典文学推崇备至。在他看来,古典文学并没有时间的限
制,"顶好的文学就叫做古典文学……古典的就是好的,经过时间淘汰
而证明是好的"(梁实秋 1969b:179)。那么什么样的文学才是"顶好
的文学"呢? 梁实秋说,"古典文学有一种特质——其内容为人性的描
写"(梁实秋 1969b:182)①。但对于什么是人性,仁者见仁,智者见智,
有很多不同的看法。梁实秋也承认人性是难以界定清楚的,他在《文
学的纪律》一文中说过,"文学发于人性,基于人性,亦止于人性。人性
是很复杂的(谁又能说清人性所包含的是几样成分?)"(梁实秋 1928:
23)②,他在《文学是有阶级性的吗?》中说:

> 一个资本家和一个劳动者,他们的不同的地方是有的,遗传
> 不同,教育不同,经济的环境不同,因之生活状态也不相同,但是

---

① 但是梁实秋并不完全同意照搬古典的规律。有人批评莎士比亚破坏了规律,梁实秋说:"这
是新古典派的批评家的批评。所谓规律即是古典的规律,例如悲剧与戏剧的混合,这是不合古法的。
他使用'喜剧的调节',其实毋宁说是一种进步……他不守三一律,但是他的作品是成功的。"(梁实
秋 1966a:4)
② 斯洛伐克的高利克(Galik)指出,梁实秋文学批评及实践活动的主要缺陷在于他的"人性"
概念的含糊不清(Galik 1980:307)。梁实秋对此的解释是,"我对人性解释不够清楚,自己的认识不
够彻底,也都是事实"(梁实秋 1989a:13)。

他们还有同的地方。他们的人性并没有两样,他们都感到生老病死的无常,他们都有爱的要求,他们都有怜悯与恐怖的情绪,他们都有伦理的观念,他们都企求身心的愉快。文学就是表现这最基本的人性的艺术。(梁实秋 1929:5)

在这里,梁实秋所说的"人性"有生理的层面(如生老病死,爱的要求等),也有社会的层面(如伦理的观念)。梁实秋还在这里点明了人性与阶级性的轻重之别,文学更重要的是要反映人性。

在政治方面,白璧德的思想属于"稳重一派","他赞成民主政治,但他更注意的是"领袖的质量"……他不信赖群众统治 mob rule,他的倾向偏向于"知识的贵族主义"(梁实秋 1977a:7)。梁实秋的政治主张与白璧德也是相似的。在接受丘彦明访问时,他说:

个人之事曰伦理,众人之事曰政治。人处群中,焉能不问政治? 故人为政治动物。不过政治观念与做官不同,政治是学问,做官是职业。对于政治,我有兴趣,喜欢议论。我向往民主,可是不喜欢群众暴行;我崇拜英雄,可是不喜欢专制独裁;我酷爱自由,可是不喜欢违法乱纪。(丘彦明 1988:414)

这里,我们可以看到梁实秋在政治上也像白璧德一样持一种稳健的态度。

梁实秋的文艺思想受到了白璧德的很大影响,使梁实秋从浪漫主义的立场转到新人文主义立场上来。有的学者就认为,他的文艺思想的核心是"建立在二元人性论基础上的理性与理性制裁,是白璧德的新人文主义在中国的移植和变种,其实质是在新旗帜下以中国传统文化精神为背景的具有保守性质的改良主义"(白春超 1991:79)。而白璧德的影响其实不仅仅体现在梁实秋的文艺思想上,还反映在他的翻译上。接下来,我们看梁实秋的源于白璧德的文艺思想对其翻译活动的影响。

二

梁实秋的文艺思想对其翻译的影响是多方面的,主要反映在选材上面。梁实秋强调文学要有纪律,要有理性的节制,他翻译的选材也同样是由理性指导的。梁实秋在《现代中国文学之浪漫的趋势》一文中说:

> 外国文学影响侵入中国之最显著的象征,无过于外国文学的翻译。翻译一事在新文学运动里可以算得一个主要的柱石。翻译的文学无时不呈一种浪漫的状态,翻译者对于所翻译的外国作品并不取理性的研究的态度,其选择亦不是有纪律的,有目的的,而是任性纵情,凡投其所好者则尽量翻译,结果是往往把外国第三四流的作品运到中国,视为至宝,争相模拟。(梁实秋 1997c: 11)

梁实秋在这里对于没有理性、没有鉴别地翻译外国作品的现象进行了批评。他非常反对毫无选择地将外国的作品介绍过来,反对将西方三四流的作品翻译过来,而极力主张译介一流的作品。可见他翻译的选材上是十分慎重的。什么是一流的作品,什么是三四流的作品呢?他衡量的标准与他的文艺思想是紧密相关的,选择的标准就是作品应该是经典的著作,要反映永久的人性。

梁实秋在翻译上最瞩目的成就是历时三十几个春秋(1930至

1967 年)独自翻译完的《莎士比亚全集》。莎士比亚的作品无疑是"顶好的",是完全符合梁实秋的选材标准的。梁实秋之所以翻译莎士比亚的作品,一个重要的原因就是他认为莎士比亚的作品反映了永恒的人性。他多次著文谈论他对莎士比亚作品的认识,认为,莎翁全集是"一部超越时代与空间的伟大著作,渊博精深,洋溢着人性的呼吸"(见胡有瑞,1988:350)。"莎士比亚之永久性与普遍性是来自他的对于人性的忠实的描写。人性是永久的,普遍的"(梁实秋 1966a:2)。他还说:

> 他"莎士比亚"不宣传任何主张,他不参加党派,他不涉及宗教斗争,他不斤斤计较劝善惩恶的效果,戏就是戏,戏只是戏。可是这样的创作的态度正好成就了他的伟大,他把全副精神用到了人性描写上面。我们并不苛责莎士比亚之没有克尽"反映时代"的使命。我们如果想要体认莎士比亚时代的背景,何不去读历史等类的书籍? 文学的价值不在反映时代精神,而在表现永恒的人性。(梁实秋 1966a:3)

梁实秋反复强调了莎士比亚作品对永恒的人性的描写,这正是其文学思想的体现。梁实秋翻译莎士比亚的作品,也是他的理性的选择的结果。

梁实秋在 1959 年青年文史年会(台湾)上的演说中也引用莎士比亚戏剧里的话来谈论文学与人性的关系。他说,"大家记得在《哈姆雷特》里说得很清楚:'戏是时代的、人性的一种表现'"(梁实秋 1977b:177)。他还说,"莎氏在他的戏《哈姆雷特》里首先说:'戏剧是一个时代的摘要(Abstract),是时代辗转的历史'。莎氏更有一句名言,他说:'演戏最大的目的是要拿一面镜子照一照人心和人性(to hold the mir-

ror up to nature)。'戏剧不仅表演现实生活,更深一层的表现出人性"
(梁实秋 1977b:184)。梁实秋在这里将"nature"一词翻译为"人心和
人性"。梁实秋曾多次强调莎士比亚的这句名言,他在《莎士比亚论金
钱》这一译文的《编者按》里说,"莎士比亚不是一党一派的思想家,他
的艺术是用一面镜子来反映自然"(梁实秋 1997f :631)。他在《莎士
比亚诞辰四百周年纪念》再次引用了莎士比亚的这句话,并作了解释,
"所谓'对于自然竖起一面镜子',这'自然'乃是'人性'之谓"(梁实
秋 1966a:2)。梁实秋在《哈姆雷特》一剧中是如何来处理"nature"这
个词的翻译呢?

莎士比亚的原文为:

> Be not too tame neither, but let your own discretion be your tu-
> tor. Suit the action to the word, the word to the action; with this spe-
> cial observance, that you o'erstep not the modesty of nature. For any-
> thing so overdone is from the purpose of playing, whose end, both at
> the first and now, was and is, to hold, as' twere, the mirror up to na-
> ture; to show virtue her own feature, scorn her own image, and the
> very age and body of the time his form and pressure. (Hamlet, Scene
> II, Act III)

我们先看看朱生豪的译文:

> 可是太平淡了也不对,你应该接受你自己的常识的指导,把
> 动作和言语互相配合起来;特别要注意到这一点,你不能越过自

然①的常道；因为任何过分的表现都是和演剧的原意相反的，自有戏剧以来，它的目的始终是反映**自然**，显示善恶的本来面目，给它的时代看一看它自己演变发展的模型。（朱生豪 1978:68）

梁实秋的译文为：

　　可也别太松懈，自己要揣摩轻重：动作对于语言，语言对于动作，都要恰到好处；要特别留神这一点：不可超越**人性的中和之道**；因为做得太过火便失了演戏的本旨，自古至今，演戏的目的不过是好像把一面镜子举起来照**人性**；使得美德显示她的本相，丑态露出她的原形，时代的形形色色一齐呈现在我们眼前。（梁实秋 1974:99）

　　朱生豪将两个"nature"都翻译成了"自然"，而梁实秋将其都翻译为"人性"，将"modesty of nature"翻译为"人性的中和之道"，其中的"中和之道"很容易使人想到中国传统的"中庸"思想，这种思想与白璧德的思想紧密相关。梁实秋在第二个"nature"后面加上了注释："原文'to hold, as' twere, the mirror up to nature，其意乃谓演员之表演宜适合于人性之自然，不可火气太重，今人往往借用此语为'写实主义''自然主义'之注脚实误"（梁实秋 1974:134）。

　　关于人性论，梁实秋与左翼作家有着不同的立场，发生过激烈的争论，而在这些争论中，常常将莎士比亚联系起来。梁实秋在《文学批评辩》里说：

---

　　① 文中的黑体字为笔者所加。

物质的状态是变动的,人生的态度是歧异的:但人性的质素是普遍的,文学的品位是固定的。所以伟大的文学作品能禁得起时代和地域的试验。《依里亚德》在今天尚有人读,莎士比亚的戏剧,到现在还有人演,因为普遍的人性是一切伟大的作品之基础,所以文学作品的伟大,无论其属于什么时代或什么国土,完全可以在一个固定的标准之下衡量起来。(梁实秋 1997a:133—134)

鲁迅对此的反应是,"这真是所谓'你不说我还明白,你越说我越糊涂'了"(鲁迅 1997:136)。梁实秋与鲁迅等人的冲突主要表现在文学的人性与阶级性的分歧上面。梁实秋在《文学与阶级性》一文里用莎士比亚的悲剧《马克白》为例,指出,"阶级云云,是历史方面背景方面的一分研究,真正的批评是要发挥这剧中的人性",从而得出"阶级性只是表面现象","文学的精髓是人性描写"(梁实秋 1997e:453)。

他在《文学遗产》里的开头就说:

有些自称为左翼作家的人们说:与其读莎士比亚的哈姆雷特,还不如读辛克莱的屠场;与其读米尔顿的失乐园,还不如读绥拉菲摩维支的铁流……理由很简单,莎士比亚与米尔顿是布尔乔亚的代言人,而辛克莱与绥拉菲摩维支是普罗列塔利亚代言人。普罗文学是革命的,布尔乔亚是不革命的,甚至是反革命的。(梁实秋 1997d:450)

梁实秋反对将莎士比亚看做是"布尔乔亚的代言人",对莎士比亚作品的认识与争论同当时的社会意识形态有着紧密的关系。

梁实秋其实也翻译过马克思的作品,但他的目的并不是要宣传马克思主义思想,而是有针对性的,他是用马克思对莎士比亚的赞赏来

驳斥莎士比亚是资产阶级文学家的观点。梁实秋选取翻译的文字是
《莎士比亚论金钱》。翻译完这篇文字之后,他在译文的末尾加上了
《编者按》:

> 马克思这一段文章很有意义,我觉得有两点值得注意:(一)
> 莎士比亚是伟大的天才,其伟大处之一即是他的作品不属于任何
> 一阶级,他的作品包括所有的人类,自帝王贵族至平民都在他的
> 作品里找到位置……有人说莎士比亚是资产阶级的艺术家,说这
> 话的人应该读读莎士比亚的作品,再看看上面马克思的这段文
> 章。(二)莎士比亚不是一党一派的思想家,他的艺术是用一面镜
> 子来反映自然。(梁实秋 1997f:1631)

鲁迅对此也做出了言辞激烈的回应,接连于 1934 年 9 月 23 日和
10 月 4 日在《中华日报·动向》发表了《"莎士比亚"》、《又是"莎士比
亚"》等文迎战。梁实秋在三十年后还说:"说句笑话,连马克思读到
《亚典的泰蒙》里那一大段论金钱时,都佩服得五体投地,成篇大段地
加以引述,马克思的徒子徒孙还有什么话说!"(梁实秋 1966a:4—5)。
梁实秋不同意左翼作家所说的莎士比亚是资产阶级代言人的说法,他
不仅要为莎士比亚辩护,而且还将莎士比亚的全部作品翻译出来。这
一翻译活动是他文艺思想的反映,在某种程度上不能说不是他迎战的
武器。

三

梁实秋对《阿伯拉与哀绿绮思的情书》(The Love Letters of Abelard
and Heloise)的翻译也是他的文艺思想的体现,是他对当时泛滥的浪漫

主义的抨击。他在《现代中国文学之浪漫的趋势》一文对现代中国文学的情诗创作进行了批评。他说：

> 近年来情诗的创作在量上简直不可计算。没有一种报纸或杂志不有情诗。情诗的产生本是不期然而然的，到了后来成为习惯，成为不可少的点缀品。情诗成都市时髦，这是事实，但为什么会有这种事实呢？我们中国人的生活，最重礼法。从前圣贤以礼乐治天下，几千年来，"乐"失传了，余剩的只是郑卫之音，"礼"也失掉了原来的意义，变为形式的仪节。所以中国人的生活在情感方面有偏枯的趋势。到了最近，因着外来的影响而发生所谓的新文学运动，处处要求扩张，要求解放，要求自由。到这时候，情感就如同铁笼里猛虎一般，不但把礼教的桎梏重重的打破，把监视的理性也扑倒了。这不羁的情感在人人的心里燃烧着，一两个人忍不住写一两首情诗，像星火燎原一般，顷刻间人人都在写情诗。青年人最容易启发的情感就是性的恋爱，所以新诗里面总不离恋爱的题旨。有人调查一部诗集，统计的结果，约每四首诗要"接吻"一次。若令心理分析的学者来解释，全部新诗几乎都是性态的表现了。（梁实秋 1997c:14—15）

梁实秋认为，情诗的泛滥是理性的沦丧，是感情的无节制的肆意宣泄。《阿伯拉与哀绿绮思的情书》这一翻译就是针对这一不正常的倾向而在某种程度进行的抵制和纠正。

这一著作翻译于 1928 年，初次在《新月》上刊登。在《新月》上多次打出这样的广告（该广告在《新月》里不少于十次）：

> 这是八百年的一段风流案，一个尼姑与一个和尚所写的一束

情书。古今中外的情书，没有一部比这个更沉恸，哀艳，高尚。这
里面的美丽玄妙的词名，竟成为后世情人们书信中的滥调，其影
响之大可知。最可贵的是，这部情书里绝无半点轻薄，译者认为
这是一部《超凡入圣》的杰作。（见《新月》第一卷第七号第 10
页）

这部情书与当时中国流行的情书是完全不同的，是"沉恸，哀艳，
高尚"的，没有"半点轻薄"，堪称是一部"超凡入圣"的作品。这部译
作初次发表于 1928 年 10 月 10 日的《新月》第一卷第八号。梁实秋在
写于 1928 年 8 月的《译后序》里说，

　　"情书"是一个很诱人的题目，那一个青年男女看见"情书"
能不兴奋？我不是要在青年的欲焰上再浇油，我觉得煽惑感情是
很容易的一件事，把情感注入正轨里，不使其旁出斜逸，这才是正
当的工作。诱发情欲的书多得很，当今不少一束一束的情书发
表。但是这一部古人的情书，则异于是，里面情致虽然缠绵，文辞
却极雅驯，并且用意不在勾引挑动，而在情感的集中，纯洁而沉
痛，由肉的爱进而为灵的爱，真可谓超凡入圣，境界高超极了。
（梁实秋 1988c:186—87）

梁实秋在这里再次点明了这部情书与当时所流行的"一束一束的
情书"的不同之处，这部情书"纯洁而沉痛，由肉的爱进而为灵的爱，真
可谓超凡入圣，境界高超极了"。梁实秋在写于 1986 年的《人生就是
一个长久诱惑——关于阿伯拉与哀绿绮思》里点明了他翻译的动机：
"广告中引用'一束情书'四个字是有意的，因为当时坊间正有一本名
为'情书一束'者相当畅销，很多人都觉得过于轻薄庸俗，所以与我译

的这部情书正好成一鲜明的对比。"（梁实秋 1988a:8）看来,他翻译该部作品是针对当时的一本畅销的《情书一束》而来的。《情书一束》是何人所写呢? 梁实秋在他的《文人无行》一文里已经指出该书作者是章衣萍。章衣萍的作品多有缠绵悱恻的感情纠葛以及大胆的形形色色的爱情描写。梁实秋在《文人无行》里说:

> 以写《情书一束》而著名的章衣萍先生,在《文艺春秋》第四期上说:"我以为,德行的第一要义是诚实。人是不能没有过失的。伟大的卢梭和托尔斯泰,不是也曾有许多'无行',乃是因为他们的诚实,试问平常的人,有谁写得出那样真实而动人的的忏悔录(confession)的?"（梁实秋 1997b:485）

在章衣萍的眼里,卢梭是"伟大"的,这一观点是作为新人文主义者的梁实秋难以接受的。梁实秋对此进行了尖锐的批评:

> 这一段话却是似是而非……固然托尔斯泰和卢梭都没有至于杀人放火奸淫掳掠(不,那位卢先生不大靠得住,偷东西他是干过的,奸淫的事儿也不免),但是他"忏悔"为"诚实"这一条根本原则,总有点不大健全……至于根本连干"无行"的事的勇气都没有,却偏要发表一些日记情书之类,希图以小小之迹近"无形"的轻薄狂浪博取"文人"俊名,此种人就更品斯下矣。（梁实秋 1997b:484—85）

梁实秋在这段话的前半部分对卢梭进行了抨击;在后半部分里,"至于根本连干'无行'的事的勇气都没有,却偏要发表一些日记情书之类,希图以小小之迹近'无形'的轻薄狂浪博取'文人'俊名,此种人就更品斯下矣"，分明是针对章衣萍的尖锐批评。梁实秋对卢梭、章衣萍批驳之后，提出了他的看法，"当然，无行的文人偏要假装正经，那是令人作呕的。不过，文人总宜节制一下自己的浪漫气息，别由浪漫而流于无行"（梁实秋 1997b：405）。感情应该受到理性的节制，这正是梁实秋文艺思想中重要的一部分。

《人生就是一个长久诱惑——关于阿伯拉与哀绿绮思》这个标题中的"人生就是一个长久诱惑"就是阿伯拉信中引用过的一句话。梁实秋说，"阿伯拉要求哀绿绮思不要再爱他，要她全心全意的去爱上帝，要她截断爱根，不再回意过去人间的欢乐，做一个真的基督徒的忏悔的述样，——这才是超凡入圣，由人的境界升入宗教的境界"（梁实秋 1988a：22）。在梁实秋看来，能够由人的境界进入到宗教的境界，就可以称得上是"超凡入圣"，而要进入宗教的境界，就需要摆脱尘世各种欲望的束缚。这种"超凡入圣"的宗教生活是人生的最高境界。

阿伯拉给哀绿绮思的第六封情书里这样说：

> 你要与你自己的欲念争斗，所以不要被你自己的邪恶之心压倒。你要和一个狡猾的对手抗衡，他能用各种方法引诱你：你常常要留意。我们活着的时候处处可受引诱；所以一位伟大的圣徒说过，"人生就是一个长久的诱惑"，恶魔从来不睡的，不断的围着我们走，在不提防的那几方面就好闯进了，钻入我们的灵魂来攻击我们……哀绿绮思，别改变你的心，信任上帝吧；你就可以少陷入诱惑里了：诱惑来了的时节，刚生下来就把它致死，别令它在你心里生根。（梁实秋 1988b：172）

这里阿伯拉要哀绿绮思用理性与他的欲望斗争。这一点与白璧德的人性二元论的观点有很大的关联：

　　白璧德永远的在强调人性的二元,那即是说,人性包含着欲念和理智。这二者虽然不一定是冰火不相容,至少是互相牵制的。欲念与理智的冲突,他名之曰:"civil war in the cave",窟穴里的内战,意为与生俱来的原始的内心中的矛盾。人之所以为人,即是以理智控制欲念……这态度似乎是很符合于我们的儒家之所谓"克己复礼"。(梁实秋 1977a:6)

　　为了做到"克己复礼",就需要用理性控制欲念。白璧德的理想是"中庸",他所推崇的是理性(梁实秋 1977a:7)。理智与欲念的这种"civil war in the cave"是与生俱来的,而人则需要以理智控制欲念。人生最高的境界是受理智制约的宗教生活。梁实秋在 1928 年的《译后序》里还说:

　　　　我的一位老师说过,"人生有三种境界:一是自然的,二是人性的,三是宗教的"。在自然境界,人与禽兽无异;在人性的境界,情感得到理性的制裁;在宗教的境界,才有真正的高尚的精神生活。在现今这个人欲横流的时代,我们要努力的该是以理性制裁情感,像我如今译的这部精神的情书,大概是不合时宜吧?(梁实秋 1988c:187)

　　在这里,我们可以看出,梁实秋对当时文学中浪漫主义倾向十分不满,并试图通过翻译一部所谓的"不合时宜"的精神的情书来对其加以改造。他还引述了他"一位老师"的话,梁实秋虽然没有指明这位老师是谁,但显然指的就是白璧德。梁实秋在《关于白璧德先生及其思想》里说,"……一而人生,由他(白璧德)看,含有三种境界:一是自然的,二是人性的,三是宗教的。自然的生活,是人所不能缺少的,不应该过份扩展。人性的生活,才是我们应该时时刻刻努力保持的。宗教的生活当然是最高尚,但亦不可勉强企求"(梁实秋1977a:5)。从这里我们可以看出,两篇文章中提到的三种境界是完全一致的,"我的一位老师"无疑是白璧德了。看来,白璧德对他的影响深远,这种影响不仅体现在他的文学批评里,而且还影响到他翻译的选材上。梁实秋不仅通过著书立说,而且不失时机地通过翻译来宣传白璧德的思想,宣扬永恒的人性。

四

除了《莎士比亚全集》和《阿伯拉与哀绿绮思的情书》之外,梁实秋其他翻译作品的选材也是与他的文艺思想有着紧密的关系。他在另一部译作《织工马南传》的《序》里说:"哀利奥特写小说不是为人消遣的,她每有所作必以全部精神来对待……她又说:'我的书对于我都是十分严重的东西,都是从我一生中苦痛的纪律和难得的教训里来的!'"(梁实秋1966b:4)哀利奥特对待文学创作呕心沥血,这一点深得梁实秋的赏识。这种对待文学的认真态度是他极力宣传的。梁实秋在《文学的纪律》一文里说:"……文学是一种极严重的工作,——创作者要严重的创作,然后作品才有意义;批评者要严重的批评,然后才能中肯;欣赏者要严重的欣赏,然后欣赏才算切实。"(梁实秋1928:18)

哀利奥特在创作时煞费苦心,其作品是"严重的",是符合梁实秋的标准的。梁实秋翻译哀利奥特的作品,还有更重要的原因,那就是:"哀利奥特的小说内容是人性的描写。"(梁实秋1966b:4)这里,梁实秋在"哀利奥特的小说内容是"的每个字下面画了一个圈的着重号,而在"人性的描写"的每个字下面画了两个圈的着重号,看来,梁实秋最看中的是从哀利奥特小说里的所谓"人性的描写"。

梁实秋的译作《西塞罗文录》无疑是属于一种经典的作品。西塞罗是西方古代史上赫赫有名的政治家、演说家、哲学家和神学家。梁实秋在 1930 年作的序里说:"西塞罗能把希腊思想之最精湛的部分传授给罗马,这是他的不可没的功绩。"(梁实秋 1972:11)西塞罗的作品,无疑是古典主义的。梁实秋说:"……西塞罗是古典文学传统不可少的人物之一。他对于希腊文学有精深的了解,所以他的批评精神大致不悖于古典文学的信条。"(梁实秋 1965b:100)梁实秋在哈佛大学留学期间学习过拉丁文,读过西塞罗的著作,他在《西塞罗文录》译文序言里说,"我为了温习旧课起见,欣然担任了这个工作"(梁实秋 1972:1)。但他的目的当然不会是仅仅为了复习功课而已,他在文末说,"我若能引起一些人研究西塞罗的兴趣,我的译文虽然拙劣也是有益的了"(梁实秋 1972:11)。看来他更重要的是要起到抛砖引玉的作用。翻译西塞罗的作品是完全符合他翻译选材原则的。西塞罗的著作无疑是代表古典主义的作品,而这一作品是他在哈佛大学接受白璧德思想影响的时候拜读过的。

上文谈到梁实秋翻译了少量的马克思的作品,但目的不是为了宣传马克思主义,而是借用马克思的观点来宣传他的文学主张。梁实秋也翻译过少量的白璧德的作品,但翻译的动机却与翻译马克思作品完全不同的,翻译白璧德的作品就是为了宣传白璧德的思想。梁实秋说:

> 我受他(白璧德)的影响很深,但是我不曾大规模的宣传他的作品。我在新月书店曾经辑合《学衡》上的几篇文字为一小册印行,名为"白璧德与人文主义",并没有受到人的注意。若干年后,

　　宋淇先生为美国新闻处编译一本《美国文学批评》，其中有一篇是，《卢梭与浪漫主义》的一章，是我应邀翻译的，题目好像是《浪漫的道德》。（梁实秋 1985：125）

　　这里梁实秋谈到的他翻译的那篇文章其实是《浪漫的道德之现实面》（Romantic Morality：The Real），是白璧德的《卢梭与浪漫主义》（Rousseau and Romanticism）的第五章。梁实秋在该译文的开头说，"……三十年前译者曾受业先生门下，读此书时仅能略窥大意未能甚解，今翻译一过，乃益服其体大思精。原作文笔犀利而引证渊博，译者力有未逮，斯为憾耳"（梁实秋 1961：14）。三十年后再次精读，翻译白璧德的作品，更是叹为观止。

　　但梁实秋的确"不曾大规模的宣传他的作品"，他也否认他"奉白璧德为现代圣人"的说法，他说："我并未大力宣言他的主张，也不曾援引他的文字视为权威……有人说我奉白璧德为现代圣人"，这是没有的事，我就人论人就事论事，我反对个人崇拜"，我不喜欢"权威"，我在批评文字里不愿假任何人的名义以自重"（梁实秋 1989a：7—8）。梁实秋也不喜欢别人给他戴的"新人文主义这一顶帽子"，他说："白璧德教授是给我许多影响，主要是因为他的若干思想和我们中国传统思想颇多暗合之处。我写的批评文字里，从来不说'白璧德先生云……'或'新人文主义者主张……'之类的话。运用自己的脑袋说自己的话，是我理想中的写作态度。"（梁实秋 1989a：13）从中可以看出梁实秋在对待白璧德思想上也希望做到"平实稳健"，不失理性。笔者曾著文谈论胡适对梁实秋翻译莎士比亚的影响，在文末也指出，梁实秋译莎士比亚虽然受到胡适的影响，但他是一个有独立判断的人（白立平 2001：175），这或许是身为《新月》这批人的一分子"各行其事，没有门户"（梁实秋 1989a：7）的作风的体现吧。这在某种程度上不正是受白璧德影响所具有的理性的头脑、"平实稳健"的态度的表现吗?

结　语

　　从以上的分析可以看出,梁实秋的源于白璧德的文艺思想对他翻译选材有重要的影响。白璧德对梁实秋翻译的影响虽然是间接的,但却是巨大的,是指导梁实秋翻译活动的内因。

　　翻译,不仅仅是简单地将其一种文字转换成另外一种文字的过程,而是一个很复杂的活动,有很多因素会对翻译产生影响。但在这些因素中,有的属于内因,有的属于外因,对翻译产生直接影响的则是内因。笔者曾对"赞助人"胡适对梁实秋翻译莎士比亚作品的影响进行讨论(白立平,2001),但这种影响却是外部的,是外因,因为翻译还是需要译者来完成,选择什么样的作品来翻译,在很大程度上是由译者来决定的——译者可以接受"赞助人"的要求,很多时候也可以拒绝合作。对翻译产生根本的决定性作用的还是内因,是译者的文艺思想,是译者的内在动机。而译者的文艺思想,可能会受到一个促成这一文艺思想的形成的无形的"赞助人"的影响。按照列夫维尔(Andre Lefevere)所说的"赞助人"所包含的三个元素(Lefevere1992:16)来衡量,白璧德并不够当"赞助人"的资格。但可以算得上是"赞助人"的胡适的影响主要体现在梁实秋对莎翁作品的翻译上,而白璧德却影响了梁实秋更多作品的翻译,因为梁实秋源自白璧德的文艺思想在很大程度上决定着他翻译的选材。梁实秋在翻译莎士比亚时虽受胡适的影响,但这正是胡适的思想与梁实秋的文艺思想不谋而合之处,这样就为他翻译莎士比亚创造了更加巨大的动力。正是有了内因与外因产生的这一强大的合力,梁实秋才历尽千辛万苦,以坚强的意志与毅力(闻一多,徐志摩等人就半途而废),锲而不舍地用了三十多年时间完成了这一伟业①。

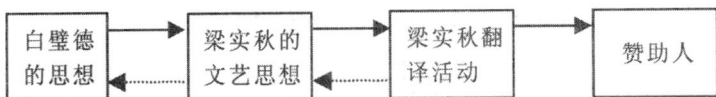

翻译活动,不仅是单方面受到译者文艺思想的影响,而是与译者的文艺思想成一种互动的关系(如图所示),译者继而通过翻译来宣传其文艺思想,甚至将翻译作为简述其文艺思想的武器。上文谈到美国的辛克莱(Upton Sinclair)在《拜金主义》里对白璧德进行了猛烈的攻击,而郁达夫和冯乃超将其翻译出版,其矛头所指,是不言而喻的。这说明了翻译是一种有目的的活动,这一活动与译者所处的社会时代背景、译者的文艺思想紧密相关。梁实秋对《莎士比亚全集》、《阿伯拉与哀绿绮思的情书》等作品的翻译,也同样如此。他的文艺思想与他的翻译选材是一种密不可分的互动关系,他的翻译活动深受他的白璧德的文艺思想的影响,他的文艺思想也通过他的翻译活动得到进一步的阐述。梁实秋非常喜欢莎士比亚的这句话:"演戏最大的目的是要拿一面镜子照一照人心和人性(to hold the mirror up to narure)",戏剧是一面照人性的镜子,而翻译在某种程度上难道不是可以照到译者文艺思想的一面镜子吗?

引用书目

Gáilik, Marián, 1980, *The Genesis of Modern Chinese Literary Criti-*

---

cism (1917—1930) London：Cur-zon.

Lefevere, André, 1992, *Translation*, *Rewriting and the Manipulation of Literary Fame*. London & New York：Routledge.

Liang, Chih-hua, 1925, "The Chinese'New Poetry'" The Chinese Students Monthly 20.4：54—57。

白春超,1991,《对梁实秋人性论文艺思想的再认识》,《中州学刊》6：77—81。

白立平,2001,《"赞助"与翻译:胡适对梁实秋翻译莎士比亚的影响》,《中外文学》30.7：159—77。

侯健,1974,《从文学革命到革命文学》。台北:中外文学月刊社。

胡有瑞,1988,《春耕秋收》,余光中编,《秋之颂》。台北:九歌。341—355。

梁实秋,1926a,《拜伦与浪漫主义》。《创造月刊》13：108—121。

梁实秋,1926b,《拜伦与浪漫主义（续）》。《创造月刊》1.4：95—101。

梁实秋,1928,《文学的纪律》。《新月》1.1：11—28。

梁实秋,1929,《文学是有阶级性吗?》。《新月》2.6—7：1—13。

梁实秋译,1961,《浪漫的道德之现实面》（"Romantic Morality：The-Real", Irving Babbitt 著）,林以亮选编,《美国文学批评选》。香港:今日世界社。

梁实秋,1965a,《重印"浪漫的与古典的"序》。《浪漫的与古典的》。台北:文星书店。1—2。

梁实秋,1965b,《西塞罗的文学批评》,《浪漫的与古典的》。台北:文星书店。99—102 。

梁实秋,1966a,《莎士比亚诞辰四百周年纪念》。《莎士比亚诞辰四百周年纪念集》。台北:国立编译馆。1—6。

梁实秋,1966b,《序》。《职工马南传》。台北:台湾商务印书馆。1—5。

梁实秋,1969a,《重印"偏见集"序》。《偏见集》。香港:文艺书屋。1—2。

梁实秋,1969b,《古典文学的意义》。《偏见集》。香港:文艺书屋。179—83。

梁实秋,1972,《序》。《西塞罗文录》。台北:台湾商务印书馆。1—11。

梁实秋译,1974,《汉姆雷特》。台北:远东图书公司。

梁实秋,1977a,《关于白璧德先生及其思想》。梁实秋、侯健,《关于白璧德大师》。台北:巨浪。

梁实秋,1977b,《莎士比亚的思想》。《梁实秋选集》。香港:香港文学研究社。176—91。

梁实秋,1985,《影响我的几本书》。《雅舍散文》。台北:九歌出版社。117—335。

梁实秋,1988a,《人生就是一个长久诱惑——关于阿伯拉与哀绿绮思》。《阿伯拉与哀绿绮思的情书》。台北:九歌。5—24。

梁实秋译,1988b,《阿伯拉与哀绿绮思的情书》。台北:九歌。

梁实秋,1988c,《译后序》。《阿伯拉与哀绿绮思的情书》。台北:九歌。185—187。

梁实秋,1989a,《我是怎么开始写文学评论的?——"梁实秋论文学"序》。原载于1978年3月12日台北《中国时报·人间》,收于梁实秋著,陈子善编《梁实秋文学回忆录》。长沙:岳麓书社。2—14。

梁实秋,1989b,《"新月"前后》。原载于1977年10月4日台北《联合报》副刊,收于梁实秋著,陈子善编《梁实秋文学回忆录》。长沙:岳麓书社。24—27。

梁实秋,1997a,《文学批评辩》。原载于 1926 年 10 月 28 日的《晨报副镌》,收录于黎照编,《鲁迅/梁实秋论战实录》。北京:华龄。123—135。

梁实秋,1997b,《文人无行》。原载于 1933 年 11 月 4 日的《益世报·文学周刊》第 49 期,收录于黎照编,《鲁迅/梁实秋论战实录》。北京:华龄。484—485。

梁实秋,1997c,《现代中国文学之浪漫的趋势》。发表于 1926 年 3 月 25、27、29、31 日的《晨报副镌》,收录于黎照编,《鲁迅/梁实秋论战实录》。北京:华龄 1—28。

梁实秋,1997d,《文学遗产》。首次发表于 1933 年 ll 月 18 日《益世报·文学周刊》第 51 期,收录于黎照编,《鲁迅/梁实秋论战实录》。北京:华龄。450—451。

梁实秋,1997e,《人性与阶级性》。初次发表于 1933 年 12 月 16 日的《益世报·文学周刊》第 55 期,收录于黎照编,《鲁迅/梁实秋论战实录》。北京:华龄。452—530。

梁实秋译,1997,《莎士比亚论金钱》(马克思原著)。初次发表于 1932 年 12 月 10 日的《益世报·文学周刊》第 6 期,收录于黎照编,《鲁迅/梁实秋论战实录》。北京:华龄出版社。626—631。

鲁迅,1997,《文学和出汗》。初次发表于 1928 年 1 月 14 日的《语丝》周刊第四卷第五期,收录于黎照编,《鲁迅/梁实秋论战实录》。北京:华龄。136—137。

罗钢,1991,《梁实秋与美国新人文主义》。黄药眠、童庆炳主编,《中西诗学体系》。北京:人民文学。611—642。

丘彦明,1988,《岂有文章惊海内》。余光中编。《秋之颂》。台北:九歌。373—418。

余光中,1988,《金灿灿的秋收》。余光中编。《秋之颂》。台北:

25—40。

　　徐志摩,1928,《"新月"的态度》。《新月》创刊号。3—10。

　　朱生豪译,1978,《汉姆雷特》。《莎士比亚全集》(第九卷)。人民文学。1—144。

梁、朱、卞译《哈姆雷特》之比较

北京语言大学 王 刚

学术界对于梁实秋的文学创作与文学评论研究较多,而对他的翻译理论及其实践研究较少。本文试图从他的翻译理论出发,以其翻译的《哈姆雷特》为分析的个案,在与朱生豪、卞之琳的译文进行比较的基础上,领略其翻译的魅力所在。

"翻译是两个语言社会(language community)之间的交际过程和交际工具,它的目的是要促进本语言社会的政治、经济或文化进步,它的任务是要把原作中包含的现实世界的逻辑映像或艺术映像,完好无损地从一种语言中移注到另一种语言中去。"①而"人类的翻译活动几乎与语言的产生和发展一样老。"②中国早在公元初期就开始了翻译活动。在历史的演进中出现了很多精彩的翻译理论,如玄奘的"求真"和"喻俗",严复的"信、达、雅",傅雷的"神似",钱钟书的"化境"等。国外的翻译理论则有美国翻译理论家尤金·奈达提出的"灵活对等"学说和英国翻译理论家纽马克提出的"语义交际"理论等等。梁实秋作

---

① 张今、张宁《文学翻译原理》第6—7页,清华大学出版社2005年。
② 宋天锡《英汉互译实用教程》第1页,国防工业出版社2003年。

为中国重要的翻译家,也有其理论上的建树。

面对丘彦明"翻译最重要的注意点是什么"的提问,梁实秋的回答是:"忠于原文,虽不能逐字翻译,至少尽可能逐句翻译,绝不删略原文如某些时人之所为,同时还尽可能保留莎氏的标点,要懂原文双关语。"①尽管梁实秋就翻译理论与鲁迅发生过激烈的论争,但是,梁实秋的翻译理论与鲁迅相似,都是对近代中国文学翻译上主观随意性的反动。"近代翻译文学大都是所谓'豪杰译',是'随意的翻译'。在翻译中,译者不但可以将作品的人名、地名、称谓等中国化,而且大段大段地将作品中的自然环境描写、人物心理描写删掉;有时译者把原作中的主题、人物与结构通通改造一番。"②与此相反,梁实秋没有因为翻译之难而偷工减料,他强调从事翻译的人,若不自己先彻底明白他所翻译的东西就冒昧地翻译起来,那是不负责任的行为。遇到引经据典的地方,应该不厌其烦的去查考,查出来应加注释,使读者也能明白。而且梁实秋在翻译中,对敏感的问题既不回避也不盲从。莎士比亚的戏剧中,颇多粗俗之语,这很能迎合当时观众的喜好。因为"本来性是人人感兴味的事",是无法回避的。而在文学作品中,它有时更是全面理解人物性格的不可或缺的部分。只有这样,塑造出的人物才能有血有肉,真实可信。像哈姆雷特,其性格中有坚强、刚硬的一面,但也有多疑、柔情、脆弱的一面。在遇到他讲肉麻之句时,梁实秋不折不扣地直译出来,这就使人觉得英雄人物也有普通人的儿女情怀,于是其离读者和观众更近,他的遭遇也更容易引起他们内心的强烈共鸣。

鲁迅是梁实秋在文坛上的"冤家对头",通过鲁迅和梁实秋在翻译方面的"对话",我们更能见出梁实秋翻译理论的偏重。尽管在忠实于

① 梁实秋《岂有文章惊海内》,见《梁实秋文集》,第5卷,第537页,鹭江出版社2002年。
② 高旭东《比较文学与二十世纪中国文学》第44页,人民文学出版社2002年。

原文上,梁实秋的翻译理论与鲁迅是一致的,但是比起鲁迅不避"硬译"而强调"信",梁实秋更强调"达雅"。在《论鲁迅先生的硬译》中,梁实秋指出"硬着头皮"不是一件愉快的事,并且"硬译"也不见得能保存原来的精悍的语气。不能因为中国文有本来的缺点便使读者硬着头皮看下去。"直译"不是"硬译",在这一点上梁实秋说得相当明白。高旭东教授在其新近出版的《梁实秋在古典与浪漫之间》中这样说道:"平心而论,即使是梁实秋最火的小品散文,在我个人看来也比不上鲁迅的杂文耐读,但是在鲁迅一生最为重视的翻译上,梁实秋的贡献确实是超过了鲁迅。"①

梁实秋特别强调喝茶要喝好茶,饮酒要饮好酒,作品要读一流,所以英文中他选择了莎士比亚戏剧来翻译,中文里他选择了杜甫诗歌来赏析。梁实秋认为,一部文学如果没有相当的价值,大概是不会被译成为外文的。译成外文之后,它的优点与缺点往往能格外清晰地被显示出来,这对于本国读者也是一种刺激、一种启示,多少有助于观念的修正。所以梁实秋在翻译时总是潜心研究,慎重落笔。他告诫翻译者"文学作品则须顾到文字的许多条件,如声调、音韵、典故、譬喻、句法等等"。莎士比亚在《哈姆雷特》中就多次运用了这些手段,取得了极佳的效果。而梁实秋在翻译中,也很好地把它们传达了出来。梁实秋的翻译思想,在《哈姆雷特》的译作中得到了很好的体现。

相比于梁实秋的莎士比亚翻译,朱生豪的译作语言瑰丽多彩、气势灵动、庄重而不失幽默,令人赏心悦目。在译作中他善于对各色人物的遮遮掩掩、作态伪饰、虚张声势、矫情悖理的种种言行,加以重笔点拨,使其真相毕露,神态活现,给人留下深刻的印象。还有他的短剧式、诗体式、格言式、对话式等特点的翻译,文随意走,挥写自如,这是

---

① 高旭东《梁实秋:在古典与浪漫之间》第6页,文津出版社2005年。

他翻译莎士比亚作品所显示的独特魅力。而诗人出身的卞之琳不赞成严复提出的"信、达、雅"这一翻译标准,不追求文字的完全对应,认为翻译有多种多样,有诗歌、小说、政论、法律、科技等等,能都用"信达雅"一个标准吗?他对莎士比亚戏剧的翻译很有想象力,既有洋味又不洋化,不拘泥对应,但求展现诗人的情感和意境。在他看来,要把不可译的外国诗歌翻译过来,就必须使译者有一种能融入原诗意境的激情。事实上,具有浓烈诗性的莎士比亚戏剧的翻译是个难题。这个难题涉及词汇、语法、典故、诗句、性描写等。我们下面将梁实秋译(下简称梁译)《哈姆雷特》与朱生豪译、卞之琳译(下简称朱译、卞译)《哈姆雷特》略做比较,以见其翻译特色。

词汇。许多词汇虽然拼法和现在一样,但早期英语中具有不同的含义,不能望文生义。另外有一些词拼法和现在不一样,而含义却相同。莎士比亚独创了一些词。他特别喜欢用双关语,在他创作的早期尤其如此。而双关语是难以翻译的,这是译本无论如何也代替不了注释本的原因之一。我们来看一处原文使用双关语的三位译者的不同翻译。第五幕第一场掘墓人甲在"arms"一字的两义——家徽(门阀或纹章)和手臂上,对掘墓人乙开玩笑:

——Was he a gentleman?

——A' was the first that ever bore arms.

——Why, he had none.

——What, art a heathen? How dost thou understand the Scripture? The Scripture says 'Adam digged:' could he dig without arms?

梁译:

——他是一位绅士吗?

——他是第一个佩带纹章的?

——甚么,他哪里有过纹章?

——怎么,你莫非是异教徒吗? 你莫非连《圣经》都不明白?《圣经》上说"亚当掘地";他能掘地而不用"工具"吗?

朱译:

——他是一个绅士吗?

——什么! 你是个异教徒吗? 你没有读过《圣经》?《圣经》上说,"亚当掘地"。

卞译:

——亚当老祖也是个世家子弟吗? ——他是开天辟地第一个装起门面、挂起家徽来的。——啊,他连衣服都不穿,还讲究什么家灰、家火的!

——怎么,你是个邪教徒吗? 你连《圣经》都不懂吗?《圣经》上亚当掘地,掘地不用家伙吗? 他的家伙就是他的家徽。

我们可以看出,梁译用"纹章"和"工具",卞译用"家徽"、"家灰"、"家火"、"家伙"来体现"arms"这个词的双关意义的。而朱译却大量压缩,把"arms"删除不译。三种译法都有独到的精彩之处,但"arms"是否可译为"手"呢? 我认为该段不妨作如下翻译:

——亚当也算有才之人吗?

——当然要算,他在创家立业方面很有<u>两手</u>呢。

——他有什么两手?

——怎么? 你是异教徒吗? 你的《圣经》是怎么读的:《圣经》上说亚当掘地;没有<u>两手</u>,能够掘地吗?

字下画线处是汉译文巧妙使用双关谐语的地方,即用"有两手"这个习语谐"两手"。这样就把原文妙用双关谐语(同音两字或同字两义)的地方翻译了出来。

　　语法。有些现象,按现代英语语法的标准看,似乎是错误的,但在当时并不错,是属于中世纪英语的残余因素。例如有些动词过去分词的词尾变化、代词的所有格形式、主谓语数的不一致、关系代词和介词的用法等方面,都有一些和现在不同的情况。且看例子:

> O, that this too, too sullied flesh would melt,
>
> Thaw and resolve itself into a dew!
>
> Or that the Everlasting had not fixed
>
> His canon 'gainst self-slaughter!

梁译:

　　啊,我愿这太,太坚固的肉体消融分解而成露水! 或是上天不曾订那教规禁止自杀!

朱译:

　　啊,但愿这一个太坚实的肉体会溶解、消散,化成一片露水! 或者那永生的真神不曾制定禁止自杀的律法!

卞译:

　　啊,但愿这太太结实的肉体

　　融了,解了,化成了一片露水;

　　但愿天经地义并没有一条

　　严禁自杀的戒律!

　　这是哈姆雷特在其母亲不让其回威登堡而留在丹麦以后所发出的无可奈何的感叹。在梁译中,译者巧妙地把 melt, thaw and resolve 三个动词译为消融分解,显示出其追求"直译"的精神;朱译将其分别译成三个不同的词,表达非常有力,显示出"译笔华丽"的特点,但"too"少译了一个;卞译严格遵照了原文的格式和韵律,体现了他的"诗化"特色,但若在"一条"前面加上"这"或"那",译文会更佳。三位翻译家皆紧紧抓住了原文的语法(虚拟语气)和哈姆雷特内心的焦虑,作出了非常精彩的翻译,具有异曲同工之妙。

典故。莎士比亚用典很多。古希腊罗马神话、《圣经》故事、英国民间传说、历史轶事等他都随手拈来。其中有一大部分对于英、美读者来说乃是常识。但中国读者就很需要注释的帮助。我们来看下面这个例子:

> My fate cries out,
>
> And makes each pretty artery in this body
>
> As hardy as the Nemean lion's nerve.

梁译:
> 我的命运在那里喊叫,使得我身上每一根微细的血管变成奈米亚的狮子的筋一般的硬。

朱译:
> 我的命运在高声呼喊,使我全身每一根微细的血管都变得像怒狮的筋骨一样坚硬。

卞译:
> 我的命运在呼唤,它使我身上的每一条微细的血管,都变得像尼缅狮子的筋络样绷硬。

从英文原句可以看出,这句话较为棘手的是对典故"Nemean"的翻译。我们知道,"Nemean"亦即"Nemean Lion",是希腊神话中赫鸠里斯所杀怪兽之一。梁译很好地体现了这一点,并且加上了注释,这样就丰富了读者的文化知识。朱译为了追求"文随意走",把"Nemean"省略不译;卞译"刻意追求形式的近似",没对"尼缅"加上注释。

诗话的戏剧。莎士比亚的戏剧中有很多句子是以押韵的诗行写成的,这给翻译带来了很大的难度。"莎士比亚的极大多数剧本台词的主体,是照当时写戏的流行办法,用'素诗体'(Blank Verse),即抑扬(轻重)格每行五音步无韵诗体。"[①]国外有些国家,例如德国和俄国就照原来的诗体翻译,有些国家,例如法国和日本,就用散文翻译,都有成功的名译。我国五四至今,也出版过两种译本。一种用的是诗体(当然除了"自由诗体"——还没有得到公认的诗体),其中例如孙大雨、吴兴华、卞之琳和方平。翻译使用的是相当于原来的"五音步素诗体"。一种用的是散文体,梁实秋和朱生豪就是成就突出的例子。我们来看此方面的一个例子:

> Till then sit still, my soul: foul deeds will rise,
> Though all the earth o'erwhelm them, to men's eyes.

梁译:

> 我的心灵,你等着吧,罪行必将败露,用大地遮盖也不能掩尽天下人的耳目。

朱译:

> 静静地等着吧,罪恶的行为总有一天会被发现,虽然地上所有的泥土把它们遮掩。

卞译:

> 且静候分晓,坏事要遮盖,全球土也总是盖不了。

---

① 卞之琳《莎士比亚的四大悲剧》第 9 页,人民文学出版社 1997 年。

涉及到性的句子的翻译:

——Lady, shall I lie in your lap? ——No, my lord.

——I mean, my head upon your lap? ——Ay, my lord.

——Do you think I meant country matters?

——I think nothing, my lord.

梁译:

小姐,我可以躺在你的大腿裆里去吗? 不,殿下。

我的意思是说,把我的头放在你的大腿上面? 好,殿下。

你以为我在撒野吗? 我不以为什么,殿下。

朱译:

小姐,我可以睡在你的怀里吗? 不,殿下。

我的意思是说,我可以把我的头枕在您的膝上吗? 恩,殿下。

您以为我在转着下流的念头吗? 我没有想到,殿下。

卞译:

小姐,我可以躺在你的膝盖中间吗? 不,殿下。

我是说,把头枕在你的膝盖上面。恩。殿下。

你想到我是说野话吗? 我什么也不想,殿下。

　　这是哈姆雷特的母亲让其坐在她身旁,但哈姆雷特却说"这边有吸力更大的磁石",于是转向奥菲莉娅时所进行的谈话。这看似简单的英文,确实很难翻译。这里有几个关键的英语单词,lie, in one's lap, on one's lap, country. 从上下文可知,这里的 lie 不是"睡"而应该是"躺",in one's lap 应该指的是"两腿之间",on one's lap 就是指的"膝盖上面",country 指的是"粗野"。

　　以上翻译皆有自己鲜明的特色:梁译对原句的否定把握得很精

准，而且正如他自己所言"性是人人感兴味的"，在该部分翻译中，他没有进行任何回避，直译了出来，这就丰富了哈姆雷特的形象。朱译体现出其翻译特色"庄重而不失幽默"；卞译也体现出其"融入原诗意境的那种激情"的翻译特点，并且做到了"情通和形似"。

　　风格。莎士比亚的诗剧语言，既有民族风格、时代风格，也当然有他的个人风格，而他一贯的个人风格也有前后期风格的变化。即使在莎士比亚的同一个剧本里，应人物性格、心情的需要，应不同场合的需要，语言也有多种变化。例如，戏中戏的伶王一登场就对伶后说了这几行：

> Full thirty times hath Phoebus' cart gone round
>
> Neptune's salt wash and Tellus' orbed ground
>
> And thirty dozen moons with borrowed sheen
>
> About the world have times twelve thirties been,
>
> Since love our hearts and Hymen did our hands
>
> Unite commutual in most sacred bands. （496 页）

梁译：

> 自从两心相爱慕，月老缔良缘，
>
> 一丝丝红线把我俩的手儿牵，
>
> 太阳的车子，绕着咸海大地的边，
>
> 到如今足足跑了三十个圈；
>
> 十二打的月儿，用她借来的光亮，
>
> 也有十二个三十次照在这个世界上。

朱译：

> 日轮已经盘绕三十春秋，
>
> 那茫茫海水和滚滚地球，

月亮吐耀着借来的晶光，
三百六十回向大地环航，
自从爱把我们缔结良姻，
亥门替我们证下了鸳盟。

卞译：

"金乌"流转，一转眼三十周年，
临照过几番沧海，几度桑田，
三十打"玉兔"借来了一片清辉，
环绕过地球三百又六十来回，
还记得当时真个是两情缱绻，
承"月老"作合，结下了金玉良缘。

梁译很押韵，音乐感很强，读来琅琅上口，文学性也得以体现，真正做到了他所倡导的"文学作品则须顾到文字的许多条件，如声调、音韵等"，是上佳的翻译。朱译本来是通体用散文，为了一下子就显出本戏和戏中戏的语言区别，译成字数划一的偶韵诗体，也达到了一定的效果，显示出其译文的"语言瑰丽多彩，气势灵动"的特点。卞译则因为戏词主体就是用的"素诗体"，即使到这里押上脚韵，双行一韵，区分还不大，因此把言语更加通俗化，有一些中国传统戏曲的意味，体现了其译文的"灵活地运用口语"的特点。

从以上的分析中我们可以看出：朱生豪的翻译以"求于最大可能之范围内，保持原作之神韵"为其宗旨，译笔流畅，文词华丽。其译作语言瑰丽多彩、气势灵动、庄重而不失幽默，令人赏心悦目。并且文随意走，挥写自如。卞之琳译诗很有想象力，既有洋味又不洋化，不拘泥对应，但求展现诗人的情感和意境，能融入原诗意境的那种激情。卞之琳特别讲究情通和形似，能够"灵活地运用口语"，笔下也就有意无意地出现了北方话尤其是京白的特有成分。而梁译本的最大特点为：白话散文式的风格，直译，忠实于原文；全译，绝不删略原文。除此之外，梁译本还有独到之处：一是加了注释。莎翁作品原文常有版本的困难，晦涩难解之处很多，各种双关语、熟语、俚语、典故也多，猥亵语也不少，梁实秋不但直译，而且加了大量注释，帮助读者理解原文。二是每剧前都加了序言。序言中对该剧的版本、著作年代、故事来源、舞台历史、该剧的意义及批评意见等均有论述。

　　尽管梁实秋学贯中西，但他非常谦虚。他在《翻译要怎样才算好？》一文中，首先自谦在翻译方面并无特别的理论，但他随后提出的六点主张却很独特，也可以看做是对其翻译理论的最好的诠释：1. 自己觉得于外国文毫无把握，便可不译。2. 译不出来的时候不硬译。3. "信而不顺"与"顺而不信"是一样的糟。4. 不生造除自己之外，谁也不懂的句法词法之类。5. 不以硬译的方法跨过自己所看不懂的原文。6. 不以改良国文和翻译搅成一团。正因为梁译本有如此特色，广播电视出版社出版的中英文对照版《莎士比亚全集》才会受到读者和学界的广泛欢迎。当然，一般读者可能更喜欢朱生豪译本的灵动，但是梁实秋更忠实于原文的译本具有重要的文学价值乃至文化价值。尤其是对于莎士比亚的研究者以及想深入了解莎士比亚的读者，参照几种各有特色的译本（英语好者还可以参照英语原文），是非常必要的。

论梁实秋译《咆哮山庄》[①]
与傅东华译《红字》

爱密莉·勃朗特（Emily Brontë）的《咆哮山庄》（Wuthering Heights）与霍桑（Nathaniel Hawthorne）的《红字》（The Scarlet Letter）是 19 世纪中叶杰出的名著；中文译本由梁实秋与傅东华分别在 20 世纪 30 年代先后完成，且同在 1937 年出版。我小时看过这两个译本，只记得大概的故事。长大后读原文，受到的震撼好像初读《哈姆雷特》（Hamlet）和《查泰莱夫人的情人》（Lady Chatterlay's Lover）那样不是言语所能形容的。最近重看这两个中文译本，展读之际，最初的感觉是惊讶，记起的思绪是疑惑与不信，然后是颓然失望，于是又拿起英文原著再仔细看，把中英两部书比较着读，结果对译作失望的程度就更加

---

① Wuthering Heights，梁实秋译为《咆哮山庄》。我没有找到 1937 年的译本，不知译得究竟如何。但是对照 1958 年商务版的梁译本与 1978 年远景版的梁译本，发现远景版在文字上改动了不少，作者的名字由爱美莱·白朗特改为爱弥儿·白朗特。书名则维持"咆哮"不变，不如最近的几个大陆译本之将"Wuthering"这关键词译成"呼啸"，藉以传达山庄四周特有的风声与雨势。至于 1995 年桂冠版的梁译本，除了作者名字译成爱弥丽·白朗特以外，译文与商务本相同。The Scarlet Letter，傅东华译本 1937 年由商务印书馆出版时，不叫《红字》，而叫《猩红文》。《咆哮山庄》没有译出原题的味道，但还像个题目；《猩红文》，不但不像个题目，而且很别扭。文与字虽然经常同时出现，可以交换使用，但一个字旁是绝对不能称之为文的。此所以后出的几个译本都将书名改为《红字》，连远景出版社 1979 年重印傅译本时也不例外，虽然这个版本连译者傅东华的名字也没有印上。

深,深到一个地步,开始思索翻译究竟是怎么一回事?为什么梁、傅二位把这两本名著译得如此失败,令人可怜,甚至可悲。

一

自然我最先想到的是严复。他译过很多名著,这是大家都知道的;他由经验归纳出译事三原则:信达雅,这也是大家耳熟能详的。至于他对整个中国的贡献,我想如举出近代中国百位文人中,必有严复;而如述及对中国影响最大的书时,也必有严复所译、赫胥黎所写、阐扬达尔文学说的《天演论》(Evolution and Ethics)。

20世纪的中国在思想上掀起轩然大波的巨匠是胡适与鲁迅罢。鲁迅自己就提过他可以背诵赫胥黎的这本小书,而胡适言必称进化论,实在并不是因为达尔文的原著《物种起源》(The Origin of Species),而是由于严复所译、赫胥黎为达尔文作宣传的这本桐城派古文式的名译。一本译作影响如此,可以说是奇迹式的成功。

爱密莉·勃朗特及霍桑的小说,在西洋文化的地位,岂是赫胥黎的宣传小册所可比拟?而《咆哮山庄》与《红字》在中国几乎是无人过问,至今到了连书名、人名都茫然不知的地步。这又是什么理由呢?

二

托·赫胥黎有一个孙子阿·赫胥黎(Aldous Huxley)。他是在祖父提倡科学的家庭气氛中长大的,却成了世界驰名的大文学家。他的名作《美丽新世界》(Brave New world)是家喻户晓的。除了小说,他还写过不少精辟的政论,以直言快语针砭当世。《目的与手段》(Ends and Means)很著名,潘光旦译过一些段落,另一名作则是论《文学与科

学》(Literature and Science)。祖父以宣传科学为业,孙子亦懂科学的
内容;自己又是文学大家,有太多创作小说的经验。他的《文学与科
学》之论,常有见人之所未见,闻人之所未闻,从而发为论人之所未论
的简要精当的见解。我在此先介绍他的理论,更进而应用到翻译
上来。

三

我们知道人之异于禽兽者几希,而在"几希"中现象最为特殊的是
人类的语言。世界上不论是哪一种族,生活在哪一地区,不约而同地
发展出各式各样的语言。但禽与兽无论多高等,多灵异,多活泼,多聪
明,就是发展不出"语言"来。有些兽可以筑屋,甚至建坝,巧与人同;
有些鸟可以精确辨向,准稳飞翔,超过人类。但禽兽仍是禽兽,发展不
出语言。于是,禽兽也就没有可以传世的,可以发扬的文化。

人类的语言向左发展,引申出科学;向右发展,引申出文学。于是
小赫胥黎给科学及文学与语言之间的关系,下了这样令人深思的
定义:

> 把语言所说不清楚的,说清楚了,是科学;
> 把语言所不能表达的,表达出来,是文学。

因而,我们可以说,语言的延引,成了科学;语言的补足,化为
文学。

小赫胥黎对于语言、科学与文学所下的定义,是如此精审与扼要,
我们是不是可以把这个观点应用到翻译上来? 翻译根本是语言的处
理,不是吗?

四

严复感叹翻译一事是信达雅难于兼顾,因为他以三者不可缺一为理想。他身体力行,把自己的翻译三原则用到《天演论》的译文上,于是成就了洋洋洒洒五万字的桐城派古文,这使我们很容易联想到桐城派的口号:"义理、考据、辞章,三者不可一缺。"我们如果胆子放大些,是否可以假设严氏信达雅之说,是由桐城口号引来灵感,有意无意间创立的翻译新说呢?

如果方苞、姚鼐、刘大櫆,甚至曾国藩等所凝聚的桐城口号,是要"义理、考据、辞章,三者不可一缺"才能成为文章,证诸史实,桐城显然是已成"谬种"了。现在我们还有谁能记得方、姚、刘、曾的任何一篇文字,任何篇上的任何一句话呢? 义理方面的文章赛不过《朱子语录》;考据方面的文字敌不过乾嘉学派;辞章中也找不到一篇公安、竟陵罢!

桐城派为什么失败? 也许只是失败在下半句的"三者不可一缺"上。如果对一篇文字的要求是如此处处顾到,也就自然的难以达成,结果必然是面面俱失了。

五

由桐城的作文三原则,很容易想到严复的翻译三原则。从"考据"想到"信"是很容易相通的,从"义理"想到"达"也不难;对于"辞章",自然而然地导至"雅"的要求了。桐城派的要求是三者不可一缺,严复对翻译的要求亦然。桐城派的大失败,恐怕就在三者不可一缺的要求上,因为这种要求近乎苛求,要求得太高,也太过。同样的道理,严复要求译作之信达雅三者兼筹并顾,也就难免因为太苛太过而难以成事。

翻译界虽然至今仍把严复的信达雅三者俱求视为理想,悬为目标,而这个理想之不易实现,这个目标之不能达成,由林林总总、浩浩荡荡的翻译成品,不难看出一个端倪来。

六

由桐城派提出的作文三原则,显然是已经失败了;由严复所提出的翻译三原则至少可以说尚未成功。其中的关键是在这三者不可一缺的条件上,由求全而化为俱废了。由此我们可不可以先这样假定:不是每一个原则有什么毛病,而是三者不可一缺出了问题。我们退一步想,按照小赫胥黎的思路把表达、传送、沟通的工具分为三类。

第一类是用日常语言能够说得明白的,称为常用语言。

第二类是用数字、用图画、用定义、用逻辑、用符号等的补助,把日常语言所说不清楚的,说清楚了,称为科学语言。

第三类则是日常语言所不能表达的,用烘托、用渲染、用比喻、用讽刺、用幽默;手下描水,志在映天;口中是酒,心在山水之间;把用日常语言所不能表达的,表达出来,称为文学语言。

我们就这样把表达思想,沟通感情的工具——语言文字——分为三大类了。我们依照这个方向,可以把严复的翻译原则化出一片新义来。

在翻译之前,我们把所要译的东西先分一下类。如果是报纸上的普通日常用语,我们求"达"就可以了。不必要精细的统计,也无需意象的经营。如果属于科学类,我们主要是求"信",溢出于语言之外的符号、图表、数字……等等,全部可以搬来使用。对训练不足、不能传达任何信息的人,不能迁就,而要训练。

如果属于文学语言,就没有必要管一字对一字的准确,一句对一句的工稳，一段对一段的齐整了。而所要求的是笼罩全书的气氛，是鸟瞰整体宏观的架构，把语言不能表达的表达出来。既是文学的本质，翻译一事就不能用任何肯定的方法，只有求之于从模糊中显出要表达的意思来。求"雅"是文学之为艺术的唯一要求，"信"与"达"是不能列为要求的条件的。

七

翻译小说，是翻译文学语言，是把日常语言所不能表达的东西曲予表达。不能谈"信"，也不必谈"达"。只因严复的三者俱求的说法，把五四以来诸译家，带入了不可挽救的灾难。徐志摩的散文有多潇洒，而徐志摩所译的他最爱的曼殊斐尔(Katherine Mansfield)的短篇小说，我们能相信那是徐志摩的手笔吗？鲁迅译的《死魂灵》(Dead Souls)，果戈里(Nikolai Gosol)如看到那种译文，哭都来不及了。鲁迅的犀利、爽快：敢哭的哭声，敢骂的骂语，敢笑的笑态，敢打的姿态都到哪里去了？这样金声玉振、慷慨激昂的大作家，竟然在同一笔下作出那样不三不四的不堪译品，为什么？我们可以做一不必太大胆的假设：就是严复的信达雅三者不可缺一，把他们害了。徐志摩要顾到不可一缺的三原则，而不幸他又会英文，于是求雅之外，尽量的求了信，又求达；修了词，又修字，不乱成一团才怪。鲁迅要顾到不可一缺的三原则，而不幸又会日文(也许也懂些俄文)，在此三原则兼顾的自我要求下，在"不易求顺，也要求信"的信条下，把果戈里的讽刺、滑稽，一律变成不知所云了。

这两位文坛巨子竟然不如一个英文字也不认识的林纾在翻译上的贡献。为什么？因为林琴南既不求所谓"达"，更不计所谓"信"，只道听而途说之；反而成了统领风骚数十年的可读译品。

梁实秋与傅东华把勃朗特与霍桑的两大部旷世巨著几乎同时翻译起来,而一旦执笔,念兹在兹的履行严复的教训。结果呢? 梁实秋攻击鲁迅之硬译死译的琅琅名言,变成了丝毫未变的夫子自道了。

我们现在仔细探讨一下梁译《咆哮山庄》与傅译《红字》究竟失败到什么程度,从而思索一下他们的译作所以失败的道理。

八

《咆哮山庄》是一件艺术品。所述既不是日常的事,说的也不是日常的话。作者既不是要研究那里的风为什么刮得如此狂野,也不是要探讨那里的树为什么长得那么畸形。《咆哮山庄》是艺术,既不是新闻报道,也不是科学报告。

一团暴烈的情感,一股野蛮的力量;一堆盘根错节的树,一场呼号嘶叫的风;从 1769 到 1802 年,跨越四分之一世纪,辗转于恩萧(Earnshaw)家的咆哮山庄与林顿(Linton)家的画眉山庄,回荡在两山庄间广漠的荒野上。这一片英格兰北部约克郡的沼泽地,隔绝了来往其间的人物。尤其是希兹克利夫(Heathcliff),因疏离而压抑,因压抑而爆发。他与凯撒林(Catherine Earnshaw)二人是沼地孕育的儿女,他们的气息与脉动呼应了沼泽上的雨雪与狂风。二人的感情宣泄而出,倾盆如注,亦如雪的汹涌与风的骤狂。外人无法参与他们的天地,也消受不了他们的震荡。这种震荡的剧烈由画眉山庄的个性与俯仰其间人物的平稳、踏实与宁静衬托出来。

就是在开卷不久,洛克伍德(Lockwood)拜访希兹克利夫时,就看到呼叫的狂风下挣扎求生的枞树与张牙舞爪的荆棘,由这种外在的自然环境引出了主人的心理状况,完全的不驯与恣意的野狂①。

　　原作主要是在抓住与展开这荒凉与恐怖的气氛,而梁译却偏偏没有抓住,遑论展开。梁实秋是在一字对一字,一句对一句,一段对一段的零碎翻印,正像诗人佛洛斯特(Robert Frost)所说,在诗的翻译中,所失掉的正是该诗之所以为诗的东西。我们可以引申为梁译所失掉的正是该小说之所以为艺术品的东西。我们要仔细探求:究竟是什么造成这种灾难呢?

　　梁实秋所写《雅舍小品》,笔力雄健,章法挺拔。嬉笑怒骂,招之即来;幽默诙谐,挥之即去。如椽运笔,如簧鼓舌。这与凝滞、拖沓、堆不成形,也看不出样子的《咆哮山庄》译本难道是出自一人笔下吗? 而原作却是无比磅礴的辉煌巨构,原作者又是无比峥嵘的冰雪天才啊。只有具有相类的灵魂,相似的气魄的译者,才有可能译出可与原著相比的姊妹篇来。

　　何以致之? 又是严复的三者兼顾的翻译名训把他害了。由这个悲惨的例子,我想严复的理论应该修正了。

----

　　① 洛克伍德第一次造访山庄时,由"Wuthering"一字想象山庄在暴风里的狂乱情景,由树枝生长的姿态想象北风的恣意肆虐。以下是勃朗特的原文:Wuthering Heights is the name of Mr. Heathcliff's dwelling, "Wuthering" being a significant provincial adjective, descriptive of the atmospheric tumult to which its station is exposed in stormy weather. Pure, bracing ventilation they must have up there, at all times indeed; one may guess the power of the north wind, blowing over the edge, by the excessive slant of a few, stunted firs at the end of the house; and by a range of gaunt thorns all stretching their limbs one way, as if craving alms of the sun. Happily, the architect had foresight to build it strong; the narrow windows are deeply set in wall, and the corners defended with large jutting stones.
　　以下是1958年商务版梁译与1995年桂冠版梁译:希兹克利夫先生的住处名叫"咆哮山庄"。"咆哮"是当地的一个很有意义的形容词,描写在风暴的天气里此地所感受的气象的骚动。纯洁兴奋的空气,他们这里当然是随时都有;屋的房顶处几棵发育不全的枞树之过度倾斜,以及一排苗壮的荆棘之向着一个方向伸展四肢,好像是向太阳乞讨,这都能使我们猜想到吹过篱笆的北风的威力。幸亏建筑师却有先见,房屋造得很结实:窄的窗子深深地嵌在墙里,墙有大块的凸出的石头保护着。
　　至于1978年远景版梁译则有不少更动,但比起上述两个版本略为通顺些,以下是译文:"咆哮山庄"是希兹克利夫先生的住所。"咆哮"是当地一个很有意义但太褊狭的形容词,显示出在暴风雨的时节所感受到的气候的骚动。当然,纯洁的空气他们这里是随时都有的。这屋子的末端几株发育不全的枞树之过度倾斜,以及一排苗壮的荆棘之向着一个方向伸展着四肢,好像在求太阳的施舍似的,我们可以猜想到那北风的声势是什么样子。侥幸地,这房屋的建筑者是有先见的,造得很坚固:狭窄的窗子深嵌在墙里,同时,墙角也用突出的大石头保护着。

九

梁实秋因务"信"而求"达",大致还在"句"的阶段,傅东华的译《红字》,有时彻底到"字"的阶段。于是,这类的句子出现了:

> ——大规模的十分秀丽的体态
> ——头发黝黑而丰富①

体态如何大规模?头发又如何丰富?这类怪句,所在多有,姑置之不论。最严重的是他的误解,因误解而将错就错,把霍桑所说的欧洲的英格兰搬到美国的新英格兰来了。

海斯特(Hester Prynne)高高站在刑台上,看穿了时空,回到了她在英格兰的家。从小到大的历程有如一幕幕场景,一幅幅图画,鲜明地出现在她的眼前。她首先看见童年生长的乡村,自己的家,然后是父亲的脸,母亲的脸,焕发着少女神采的自己的脸,岁月剥蚀了青春的男子的脸。殖民地的拓荒者都是冒险家,他们抛弃了旧日的家园,为的是在新大陆建立乌托邦。他们的眼睛都在瞻望未来,只有海斯特是回

---

① 这两句出自霍桑介绍海斯特出场时的那一大段,是女主角登台亮相。原文如下:The young woman was tall, with a figure of perfect elegance on a large scale. She had dark and abundant hair, so glossy that it threw off the sunshine with a gleam; and a face which, besides being beautiful from regularity of feature and richness of complexion, had the impressiveness belonging to a marked brow and deep black eyes. She was ladylike, too, after the manner of the feminine gentility, rather than by the delicate, evanescent, and indescribable grace which is now recognized its indication. 1937 年商务版傅译如下:这青年女子的身段颇高,是一种大规模的十分秀丽的体态,头发黝黑而丰富,光泽得和日光相映而闪烁。至于容颜之美,实不仅由于五官的端正,肤色的丰腴,乃因眉之清秀,目之深黑,所以觉得特别惹眼的,她之具有闺秀的风度,是照当时人的看法而言的,就是具有一种的仪态和尊严,并不可是现在人心目中闺秀风度——一种娇嫩纤柔,不可捉摸,不可名状的优雅而已。

前述梁译《咆哮山庄》也有如"纯洁兴奋的空气"这一类的怪句子,与此处的傅译比真是无独有偶,介乎伯仲之间。

忆过去。新英格兰是旧英格兰的梦,海斯特却为追求自己的梦而走上了刑台。这是霍桑笔不到而意到之处,傅译却在此犯了个极大的错误,把她对旧英格兰的回忆写成了新英格兰。这种错误是不可以原谅的①。

---

①　刑台的一幕霍桑的原文是这样的:Be that as it might, the scaffold of the pillory was a point of view that revealed to Hester Prynne the entire track along which she had been treading, since her happy infancy. Standing on that miserable eminence, she saw again her native village, in Old England, and her paternal home; a decayed house of gray stone, with a poverty-stricken aspect, but retaining a half-obliterated shield of arms over the portal, in token of antique gentility. She saw her father's face ,with its bald brow, and reverend white beard, that flowed over the old-fashioned Elizabethan ruff; her mother's too, with the look of heedful and anxious love which it always wore in her remembrance, and which, even since her death, had so often laid the impediment of a gentle remonstrance in her daughter's pathway. She saw her own face, glowing with girlish beauty, and illuminating all the interior of the dusky mirror in which she had been wont to gaze at it. There she beheld another countenance, of a man well stricken in years, a pale, thin, scholar-like visage, with eyes dim and bleared by the lamp-light that had served them to pore over many ponderous books. Yet those same bleared optics had a strange, penetrating power, when it was their owner's purpose to read the human soul. This figure of the study and the cloister, as Heater Prynne's womanly fancy failed not to recall, was slightly deformed, with the left shoulder a trifle higher than the right. Next rose before her, in memory's picture-gallery, the intricate and narrow thoroughfares, the tall, gray houses, the huge cathedrals,and the public edifices,ancient in date and quaint in architecture, of a Continental city; where a new life had awaited her, still in connection with the mis-shapen scholar: a new life, but feeding itself on time-worn materials, like a tuft of green moss on a crumbling wall. Lastly, in lieu of these shifting scenes, came back the rude marketplace of the Puritan settlement, with all the townspeople assembled, and levelling their stern regards at Heater Prynne, ——yes, at herself ——who stood on the scaffold of the pillory, an infant on her arm, and the letter A, in scarlet, fantastically embroidered with gold thread, upon her bosom! 1937 年商务版傅译是这样的:不过,无论是否是如此,那个枷台却成了一个观察点,使得赫丝脱·普林可以看见从她快乐的婴儿时代以来一径走着一条路的。她当时站在那可惨的高处。重新看见了在新英格兰的她的生身的乡村,和她父母的家了;那是一座灰色石头的颓败的房屋,现出一种穷陋的外观,可是门廊上还留着一个一半磨灭的徽章,便是祖宗门阀的标志。她看见了她父亲的脸,光秃的额头,可敬的白胡子,飘在老式的依利莎白时代的绉领上;又看见她母亲的脸,在她的记忆里总是有一种顾念和关切的爱的神情的,而且从她死了以后,常常作为一种温和的谏劝,在她女儿所走的路上布着障碍。她又看见她自己的脸,正燃着少女的美,并且照亮着她所常常凝对的那面昏暗的镜子。在那里,她又看见另外一张面孔,一个年事已衰的男子的,是一副苍白、瘦削,学者模样的面容。眼睛因他阅读许多沉重书册时的灯光而昏暗朦胧的。然而同是这双朦胧的视官,当它们的主人用以阅读人类灵魂的时候,它们却具有一种奇异的深入的力。这一位书斋和修道院中的人物,照赫丝脱·普林的女性的幻想形容起来,是稍稍有点畸形的,左边的肩膀比右边的略微高出一点。其次从这记忆的图书陈列室里出现在她面前的,是一个欧洲大陆的城市的错综狭窄的街衢,高大的灰色的房屋,庞大的礼拜堂,和年代久远建筑古怪的公共大厦;在那里,有一个新的生活在等着她,也是和这畸形的学者有关系的;不过虽然是新生活,却要靠陈旧材料的喂养,犹之一片青苔生在将倾的墙上一般。

最后,已不是这一幅幅变动的景象了,那个清教徒殖民地草草初创的市场又回来了。同着回来的就是那些镇上的居民,仍旧团聚在那里,把严肃的眼光注射在赫丝脱·普林身上 ——是的,就注射在她自己身上——就是身在枷台之上,手里抱着个婴孩,有个大红的 A 字母,奇幻地用金线绣在她胸前的!

傅东华比起梁实秋来,没有那么拘谨,行文通畅得多。但他草率,比如此处英文明是:old England,译文却成了"新英格兰"。这个错误破坏了霍桑苦心营造的气氛,使整部小说的巍然气势倏地垮了下来。灰黑大地上海斯特胸口的那一点红又如何烘托出来?

《红字》的全部精神,由一开始就层层涌现了。传奇的发生不是在英格兰的荒野,而是在英格兰殖民地的波士顿。在阴暗的监狱与阴郁的坟地背景前,市场上的刑台陡然孤立,象征罪与罚、善与恶、真与伪、生与死等极端的冲突在此聚焦;而这个焦点是笼罩在弥天盖地的清教徒思想的气氛之中。

海斯特抱着狱中产下的珠儿(Pearl),站在刑台上示众。她胸前挂着火红的 A 字母,向世人坦示旁人加给她而不为她自己所能承认的罪状——淫行。她臂弯中的婴儿,旁人视之为罪的孽障,她则认为是爱的果实。她俯视台下的群众,无惧于如刀、矢、棍棒、石块般掷向她的羞辱的眼神。她相信自己与迪姆斯岱尔牧师(Reverend Mr. Dimmesdale)的爱情,有如神圣的仪式那样纯洁,世间的律法对她而言根本不存在。她心甘情愿地承受任何处罚,是绕指柔的女子正发出钢铁般的力量。

刑台的一幕,霍桑不是在描述罪女弃儿,其形容却如圣母圣婴:不只是圣洁,而且是无染原罪受胎的童女。霍桑挥着这样重的巨斧,劈出如此巧的石像,而却看不出任何凿的痕迹。这样惊天动地的创造,成之于如此优美的文章,如同一棵秀丽的树,自自然然地生长成形。

可是,霍桑这种好不容易营造起来的气氛,却被傅东华大部分译掉了。

十

我们在举出这两本名著劣译的例子后,再回溯一下小赫胥黎真知灼见的名言。日常语言,如报纸新闻,是不存在什么翻译问题的;因为我们的要求是求达,把信息送到就可以了。至于第二类科学语言,如学术报告,是很容易解决翻译问题的,因计算机的逐步进展而办到。

在翻译上唯一成问题的是第三类的文学语言,因为文学语言常是歧义横生,常是意在言外,常是触类旁通,常是指桑骂槐,常是烘云托月,常是临水照花,小赫胥黎总结为一句话:把语言所不能表达的,表达出来,就是文学。

文学语言既然是表达那些由语言所不能表达的东西,则翻译文学语言一事,就成了试图解决一个原是无法解决的问题了。最好的办法是不译(这很类乎不可说,或出口便错),或者根本不承认有翻译这回事。退而求其次,就是要抓住精神,营造气氛,取其宏观,视其大者。至于字的斟酌、句的锻炼等,也许偶尔可以幸致,绝对不能强求。

总之,值得翻译的东西,只有文学方面的语言,而作文学的翻译,只有不顾零碎的细节。不是不愿顾到,而是顾不来。必要优先考虑的是文学上那些最重要的因素:是气焰,是丰神,是格调。然而,"丹青难写是精神"。

"丹青难写是精神"是诗人苦诉创作之艰难,我们在这里也可以用来形容翻译之不易罢。

梁实秋研究资料索引

梁实秋研究论文索引

中国政法大学　宋庆宝

1.《现代散文放谈——借此评议梁实秋与"抗战无关论"》,柯灵,《文汇报·文艺百家》, 1986,(10),13。

2.《梁实秋喜度八五华诞》,《团结报》,1987,(1),24。

3.《梁实秋 熟悉的名字陌生的人》,徐静波,《书林》,1987,(4),32。

4.《梁实秋的散文世界》,杜元明,《天津师大学报》,1987,(6),45—49。

5.《大陆时期的梁实秋》,李瑞腾,《中华日报》,1987,(11),19。

6.《秋风起莼鲈之思:谈梁实秋的两篇怀乡散文》,张放,《名作欣赏》,1988,(1),72—74。

7.《梁实秋小品艺术浅析》,徐学,《台湾研究集刊》,1988,(1),73—75。

8.《梁实秋散文两篇》,《名作欣赏》,1988,(1),75—76。

9.《寄托深蕴,情采并发:读梁实秋的〈骆驼〉》,王金英,《名作欣赏》,1988,(1),77—78。

10.《梁实秋与新人文主义》,罗钢,《文学评论》,1988,(2),

80—94。

11.《抗战时期的梁实秋的"与抗战无关"论再认识》,孙续思,《中国现代文学研究丛刊》,1988,(2),110—121。

12.《梁实秋这个人》,蓬生,《新观察》,1988,(4),48。

13.《梁实秋之子梁文骐最近撰文,认为梁实秋死于医疗事故》,《文学报》,1988,(12),8—2。

14.《梁实秋传略》,徐静波,《新文学史料》,1989,(1),136—154。

15.《论中国现代文艺思想史上的梁实秋》,王本朝,《学习与探索》,1989,(3),102—108。

16.《梁实秋的诗论》,潘颂德,《赣南师范学院学报》,1989,(4),49—52。

17.《〈雅舍小品〉现象:我观梁实秋的散文》,陈漱渝,《齐齐哈尔学院学报》,1989,(5),57—60。

18.《从新发现的三篇佚文看梁实秋对"普罗文学"的态度》,刘丽华,《鲁迅研究动态》,1989,(5—6),59—63。

19.《十步之内,挑其芬芳:关于梁实秋〈雅舍小品〉》,吴方,《读书》,1989,(7—8),113—118。

20.《〈雅舍小品〉现象——我观梁实秋的散文》,陈漱渝,《散文世界》,1989,(8),49—51。

21.《论梁实秋在中国现代文学批评中的地位:简论认识梁实秋的方法》,刘锋杰,《中国文学研究》,1990,(4),62—70。

22.《不迭之送:一种独具匠心的伤别模式:梁实秋的"苦雨泣风"赏析》,谭桂林,《名作欣赏》,1990,(6),18—20。

23.《相思无日夜——梁实秋与他的情书》,叶永烈,《文学报》,1990,(12),6—4。

24.《梁实秋与焦大、林妹妹》,牧惠,《杂文界》,1991,(2),28。

25.《一段应该重写的文学史:对梁实秋"与抗战无关"论的再思考》,范志强,《张家口师专学报》,1991,(3),38—43。

26.《行云流水缅既往,回肠荡气诉衷情:〈槐园梦忆〉漫评》,程华,《语文辅导》,1991,(4),18—20。

27.《论梁实秋的追求与失落》,周均东,《曲靖师专学报》,1991,(4),57—61。

28.《为梁实秋编情书选》,叶永烈,《团结报》,1991,(5),18—3。

29.《"雅舍"别具一格的散文系列:梁实秋散文论》,龙渊,《杭州师范学院学报》,1991,(5),75—78。

30.《对梁实秋人性论文艺思想的再认识》,白春超,《中州学刊》,1991,(6),77—87。

31.《初品梁实秋散文》,李钦业,《安康师专学报》,1992,(1、2),6—13。

32.《封闭矛盾的古代和谐:梁实秋的美学思想》,邹华,《西北师大学报》,1992,(1),18—22。

33.《我看梁实秋》,叶永烈,《百花洲》,1992,(1),68—71。

34.《论梁实秋散文》,卢今,《江淮论坛》,1992,(1),85—93。

35.《娟雅谐趣 各臻其致:读梁实秋散文〈雅舍〉〈下棋〉》,吴常强,《名作欣赏》,1992,(2),67—69。

36.《论梁实秋的文学批评》,旷新年,《北京大学研究生学刊》,1992,(3),16—23。

37.《读梁实秋散文琐记》,子家,《龙门阵》,1992,(3),90—91。

38.《梁实秋与国剧运动》,常耀春,《艺术百家》,1992,(4),55—58。

39.《林语堂和梁实秋的散文》,李洁,《殷都学刊》,1992,(4),61—62。

40.《春华秋实 圆熟雅致:略论梁实秋的散文》,汪文顶,《福建师范大学学报》,1992,(4),63—69。

41.《论梁实秋散文的审美价值》,林俐达,《福建论坛》,1992,(6),36—40。

42.《梁实秋散文的文化意识》,范兰德,《华中师范大学学报》,1993,(1),71—72。

43.《论梁实秋美学理想及其散文的审美意蕴》,蒋心焕、吴秀亮,《安徽教育学院学报》,1993,(1),71—75。

44.《浅谈梁实秋散文的艺术魅力》,余红缨,《盐城教育学院学报》,1993,(2),10—13。

45.《林语堂、梁实秋、周作人散文热点透视》,王利芬,《北京大学研究生学刊》,1993,(2),35—37。

46.《今我来思,雨雪霏霏:访梁实秋公子梁文骐》,陈漱渝,《团结报》,1993,(2),20—2。

47.《对郭沫若和梁实秋、徐志摩、周作人关系的一点辩白》,卜庆华,《零陵师专学报》,1993,(2),50—52。

48.《论梁实秋散文的独特品格》,蒋心焕、吴秀亮,《山东师大学报》,1993,(2),88—91。

49.《林、梁、周散文热点透视》,王利芬,《文学自由谈》,1993,(2),91—93。

50.《诗论闲适派散文:兼及周作人、林语堂、梁实秋散文之比较》,蒋心焕,《聊城师范学院学报》,1993,(2),108—114。

51.《现实主义的童话:〈雅舍小品〉系列论略》,党鸿枢,《西北师大学报》,1993,(3),24—29。

52.《"今我来思 雨雪霏霏":访梁实秋公子梁文骐》,陈漱渝,《鲁迅研究月刊》,1993,(3),41—45。

53.《一生知己》,周明,《十月》,1993,(3),49—51。

54.《鲁迅、梁实秋杂文比较论》,袁良骏,《中国现代文学研究丛刊》,1993,(3),182—197。

55.《怀念先父梁实秋》,梁文茜,《新文学史料》,1993,(4),4—6。

56.《长相思》,梁文蔷,《新文学史料》,1993,(4),9—49。

57.《梁实秋〈雅舍小品〉浅谈》,薛大为,《盐城教育学院学报》,1993,(4),15—18。

58.《冰心与梁实秋》,周明,《新文学史料》,1993,(4),50—53。

59.《"绚烂之极归于平淡"〈梁实秋散文精品〉读后》,方鸿儒,《中国图书评论》,1993,(4),54—56。

60.《台湾的"梁实秋文学奖"》,金梦,《出版参考》,1994,(2),6—7。

61.《谈梁实秋先生的"剑外"新解》,何跃祖,《杜甫研究学刊》,1994,(2),62—64。

62.《感伤的精神旅行——论梁实秋饮食散文之中的思乡情结》,王淑芬,《苏州大学学报》,1994,(2),74—76。

63.《我读梁文公,以其文笔好——也谈梁实秋》,刘远,《中国现代文学研究丛刊》,1994,(2),143—153。

64.《讽刺文学的出发点是爱,不是恨——读梁实秋散文札记之一》,朱孝文,《彭城大学学报》,1994,(3—4),13—17。

65.《梁实秋的学术生涯和感情世界》,刘红,《民国春秋》,1994,(3),39—46。

66.《最是爱鸟动人情——梁实秋散文〈鸟〉品赏》,范昌灼,《名作欣赏》,1994,(3),64—66。

67.《春天的江水汩汩地流:论乡愁在梁实秋的〈雅舍小品谈吃——火腿〉中》,董小玉、冉启东,《名作欣赏》,1994,(3),68—69。

68.《梁实秋、顾颉刚发起活动追悼鲁迅》,《鲁迅研究月刊》》,1994,(4),11。

69.《近期梁实秋研究述评》,陈亦骏,《社科信息》,1994,(4),41—43。

70.《坦露人格 抒写情趣——论梁实秋散文》,洪燕,《黔东东南民族师范高等专科学校学报》,1994,(4),42—44。

71.《艺坛大家梁实秋》,郭著章,《中国翻译》,1994,(4),47—50。

72.《梁实秋散文创作刍议》,李复兴,《临沂师专学报》,1994,(4),72—77。

73.《梁实秋与人文主义》,小岛久代著、丁祖威译,1994,(4),225—239。

74.《另一种风范——梁实秋散文创作论》,卢今,《文学评论》,1994,(6),82—90。

75.《关于梁实秋》,黄曼君,《语文教学与研究》,1994,(11),14—15。

76.《梁实秋新人文主义批评论》,葛红兵,《湖南师范学院》,1995,(1),65—70。

77.《平凡的人性深度 简朴的文明标尺——略论梁实秋〈雅舍小品〉的艺术特点》,李林展,《湘潭师范学院学报》,1995,(2),20—24。

78.《梁实秋对莎士比亚的翻译与研究》,许祖华,《外国文学研究》,1995,(2),40—41。

79.《梁实秋抵台后对鲁迅的态度》,刘炎生,《鲁迅研究月刊》,1995,(2),65—67。

80.《梁实秋散文艺术世界的深层结构》,秦新春,《中国人民大学学报》,1995,(2),68—72。

81.《梁实秋散文论》,丁文庆,《西北第二民族学院学报》,1995,

（3），1—15。

82.《梁实秋散文风格论》，许祖华，《湖北教育学院学报》，1995，（3），10—15。

83.《简洁曲雅 含蓄蕴藉——试论梁实秋"雅舍小品"系列》，黄长华，《福州师专学报》，1995，（3），14—18。

84.《梁实秋对翻译的贡献》，赵军峰、胡爱舫，《荆州师专学报》，1995，（3），70—73。

85.《诗，爱情的使者——梁实秋诗歌创作论之一》，李正西，《世界华文文学论坛》，1995，（4），46—49。

86.《梁实秋眼中的徐志摩》，东新，《内蒙古民族师院学报》，1995，（4），64—67。

87.《双重智慧下的自我塑造——梁实秋论》，许祖华，《中国文学研究》，1995，（4），77—84。

88.《梁实秋和鲁迅争论的起因及翻译问题的是非》，刘炎生，《鲁迅研究月刊》，1995，（6），34—38。

89.《公正地对待历史——关于〈梁实秋怀人丛录〉的几个问题》，《鲁迅研究月刊》，1995，（6），63—64。

90.《梁实秋散文论》，素贞元，《杭州大学学报》，1995，（12），99—103。

91.《梁实秋散文幽默品赏》，何祖健，《当代文坛》，1996，（1），51—52。

92.《月是故乡明——试论梁实秋散文的思想积淀》，黄曼君，《华中理工大学学报》，1996，（3），59—62。

93.《梁实秋破例谈鲁迅》，陈斌，《天涯》，1996，（3），109。

94.《这些历史如何评说——浅谈鲁迅对孔子和梁实秋等的批判》，刘泰隆，《广西师范学院学报》，1996，（4），30—33。

95.《我的父亲梁实秋》，梁文骐，《陕西教育》，1996，(4)，47—48。

96.《梁实秋的翻译观初探》，赵军峰、魏辉良，《湖北师范学院学报》，1996，(4)，90—94。

97.《梁实秋与中国新人文主义》，马利安·高利克［斯洛伐克］著、张林杰译，《中国现代文学研究丛刊》，1996，(4)，251—275。

98.《浅谈梁实秋"雅舍小品"的幽默艺术》，张国安，《修辞学习》，1996，(5)，26—27。

99.《梁实秋、冰心联袂主演〈琵琶记〉》，罗静文，《炎黄春秋》，1996，(5)，65—68。

100.《关于梁实秋的小说〈公理〉》，闻黎明，《鲁迅研究月刊》，1996，(6)，57—58。

101.《梁实秋之女梁文茜的昨天和今天》，杨小武，《炎黄春秋》，1996，(11)，66—69。

102.《梁实秋散文的艺术视角》，许音、古潇，《湖北教育学院学报》，1997，(1)，9—15。

103.《鲁迅、梁实秋论争新议——关于那段历史的读书札记》，李怡，《赣南师范学院学报》，1997，(1)，28—31。

104.《晓畅明丽 渊雅情韵——读梁实秋的散文》，董小玉，《宜宾师专学报》，1997，(1)，62—64。

105.《梁实秋散文的滑笔艺术》，杨小玲，《中南民族学院学报》，1997，(1)，98—101。

106.《从〈忆周作人先生〉看梁实秋笔下的鲁迅》，《杭州师范学院学报》，1997，(2)，9。

107.《论梁实秋的文艺思想》，白春超，《重庆三峡学院学报》，1997，(2)，32—36。

108.《梁实秋散文幽默风格心理追踪》，何祖健，《湖南大学学报》,1997,(2),54—56。

109.《闲适淡雅话人生——读梁实秋的散文》,董小玉,《东疆学刊》,1997,(2),60—62。

110.《循形达意方得神韵——评梁实秋译莎氏十四行诗》,王玮敏,《中国翻译》,1997,(3),38—41。

111.《梁实秋与读书》,章辉,《中小学图书情报世界》,1997,(4),38。

112.《二十世纪中国文化语境中的梁实秋——评刘炎生的〈才子梁实秋〉》,陈咏芹,《广东社会科学》,1997,(4),143—144。

113.《论梁实秋散文的风格》,文小妮,《社会科学》,1997,(5),37—40。

114.《梁实秋的幽默散文与西方的超现实主义》,张积玉、张智辉,《文史哲》,1997,(6),64—68。

115.《侵害梁实秋译〈莎士比亚全集〉著作权纠纷案》,刘波林,《电子知识产权》,1998,(1),21—23。

116.《战时学者散文三大家:梁实秋、钱钟书、王了一》,袁良骏,《北京社会科学》,1998,(1),30—36。

117.《试论梁实秋散文小品的幽默特色》,黄万剑,《钦州学刊》,1998,(1),39—41。

118.《梁实秋的"骂人的艺术"》,叶凡,《鲁迅研究月刊》,1998,(1),62—64。

119.《继承·超越·失落——梁实秋散文与传统散文》,文小妮,《中国文学研究》,1998,(1),72—76。

120.《梁实秋散文中的象声词》,李顺群,《北京第二外国语学院学报》,1998,(2),73—77。

121.《茅舍数楹梯山路——解读梁实秋文坛生涯的一个视角》,

秋禾,《书屋》,1998,(2),74—77。

122.《梁实秋与"新某生体"之辩》,韩石山,《新文学史料》,1998,(2),194—200。

123.《梁实秋文艺思想评述》,白春超,《河南大学学报》,1998,(3),71—75。

124.《反义处生情趣 轻松中见幽默——梁实秋"雅舍小品"反语修辞论》,何祖健,《湖南大学学报》,1998,(3),76—79。

125.《梁实秋小品散文的艺术特色》,张彩霞,《青岛远洋船员学院学报》,1998,(3),82—85。

126.《浅析〈英文正误大辞典〉中的一些"误句"》,顾祖良,《常熟高专学报》,1998,(3),85—87。

127.《客观之幌下的肆意歪曲——对一本〈梁实秋传〉的几点订正》,王彬彬,《书屋》,1998,(4),36—39。

128.《梁实秋其人其著》,余增桦,《当代文坛报》,1998,(4),48。

129.《老舍和梁实秋合作说相声》,《江淮文史》,1998,(4),1113。

130.《20世纪中国散文的奇葩——梁实秋"雅舍"系列散文略论》,刘炎生,《广东社会科学》,1998,(4),128—133。

131.《鲁迅梁实秋"人性"论战评议》,蔡清富,《鲁迅研究月刊》,1998,(6),61—66。

132.《是鲁迅可笑还是梁实秋可鄙》,叶凡,《鲁迅研究月刊》,1998,(9),63。

133.《"抗战无关"论的历史是非》,张祖立,《集宁师专学报》,1999,(1),62—66。

134.《梁实秋散文风格摭谈》,刘学慧,《淮北煤师院学报》,1999,(1),95—96。

135.《梁实秋散文的文化品位》,杨小玲,《中南民族学院学报》,

1999,(1),103—105。

136.《智者的微笑——梁实秋与钱钟书幽默散文比较》,刘蓓,《镇江高等专科学校学报》,1999,(2),16—19。

137.《论〈雅舍小品〉的语言艺术》,王春,《连云港职业技术学院学报》,1999,(2),19—22。

138.《漫谈梁实秋散文小品的艺术特色》,雷蕾,《岳阳大学学报》,1999,(2),51—53。

139.《梁实秋与中国现代文学"艺术至上主义"观念的流变——由梁实秋引起的三次文学论证说起》,赵海彦,《西北师大学报》,1999,(3),31—34。

140.《话语的两个世界——鲁迅与梁实秋比较论》,芦海英,《彭城职业大学学报》,1999,(4),23—26。

141.《袒露人格 抒写情趣——论梁实秋散文》,洪燕,《黔东南民族师专学报》,1999,(4),41—44。

142.《论禅宗思想对梁实秋人生态度和艺术创作的影响》,求聿军,《浙江师大学报》,1999,(5),16—20。

143.《翻译:一门令人遗憾的艺术——从《〈莎士比亚全集〉两个译本对比谈英译汉过程中词义的确定》,孙建军,《韶关大学学报》,1999,(5),90—99。

144.《略论梁实秋散文的语言艺术》,余红缨,《文教资料》,1999,(6),125—129。

145.《话语的两个世界——鲁迅与梁实秋比较论》,芦海英,《彭城职业大学学报》,1999,(12),23—26。

146.《梁实秋与欧文·白璧德的人文主义》,段怀清,《文艺理论研究》,2000,(1),32—39。

147.《"有个性就可爱"——论梁实秋的〈雅舍小品〉》,应丽琴,

《绍兴文理学院学报》,2000,(1),46—48。

148.《梁实秋散文理论批评平议》,曹毓生,《湖南师范大学学报》(哲学社会科学版),2000,(1),46—51。

149.《鲁迅、梁实秋翻译论战焦点透析》,刘全福,《中国翻译》,2000,(3),56—60。

150.《论梁实秋散文的幽默风格》,王永乐,《合肥联合大学学报》,2000,(3),72—77。

151.《鲁迅、梁实秋翻译论战追述》,刘全福,《四川外语学院学报》,2000,(3),87—91。

152.《梁实秋译〈失乐园〉中的一处明显错误》,毛华奋,《台州师专学报》,2000,(4),17—18。

153.《论梁实秋的自由主义文学思想》,叶向东,《云南师范大学学报》,2000,(4),27—30。

154.《西方浪漫主义的中国文化处境——从梁实秋与郁达夫的"卢梭之争"说起》,陆克寒,《扬州大学学报》,2000,(5),36—40。

155.《鲁迅与梁实秋论争的另一种观照》,芦海英,《西北师大学报》,2000,(5),43—46。

156.《凌云健笔意纵横——梁实秋散文阅读札记》,骆耀,《语文学刊》,2000,(6),18—20。

157.《絮语中的雍容与智慧——论周作人、林语堂、梁实秋闲适小品》,郭媛媛,《兰州大学学报》,2000,(6),120—124。

158.《试论梁实秋〈雅舍小品〉的艺术特色》,张高云,《闽江职业大学学报》,2001,(1),43—44。

159.《文人与行——驳梁实秋之"文人有行"》,陈志明,《江苏广播电视大学学报》,2001,(1),63—65。

160.《美哉小品文——读梁实秋先生小品文有感》,曹艳玲,《北京教育》,2001,(3),45—46。

161.《雅而能俗 以雅化俗——谈梁实秋散文的雅俗共赏》,江倩,《陕西教育学院学报》,2001,(4),44—46。

162.《传统的复归——梁实秋后期文艺思想及前后转变原因初探》,顾金春,《内蒙古社会科学》,2001,(4),77—81。

163.《论梁实秋文艺思想之独特构成及传统理路》,江胜清,《郧阳师范高等专科学校学报》,2001,(5),26—28。

164.《重读梁实秋的"与抗战无关"论》,吴立昌,《上海大学学报》,2001,(5),42—47。

165.《梁实秋与中国现代戏剧悲剧意识的演进》,王列耀,《广东社会科学》,2001,(6),103—107。

166.《梁实秋新人文主义文学批评思辨》,胡博,《东岳论丛》,2001,(6),135—138。

167.《梁实秋文艺思想简析》,辛克清,《青岛大学师范学院学报》,2002,(1),2—7。

168.《与父亲梁实秋的半世等待——访梁实秋之女梁文茜》,李立,《两岸关系》,2002,(1),21—24。

169.《梁实秋、鲁迅人性阶级性论争溯源》,陆道夫,《广东职业技术师范学院学报》,2002,(1),29—36。

170.《双峰并峙:古典的流风遗韵——梁实秋、汪曾祺散文创作相似点简析》,郑群,《当代文坛》,2002,(1),40—43。

171.《从梁实秋的精神个性看〈雅舍小品〉精神》,钟巧灵,《南华大学学报》,2002,(1),56—59。

172.《梁实秋审美文学观的理论支架——白璧德的新人文主义》,廖超慧,《华中科技大学学报》,2002,(1),102—107。

173.《冰心、梁实秋友情之定位》,王炳银,《文学自由谈》,2002,

(2),68—75。

174.《梁实秋文艺思想简析》,辛克清,《青岛大学师范学院学报》,2002,(3),1—7。

175.《一位不合时宜的批评家———梁实秋》,谭光辉、赵秋阳,《甘肃教育学院学报》,2002,(3),38—42。

176.《梁实秋文学批评思想探源》,翟瑞青,《山东大学学报》,2002,(3),45—48。

177.《从梁实秋的精神个性看〈雅舍小品〉精神》,钟巧灵,《南华大学学报》,2002,(3),56—59。

178.《新人文主义者的追求——论梁实秋新月时期的文艺思想》,顾金春,《青海社会科学》,2002,(3),59—63。

179.《吟味梁实秋的两副对联》,荣锋,《对联·民间对联故事》,2002,(4),9。

180.《梁实秋的新人文主义批评论》,李波,《东岳论丛》,2002,(4),81—83。

181.《浅析梁实秋适度幽默的美学追求》,薛进,《语文学刊》,2002,(5),15—16。

182.《冰心一生的知己——梁实秋》,王炳根,《WOMEN OF CHINA(中文海外版)》,2002,(5),36。

183.《论梁实秋散文的文化意蕴》,傅德岷,《云南师范大学学报》,2002,(6),92—96。

184.《雅舍主人在台湾——记梁实秋的后半生》,古远清,《武汉文史资料》,2002,(9),49—53。

185.《嬉笑怒骂皆成至理——析鲁迅批驳梁实秋的论辩艺术》,陈剑锋,《广西商业高等专科学校学报》,2003,(1),109—110。

186.《纪念梁实秋诞辰100周年暨〈雅舍小品〉讨论会在渝举

行》,《涪陵师范学院学报》,2003,(2)。

187.《梁实秋六岁醉酒》,竺济法,《烹调知识》,2003,(2),38。

188.《梁实秋与重庆文学》,《重庆文学史》课题组,《涪陵师范学院学报》,2003,(2),46—48。

189.《文化观念、审美情趣的差异与碰撞——梁实秋与鲁迅之争新论》,江胜清,《郧阳师范高等专科学校学报》,2003,(2),95—98。

190.《试论梁实秋〈雅舍〉的自然个性》,曲光楠、杨桂贞,《黑龙江农垦师专学报》,2003,(3),14—16。

191.《"人性"的独特思考——浅析梁实秋的人性论》,顾金春,《江苏教育学院学报》,2003,(3),80—83。

192.《梁实秋反对克罗齐?——梁实秋与克罗齐文艺观的异与同》,薛雯,《安徽师范大学学报》,2003,(3),220—224。

193.《从此秋郎是路人——冰心与梁实秋的世纪友情》,周明,《纵横》,2003,(6),51—53。

194.《论梁实秋的人性论文学观——兼论与左翼作家的论战》,李志孝,《西华师范大学学报》,2003,(6),52—54。

195.《鲁迅与梁实秋论争的另一种观照》,马建英,《宁波职业技术学院学报》,2003,(6),56—59。

196.《鲁迅梁实秋"咬文嚼字"打笔仗》,晓秋,《咬文嚼字》,2003,(10),41。

197.《梁实秋·韩菁清白发红颜忘年恋》,叶永烈,《出版参考》,2003,(17),22。

198.《梁实秋"三阶层"说的语文教育观念》,赵心宪,《西南民族大学学报》,2004,(1),206—211。

199.《七十年风雨洗纤尘——鲁迅、梁实秋关于人性与阶级性论战再审视》,唐梅花,《中文自学指导》,2004,(2),59—61。

200.《古典主义的文学道德观——论梁实秋的文学批评》,刘聪,《山东社会科学》,2004,(2),91—94。

201.《中西合璧 雅致闲适——论梁实秋散文的文化品位》,王晓静,《贵州文史丛刊》,2004,(3),48—51。

202.《民族意识、家国之恋——再论梁实秋和他的散文创作》,阎一飞,《长春师范学院学报》,2004,(3),51—53。

203.《谈梁实秋笔下的乡文化》,杨梅,《内蒙古科技与经济》,2004,(3),69—70。

204.《论梁实秋对中西文化的沟通》,高旭东,《中国文化研究》,2004,(3),153—159。

205.《大陆文学史上的梁实秋身份问题》,张中良,《中国现代文学研究丛刊》,2004,(3),258—270。

206.《梁实秋的萝卜汤》,噜噜,《教师博览》,2004,(4),11。

207.《李启纯是梁实秋笔名吗》,白立平,《博览群书》,2004,(4),90—91。

208.《论梁实秋批判五四文学之得失》,高旭东,《天津社会科学》,2004,(4),102—107。

209.《散文大家梁实秋》,叶子,《现代语文》(高中读写版),2004,(5),7。

210.《从浪漫到古典——论梁实秋的文艺思想》,张晶,《宜春学院学报》,2004,(5),12—15。

211.《从"伦理想象"到"品味人生"——试论梁实秋前后期的人性论文学观念》,赵心宪,《重庆教育学院学报》,2004,(5),48—59。

212.《理性的诉求与人性的呼唤——梁实秋人性论思想再解读》,潘艳慧、陈清,《黄石高等专科学校学报》,2004,(5),64—68。

213.《面对左翼:梁实秋文学批评的演变》,高旭东,《齐鲁学刊》,

2004,(5),136—140。

214.《阐释学视野里的梁实秋》,李诠林,《国际关系学院学报》,2004,(6),67—72。

215.《我的爸爸梁实秋》,梁文蔷,《文史博览》,2004,(7)。

216.《论梁实秋对文学批评学科的建构》,高旭东,《江西社会科学》,2004,(8),83—92。

217.《室雅何须大 心宽乃自安——从"陋室"到"雅舍"到"空中楼阁"》,王茂恒,《阅读与鉴赏》(高中版),2004,(10),21—24。

218.《以简陋为美 以清贫为乐——〈雅舍〉赏析》,薛峰,《阅读与鉴赏》(高中版),2004,(10),27—28。

219.《理性的诉求与人性的呼唤——梁实秋人性论思想再解读》,潘艳慧、陈清,《黄石高等专科学校学报》,2004,(10),64—68。

220.《论鲁迅与梁实秋的论战及其是非功过》,高旭东,《鲁迅研究月刊》,2004,(12),10—21。

221.《论梁实秋人性论的性质及其演变》,高旭东,《理论学刊》,2004,(12),107—110。

222.《〈雅舍〉:从苦难中寻觅诗意》,张树生,《扬州教育学院学报》,2005,(1),16—18。

223.《梁实秋与书评》,伍杰,《中国图书评论》,2005,(1),21—22。

224.《从"伦理想象"到"品味人生"——试论梁实秋前后期的人性论文学观念》,赵心宪,《重庆教育学院学报》,2005,(1),26—29。

225.《梁实秋与雅舍》,刘昌贵,《文史杂志》,2005,(1),31。

226.《论梁实秋的小说理论及创作》,谢昭新,《华文文学》,2005,(1),51—54。

227.《〈雅舍〉的"复调式"蕴涵》,陈家洋,《语文学刊》,2005,

(1),73—75。

228.《论梁实秋的文体批评》,高旭东,《山东社会科学》,2005,(1),80—84。

229.《深化梁实秋研究 推动两岸文化交流——"梁实秋与中西文化"学术研讨会在京举行》,葛涛,《鲁迅研究月刊》,2005,(1),90。

230.《梁实秋:慎言比较文学的比较文学家》,高旭东,2005,《东岳论丛》,(1),111—115。

231.《论〈雅舍小品〉的审美风格及在大陆的接受》,高旭东,《江汉论坛》,2005,(1),126—129。

232.《略论梁实秋散文"亚幽默"的美学特征与意义》,王春燕,《东方论坛》,2005,(2),58—63。

233.《青岛四年对梁实秋的意义》,刘香,《山东师范大学学报》,2005,(2),67—70。

234.《跨越千年的精神血缘——梁实秋与奥勒留的伦理道德联系》,马玉红,《西北民族大学学报》(哲社版),2005,(2),73—77。

235.《新时期梁实秋文艺思想研究述评》,章佩峰,《黄山学院学报》,2005,(2),95—97。

236.《论梁实秋对五四新文学的理性反思》,刘聪,《齐鲁学刊》,2005,(2),96—99。

237.《"人性"标尺下的不同言说——李健吾梁实秋文艺思想比较》,李志孝、陶维国,《延边大学学报》(社科版),2005,(2),106—110。

238.《从"陋室"到"雅舍"——中国传统文人的精神家园》,戴本刚,2005,(1),110—111。

239.《论梁实秋的文学跨学科研究》,高旭东,《中国比较文学》,2005,(2),118—131。

240.《梁实秋散文创作论略》,汪莉,《重庆教育学院学报》,2005,(3),29—31。

241.《梁实秋的当代文化魅力》,高旭东,《江苏行政学院学报》,2005,(3),121—124。

242.《梁实秋与中西文化学术讨论会在北京语言大学召开》,贾蕾,《中国现代文学研究丛刊》,2005,(3),308—310。

243.《梁实秋散文幽默素质考察》,韩高峰,《读书时报》,2005,(5),11。

244.《学者梁实秋》(上),《中学语文教学》,2005,(7)。

梁实秋研究书目索引

中国政法大学　宋庆宝

1.《鲁迅与梁实秋论战文选》，璧华编，香港：天地图书公司，1982 年版。

2.《谈中国现代文学作家》，程新编，成都：四川文艺出版社，1986 年版。

3.《还乡——梁实秋专卷》，丘彦明主编，台北：联合文学出版社，1987 年版。

4.《秋之颂：梁实秋先生纪念文集》，余光中编，台北：九歌出版社,1988 年版。

5.《梁实秋幽默散文赏析》，累锐、宋瑞兰编，桂林：漓江出版社，1991 年版。

6.《梁实秋散文鉴赏》，梁实秋著，卢金编，太原：北岳文艺出版社,1991 年版。

7.《不灭的纱灯——梁实秋诗歌创作论》，李正西，台北：贯雅文化事业有限公司,1991 年版。

8.《倾城之恋：梁实秋、韩菁清忘年之恋》，叶永烈，台北：叶强出版社,1991 年版。

9.《倾城之恋:梁实秋与韩菁清》,叶永烈,香港:香港文化出版社,1991 年版。

10.《梁实秋文坛沉浮录》,李正西、任合生编,合肥:黄山书社,1992 年版。

11.《梁实秋——传统的复归》,徐静波,上海:复旦大学出版社,1992 年版。

12.《回忆梁实秋》,陈子善编,长春:吉林文史出版社,1992 年版。

13.《新人文主义与中国现代文学》,旷新年,北京大学硕士论文,1992 年。

14.《梁实秋的梦》,叶永烈,上海:上海书店,1993 年版。

15.《梁实秋名作欣赏》,梁实秋著,杨匡汉编,北京:中国和平出版社,1993 年版。

16.《雅舍风流——梁实秋》,敏君、缤子编著,北京:中国青年出版社,1994 年版。

17.《梁实秋传:笑到最后》,宋益乔,太原:北岳文艺出版社,1994 年版。

18.《双重智慧:梁实秋的魅力》,许祖华著,南宁:广西人民出版社,1994 年版。

19.《梁实秋谈人生》,靳飞,北京:中国青年出版社,1994 年版。

20.《才子梁实秋》,刘炎生,南昌:百花洲文艺出版社,1995 年版。

21.《倾城之恋:梁实秋与韩菁清》,叶永烈,北京:中国青年出版社,1995 年版。

22.《雅舍尺牍:梁实秋书札真迹》,余光中编,台北:九歌出版社,1995 年版。

23.《梁实秋与雅舍》,李萱华,重庆:重庆出版社,1996 年版。

24.《梁实秋自传》,梁实秋,南京:江苏文艺出版社,1996 年版。

25.《梁实秋传》,鲁西奇,北京:中央民族大学出版社,1996年版。

26.《鲁迅梁实秋论战实录》,黎照编,北京:华龄出版社,1997年版。

27.《雅舍闲翁:名人笔下的梁实秋,梁实秋笔下的名人》,刘炎生编,上海:东方出版中心,1998年版。

28.《梁实秋批评文集》,徐静波,珠海:珠海出版社,1998年版。

29.《梁实秋》,宋益乔,北京:中国华侨出版社,1998年版。

30.《平湖秋月——梁实秋》,王汶成、高岩著,香港:中华书局,1999年版。

31.《梁实秋》,王一心著,南京:江苏文艺出版社,2000年版。

32.《谈恩师》,邓九平,北京:大众文艺出版社,2000年版。

33.《含英吐华:梁实秋翻译奖评语集》,余光中,台北:九歌出版社,2002年版。

34.《雅舍的春华秋实:梁实秋学术研讨会论文集》,李瑞腾、蔡宗阳主编,台北:九歌出版社,2002年版。

35.《秋实满园——梁实秋》,江涌、卞永清著,台北:文史哲出版社,2002年版。

36.《梁实秋文集》,杨讯文主编,厦门:鹭江出版社,2002年版。

37.《秋实满园:梁实秋》,江涌、卞永清著,台北:文史哲出版社,2002年版。

38.《雅舍的春华秋实:梁实秋学术研讨会论文集》,李瑞腾,蔡宗阳编,台北:九歌出版社,2002年版。

39.《梁实秋与韩菁清——传奇的恋爱》,叶永烈,南宁:广西人民出版社,2004年版。

40.《解读梁实秋经典》,刘勇,石家庄:花山文艺出版社,2004年版。

41.《古典与浪漫——梁实秋的女性世界》,刘聪,郑州:河南人民出版社,2004 年版。

42.《梁实秋传》,宋益乔著,天津:百花文艺出版社,2005 年版。

43.《梁实秋:在古典与浪漫之间》,高旭东,北京:文津出版社,2005 年版。

44.《梁实秋与程季淑:我的父亲母亲》,梁文蔷,天津:百花文艺出版社,2005 年版。

附录:海峡两岸梁实秋研究学会理事会名单

顾　问:季羡林　乐黛云　余光中　温儒敏　王　宁

会　长:高旭东　龚鹏程

副会长:李瑞腾　张中良　朱寿桐　陈子善　李　怡　陈国恩

秘书长:张　华

理事名单:

北京大学:温儒敏　张文定　张颐武　高远东

清华大学:王　宁　罗　钢　解志熙

北京语言大学:高旭东　张　华　李　玲　路文彬

中国社会科学院文学研究所:张中良

中国现代文学馆:吴福辉

鲁迅博物馆:孙郁

暨南大学:朱寿桐　宋剑华

山东大学:牛运清　潘　皓

聊城大学:宋益乔

曲阜师范大学:刘　聪

潍坊学院:尹建明

西南师范大学:李　怡　王本朝

华南师范大学文学院:柯汉林

华东师范大学:陈子善

天津师范大学:高恒文

陕西师范大学:李继凯

兰州大学:赵学勇

武汉大学:陈国恩　方长安

华中师范大学:许祖华　王泽龙

华中科技大学:李俊国

湖北大学:刘川鄂

湖南师范大学:周仁政　王攸欣

吉林大学:张福贵

黑龙江大学:于文秀

哈尔滨师范大学:罗振亚

安徽师范大学:谢昭新

厦门大学:俞兆平

福建师范大学:汪文顶

浙江大学:黄　健

浙江师范大学:袁盛勇

苏州大学文学院:刘祥安

台湾中山大学:李瑞腾

台湾佛光大学:龚鹏程　赵　宁

台湾逢甲大学:朱　炎
台湾九歌文教基金会:蔡文甫
澳大利亚:胡百华
加拿大:陈秀英

编　后　记

2004 年 11 月,"梁实秋与中西文化学术讨论会"在北京语言大学隆重召开,一百多位学者出席了这次讨论会,学界元老季羡林教授等也给大会发来了贺词,会后成立了"海峡两岸梁实秋研究学会",选举我和龚鹏程教授为学会会长。在山东大学任教的时候,我曾做过山东省比较文学学会的会长,那时候为山东比较文学的发展跑前跑后的情景,至今还历历在目;现在既然做了梁实秋研究学会的会长,也就想为梁实秋研究做点什么。

2005 年 3 月,我在北京文津出版社出版了一本《梁实秋:在古典与浪漫之间》的专著,然后就投入到《梁实秋与中西文化》这个文集的编辑之中。我是喜欢写书而不喜欢编书的人,这时候我才发现我过去的做法很有道理,因为编一本像样的文集其实并不比写一本专著少费力。第一是要分类,要有代表性,如果缺少代表性的文章还要约稿,第二是要对文章做适当的修改,譬如俞兆平教授寄来了两篇文章,我就将之撮合而改成了一篇,还有一些文章的标题乃至正文我也做了适当的修改,而且这样做也只能是技术性的。第三是为了全书体例与注释的统一而做了大量的工作,有一段时间,我整天都在调整注释,自己也不胜其烦。有朋友说,这些事情,让学生去做就可以了,但是我却总是改不了事必躬亲的老毛病。

编完之后,自己感到还比较满意。我可以负责任地说,这是一部梁实秋研究的里程碑式的文集。海峡两岸出版的关于梁实秋的研究文集我都看过,虽然这部文集学术水平参差不齐,但是就整体而言,还没有那部关于梁实秋的文集像这部文集这样兼具广度和深度,并且书后附有梁实秋研究的论文和书目,可供研究者与喜欢梁实秋的人查考。

遥想当年,海峡两岸在现代作家的评价上曾经出现严重的对立,这尤其表现在对鲁迅与梁实秋的评价上,但是在这部文集中,这种现象已经荡然无存,甚至在某些文章中还出现了相反的文化景观。这充分说明了海峡两岸文化交流的深入,也说明了在中华大地上多元文化格局的形成。

没有教育部港澳台办批准成立"海峡两岸梁实秋研究学会",也许本书的问世还遥遥无期。本书既是教育部港澳台办资助的"梁实秋与中西文化学术讨论会"的成果汇集,也是北京市重点学科共建基金的资助项目之一,在此我要感谢教育部港澳台办对两岸文化交流的支持,感谢北京市教委对北京语言大学比较文学学科发展的扶持。我还要感谢龚鹏程教授对这部文集倾注的心血,他除了自己撰稿,其他台港方面的文章都是他推荐来的。另有他推荐来的五篇文稿,由于其中四篇已经收入李瑞腾、蔡宗阳主编的《雅舍的春华秋实》(九歌出版社2002年),梁恒芬的那篇也在刊物上发表过,本书就不拟收录。我尤其要感谢北京大学中文系主任温儒敏教授,作为学会的顾问,他不但在百忙之中为本书赐稿,而且对本书的编辑也提出了宝贵的意见。

高旭东

2006 年 1 月 16 日于北京天问斋